U0945450

BREAKING THE TRAP FOR THE SECOND LARGEST ECONOMY

填平第二经济大国陷阱

CHINA-US GAP AND ITS DESTINY

中美差距及走向

王宏广　等◎著

華夏出版社
HUAXIA PUBLISHING HOUSE

图书在版编目（CIP）数据

填平第二经济大国陷阱：中美差距及走向 / 王宏广等著 . -- 北京：华夏出版社，2018.10

ISBN 978-7-5080-9580-6

Ⅰ . ①填… Ⅱ . ①王… Ⅲ . ①中国经济—经济发展—研究 Ⅳ . ① F124

中国版本图书馆 CIP 数据核字 (2018) 第 203328 号

填平第二经济大国陷阱——中美差距及走向

作　　者 王宏广　张俊祥　尹志欣　由　雷　朱　姝
责任编辑 李雪飞
特邀编辑 张静静
封面设计 张　敏
出版发行 华夏出版社
经　　销 新华书店
印　　刷 北京中科印刷有限公司
装　　订 北京中科印刷有限公司
版　　次 2018 年 10 月北京第 1 版
2018 年 10 月北京第 1 次印刷
开　　本 690×980　1/16 开
印　　张 31
字　　数 350 千字
定　　价 78.00 元

华夏出版社　地址：北京市东直门外香河园北里 4 号　邮编：100028
网址：www.hxph.com.cn　电话：（010）64663331（转）

目录

序一　/ 1

序二　/ 7

第一篇
历史篇

第 1 章　世界第一经济大国 2000 多年只更迭过 3 次　/ 002

第 1 节　中国经济在 1800 多年里保持世界第一　/ 003

第 2 节　印度曾为世界第一经济大国　/ 011

第 3 节　美国经济居世界第一位已 128 年　/ 013

第 2 章　世界第二经济大国 128 年来每 16 年更迭一次　/ 015

第 1 节　1891—1933 年间中国经济保持世界第二位 43 年　/ 015

第 2 节　苏联曾为世界第二经济大国　/ 017

第 3 节　1960—1962 年间英国经济居世界第二位　/ 018

第 4 节　1963—1966 年间法国经济居世界第二位　/ 020

第 5 节　1967—1969 年间日本经济居世界第二位　/ 020

第 6 节　1970 年前后德国经济曾三次居世界第二位　/ 020

第 7 节　1972 年日本经济第二次居世界第二位　/ 021

第 8 节　2010 年起中国经济第三次居世界第二位　/ 021

第 9 节　2008 年后欧盟经济陷入低迷期　/ 022

第3章　第二经济大国陷阱的根源是“丛林法则”　/ 023
第1节　历史根源：“丛林法则”、弱肉强食　/ 023
第2节　基本特征：经济衰退、丧失地位　/ 024
第3节　第二经济大国落入陷阱的主要途径　/ 025
第4节　第一经济大国称霸世界的六大“法宝”　/ 027
第5节　美国成功遏制日本的做法　/ 035
第6节　苏联解体是“大国陷阱”的最大猎物　/ 040
第7节　美国对欧盟的合作与打压　/ 045

第二篇
挑战篇

第4章　中国经济重回世界第二位　/ 050
第1节　2010年中国GDP重回世界第二位　/ 050
第2节　1949—2017年间中国GDP增加了1774倍　/ 052
第3节　1949—1978年间中国GDP增加了6.9倍　/ 057
第4节　1978—2017年间中国GDP增加了224倍　/ 060
第5节　中国经济发展进入新阶段　/ 062
第5章　第一产业接近“三道红线”　/ 064
第1节　结束数千年缺粮历史，建成世界农业大国　/ 064
第2节　农业大国仍然面临“三道红线”　/ 069
第6章　第二产业遇到“产业拐点”　/ 074
第1节　快速工业化建成制造业大国　/ 074
第2节　第二产业全面接近“产业拐点”　/ 076
第3节　重点行业的“产业拐点”分析　/ 080
第4节　四个典型“产业拐点”的案例分析　/ 085
第5节　“产业拐点”的“四力规律”　/ 096

第 7 章　中等收入陷阱：有望五年左右跨越　/ 099

第 1 节　“中等收入陷阱”不是伪命题　/ 099

第 2 节　跨越“中等收入陷阱”的成功做法　/ 101

第 3 节　落入“中等收入陷阱”的主要教训　/ 102

第 4 节　中国有望五年左右跨越“中等收入陷阱”　/ 105

第 5 节　跨越“中等收入陷阱”之后仍需警惕的问题　/ 108

第 8 章　修昔底德陷阱：中美必有一战？　/ 112

第 1 节　“修昔底德陷阱”的本质是两强必战　/ 113

第 2 节　中国政府坚持走和平崛起道路　/ 114

第 3 节　核大国之间的战争实为自杀行为　/ 116

第 4 节　防御“修昔底德陷阱”始终不能松懈　/ 118

第 5 节　中美会不会发生战争的四种情境　/ 118

第 9 章　塔西佗陷阱：百姓难信政府？　/ 121

第 1 节　“塔西佗陷阱”的由来和主要内容　/ 121

第 2 节　“塔西佗陷阱”已成国际“流行病”　/ 122

第 3 节　中国能够跨越“塔西佗陷阱”　/ 125

第 10 章　金德尔伯格陷阱：不是真正的陷阱　/ 133

第 1 节　“金德尔伯格陷阱”的内涵不够准确　/ 133

第 2 节　国际公共品是和平与发展的必需品　/ 134

第 3 节　任何国家无法单独提供国际公共品　/ 135

第 4 节　一些大国经常破坏国际规则　/ 137

第 5 节　中国是负责任的经济大国　/ 139

第 11 章　第二经济大国陷阱：最难跨越的陷阱　/ 142

第 1 节　中国正面临与日本当年类似的困难与问题　/ 142

第 2 节　中国落入“第二经济大国陷阱”的可能途径　/ 149

第三篇
趋势篇

第 12 章　中国经济发展的基本判断："六期重叠"　/ 170

第 1 节　工业化中后期　/ 170

第 2 节　信息化中中期　/ 177

第 3 节　城镇化中前期　/ 183

第 4 节　新科技革命前期　/ 187

第 5 节　乡村振兴加速期　/ 204

第 6 节　美国遏制加速期　/ 206

第 13 章　40 个指标全面透析中美差距　/ 212

第 1 节　综合国力的比较：多数指标相差 4 倍以上　/ 213

第 2 节　经济实力的比较：总量可超越，质量、效率差距大　/ 220

第 3 节　科技实力的比较：数量指标接近，创新质量差距明显　/ 236

第 4 节　教育实力的比较：中国短期内难以赶上　/ 242

第 5 节　综合判断　/ 246

第 14 章　中美贸易战的真相与走向　/ 258

第 1 节　美国挑起贸易战的三大目标与真相　/ 259

第 2 节　中美贸易"谁吃亏"的三种观点　/ 262

第 3 节　贸易战近期对中国不利　/ 270

第 4 节　贸易战远期对美国不利　/ 275

第 5 节　中国应对贸易战的六大优势　/ 280

第 6 节　贸易战的四种结局与走向　/ 282

第四篇
战略篇

第 15 章　强化六大优势，"新三步"建成经济强国　/ 290

第 1 节　当前中国经济社会发展面临的主要问题　/ 291

第 2 节　强化六大优势，营造一流发展环境　/ 295

第 3 节 “新三步”建成世界经济强国 / 298

第 16 章 发展第三产业，跃居世界经济第一 / 303

第 1 节 第三产业是当前经济增长点 / 304

第 2 节 第三产业拥有 90 万亿元的潜力 / 307

第 3 节 第三产业市场潜力较大的重点行业 / 312

第 4 节 挖掘第三产业潜力的战略与对策 / 319

第 17 章 发展新兴产业，巩固世界经济第一 / 324

第 1 节 新兴产业是国家兴旺发达的基石 / 325

第 2 节 战略性新兴产业已有良好基础 / 326

第 3 节 新兴产业潜力达 115 万亿元 / 328

第 4 节 数字经济的潜力达 30 万亿元 / 329

第 5 节 生物经济潜力将达 30 万亿元 / 334

第 6 节 电动汽车换道超车有望形成 2 万亿元产业 / 341

第 7 节 体育正在由事业转变为 3 万亿元的新产业 / 346

第 18 章 建设科技强国，保持世界经济第一 / 350

第 1 节 经济强国必然是科技强国、人才强国 / 350

第 2 节 建设科技强国，支撑经济强国 / 351

第 3 节 中国科技发展已经进入新阶段 / 356

第 4 节 建设科技强国的战略与对策 / 364

第 19 章 防范六大误区，不犯颠覆性错误 / 397

第 1 节 国有企业改革已成为经济体制改革的重点 / 397

第 2 节 发展混合所有制是国有企业改革的焦点 / 398

第 3 节 混合所有制如何“混”是经济改革的难点 / 400

第 4 节 推进国企体制改革要防范六大误区 / 402

第 5 节　国有资本退出的“底线”在哪里？　/ 407

第 20 章　填平陷阱之战略：坚持七个自信　/ 413

第 1 节　中国国情与日本完全不同，能够填平陷阱　/ 413

第 2 节　填平“第二经济大国陷阱”的基本战略　/ 416

第 21 章　填平陷阱之策略：拆除十大壁垒　/ 421

第 1 节　拆除十大壁垒　/ 422

第 2 节　打赢十场非常规战争　/ 436

第 22 章　美国其实可以变得更好　/ 442

第 1 节　诚信贵于生命　/ 442

第 2 节　文明决定未来　/ 444

第 3 节　美国其实可以变得更好　/ 446

参考文献　/ 451

后　记　/ 467

序 一

回顾人类社会两千多年的发展历史，农业经济时代，由于农业技术领先，中国经济曾经在一千多年里居世界第一位；工业经济时代，作为工业革命的发祥地，欧洲成为世界经济的领跑者；如今信息时代，美国在信息技术的软件和硬件方面都居世界领先水平，成为当今世界唯一的超级大国，其经济总量占世界经济总量的四分之一。

信息科技革命、产业革命之后，下一次科技革命将是什么？能给人类带来什么变化？这是世界各国政治家、科学家、企业家乃至亿万民众共同关心的问题。我们曾经在2000年提出，“生物技术将引领信息科技革命之后的新科技革命，生物技术将引领第四次浪潮”。2005年，中国在北京人民大会堂召开世界首届生物经济大会，中国在生物经济理论与实践方面已经走在世界前列。

展望未来，医药生物技术将引领第四次医学科技革命，将大幅提高人类对疾病的预防、治疗和康复能力，大幅提高人类健康水平，延长人类寿命；农业生物技术将推动第二次绿色革命，有望彻底解决世界上10亿人口营养不良以及未来新增20亿人口的吃饭问题；工业生物技术将推动第三次工业技术革命，化学催化替代生物催化，枯枝落叶将变为重要的化工原料，将大幅提高生物制造能力；能源生物技术将使“绿金”（生物能源）

替代“黑金”（石油），燃料乙醇、生物柴油、甲烷气等生物能源将大幅替代化石能源，加上核能、太阳能技术的发展，有望从根本上解决人类面临的能源不足问题；环境生物技术将帮助人类修复和改善生态环境，提高环境文明水平；生命科学将进一步揭示生命科学的规律，探索生命未知领域，引领新科技革命；生物安全将是继网络安全、核安全、粮食安全、能源安全、食品安全、水安全等重大安全问题之后，人类面临的又一重大安全问题。由此可见，谁能领跑生物技术的发展，谁就有可能引领下一次科技革命，并在未来世界科技、经济竞争中占主导地位。当前，美国在生命科学、生物技术领域处于世界领先地位，拥有大量的顶尖人才和先进的研究设施。中国在生命科学领域也已拥有很好的基础，培养了一批优秀人才，建立起了一批具有国际水平的实验室、生物科技与产业园区，奠定了生物经济发展的良好基础。特别是“重大新药创制”“艾滋病、肝炎等传染性疾病控制”“转基因重大生物新品种培育”等科技重大专项的实施，在科学上大幅缩小了中国与发达国家之间的差距，在经济上大幅提高了中国医药业、农业的国际竞争力，中国完全有可能成为生物技术引领的新科技革命的引领者或共同引领者。我担任“重大新药创制科技重大专项”技术总师整整10年，见证了中国生物技术与产业特别是医药科技与产业的发展，国际知名的《自然》杂志和《华尔街日报》都高度评价中国生物技术的发展，中国生物医药产业已经走上了创新驱动的发展道路。

不过，正当中国迎来社会主义建设的新时代，即将迎接新的科技革命、建设世界科技强国、实现中华民族伟大复兴的关键时期，美国遏制中国崛起的调门越来越高，措施越来越多，力度越来越大。《美国国家安全战略》指出，中国是美国的“战略竞争对手”，会挑战美国的发展理念，并把中国排在俄罗斯之前，这是以往从来没有过的。现任美国总统特朗普及其政府于2018年6月15日宣布针对中国出口美国的500亿美元产品征收25%的关税，在被中国政府有力反击后，6月18日特朗普政府又发表声明，将对2000亿美元的中国进口商品加征10%的关税，至此，中美贸易战升级。中美贸易摩擦、技术竞争、经济竞争乃至综合国力的竞争，实质上是世界第一、第二经济大国之间的全面竞争，这必将是一个长期、艰苦、复杂的过程。如何认清形势，把握规律，运筹帷幄，始终掌握大国竞争的主动权，迫切需要不同类型的智库对政府决策提供政策建议和参考方案。

我很高兴看到《填平第二经济大国陷阱——中美差距及走向》一书，作者以科技竞争、经济竞争为重点，连续三年潜心研究，得出了许多观点新颖、很有价值的研究结果。我对作者三年前就预测到美国遏制中国的力度会加强，并着手研究对策的预见能力非常赞赏，对作者用数据、事实、逻辑分析未来趋势的研究方法十分赞同，对作者始终围绕国家重大需求超前开展战略研究的报国情怀极为赞赏。

近二十年来，我与作者一起提出了“生物技术将引领新科技革命”“医药科技强国、产业强国”“发挥中医药在疾病预防中的主导作用、疾病治疗中的协同作用、疾病康复中的核心作用”“健康产业拥有8万亿元潜力”“医疗器械产业拥有1万亿元潜力”“体育产业拥有1.5万亿元潜力”“第三产业拥有20万亿元潜力，能够支撑中国经济保持中高速增长”等建议，被政府有关部门所采纳。我相信《填平第二经济大国陷阱——中美差距及走向》中的一些观点和建议也同样具有重要的参考价值。书中的几个研究结果，我愿意向大家推荐，供大家讨论和参考。

第一，作者对中华民族领跑世界一千八百多年进行了定量研究。书中用了大量翔实的数据分析了中华民族在世界上的地位，在长达两千多年的人类经济发展历史中，中华民族在其中的一千八百多年里都处于世界领跑地位。

第二，提出了“第二经济大国陷阱”的新概念。用大量数据阐明了原始社会的“丛林法则”在现代文明社会里仍然起着支配性作用。自 1890 年美国成为世界第一经济大国以来，先后作为第二经济大国的英国、法国、德国、苏联、日本等无一例外地相继衰落。在其后的 128 年间第二经济大国先后更替了 8 次，平均 16 年更替一次；自 1960 年以来先后已更替 6 次，平均不到 10 年更替一次；大国兴衰中存在着明显的“第二经济大国陷阱”。

第三，探讨了中国成为世界第二经济大国所面临的新问题，比如，第一产业接近“三道红线”、第二产业中的多数行业接近“产业拐点”、第三产业明显缺乏科技支撑与标准约束、战略性新兴产业缺乏核心技术等，以及中国经济发展进入“六期重叠”的新时代，即工业化中后期、信息化中中期、城市化中前期、新科技革命前期、乡村振兴加速期、美国遏制加速期。这些研究结果很有创新性。

第四，对为实现中国梦如何应对“五大陷阱”进行了系统的研究。以往国内的研究者大多侧重对“中等收入陷阱”“修昔底德陷阱”和“塔西佗陷阱”的研究，而本书作者则对“金德尔伯格陷阱”“第二经济大国陷阱”进行了研究，并提出了四个基本判断：一是美国不会轻易容忍中国的崛起，遏制中国的力度不会减；二是中国绝不会放弃发展的权利和机遇，持续发展的力度不会减；三是美国不会放弃利用当前世界最大的潜在市场——中国，“遏制加接触”的策略不会变；四是中国不愿放弃与世界科技强国的科技合作和交流，改革开放的方针不会变。中美关系的基本格局是“竞争加合作”，竞争是长期的，合作也将是长期的，争论与斗争是不可避免的。我觉得这些建议很值得研究与思考。

第五，用 40 个指标对中美差距进行了全面透彻的分析。从综合国力、经济竞争力、科技竞争力、教育竞争力，以及软实力、硬实力、巧实力、锐实力、潜实力等方面，作者用了大量翔实的数据，对中美进行了比较。这是在各种版本的“中国崩溃论”“中国威胁论”“中国全面超越论”之后的一个比较客观、定量化的研究，有助于读者全面了解中美差距，这种用大量数据分析和研究国与国之间差距的方式值得提倡。

第六，作者提出的中国经济跃居世界第一的“三步走”战略颇有新意。他在技术预测、产业预测的基础上，提出中国经济跃居、巩固、保持世界第一的“三步走”战略，即通过第三产业使中国经济总量“跃居世界第一”，发展战略性新兴产业使中国“巩固世界第一”，引领新的科技革命、建设世界科技强国确保中国经济地位“保持世界第一”。这一研究结果颇有新意，值得进一步深入研究。

第七，实现“中国梦”的重大战略与对策建议，贯彻中央精神、符合中国国情。书中提出了强化“六大优势”、防范“六大误区”、坚持“七个自信”、拆除“十大壁垒”等政策建议，这是贯彻中央政策的具体措施，符合当前国情。此外，作者还对美国遏制中国可能采用的措施与对策进行了研究，此处不再一一赘述。

我很欣赏作者在最后一章中用巧妙委婉、西方人也能够接受的方式，表达了一个爱好和平的科技工作者规劝美国政府提高文明程度，建设文明美国，放弃霸权美国，与包括中国人民在内的世界人民共同建设一个美好世界的愿望。我也坚信，用文明削弱霸权、用科技消除贫困，多极化、全球化、文明化必将是人类社会发展的大趋势。

本书具有科学性、创新性、系统性、前瞻性，论点新颖、论据充分、数据翔实、逻辑严谨，体现了作者科学务实、做事踏实的品格和严谨的治学作风。本书对研究中美科技、经济、贸易乃至综合国力的竞争与合作均具有重要的参考价值，我很高兴向广大读者推荐。

十一届全国人大常委会副委员长、中国工程院院士

2018 年 5 月 8 日

序 二

当前，中美两国贸易摩擦不断升级，美国发动贸易战的最终目的是什么？是为了缩小贸易逆差，遏制中国高科技的发展，还是为了遏制中国的崛起，巩固其超级大国的地位？这些问题已经引起世界各国政治家、外交家、科学家、企业家乃至广大民众的高度关切和关注。

我很高兴看到《填平第二经济大国陷阱——中美差距及走向》一书，探讨了自美国成为世界第一经济大国 128 年以来，英国、德国、苏联、日本等第二经济大国无一例外地走向衰退并失去第二经济大国的地位。日本、苏联都在 GDP 接近美国的 70% 时分别受到美国遏制，而 2017 年中国 GDP 达到美国的 63%，美国遏制中国崛起的力度明显加大，难道这纯属巧合？当今世界大国竞争的内在规律和现实逻辑是什么？

本书作者在三年前就预测到中国成为第二经济大国之后，必然面临与当年日本、苏联相同的问题，并开始研究反遏制的对策与措施，我很赞赏作者的预见能力。

我从事外交工作 45 年，特别是在联合国工作以及参与裁军谈判期间，参与并见证了许多重大国际事务、外交事件、贸易争端、军备摩擦的谈判与最终解决，对世界和平与发展、大国竞争与合作、地缘政治与民粹主义、人类文明与大国霸权等有许多亲身的体验与体会。

和平与发展仍然是当今世界的主题。当前，国际局势不稳定性、不确定性突出，特朗普政府的“美国优先”政策触发了国际关系的重大调整，地区冲突和多个热点问题频发，恐怖主义、网络安全、生物安全、气候变化等国际安全形势严峻，世界各国面临着许多共同挑战，但相互尊重、合作共赢、普惠发展仍然是各国的共同愿望。习近平总书记在党的十九大报告中指出，当今“世界正处于大发展大变革大调整时期，和平与发展仍然是时代主题。世界多极化、经济全球化、社会信息化、文化多样化深入发展，全球治理体系和国际秩序变革加速推进，各国相互联系和依存日益加深，国际力量对比更趋平衡，和平发展大势不可逆转”。

中美关系是当今世界最重要的双边关系之一。作为世界上最大的发展中国家和最大的发达国家，中美两国的一举一动都会对国际社会产生深远影响。作为当今世界上两个最大的经济体，2016 年中美两国 GDP 占世界经济总量比重已达 40%，2017 年中美双边贸易额已突破 5800 亿美元，两国经济的良好态势对中美乃至世界都是最大利好。中美两国四十多年的相互依存，已成为彼此的“利益攸关方”，保持两国关系的稳定与发展，不仅符合两国人民的根本利益，而且也是国际社会的共同期待。

美国霸权思想根深蒂固。我与美国人打交道 30 多年，客观地讲，作为世界唯一的超级大国，美国政府的一些官员和广大民众对人类社会的科技进步、经济发展做了很多好事，在许多情况下，事实上主导或协助制定了许多国际规则，提供了许多国际公共产品，为世界和平与发展作出过许多重大贡献。但是，美国利用规则谋取“国际霸权”、维护美国利益、保持世界领导地位的真实意图却从未改变。

几十年来，美国的一贯做法就是通过其国内法则实施长臂管辖，比如在伊朗、朝鲜等问题上以及“银河号事件”上也都是如此。目前针对中国的“301 调查”等，依旧是美国运用其国内法则处理国际事务的惯用做法。此外，美国还擅长以“意识形态”为工具，高喊“民主、自由、人权、法则”，但它对自己从来都是另一个标准，坚持“美国优先”“美国利益至上”，对盟友睁一只眼闭一只眼，对战略对手却是高悬霸主鞭。这些都是美国称霸世界的“法宝”。作者形象地运用“鞭子”“框子”“票子”“笼子”“幌子”“才子”概括和总结了美国成为第一霸主的六大“法宝”，甚有新意。

美国遏制中国崛起将是一个长期的过程。我很赞同书中“美国不会轻易允许中国的崛起，中国也绝不会放弃发展的权利与机遇”的基本判断。美国曾用多种手段成功地遏制了日本、搞垮了苏联，也没有放弃打压欧盟。但有一点是十分明确的，中国绝不是当年的日本、苏联，也不是欧盟，除了中国崛起的方式与上述国家和地区不同之外，崛起将是必然的。2010 年中国经济重回世界第二位，这不仅改变了持续 37 年的“美国第一、日本第二”的世界经济格局，而且还取代了美国保持 110 年的制造业大国地位。但中国的和平崛起并没有获得西方国家的认同，它们仍用“冷战”时期的思维对待中国。美国《国家安全战略报告》将中国列为排在俄罗斯之前的“战略竞争对手”，遏制中国崛起的意图十分明显，遏制中国的力度也将会越来越大。中国的角色已从 competitor 转变为 rival power，国人不应该再有任何幻想，必须居安思危，采取一切措施保障国家安全。本书提出如中国处置失当，则有可能落入“第二经济大国陷阱”的 12 种途径，很有新意，值得深入探讨并提出切实可行的对策与措施。

构建相互尊重、公平正义、合作共赢的新型国家关系，“构建人类命运共同体”，为国际社会建立新型的国际关系提供了参考。党的十八大以来，习近平总书记提出的“双构建”和“一带一路”倡议等一系列外交新思想、新理论、新理念和新举措，得到了国际社会的广泛认同与支持，并已上升为国际共识，相继被写入联合国决议，体现了中国作为一个负责任的大国对世界和平与发展的巨大贡献。

我几十年致力于裁军与军控、国际经济和社会发展，以及可持续发展工作，目的就是制定与国际形势发展变化相匹配的世界规则，客观上和习近平总书记提出的“构建人类命运共同体”是不谋而合的。建立现代文明城市，绝不能让原始森林的“丛林法则”支配现代城市。这当是人类共同奋斗的目标，而这也正是作者写作此书的初衷，以及我愿为此书作推荐序的重要原因。

本书力求用大量的数据、确凿的事实、严密的逻辑来分析事物的内在规律与现实，具有科学性、创新性、前瞻性，许多论点新颖、论据充分、说服力强，对了解和研究中美科技、经济、贸易乃至综合国力具有重要的参考价值，我很高兴向广大读者推荐。

第一，书中写道，中国共产党是近四十年来对人类贡献最大的党，因为它领导世界人口最多的国家，成为经济增长最快的国家。我完全赞同作者的观点，并为祖国的巨大成就而自豪。世界上没有任何国家能够拿出这样令人振奋的成绩，这不是什么“红色宣传”，我们有义务让国人了解、让世人知晓，提升实现中华民族伟大复兴之信心。

第二，“第二经济大国陷阱”的提法符合当今世界的现实。国内外政治家、外交家、学者多用西方人提出的“修昔底德陷阱”来预测未来中美关系的走向，有的机构甚至认为“中美必有一战”。作者用“第二经济大国陷阱”预测中美关系，认为中美之间不会发生战争，中美都是拥有核武器的大国，核战争会完全毁掉现代文明，但竞争不可避免，“除非是‘疯子’掌权，否则大国的全面战争将不再可能发生”。我赞同这个观点，管控分歧是对大国的基本要求与责任。

第三，用数据定量分析中美差距很有价值。国外预测“中国威胁论”“中国崩溃论”等言论近七十年，但在事实与数据面前却成了谬论。中国到21世纪中叶“全面超越”美国当是可预期的事，但国内有专家却提出当下中国在综合国力、经济、军事、文化、科技、教育等六个方面已超越美国这一观点，事实上缺乏数据支持。书本作者用40个指标对中美两国在经济、科技、教育、文化、军事、体制等方面的差距进行了定量研究，提出即使我国经济总量超过美国，但也并不代表综合国力超过美国。今天的中美差距，本质上还是一个最大的发展中国家和一个最大的发达国家之间的差距，对此我们必须保持清醒的认识。特别是我国在经济效率、科技创新能力、教育等方面的一些指标，短期内还难以超越美国。根据我几十年与美国人打交道的经验，我觉得这个评价是客观的，我提倡用事实与数据说话。

第四，“填平第二经济大国陷阱”的对策有高度、有新意、有参考价值。作者提出了达到并保持世界第一经济大国的“三步走”战略，即通过发展第三产业“跃居第一”、发展战略性新兴产业“巩固第一”、建设科技强国“保持第一”，以及强化“六大优势”、防范“六大误区”、拆除“十大壁垒”等对策与建议，涉及经济、科技、教育、金融、外交等许多方面，体现了作者的知识面与研究功底，有一定高度、广度和深度，值得重视。

填平第二经济大国陷阱

我相信，多极化、全球化、多元化、信息化是当今世界发展的大趋势，人类文明将不断进步，世界将更加和平、更加繁荣，人类的文明与智慧将荡平一切陷阱和阻力，“第二经济大国陷阱”一定能够被填平！中华民族必将为人类作出更大的贡献！

联合国原副秘书长 沙祖康

2018 年 5 月 26 日

第一篇

历 史 篇

斗转星移，光阴荏苒。兴兮衰所伏，衰兮兴所依。大国兴衰，经济起伏，技术更替，民生民权，宗教文化，社会文明，其内在的逻辑与规律是什么？

自从1890年美国成为世界第一经济大国以来，第二经济大国英国、德国、法国、苏联、日本等先后无一例外地衰落，而第二经济大国每16年更迭一次，其中1960年以来每10年更迭一次。

大国兴衰的规律是什么？弱肉强食的“丛林法则”在现代国际社会是否仍然起着支配性作用？人类物质文明、精神文明的巨大成就无法改变甚至消除“丛林法则”影响的情况还将持续多久？

第 1 章

世界第一经济大国 2000 多年只更迭过 3 次

回顾两千多年的人类发展历史，国家兴与衰、政权续与迭、经济起与伏、文化承与废、国土伸与缩，其内在的历史规律与现实逻辑是什么？人类文明的方向在哪里，技术战胜了饥饿、贫穷、落后，但文明好像很难战胜愚昧、物欲、霸权。经济发展的内在规律与机制是什么？是自由市场经济“一只手”好，还是市场加政府“两只手”更好？生态文明的规律是什么？是越自然越好，还是人类可以改善生态、修复生态？大国兴衰的规律是什么？弱肉强食的“丛林法则”在现代国际社会还要持续多久？

两千多年来，世界第一经济大国地位相对稳定，或者说是十分稳定，只有中国、印度、美国曾经真正成为世界第一经济大国。英国、德国、法国由于国土少、人口少，虽然有工业革命与大量殖民地的双重作用，曾经成为经济强国，人均 GDP 很高，但始终没有真正成为世界第一经济大国。

研究人类经济发展的历史轨迹与发展规律，是一项十分重要又相当困难的工作。首先，缺乏系统的、可比较的历史数据，在二战之前，只有 10 个国家发布过国民收入的官方数据，缺乏统一的国际标准，没有办法对这些数据进行比较；其次是缺乏系统、规范的研究方法与工具，不同学科、运用不同方法的研究往往得出不同的结论。

幸运的是，英国著名经济学家安格斯 · 麦迪森花费多年心血对世界经济的数据与事实进行了分析，通过按照各国的人口数量进行估算，提出了补充数据缺口的方法，他针对数据可靠性的分析与评估方法，撰写了《世界经济千年史》《世界经济千年统计》。他对世界经济千年历史的宏观计量经济学研究已经得到许多国家和国际机构的认同，特别是他对不同国家进行的比较分析，很大程度上消除了经济数据的系统误差。因此，在没有官方公布的数据和世界银行等国际机构数据的情况下，在研究经济历史轨迹时，我们引用了麦迪森教授提供的数据。

国内外关于大国崛起的研究很多，但由于不同研究者采用的数据不同，研究结果也不尽相同。一些研究者把英国、德国、法国列为大国或强国[1]，还有的学者把葡萄牙、荷兰、西班牙等也列为大国[2,3]。按照《世界经济千年统计》[4]以及世界银行的数据，从公元 0 年到 2017 年，较长时期保持世界第一经济大国地位的国家只有中国、印度和美国。

第 1 节　中国经济在 1800 多年里保持世界第一

（一）公元 0—1889 年间中国经济居世界第一位

按照安格斯 · 麦迪森估算的数据，在公元 0 年到公元 1000 年期间，中国和印度的 GDP 基本相当，印度略高于中国；从 1000 年之后，中国经济稳居世界第一的位置，直到 1890 年美国超过中国。从公元 0 年到 1889 年间，中国一直保持着世界第一大经济体的地位，并在 1820 年达到最高值，占世界经济总量的 32.9%。1890 年，美国 GDP 为 2147.14 亿 1990 年国际元（以下简称国际元），超过中国的 2053.79 亿元，成为世界第一大经济体，并一直持续至今。

中国官方没有公布过1820年以前的经济数据，但与其他国家相比，中国拥有相对完整的人口数据和部分年份的粮食产量数据，有大量的历史文献与考古文献，这些都为研究中国经济历史提供了十分宝贵的资料。人类农业文明时代主要的产品是食物、服饰及住宅。因此，养活人口的数量在一定程度上就代表了经济的总量，安格斯·麦迪森教授估算的经济数据具有科学的基础与依据。

1. 农业经济时代，中国经济总量曾占世界经济总量的32.9%

农业经济时代，中国的农业技术长期处于世界领先水平。中国是世界上水稻、大豆等主要农作物的起源地，也是农业最发达的国家之一。考古发现，距今一万多年前的江西万年县仙人洞和吊桶环遗址曾经出土过水稻的植硅石[5]。早在7000—8000年前的新石器时代早期到仰韶文化时期，中国黄河流域就已经有了石器，有了黍、粟栽培和猪、牛、鸡养殖。中国汉代发明的播种耧至今还在一些农区使用，几千年形成的精耕细作的农业技术体系是世界农业技术的精华，《齐民要术》是世界上历史最悠久的农业科技著作。由于中国农业技术长期处于世界领先水平，使中国在农业经济时代的经济总量长期占世界经济总量的25%左右（表1-1）。

一些研究认为中国领跑世界1000—1600年，特别是从3世纪到13世纪的一千多年里，中国的科学技术远远走在西方国家的前列，尤其是农业和手工业技术遥遥领先于西方国家[6]。但许多关于世界经济发展历史[7]、中国经济发展历史的学术著作[8]，并没有对中国经济在世界经济总量中的比重进行定量化的研究，许多学者都从中国开始落后的16世纪起研究大国兴衰与经济发展的[9]。根据安格斯·麦迪森有关数据测算，美国经济直到1890年才超过中国，英国经济直到1938年才超过中国（表1-2、1-3）。从人口、GDP和人均GDP来看，在19世纪之前，中国一直是世界上最大的经济体[10]，也就是说，在农业经济时代，中国养活人口数量巨大、农业技术领先，实际经济总量在一千八百多年里居世界第一位。

表 1-1　公元 1—1820 年间中国经济总量占世界经济总量的比重

单位：百万 1990 国际元*

年份	中国	法国	德国	英国	美国	日本	世界	中国 / 世界
公元 1 年	26820	2366	1225	320	272	1200	105402	25.4%
1000 年	27494	2763	1435	800	520	3188	121208	22.7%
1500 年	61800	10912	8256	2815	800	7700	248321	24.9%
1600 年	96000	15559	12656	6007	600	9620	331344	29.0%
1700 年	82800	19539	13650	10709	527	15390	371058	22.3%
1820 年	228600	35468	26819	36232	12548	20739	693502	32.9%

数据来源：根据《世界经济千年统计》整理。

* 1990 国际元：英国经济学家安格斯·麦迪森以 1990 年美元为基准水平，采用购买力平价和国际多边比较的方法，创立了“1990 年国际元”作为衡量经济总量和人均收入的单位，简称国际元。

2. 经济变法的思想与措施催生了辉煌的农业时代

中国之所以能够在农业经济时代成为世界经济大国，引领世界经济发展，绝不仅仅是因为养活人口多、经济总量大，与历朝历代推动经济变革的思想、政策、技术也分不开。从春秋战国时期到 18 世纪工业革命兴起，农业经济时代一系列的经济思想不仅推动了当时经济社会发展，而且有些朴素的经济思想、理论至今仍有重要的参考价值。

2700 年前，春秋时期管仲以“重商主义”为特征的变法思想帮助齐桓公创造了齐国盛世：“铁盐专营”作为政府干预经济的经典模式，比凯恩斯提出的“国家干预经济替代自由放任”早了两千多年；他倡导的“放活微观、管制宏观”，与中华人民共和国成立后“宏观要稳、微观要活”的经济政策可谓一脉相承；他创立的通过价格、财政、税收等配套政策管理经济的做法，是现代国民经济治理体系的雏形；他主张的“刺激商贸、以商止战、鼓励消费”等政策，至今仍有重要参考价值。

商鞅变法以“重农主义”为特征，“废井田、重农耕、奖军功、统一度量衡”等政策，奠定了秦国由弱到强的基础，至今仍在经济发展、社会治理中得到应用，惠及千年，影响世界。他提出“以农立国”的思想与“农业是国民经济的基础”一脉相承；“统一度量衡”是国家统一、经济繁荣的基石；“郡县制度”是中央与地方分配权力的基本制度设计，被毛泽东称为“百代都用秦政法”[11]。

汉武帝刘彻变法“文治武功”，在中央集权下创造了经济繁荣，使汉朝成为当时世界上最强大的国家。推进所有制改革，将铸钱、盐铁、酿酒业收为国营，扩大规模、改进技术，取得了快速发展；流通改革，“均输、平准”，相当于统购统销、价格管理；炼铁技术装备的汉军，为开疆拓土奠定了基础。

唐太宗李世民运用“科举制”与“小政府”铸就了“大唐朝”。他实行的自隋朝开始的“分科考试、自由报考、以绩取舍、中央裁定”的科举制度，一直沿用到清光绪三十一年（1905 年）。“朝为田舍郎，暮登天子堂”，科举制是世界上延续时间最长、考官级别最高、征用力度最大、实施效果最好、影响范围最广的人才政策；实行“六部制”，中央机关仅 643 人，是历代最小的政府[12]。

一千年前，王安石变法“理财、整军”，提出均输法、水利法、青苗法、免役法、方田均税法等，是涉及政治、经济、军事、社会、文化等方面的整体配套改革，起到了发展生产、增加税收、富国强兵的作用，扭转了北宋积贫积弱的局面。王安石认为私人利益与财富扩张会威胁国家稳定，提出“取天下之财，以供天下之费”[13]，其“摧抑兼并”的方式导致变法以失败告终，导致后来的南宋、元、明、清的执政者对激进式变法望而生畏，所以其后近一千年里中国经济缺乏大胆的、系统的改革。

康熙为政宽仁，“滋生人丁，永不加赋”；雍正“以勤先天下”；乾隆以“十全武功”收复疆土，铸造了持续一百三十多年的“康乾盛世”，使封建社会回光返照，1799 年乾隆去世，中国封建社会的经济繁荣也画上了句号。

（二）1820—1913 年间中国经济仅增长 5.6%，占世界经济总量的比重降至 11%

1. 中国经济总量占世界经济总量的比重下降 22 个百分点

按照《世界经济千年统计》数据，1820 年中国经济总量为 2286 亿国际元，1900 年中国经济总量为 2181.5 亿国际元，80 年间经济总量不但没有增长，反而下降了 4.6%。1913 年经济总量增加到 2413.44 亿国际元，但只比 1820 年的经济总量增长了 5.6%（图 1–1）。

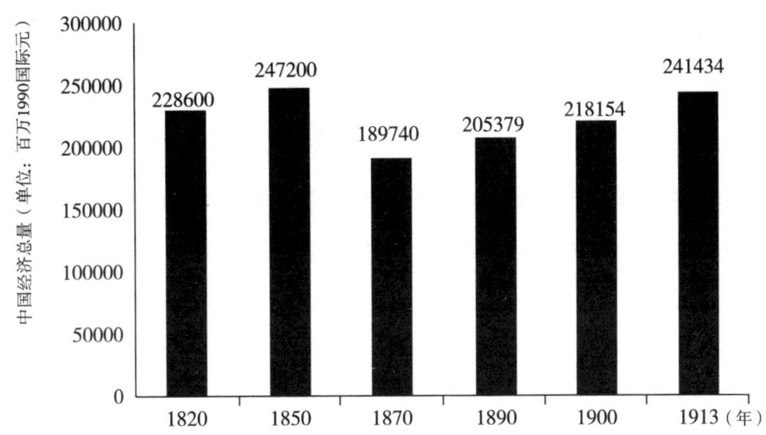

图 1–1　1820—1913 年间中国经济总量增减情况

数据来源：根据《世界经济千年统计》整理。

与此同时，中国经济总量占世界经济总量的比重也在迅速下降，从 1820 年的 32.9%，下降到 1900 年的 11%，短短 80 年下降了 22 个百分点，这是历史上中国经济总量占世界经济总量的比重下降最快的时期。1820 年中国经济总量是美国、英国、德国等三国经济总量之和的 3.02 倍，1913 年降至0.25倍，1913年降至0.25倍（表1–2）。

2. 政府无能、外患内乱导致经济滑坡

造成这一时期经济滑坡、经济总量占世界经济比重下降的原因有很多，但主要原因有三个：一是政治原因，清政府后期的腐败无能导致内乱，政府为镇压白莲教起义花费了1亿两白银[14]，为镇压太平天国运动耗时14年，耗资7亿两白银，葬送了“康乾盛世”留下的全部财富；二是外敌入侵掠夺财富、破坏发展，中国逐步滑向半殖民地国家；三是技术的闭关锁国，使中国错过了工业技术革命的机遇，导致经济几乎没有增长，洋务运动引进了西方军事装备、机器生产和科学技术，修建了铁路，建造了钢铁、船舶公司，创办了银行、保险公司，但仍无法挽救腐败无能的清政府。

与中国相反，1765年蒸汽机的发明，使英国、德国凭借先进的工业技术先后迅速崛起，成为工业经济时代早期世界经济的引领者。美国建国之后，大量移民和先进技术的引进，使美国经济迅速攀升，1872年超过英国成为世界第二大经济体，1890年超过中国成为世界第一大经济体，且一直保持至今（表1–2）。由于中国错过了工业革命的机遇，GDP增长率和人均GDP增长率几乎没有发生变化，直到辛亥革命爆发，100年内经济总量几乎处于停滞状态（表1–2）。

表1–2　1820—1913年间中国经济总量占世界经济总量的比重

（单位：百万1990国际元）

年份	中国	法国	德国	英国	美国	日本	苏联	世界	中国/世界
1820年	228600	35468	26819	36232	12548	20739	37678	693502	33.0%
1850年	247200	58039	48178	63342	42583	21732	–	–	–
1870年	189740	72100	72149	100180	98374	25393	83646	1109683	17.1%
1871年	–	71667	71674	105570	102862	25709	–	–	–
1872年	–	78313	76658	105795	107065	26005	–	–	–

续表

年份	中国	法国	德国	英国	美国	日本	苏联	世界	中国 / 世界
1890年	205379	95074	115581	150269	214714	40556	–	–	–
1900年	218154	116747	162335	184861	312499	52020	–	1971881	11.1%
1908年	–	124983	199122	196316	406146	63,628	–	–	–
1913年	241344	144489	237332	224618	517383	71653	232351	2733190	8.8%

数据来源：根据《世界经济千年统计》整理。

（三）1913–1948年间中国经济总量仅增长1.5%，占世界经济总量的比重降至4%

1. 中国经济总量只增长1.5%

1911年辛亥革命胜利，结束了中国两千多年的封建帝制，从理论上说，资本主义经济方式的引入会大幅度促进民族经济的发展，但由于战乱不断与政府治国无能，1948年经济虽有短期的增长，但从总体上讲，经济基本没有增长，38年间只增长了1.5%（图1–2）。

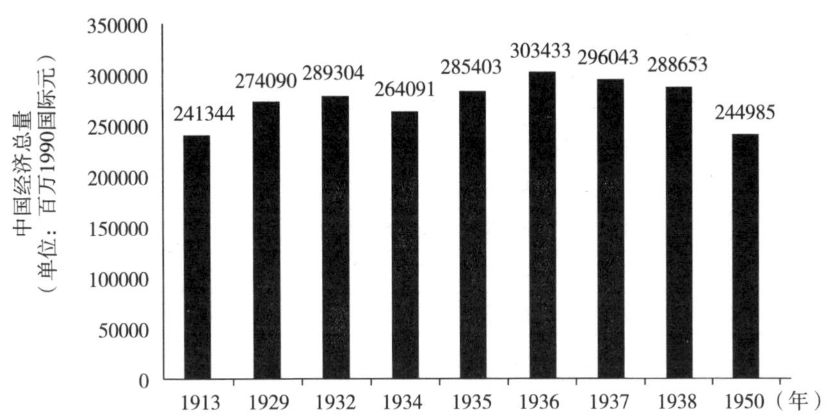

图1–2　1913—1950年间中国经济总量增减情况

数据来源：根据《世界经济千年统计》整理。

在1911—1926年北洋政府统治期间，旧的管理体制已经结束，新的国家治理体系还未真正建立起来，无法实现有效管理，民间资本自由发展，只有纺织业、面粉加工业等轻工业取得了一定的发展。根据《世界经济千年统计》的数据，1913年中国经济总量为2413.4亿国际元，1929年为2740.9亿国际元，17年增长了13.6%。

在1927—1936年国民政府期间，经济发展的目标是"统制经济"，发展国家资本主义、国有经济，节制民间资本，提出了"振兴农业、鼓励垦荒、开发矿产、提倡做工、促进工业、调节消费、流畅货运、调整金融"等八大经济政策[15]，成立了国民经济建设总会，被称为民族资本的"黄金十年"。1938年中国经济总量为2886.5亿国际元，比1913年增加了19.6%。

表1-3　1908—1950年间中国经济总量占世界经济总量的比重

（单位：百万1990国际元）

	中国	法国	德国	英国	美国	日本	苏联	中国/世界
1908年	–	124983	199122	196316	406,146	63,628	–	–
1929年	274090	194193	262284	251348	843334	128116	238392	–
1932年	289304	165729	220916	238544	615686	129835	254424	–
1934年	264091	175843	256220	261679	649315.6	142876	290903	–
1935年	285403	171364	275496	271788	698984	146817	334818	–
1936年	303433	177866	299753	284142	798322	157493	361306	–
1937年	296043	188125	317783	294025	832469	165017	398017	–
1938年	288653	187402	342351	297619	799357	176051	405220	–
1950年	244985	220492	265354	347850	1455916	160966	510243	4.6%

数据来源：根据《世界经济千年统计》整理。

1937—1949年间，出于外敌入侵、国内战争等原因，经济从全面倒退到全面崩溃。1945—1948年间货币发行量大量增加，导致经济崩溃、社会混乱。与1936年比，1949年轻工业生产总值下降30%，重工业生产总值下降 70%，工业生产总值整体下降近 40%，近代工业生产总值只占工农业生产总值的 10%。直到 1950 年，经济总量才恢复到 2449.85 亿国际元，比 1913 年仅增长了 1.51%。1913 年中国经济总量是日本经济总量的 3.37 倍，1950 年降至 1.52 倍（表 1-3）。

2. 中国经济总量占世界经济总量的比重下降一半

由于工业技术革命和产业革命的迅速发展，自 1820 年开始，世界经济取得了巨大的进步，经济总量由 1820 年的 6935.02 亿国际元，增加到 1950 年的 53358.6 亿国际元。而由于中国错过了工业技术革命的机遇，加上外国列强入侵、国内战争等原因，经济总量由 1820 年的 2286 亿国际元，增加到 1950 年的 2449.85 亿国际元，只增长了 7.17%，是世界经济平均增速的 1/10。中国经济总量占世界经济总量的比重从 1820 年的 32.9%，下降到 1913 年的 8.8%，再降到 1950 年的 4.6%。也就是说，从 1912—1949 年 37 年间，中国经济占世界经济总量的比重下降了近 50%。

第 2 节　印度曾为世界第一经济大国

印度是世界四大文明古国之一，拥有悠久的历史，创造了灿烂文化，特别是数字的发明，奠定了现代数学的重要基础。印度的宗教广为流传，影响深远，但种姓制度和宗教至今是限制印度发展的重要因素。从文明起源时间看，古印度文明比中华文明还要早一些。从自然资源看，南亚次大陆的自然和生态环境，更适于农业的发展。《世界经济千年史》曾对印度人口总量进行了跟踪，发现不同学者得出的结果差异很大，经比较后，《世界经济千年史》选择了杜兰德和麦迪森教授的数据（表 1-4），印度曾在公元元年到公元 1000 年经济总量处于世界第一位。

表 1-4　不同学者对印度人口估计的数据以及与中国人口的比较（单位：千人）

	学者	公元元年	1000 年	1500 年	1600 年
印度人口	克拉克	70	70	79	100
	麦克伊夫迪和琼斯	34	77	100	130
	比拉本	46	40	95	145
	杜兰德	75	75	112.5	–
	麦迪森	55	75	110	135
	经济千年统计史	75	75	110	135
中国人口	经济千年统计史	59.6	59	103	160

数据来源：根据《世界经济千年史》整理。

农业经济时代，世界的财富主要依靠人力资源和土地的产出，人口多、地域广就意味着财富多。经过测算，《世界经济千年史》认为：公元 1 年，印度 GDP 比中国多 20.5%。按此数据，过去两千多年印度是保持世界第一大经济体时间最长的国家，而不是中国。

然而，这一数据并不是印度本土的数据，而是包括了巴基斯坦和孟加拉国的数据，一直持续到 1946 年[16]。事实上，若按照目前印度、巴基斯坦和孟加拉国三个国家的国土面积、土地面积和农业用地面积等进行折算，我们估算 1946 年前的印度数据将减少五分之一至四分之一（图 1-3）。因此，在 1 —1000 年间，扣除巴基斯坦和孟加拉国的经济总量，印度本土经济总量实质上低于中国。此外，世界货币基金组织的数据也表明中国经济总量在公元元年到 1820 年期间一直高于印度。

综上所述，对古代中国和印度本土进行比较之后，实际上中国经济总量居世界第一位，印度居第二位。

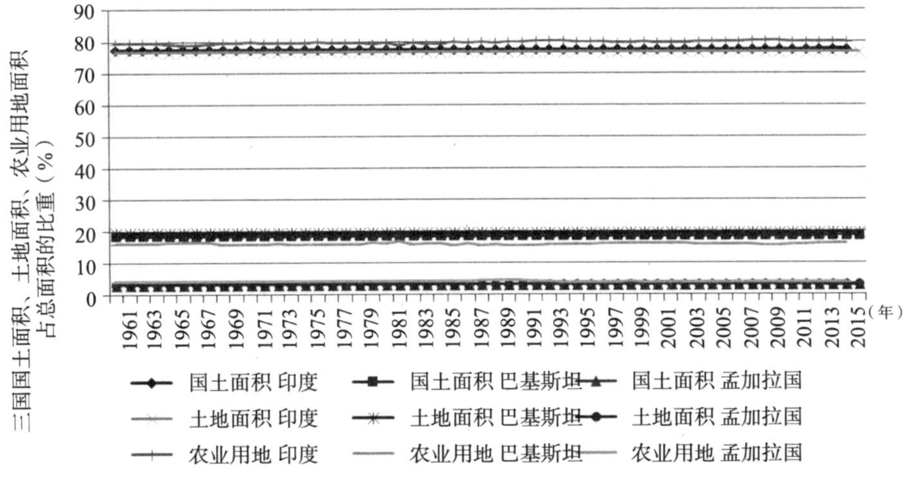

图 1-3　印度、巴基斯坦和孟加拉国三国国土面积、土地面积、农业用地面积分别占三国总面积的比重

第 3 节　美国经济居世界第一位已 128 年

对于美国何时成为世界第一经济大国，不同研究有不同的结果。有报告认为仅计算生产总量，1894 年，美国就超过英国成为世界第一经济大国[17]，1905 年人均 GDP 水平超过英国[18]。而按照麦迪森的数据，1872 年美国 GDP 总量超过英国，成为世界第二经济大国，而当时的第一经济大国仍然是中国，到 1890 年美国成为世界第一经济大国，至今保持 128 年，成为当今世界唯一的超级大国。

美国是当今世界唯一超级大国，但却是经济大国中历史最短的国家。美国发展历程与中国存在明显不同，未经历封建社会，而是直接进入资本主义国家。从 1776 年开始，美国在经历了 1812-1814 年的“第二次独立战争”之后，国家才真正走向独立发展的道路。美国独立后进行的工业革命，使得资本主义经济得以迅速发展，到19世纪，美国的自由市场经济制度已逐步完善，自由放任的资本主义经济开始蓬勃发展。经历百年时间，美国成了高度发达的资本主义国家。

然而美国经济发展也并非一帆风顺，在整个20世纪，美国共经历了19次经济波动。第一次世界大战后美国经济开始壮大，由于美国参战之前是中立国身份，第一次世界大战为美国在世界经济中的地位带来了根本性的转变。也就是从1914年由约37亿美元的债务国，转变成为1920年具有贷款余额约126亿美元的债权国。战后，美国不仅出口超过进口，而且美国公众和商业机构取得了更多的投资收入。

20世纪30年代，美国经济开始出现大萧条。1932年罗斯福就任美国总统时，经济下滑已经持续近4年，上百万人在银行倒闭中丧失了部分存款，倒闭银行超过9000家，占银行总数的1/3。到1933年时情况达到最糟，美国有1/4的劳动失业者，实际GDP比1929年以前的水平低30%。

第二次世界大战期间，美国作为“民主国家的兵工厂”，巨大军事需求促进了科学技术的发展，也促使美国真正成为世界经济强国，美元也成了世界上最有力的货币，与黄金等价。到20世纪60年代，由于美国工业生产能力的回升，凯恩斯主义在美国发展进入鼎盛时期，美国经济也随之进入了黄金时代。但是到20世纪70年代，工业世界受到新宏观经济病症的打击，即主流经济学所称的“供给冲击”，使美国进入一段时间的滞胀时期。而后随着欧洲经济共同体的不断扩大和发展，资本主义经济开始形成多极化的局面，20世纪80年代初，美国经济地位开始发生变化，从1985年起由债权国变成了债务国，之后美国经济也随之进入了新经济时代。虽然百年来美国经济出现多次波动，但是自1890年成为世界第一经济大国后，始终处于世界第一的位置，至今无人能够撼动。

第 2 章

世界第二经济大国 128 年来每 16 年更迭一次

“第二经济大国陷阱”是指第二经济大国经过一定发展时期，出于多种原因出现经济衰退并丧失第二经济大国地位的规律。自 1890 年美国成为世界第一经济大国以来，先后作为世界第二经济大国的英国、法国、德国、苏联、日本等国家无一例外地相继衰落。128 年间世界第二经济大国先后更替 8 次，平均 16 年更替一次，1960 年以来已更替 6 次，平均不到 10 年更替一次，大国兴衰中存在明显的“第二经济大国陷阱”。

按照麦迪森的数据，1890 年以来世界第二经济大国更替两次。1960 年以后，我们采用世界银行提供的各国经济统计数据来分析世界第二经济大国的更替过程。

第 1 节　1891—1933 年间中国经济保持世界第二位 43 年

1820 年中国 GDP 占世界经济的比重为 32.9%，中国人口占世界人口总数达25%，是英国人口总数的10倍、德国人口总数的7倍。出于外敌入侵与政府腐败无能等原因，1890年美国GDP达到2147.1亿国际元，超越中国的2053.8亿国际元，中国失去世界第一经济大国地位。根据麦迪森数据，1913—1950年间中国GDP年均复合增长率 -0.02%[1]、人均GDP年均复合增长率 -0.62%，除1920年前后短期被英国超越外，其余时间中国仍然占据世界第二的位置（表2-1）。

表2-1　世界前五大经济体排名（1890—2008年）

年份	第一	第二	第三	第四	第五	年份	第一	第二	第三	第四	第五
1890年	美国	中国	印度	英国	德国	1973年	美国	苏联	日本	德国	中国
1900年	美国	中国	英国	印度	德国	1974年	美国	苏联	日本	德国	中国
1913年	美国	中国	德国	苏联	英国	1975年	美国	苏联	日本	德国	中国
1920年	美国	英国	印度	德国	法国	1976年	美国	苏联	日本	德国	中国
1929年	美国	中国	德国	英国	印度	1977年	美国	苏联	日本	德国	中国
1930年	美国	中国	德国	苏联	英国	1978年	美国	苏联	日本	德国	中国
1931年	美国	中国	苏联	印度	德国	1979年	美国	苏联	日本	德国	中国
1932年	美国	中国	苏联	印度	英国	1980年	美国	苏联	日本	德国	中国
1933年	美国	中国	苏联	英国	印度	1981年	美国	苏联	日本	德国	中国
1934年	美国	苏联	中国	英国	德国	1982年	美国	苏联	日本	中国	德国
1935年	美国	苏联	中国	德国	英国	1983年	美国	苏联	日本	中国	德国
1936年	美国	苏联	中国	德国	英国	1984年	美国	苏联	日本	中国	德国
1937年	美国	苏联	德国	中国	英国	1985年	美国	苏联	日本	中国	德国
1938年	美国	苏联	德国	英国	中国	1986年	美国	苏联	日本	中国	德国
1950年	美国	苏联	英国	德国	中国	1987年	美国	日本	苏联	中国	德国
1951年	美国	苏联	英国	德国	中国	1988年	美国	日本	中国	苏联	德国
1952年	美国	苏联	英国	德国	中国	1989年	美国	日本	中国	苏联	德国
1953年	美国	苏联	英国	德国	中国	1990年	美国	日本	中国	苏联	德国
1954年	美国	苏联	英国	德国	中国	1991年	美国	日本	中国	苏联	德国
1955年	美国	苏联	德国	英国	中国	1992年	美国	中国	日本	苏联	德国

续表

年份	第一	第二	第三	第四	第五	年份	第一	第二	第三	第四	第五
1956 年	美国	苏联	德国	英国	中国	1993 年	美国	中国	日本	德国	印度
1957 年	美国	苏联	德国	英国	中国	1994 年	美国	中国	日本	德国	印度
1958 年	美国	苏联	德国	中国	英国	1995 年	美国	中国	日本	印度	德国
1959 年	美国	苏联	德国	中国	英国	1996 年	美国	中国	日本	印度	德国
1960 年	美国	苏联	德国	英国	中国	1997 年	美国	中国	日本	印度	德国
1961 年	美国	苏联	德国	英国	日本	1998 年	美国	中国	日本	印度	德国
1962 年	美国	苏联	德国	英国	日本	1999 年	美国	中国	日本	印度	德国
1963 年	美国	苏联	德国	日本	英国	2000 年	美国	中国	日本	印度	德国
1964 年	美国	苏联	德国	日本	英国	2001 年	美国	中国	日本	印度	德国
1965 年	美国	苏联	德国	日本	英国	2002 年	美国	中国	日本	印度	德国
1966 年	美国	苏联	德国	日本	中国	2003 年	美国	中国	日本	印度	德国
1967 年	美国	苏联	日本	德国	英国	2004 年	美国	中国	日本	印度	德国
1968 年	美国	苏联	日本	德国	英国	2005 年	美国	中国	日本	印度	德国
1969 年	美国	苏联	日本	德国	英国	2006 年	美国	中国	印度	日本	德国
1970 年	美国	苏联	日本	德国	中国	2007 年	美国	中国	印度	日本	德国
1971 年	美国	苏联	日本	德国	中国	2008 年	美国	中国	印度	日本	德国
1972 年	美国	苏联	日本	德国	中国						

数据来源：根据《世界经济千年统计》整理。

第 2 节　苏联曾为世界第二经济大国

苏联社会主义初期，经济社会发展迅速。有资料显示，从 1929 年起苏联经济保持 9% 的增长率达 24 年[2]，超过了当年的“亚洲四小龙”。按照麦迪森的数据，1934 年苏联 GDP 达到 2909.03 亿国际元（表 1–3），超越中国成为世界第二经济大国，直到 1986 年被日本超越，持续 52 年保持世界第二经济大国地位。由于苏联经济采用不同的统计体系，所以许多研究报告只把苏联列为军事大国，而没有将其列为经济大国，甚至许多大国兴衰的研究报告并未把苏联列入大国之列。苏联解体后，社会主义 70 年的成就被西方国家用 2 年的时间就“抢购一空”。2017 年俄罗斯 GDP 为 1.47 万亿美元，跌至世界第 12 位[3]。

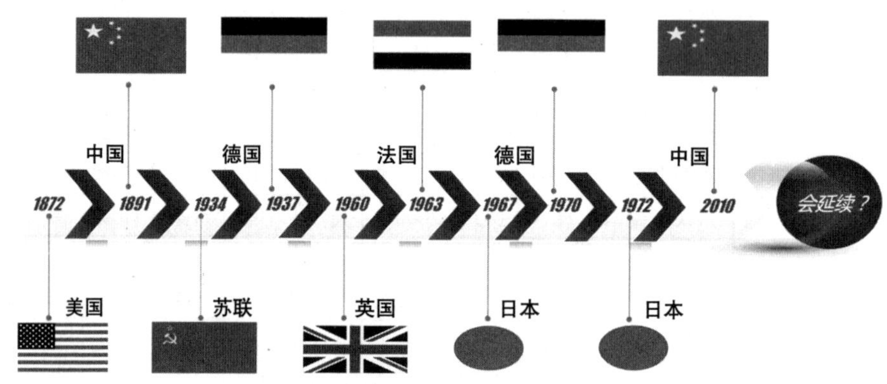

图 2-1 世界第二经济大国演替主要阶段

第 3 节 1960—1962 年间英国经济居世界第二位

作为工业革命的发祥地，英国曾建立了世界上最发达的工业体系，殖民地面积曾经是英国本土的九十多倍，但英国本土经济规模并不大，一直没有成为世界第一经济大国。按照麦迪森的数据，1872 年美国经济总量超过英国时，英国经济总是排在中国、印度之后，居世界第四位。1900 年，英国超过印度，居世界第三位。1920 年，英国短期内超过中国成为第二位，但很快又被中国超越（表 2-1）。英国曾经采取多种途径阻止美国崛起，但迫于多种压力最终选择了接受美国崛起的现实。1950 年英国 GDP 为 34.79 亿国际元，仅次于苏联、美国，居世界第三位，但在 1954 年又被德国超过（表 2-2）。

按照世界银行的数据，1960—1962年间，英国GDP居世界第二位，占世界GDP的5.3%。需要说明的是，世界银行没有苏联的经济统计数据，若考虑苏联的经济实力，英国实际上仅为第三位（表2-2）。

表2-2　世界前五大经济体排名（1960—2016年）

年份	第一	第二	第三	第四	第五	年份	第一	第二	第三	第四	第五
1960年	美国	英国	法国	中国	日本	1989年	美国	日本	德国	法国	英国
1961年	美国	英国	法国	日本	中国	1990年	美国	日本	德国	法国	意大利
1962年	美国	英国	法国	日本	意大利	1991年	美国	日本	德国	法国	意大利
1963年	美国	法国	英国	日本	意大利	1992年	美国	日本	德国	法国	意大利
1964年	美国	法国	英国	日本	意大利	1993年	美国	日本	德国	法国	意大利
1965年	美国	法国	英国	日本	中国	1994年	美国	日本	德国	法国	英国
1966年	美国	法国	英国	日本	中国	1995年	美国	日本	德国	法国	英国
1967年	美国	日本	法国	英国	意大利	1996年	美国	日本	德国	法国	英国
1968年	美国	日本	法国	英国	意大利	1997年	美国	日本	德国	英国	法国
1969年	美国	日本	法国	英国	意大利	1998年	美国	日本	德国	英国	法国
1970年	美国	德国	日本	法国	英国	1999年	美国	日本	德国	英国	法国
1971年	美国	德国	日本	法国	英国	2000年	美国	日本	德国	英国	法国
1972年	美国	日本	德国	法国	英国	2001年	美国	日本	德国	英国	法国
1973年	美国	日本	德国	法国	英国	2002年	美国	日本	德国	英国	法国
1974年	美国	日本	德国	法国	英国	2003年	美国	日本	德国	英国	法国
1975年	美国	日本	德国	法国	英国	2004年	美国	日本	德国	英国	法国
1976年	美国	日本	德国	法国	英国	2005年	美国	日本	德国	英国	中国
1977年	美国	日本	德国	法国	英国	2006年	美国	日本	德国	中国	英国
1978年	美国	日本	德国	法国	英国	2007年	美国	日本	中国	德国	英国
1979年	美国	日本	德国	法国	英国	2008年	美国	日本	中国	德国	法国
1980年	美国	日本	德国	法国	英国	2009年	美国	日本	中国	德国	法国
1981年	美国	日本	德国	法国	英国	2010年	美国	中国	日本	德国	法国
1982年	美国	日本	德国	法国	英国	2011年	美国	中国	日本	德国	法国
1983年	美国	日本	德国	法国	英国	2012年	美国	中国	日本	德国	法国
1984年	美国	日本	德国	法国	英国	2013年	美国	中国	日本	德国	法国

续表

年份	第一	第二	第三	第四	第五	年份	第一	第二	第三	第四	第五
1985 年	美国	日本	德国	法国	英国	2014 年	美国	中国	日本	德国	英国
1986 年	美国	日本	德国	法国	意大利	2015 年	美国	中国	日本	德国	英国
1987 年	美国	日本	德国	法国	意大利	2016 年	美国	中国	日本	德国	英国
1988 年	美国	日本	德国	法国	英国	–	–	–	–	–	–

数据来源：根据世界银行数据整理。

第 4 节　1963 —1966 年间法国经济居世界第二位

世界银行数据显示，1963 年法国 GDP 为 855.5 亿美元，超过英国的 854.4 亿美元，成为世界第二经济大国，占世界 GDP 比重最高时达到 5.27%。但法国在技术水平、人口数量等方面均没有明显优势，所以只在世界经济第二的位置上保持了 4 年，成为保持世界经济第二位时间较短的国家之一。

第 5 节　1967 —1969 年间日本经济居世界第二位

根据世界银行数据，1967 年日本 GDP 达到 1237.8 亿美元，超过法国的 1194.7 亿美元，第一次成为世界第二经济大国。1967 —1969 年，日本 GDP 占世界 GDP 的比重分别为 5.45%、6% 和 6.4%。

第 6 节　1970 年前后德国经济曾三次居世界第二位

讨论德国经济的国际排名，需要分为 1970 年前后两个阶段，德国曾先后三次成为世界第二经济大国。第一次是在 1937 年，按照麦迪森的数据，德国 GDP 达到 31.78 亿国际元，成为世界第二经济大国[4]，但疯狂的法西斯连续发动了两次世界大战，耗尽国力，很快失去世界第二经济大国的地位；第二次是在1955年，二战后德国经济恢复，GDP达到40.7亿国际元，重新成为世界第二经济大国；第三次是在1970年，世界银行开始统计德国的GDP数据，1970年GDP为2150.2亿美元，超过日本的2115.1亿美元，居世界经济第二位仅两年，1970年、1971年德国GDP占世界GDP比重分别为7.3%和7.6%。

第7节　1972年日本经济第二次居世界第二位

1868年日本的明治维新促进了经济发展，尽管多次发动侵略战争，抢夺他国资源，但日本经济始终没有达到世界第一位。二战以后，日本经济经历了近三十年的快速增长，按照世界银行数据，1961年日本GDP超过中国，1967年超过英国与法国，1972年达到3163.9亿美元，超过德国居世界第二位。日本GDP占世界GDP的比重，1972年为8.4%，1995年达到17.7%的峰值，随后逐年下降，2007年降至7.8%，2016年为5.91%。1985年，美国、日本等国签订的《广场协议》等引发日元增值，导致房地产和股市的泡沫，形成“失去的30年”，2010年最终失去世界第二经济大国地位。

但按照麦迪森的数据，日本经济居世界经济第二位不是在1972年，而是在1987年。1987年日本GDP为19841.4亿国际元，超过苏联的19654.6亿国际元，居世界第二位，并保持了23年，比世界银行的数据少了14年。

第8节　2010年起中国经济第三次居世界第二位

改革开放以来，中国用不到四十年的时间就走完了发达国家100多年的工业化道路，并赶上了信息科技革命的浪潮，短期内释放出巨大的财富。按照中国国家统计局数据，中国 GDP 由 1978 年的 3678.7 亿元，增加到 2017 年的 827122 亿元，增加了 224 倍，无论是经济增长率还是持续时间都超过了当年的“亚洲四小龙”，创造了世界经济增长的奇迹。按照世界银行数据，中国 GDP 先后超过法国（2005 年）、英国（2006 年）、德国（2007 年），在 2010 年达到 61006.2 亿美元，超过日本第三次成为世界第二经济大国。

2012 年，中国经济进入新常态，并逐步进入了由高速度向高质量发展的新时代，延续着经济增长的奇迹。在 1820 年至 1949 年的 129 年期间，中国 GDP 只增长 7.1%[5]，而 1949 年到 2017 年的 68 年间，中国 GDP 由 466 亿元上升至 827122 亿元，增加了近 1774 倍[6]。从 GDP 占世界比重来看，1960 年中国 GDP 占世界 GDP 比重仅为 4.4%，1980 年跌至 1.7%，2016 年中国 GDP 占世界 GDP 比重已达到 14.8%。

第 9 节　2008 年后欧盟经济陷入低迷期

欧盟是仅次于美国的世界第二大经济体。由于欧元的不断走强，美国采取了多种措施遏制欧元区的经济增长，2008 年源于美国的全球金融危机已使欧盟经济陷入 10 年低迷期，至今仍没有摆脱危机的迹象，难民危机、英国“脱欧”，更使欧盟经济雪上加霜。

第 3 章

第二经济大国陷阱的根源是“丛林法则”

百余年来，第二经济大国无一例外地走向衰退与停滞绝非偶然，必有其内在的逻辑或规律。英国学者克里斯托弗·科克尔认为“过去 300 年间所有大国冲突都与国际体系的规则与制度有关”[1]，唐静松认为美国通过“金融战、民主战、经济战、信息战”牢牢地掌控了世界[2]。我们研究表明，“第二经济大国陷阱”的形成有一个潜规则、两大根源、五大途径。

第 1 节　历史根源：“丛林法则”、弱肉强食

“第二经济大国陷阱”形成的根源主要有两个：陷阱设置者的成功和陷阱防御者的失误。

陷阱设置者的强权战略是“第二经济大国陷阱”形成的主观原因。陷阱设置者不断推行强权战略、炮艇战略、地缘政治，通过“幌子”（人权高于主权）、“票子”（货币体系）、“框子”（国际规则）、“笼子”（贸易战）、“鞭子”（战争）等多种手段，成功遏制了第二经济大国的持续发展，甚至破

坏其社会稳定，使其走向衰落。

陷阱防御者的战略意识不强、战略失误或失败是“第二经济大国陷阱”形成的客观原因。德国发动两次世界大战，自食其果；日本缺乏战略眼光、防御意识不强，最终落入陷阱；苏联先被攻陷意识形态，不战而败，也难逃厄运；欧盟对美国政治上依附、军事上依赖、经济上依存、体制上接轨、金融上同轨、文化上并轨，缺乏独立自主的实力，必将深陷“第二经济大国陷阱”。

和平与发展是当今世界的主题，政治上相互包容、经济上相互依赖、外交上相互妥协、文化上相互借鉴、科技上相互合作、军事上相互沟通，是当代人类文明的标志。

虽然大战休止，但军备竞赛、局部战争、文化冲突、种族歧视等却从未停止，弱肉强食的“丛林法则”仍然是支配国际竞争、大国兴衰的潜规则，是“第二经济大国陷阱”形成并持续的内在逻辑。

第 2 节　基本特征：经济衰退、丧失地位

历史的经验表明，当第二经济大国具有以下几个基本特征时，容易遭遇“第二经济大国陷阱”。

一是经济保持较长期的快速增长，经济总量达到世界第二位，英国、德国、苏联、日本、中国都经过一个时期的经济快速增长，并达到世界经济第二位。如当年日本 GDP 达到美国的 70% 时美国就明显加大对其遏制力度，2017 年中国 GDP 达到美国的 63%，美国制造贸易摩擦的力度也明显提升；

二是形成独特的经济发展模式，如英国模式、德国模式、苏联模式、日本模式、中国模式等，经济保持强劲发展势头，具有超越第一经济大国的趋势，有的国家甚至明确提出挑战第一大国经济地位；

三是在一些领域的技术与产业已经对第一经济大国形成竞争优势，当年日本在汽车制造业、家电等许多领域超越美国，引发第一经济大国采取贸易遏制、技术限制、人才管制等措施；

四是对第一经济大国形成较大贸易顺差，顺差难以通过商品贸易手段控制，往往需要修改贸易规则、调整关税税率，甚至发生贸易冲突才能缓解矛盾；

五是成为第一经济大国的最大债权国，对其货币汇率有一定影响力；

六是国际地位攀升，参与修改或制定新的国际规则，成立新的地区性、国际性组织，有可能动摇美国领导世界的霸权地位。

第3节　第二经济大国落入陷阱的主要途径

多少年来，国家间、民族间多为土地、粮食、石油、水资源而战，但第二经济大国落入陷阱主要有战争、金融、贸易、政治（和平演变、颜色革命）、外交五大途径。

（一）战争曾是“第二经济大国陷阱”形成的主渠道

1890 年中国 GDP 被美国超越，失去第一经济大国地位。1937 年日本帝国主义侵略中国，1938 年德国 GDP 超过中国，中国失去第二经济大国地位。德国成为第二经济大国后，军国主义思想迅速膨胀，两次发动世界大战，耗尽国力，同样陷入了“第二经济大国陷阱”。

（二）金融是形成“第二经济大国陷阱”的杀手锏

20 世纪 60—80 年代期间，日本经济快速增长并成为第二大经济体，对美国经济地位构成威胁，美国联合德国、英国、法国签订了《广场协议》，加上后来的巴塞尔协议、巴黎协议等，引发日元增值，导致日本房地产和股市泡沫，有效地遏制了日本经济的持续增长，形成“失去的30年”，至今仍找不到恢复经济增长的有效路径。日本GDP占世界经济的比重由1978年的11.8%，下降到2016年的6.5%。

（三）贸易是“第二经济大国陷阱”的快车道

发动贸易战是迅速增强本国经济竞争优势、降低他国经济竞争力的最直接、最快捷的途径之一。美国曾经用贸易协定成功地遏制了欧盟、日本的经济发展，并获得巨大经济利益。如美国用1974年制定的《贸易法案》，先后对日本发起近二十次“301调查”，对中国进行了6次调查；1985年7月针对日本半导体产业的“301调查”，迫使日本作出巨大让步，30多年后，美国对中国中兴公司的禁令迫使中国在贸易谈判中让步。中美贸易争端与当年美日贸易摩擦如出一辙，从纺织品开始，接着是钢铁，再逐步扩大到半导体等高科技产品，其做法就是用国内法则处理国际贸易争端，完全绕开WTO，直接行使贸易霸权、经济霸权，发起对许多国家的贸易战争。这个世界上也只有美国敢这么做，即使遭到千夫所指，也毫不在意。

（四）政治制度“接轨”使超级大国误入歧途

二战以后，苏联的综合国力居世界第二位，1974年国防支出达1090亿美元，而美国只有850亿美元，军备竞赛消耗了苏联大量国力，人民生活质量改善缓慢，加上戈尔巴乔夫受西方鼓动，推动政治体制与西方接轨，导致苏联解体、华约解散，美国不战而胜，以最小的代价消灭了最强大的对手。

（五）外交软实力迫使欧盟经济“硬着陆”

美国与欧盟，基因同祖、文化同源、军事同盟、政治同向，但美国对欧盟的基本策略是：政治上认同加干预、经济上合作加打压、外交上盟友加附属、军事上保护加占领，美国以“软实力”为龙头，牵制着欧盟经济与社会的发展。美国打仗、盟友买单，美国次贷危机、盟友金融危机，欧元绝对不能超越美元。雷曼兄弟引发的金融危机，受害最深的却是欧盟国家；美国引发了欧盟难民，危机却使德国内部乃至整个欧盟内部分裂。

第4节　第一经济大国称霸世界的六大“法宝”

自从美国GDP 1872年超过英国以来，经济始终保持快速增长势头，引领世界科技与经济发展，特别是两次世界大战之后，美国通过争夺人才率先成为世界人才中心，进而成为科技中心、经济中心，一步步走向成功，迫使日本经济停滞、苏联解体，不断强化其世界经济中心、科技中心、军事中心、外交中心的地位，成为当今世界唯一的超级大国。美国长期高举自由、民主、人权的旗帜，以“人权高于主权”的怪论干预甚至侵犯主权国家，特别是特朗普政府上台以来，为推动“美国优先”战略，不惜脱掉民主、人权、法治的“外衣”，露出了美国采取一切手段保持世界第一霸权地位的真面目。那么，美国依靠什么维持、并不断加强其霸权地位？美国通常采取组合拳，军事（“鞭子”）、政治（“框子”）、经济（“票子”）、贸易（“笼子”）、外交与文化（“幌子”）、科技（“才子”）六管齐下。

（一）“鞭子”——军事威慑或战争

美国拥有全球最大的军事体系，炮艇战略是其称霸世界的核心，2012年美国军费支出达到7110亿美元，超过世界第2到第24名军费支出的总和；2017年军费达6028亿美元[3]，占GDP的3.1%。2017年中国军费为1505亿美元[4]，是美国军费的四分之一，占GDP的1.14%。2017年美国军费增长10%，为GDP增速2.3%的4.4倍，中国军费增长7%，与GDP增速 6.9% 基本相同。

据美国《原子科学家公报》2016 年公布的资料，美国核武器库有 6970 枚核弹头，其中实战部署为 1930 枚；拥有射程 12000 公里的导弹 450 枚，配备 500 枚核弹头。美国在世界 150 个国家或地区部署军队，129 万名现役官兵中有 27 万人被派驻在美国以外[5]，这是世界上任何国家都难以比拟的，也是美国实现世界霸权的基础。

几乎每届美国总统都要发动一次战争，一是为打击对手、收拢盟友；二是为展示先进武器、推销军火，以实现经济、外交、军事“一箭三雕”的目的。自从美国建国以来，世界上几乎所有的战争都与美国相关，发动科索沃战争，恫吓东欧国家，争取东欧国家加入北约以保障其国家安全，扩大军事同盟，挤压俄罗斯军事空间；发动伊拉克战争、海湾战争，摧毁伊拉克油田，导致石油产量下降、价格上升，曾经使油价每桶上升至 150 美元，让支持布什家族的石油商获得了巨额利益，但客观上却帮助了美国的最大对手——俄罗斯，俄罗斯利用石油出口提升了经济实力与综合国力。可见，美国总统往往把家族利益放在国家利益之上，为了布什家族支持者的利益，可以容忍最大的对手俄罗斯变得更加强大。“拥有化学武器”的伊拉克总统萨达姆、“不讲人权”的利比亚总统卡扎菲、“压制本国民主”的前南斯拉夫总统米洛舍维奇，以及叙利亚现总统巴沙尔，都是美国“鞭子”的牺牲品。

此外，美军还在中国有重大活动之际把航空母舰开进中国南海。2018 年 4 月 3 日，正当中美之间的贸易摩擦愈演愈烈之际，美国海军罗斯福号航空母舰离开新加坡进入中国南海，此时，中国辽宁号航空母舰等四十余艘中国海军战舰正在南海进行实战演练，美国航母打击群此时进入南海显然是有目的的挑衅，其最终目的是用军事示威的方式向中国施压，争取在此轮贸易谈判中的主动。

（二）“框子”——制度改造加干预

美国历届总统都把“领导世界”作为其执政目标，美国国会讨论别国事务的时间常常比讨论本国事务还多。美国在全球范围推行其所谓的民主制度，利用制度的“框子”把许多国家框入其政治体系，利用颜色革命、地缘政治等一系列活动，颠覆与美国政体不同或者不听从美国号令的国家，干预他国政治，甚至直接将别国民选总统抓到美国去审判。美国已经用“政治体制接轨”的办法，瓦解了许多国家的政权，通过扶持亲信上台的方式控制、干预他国政治，当年的世界第二经济大国——日本也不例外，美国成功地让不听话的日本前首相田中角荣等下台，一些小国家的政府则更在美国的完全掌控之中。

美国还成功利用“民主、自由、人权”的制度“框子”，使一些国家陷入混乱之境，发动颜色革命使许多国家陷入内乱，导致政权更迭。美国还在一些国家潜心支持反对派，推翻合法政府，如在叙利亚战争中美国支持反对派夺取俄罗斯支持的现政权，小国成为大国争斗的牺牲品。苏联的瓦解是美国制度“框子”最大的猎物，苏联戈尔巴乔夫改革新思维，是苏联崩溃的原因之一。美国还通过在朝鲜半岛、东西德、中国台湾、苏联联盟国之间、东欧国家之间制造分裂，挑起区域摩擦，甚至挑起内战，从中渔利。

（三）“票子”——美元体系控制世界经济

二战后期，多国货币竞相贬值，动荡不定。1944 年 7 月，在美国新罕布什尔州布雷顿森林召开的联合国国际货币金融会议上，美国时任财政部助理部长哈里·怀特凭借美国拥有全球四分之三的黄金储备和强大的军事实力，挫败英国代表团团长、著名经济学大师凯恩斯，确立了以美元为主导的国际货币体系——“布雷顿森林体系”（Bretton Woods System）。其核心是建立以外汇自由化、资本自由化和贸易自由化等“三个自由化”的多边经济制度，建立了资本主义对外扩张的制度体系，一定程度上促进了战后资本主义世界经济的恢复和发展。

“布雷顿森林体系”最初的主要内容是：一是美元与黄金挂钩；二是其他国家货币与美元挂钩；三是实行可调整的固定汇率；四是各国货币自由兑换；五是确定国际储备资产，使美元处于等同黄金的地位，成为各国外汇储备中最主要的国际储备货币。其中最核心的一条，也是对美国最有利的一条，即“美元处于与黄金等同的地位”，使美元成为各国外汇储备的主要货币，奠定了美国经济强大的基石，也就是说美国可以通过发行纸币而不使用黄金进行对外投资与支付，用纸币兑换别国财富，用纸币替代黄金，名正言顺地实行对外扩张和掠夺。

“布雷顿森林体系”确立初期，为促进二战以后世界经济发展发挥了一定的作用。然而，1950 年到 1971 年期间的多数年份，美国都处于贸易逆差状态，特别是自 20 世纪六七十年代对越战争以来，美国财政赤字巨大，美元多次爆发危机，许多国家纷纷抛售美元、抢购黄金，使美国黄金储量急剧减少，金价上涨。美国联合英国、瑞士、法国、德国等八国采取多种手段阻止外国政府持美元向美国兑换黄金，有一定效果，但由于美国国际收支的进一步恶化，美国最终没有能力维持黄金价格。1971 年 8 月，尼克松政府宣布实行“新经济政策”，停止履行外国政府或中央银行可用美元向美国兑换黄金，美联储拒绝向国外中央银行出售黄金，美元与黄金挂钩的体制名存实亡。

“布雷顿森林体系”的终止，是美国政府自己破坏了自己主导制定的国际货币体系。令人费解的是美元虽然不与黄金挂钩，却保留了美元在国际货币体系中的地位，也进而保留了美国经济在世界经济中的主导地位。这正是美国政府的高明之处，其核心是美国成功地遏制了对美元地位构成威胁的日元、欧元地位的上升，确保了美元在国际货币体系中的地位。美国可以继续用印钞机控制世界经济，用纸张来换取别国的财富和资源，这就是美国强大的最重要原因之一——“票子”。

改革开放40年来，中国农民工省吃俭用，节约了大量医疗、教育、住房、失业保障等费用，而有些企业竟然还以牺牲环境为代价，降低生产成本，使美国民众能够买到物美价廉的中国产品，使美国人民某种程度上享受了中国农民工的福利。美国不愿意拿出高科技产品与中国交换，却说在中美贸易中自己吃亏；美国得到大量货真价实的产品，中国得到的却仅仅是一堆废纸，在信息时代则变成了几个电子符号，连纸都没有了！究竟是谁吃亏了？

美国第三产业占GDP的比重达81.6%，经济发展的重点是为美国人服务，维持美国人高标准的生活。令人不解的是，美国实体经济空心化十分严重，除了飞机、大炮、计算机芯片与软件等外，美国没有什么高科技产品是自己生产的，连计算机、手机等高科技产品都是中国等国代工的，由于代工产品运往中国等原因，导致中国高科技产品的出口额接近美国的3倍。

美国用什么支撑世界第一大经济体的地位？有什么产品可以与其他国家交换？美国人不比中国人、英国人、德国人聪明和勤奋，但美国人的收入远远高于中国、英国、德国，这是为什么？就是因为美元货币体系、金融体系发挥了实质性作用，美国的创新、设计、品牌等服务业发挥了重要作用，谁要挑战美元的地位，就是挑战美国的霸权地位。中国最聪明的孩子学科学、当科学家，靠实业赚钱，美国最聪明的孩子学金融、进华尔街，靠金融与规则赚钱！我们是不是输在了起跑线上，输在了赚钱方式上，而不是仅仅输在发展方式上？这些问题值得思考。

唐静松先生在《大国阴谋：美国独霸全球内幕》一书中提到，美国是新殖民主义者，他们用经济手段掠夺财富，比旧殖民主义者更隐蔽、更文雅、更有效，美元的地位是美国全球霸权地位的最主要的经济保证[6]。

（四）“笼子”——美制规则主导国际贸易

二战以后，美国通过主导世界贸易规则，影响世界贸易组织等国际组织，把世界各国关进了美国主导编制的“笼子”，《关税及贸易总协定》（以下简称《关贸总协定》）就是在美国主导下制定的“笼子”。如今，美国却带头破坏《关贸总协定》，想把别人装进“笼子”，自己充当“笼子”看管人。当国际规则的“笼子”不够用时，美国则用自制的美国“笼子”。多年来，美国利用本国所谓的“201 条款”“301 条款”“特殊 301 条款”“232 条款”“337 条款”等形形色色的“笼子”，限制别的国家，甚至公然践踏国际法、践踏他国主权。

20 世纪三四十年代，世界贸易保护主义盛行，经济萧条。为解决这一问题，许多国家呼吁召开联合国贸易与就业会议，举行新的减少关税、增加就业的谈判。美国向联合国经济和社会理事会提出召开世界贸易就业会议并成立国际贸易组织，1946 年由美国、英国等 19 个国家组成联合国贸易与就业筹备委员会，起草了《联合国国际贸易组织宪章》，1947 年在古巴哈瓦那举行的联合国国际贸易和就业会议上通过了该《宪章》，其后美国邀请中国在内的 23 个国家根据《宪章》进行减让关税等多项谈判，并签订了《关贸总协定》，1948 年 1 月 1 日起生效。可见，《关贸总协定》是美国一手主导制定的，而且多次修订也是美国主导的。美国利用制定、修订国际贸易规则等一系列规则、条约、宪章来实现其领导世界、称霸世界的目标。

《关贸总协定》的宗旨是提高人民生活水平、保障就业、保证实际收入和有效需求的持续增长、发展商品生产的交换，通过达到互惠互利的协议，大幅度削减关税及其他贸易障碍，取消国际贸易中的歧视待遇等。经过连续六十多年的多国关税减让谈判，缔约国已经大幅度削减税收，世界贸易大幅度增长，关贸总协定在国际贸易领域发挥了十分重要的作用。然而近年来，特别是2018年3月以来，美国不断出台政策，单方面向中国产品增加关税，公然违背关贸总协定中第一条“不能针对一个国家制定规则”的规定，已经受到包括美国机构在内的全球范围的谴责。

历史多次证明，“笼子”是美国主导编制的，当它有利于美国时，美国就以国际组织名义维护，甚至不惜发动战争；但当“笼子”不利于美国时，美国则用所谓的国内法去否定、破坏，把别国装进去，让美国游离在外，充当“笼子”看门人，这是“笼子”对美国强大的支撑作用。例如，美国自己拥有核武器之后，就采取一切手段不允许其他国家发展核武器；美国高科技产品不销售给中国，却逼迫中国把稀土卖给美国及其盟国；美国人均能耗是中国人均能耗的3.3倍，却说中国废气排放是气候变暖的主要原因。其他国家发展快于美国，美国不从自身发展去找问题，而是使用限制他国发展的方式，用“笼子”套住别的国家，限制别国发展，这就是美国霸权主义的另一种行径。

（五）“幌子”——文化软实力胜于硬实力

美国前国务卿希拉里明确提出美国文化是一种软实力，是对世界的控制力和影响力。那么，美国文化的核心或基本特征是什么？是民主、自由、人权，还是霸权主义、个人主义、民粹主义？是人人平等，还是唯我独尊？是美国优先，还是国家平等？美国以人权为由，高举“人权高于主权”的“幌子”，不断发起对主权国家的干预、干涉甚至侵略，南斯拉夫、俄罗斯、中国等都是被美国利用人权攻击的对象，实际上是地缘政治的表现。美国人的自由往往只体现在美国本国人身上，对别人则是不自由、限制自由。例如，美国保护了持枪人的自由，却因校园枪击事件剥夺了其他人的生命安全，美国政府至今仍拿不出任何有效办法解决这一问题。

在国际事务中，美国更是拿人权制造混乱，从中渔利。原南斯拉夫联盟共和国总统米洛舍维奇为了维护国家的统一，打击分裂主义分子，却被美国及其联盟国家说成是侵犯人权，被送到国际法庭去审判；俄罗斯联邦为了维护国家统一，打击车臣恐怖分子，美国人却说成是侵犯人权；美国在伊拉克、阿富汗、叙利亚等国到处以反对恐怖主义为名，进行疯狂轰炸，不少平民被炸死，却从来没有说过是侵犯人权。这就是美国所谓的“自由、人权、民主”的双重标准的真实面目，用人权的“幌子”对他国主权或人权进行侵犯。

美国是由移民组成的国家，毫无疑问，美国文化吸收了多民族文化的精华，特别是山姆大叔忠厚老实的劳动人民形象深受世界人民尊重。但现实中，美国霸权文化与山姆大叔的形象格格不入，特别是特朗普上台以来，表现出“美国优先”的霸权主义形象，使世界各国人民对美国文化有了新的、全面的认识，美国主持公正、维护世界和平的“世界警察”形象荡然无存，真相毕露。

（六）“才子”——顶尖人才支撑美国强大

人们通常认为，强大的军事、经济、文化实力是美国称霸世界的根本原因，而事实上军事实力、经济实力、外交实力乃至综合国力的基础是科技实力，而科技实力的本质是人才实力。美国称霸世界最核心因素是拥有世界顶尖的人才，成为世界人才中心，进而成为科技中心、经济中心、外交中心、军事中心，美国一切胜利的核心是人才竞争的胜利。没有人才格局的变化，特别是顶尖人才格局的变化，绝对不会动摇美国作为世界科技中心、经济中心和军事中心的地位。

美国在二战期间曾经动员 8 个师的兵力搜罗欧洲顶尖人才，很快改变了世界顶尖人才格局，使美国成为世界人才中心。通过建立国家自然科学基金会、建设赠地大学、发放奖学金、绿卡等措施，吸引了大量世界各国优秀人才赴美留学或工作。近年来，美国平均每年吸引近一百万留学生和近十万访问学者。人才决定技术，技术决定经济，经济决定综合国力，“才子”是美国强大的最本质原因。

第5节 美国成功遏制日本的做法

美国扶持与遏制日本的基本政策是顺从则支持，赶超则遏制，其主要途径与手段是政治上同化加干预、外交上盟友加附属、军事上占领加保护、经济上先扶持后遏制、文化上渗透加侵略、科技上先支持后封锁，逼迫日本采用美国的规则、顺应美国的文化、接受美国的军事存在。实践证明，美国扶持、遏制日本的政策是成功的、有效的，倨傲自尊、残忍无情的日本人，在美国的遏制下不得不忍辱负重、委曲求全。

（一）政治上同化加干预

日本历史上经历了三次重大政治与社会制度变革。第一次是6世纪向中国学习的“大化改新”。大化二年（646），孝德天皇颁布《改新之诏》，学习中国唐朝律令制度，大量使用汉字。第二次是19世纪中叶全盘西化的明治维新。实行君主立宪制度，推进工业化，成为亚洲经济强国。第三次是“二战”后议会民主制的建立。标志是1947年5月实行的《日本国宪法》，宪法规定放弃交战权、不保有军队，日本安全保障由美国负责。这次政治制度变革，彻底葬送了日本明治维新结束半殖民地社会的成果，使日本沦为一个政治、经济、军事不能独立自主的“附属国”，种下了难以摆脱美国长期干预的苦果。例如，美国通过政治影响，先后将两位不太听话的日本首相田中角荣和鸠山由纪夫拉下马，特朗普当选美国总统之后，日本首相安倍晋三迫不及待地去纽约访问，都是日美政治的真实写照。

随着日本经济实力的增强，日本想摆脱美国干预的独立意识逐步加强，力图以“大国”的身份重新立足于世界舞台，发挥“新国际秩序构筑者与维持者”的作用，但引起美国不满，加上日美贸易摩擦不断升级，20 世纪 80 年代末，日美关系出现转折，美国对日政策由以扶持为主转向以遏制为主。当前，为了进一步摆脱美国干预，安倍晋三急于修改宪法，日本军国主义死灰复燃。

（二）外交上盟友加附属

1945 年 9 月，美国发布《占领初期美国对日政策》，明确规定了日本是美国附属国的地位，美国有责任保护日本，这意味着日本在外交上基本丧失了主权国家的基本地位。

随着日本经济实力的增强，日本逐步寻求独立外交空间。20 世纪 70 年代，日本在依附美国“一边倒”政策的同时，开始走“多边自主外交”的路线，尝试独立外交，但始终没有、也不可能完全摆脱美国的影响，只能一直顺从、服从美国的外交政策。美国发动的历次战争或国际争端，日本都采取了支持美国的外交战略，并为美国发动战争支付高额军费。

长期以来，美国把日本作为遏制中国的排头兵，日本则利用美国在亚洲争雄，环中国海域的国际纷争基本都是美国主导、日本行动。展望未来，只要美国超级大国的地位不变，日本外交被美国控制的局面就不会改变，日本利用美国抬高自身国际地位的外交伎俩也不会改变。

（三）军事上占领加保护

二战结束后，美国对日本单独占领，实行包括政治、外交、军事的全面管制。1945 年 8 月 28 日，首批美国海军陆战队登陆日本，接着麦克阿瑟率 46 万美军进驻日本，9 月 7 日，成立“盟军最高统帅总司令部”，以美方为主体，全面控制了日本的内政。

为了遏制日本好战的军事野心，美国采取了一系列措施，包括修改日本宪法，迫使日本放弃军事力量与宣战权。1960 年 1 月 19 日，时任日本首相岸信介和美国总统艾森豪威尔在华盛顿签订《日美共同合作和安全条约》（通称《新日美安全条约》），但仍未摆脱受美国支配的地位。

驻日美军官网（U.S. Forces, Japan, USFJ）显示，美国陆军驻日陆军司令部有 2541 人，美国海军驻日海军司令部及第七舰队有 3740 人，美国空军第五航空军有 12398 人，美国海军陆战队第 3 远征军有 17009 人，总计为 35668 人。此外，日本还要为美军驻扎提供相应费用，而且是负担驻军费用比例和绝对额最高的国家，比如 2010 年日本负担的比例为 74.5%，日本政府成为驻日美军的“五星级自动提款机”[7]。

（四）经济上扶持加遏制

二战后，美国为了保持并扩大其在日本及亚洲的地位，采取了大力扶持日本的政策，但当日本 GDP 达到美国的 70%、对美国第一经济大国地位构成威胁时，美国果断调整政策方向，由扶持转为遏制。美国联合英国、法国、德国等国家成功地利用“三大协议”、技术垄断等手段将日本经济推入陷阱。

一是《广场协议》使日元兑美元升值。1985 年 9 月，美国为减少巨额贸易赤字，美国、日本、西德、英国和法国财长和中央银行行长在纽约广场大厦签署《广场协议》，约定协作、稳步有序地推动日元兑美元升值，1985 年 9 月美元兑日元在 1 美元兑换 250 日元上下波动，在协议签订后不到 3 个月的时间里，美元迅速下跌到 1 美元兑换 200 日元，跌幅 20%，最低曾跌到 1 美元兑换 120 日元。市场失控、日元升值过快导致日本经济竞争力迅速下滑。

二是《卢浮宫协议》稳定美元汇率。1987年，美国、英国、法国、西德、日本、加拿大、意大利在巴黎达成《卢浮宫协议》，约定日本和西德等实施刺激内需计划。《卢浮宫协议》签订后，日本政府实施了扩张性的财政政策，导致利率下降，通货泛滥，日本经济进一步滑入泡沫经济的深渊。

三是《巴塞尔协议》限制日本资本规模。《广场协议》签署后，日元大幅升值，日本在美国大量购买土地、房产、宾馆、高档办公大楼，大规模兼并收购美国企业。1987年底，国际清算银行(BIS)下属的银行业务条例和1988年7月监管委员会发布《巴塞尔银行业务条例和监管委员会统一国际银行资本衡量与资本标准的协议》(简称《巴塞尔协议》)，要求凡是从事国际业务的银行，必须将总资产中的自有资本比例维持在8%以上，限制了日本在国际融资中的规模，日元融资比例直线下降，由1987年的10.8%下降至1990年的1.8%。1990年日本股市泡沫破灭后，日本各银行自有资本比例随之下降，日本纷纷从世界各地回撤资本，日本资本征服世界的神话很快破灭。

“三大协议”将日本经济拖入陷阱，而日本经济走不出陷阱的原因则是多方面的，一是日本国内生产成本高，日本制造业向外迁移，导致国内经济萎缩；二是工业化之后，日本没有成功赶上信息技术引领的新科技革命和产业变革的浪潮，一直没有找到新的经济增长点；三是老龄化发展过快，提早进入福利化社会，影响经济发展。总之，“三大协议”与信息技术的垄断，是美国遏制日本经济的重要手段，是日本经济持续多年低迷的根本原因。

（五）文化上渗透加侵略

文化是人类一切行动的出发点和落脚点，人类由于文化差距与偏见造成的损失远远大于战争带来的损害，文化侵略的长期性、破坏性也往往大于战争的危害性。追求信仰、取信于人、文化交流一直是人类活动的重要内容，物质生活基本满足之后，人类活动基本都是为了信仰、为了文化。

美国早就认识到文化对一个国家的重要性，文化侵略、和平演变、不战而胜成为美国的大战略。1945 年占领日本之后，美国政府开始改造日本意识形态和文化，去除日本极端民族主义和军国主义思想，培养美式民主价值观，传播美式生活方式，重塑日本人的思想与世界观，将日本东方文化彻底美国化。

随着“冷战”的爆发，美国在日本教育界又掀起了“红色清洗”“文化冷战”，进一步通过文化渗透向日本人灌输美国理念和价值观，培养亲美的日本人，促使日本人理解、顺应美国外交政策和意图，遏制共产主义对日本的影响，抵制苏联和中国对日本的影响。肯尼迪时期的“文化大使”赖肖尔企图通过一己之力影响日本知识分子的世界观、历史观，引起了日本历史上著名的“现代化论争”。

总之，在明治维新全盘西化的基础上，美国的文化侵略进一步把日本这个典型的东方国家，改造成为西方文化的国家。当然，中国的儒家思想、礼仪文化已成为日本文化根深蒂固的一部分，不可能完全被西化。

（六）科技上支持加封锁

日本取得快速发展和美国在技术方面的支持密不可分。二战前日本主要效仿德国制造业的技术与工艺，二战以后，美国的技术援助使日本迅速恢复元气。1945 年美国曾派科学情报调查团赴日本研究战后科技发展，1947 年又派顾问团帮助日本制订科学发展计划，并以美国国立科学院为模版，帮助日本成功转入新的科学发展模式[8]。

但随着日本经济的恢复，美国逐步加强对日本的技术封锁。日本制造业技术，特别是汽车、相机、电视机等技术在引进的基础上进行创新，甚至超过了美国、德国的技术水平，取得了东洋经济的奇迹。但美国成功地对日本实施了信息技术、生物技术的封锁，特别是对信息技术硬件、软件的高度垄断。日本多次试图在信息产业取得突围，曾投入巨资研发第五代计算机、智能计算机、智能手机、机器人等，都没有取得真正的成功。

第6节　苏联解体是“大国陷阱”的最大猎物

作为自称“世界老大”“冷战”主角之一的美国，其“天定命运”的信念和“绝对安全”的价值观，推动其不断向外扩展，一直致力于构建与其政治、文化、价值观相同或达成共识的世界秩序。而以苏联为首的社会主义阵营对美国来说是不容忽视的巨大威胁，按照安格斯·麦迪森《世界经济千年统计》的数据，1934—1986年间，苏联保持第二大国地位53年，这更成为世界第一的美国防范苏联的头等大事。其间，美苏如若爆发战争，将会产生沉重代价，加之两方的“核平衡”，美国没有选择采取交战的方式，但又不能坐视苏联势力的无限扩张，因此在政治、经济、文化、军事、外交、科技等方面采取了种种策略，激化苏联内部矛盾，加速了苏联的解体。除遏制苏联势力不断扩张之外，美国等西方国家也意在借助社会主义阵营内部瓦解时，吸引其融入资本主义社会，因为当时“整个帝国主义西方世界企图使社会主义各国都放弃社会主义道路，最终纳入国际垄断资本的统治，纳入资本主义的轨道”[9]。

（一）政治上和平演变

制造思想混乱，制定“对苏新战略”。美国中央情报局之父艾伦·杜勒斯在鼓吹“冷战”、威胁施行“大规模核报复”的同时，在苏联内部寻找与其思想意识、价值观一致的同盟军，为以美国为首的西方国家制定了“对苏新战略”。在曾开列六百多亿美元进行和平演变的宣传无果后，又极担心苏联对西方世界社会主义制度优越性的不断升级展示，美国政府顾问基辛格建议在苏共党内建立“第五纵队”①，也因此找到了合适的“不够谨慎、容易被诱导、爱慕虚荣”的领导人。1989 年，布什继续加紧和平演变攻势，推行“双轨政策”，既支持他们寻觅的领导人，又积极扶持不同政见者，利用苏共内部政治斗争，培育了大批反共反苏的政治力量。

培育未来领导，支持“反叛新势力”。在寻找政治同盟的同时，以美国为首的西方国家通过培训苏联和东欧国家的一批未来领导人，支持“反叛新势力”，培植亲西方势力，比如自由派的盖达尔以及波罗的海国家领导人都是在美国受训过或者由美国直接派入的。1958 年，时任美国总统艾森豪威尔提议要求美苏大批交换大学生，总量可达 1 万人，美国邀请数千名苏联学生赴美学习培训，并为他们支付费用，因为他认为这批新人有朝一日会在苏联掌权，要努力争取这一代人，其中的戈尔巴乔夫、叶利钦等就是美国争取的这一代人的代表。

（二）经济上全面遏制

操纵油价，减少外汇收入。石油供需和油价涨落深受世界经济周期的影响，西方经济在 20 世纪 80 年代陷入了战后最严重的经济危机。1981 年里根入主白宫，时任中央情报局局长威廉·凯西提出了对苏联的“隐蔽经济战”，通过组织专家对苏联经济脆弱性进行分析后，发现苏联国民体系对油气出口有高度依赖，进而开始通过对 OPEC 施压，增加石油产量，操纵国际油价低位运行。此后，美国等西方国家为了抑制本国通胀、刺激经济复苏，同时打压苏联石油收入，1986 年怂恿沙特阿拉伯发起了国际石油市场的价格战，苏联油价从 1980 年 11 月的 57.17 美元一桶降到 1986 年 8 月的 7.90 美元一桶[10]；1988 年石油产量比 1981 年提高 2100 万吨，出口增加 4800 万

---

① “第五纵队”一词源于 1936 年西班牙内战时期，这一称谓是对国家叛徒和民族内奸的总称。

吨，但收入却下降了50%[11]，油价的大幅下跌使苏联的国力遭到重创。

操纵汇率，削弱经济实力。1985年开始，美国就联合英国、法国、德国、日本等国开始美元兑换本国货币大幅度贬值，1988年11月，日元兑美元比1985年2月升值111%[12]。而苏联从1975年就变为了粮食净进口国，进口上千万吨，1984年仅从美国、加拿大两国进口的粮食就达到2680吨。除粮食需要大量进口外，1989年进口肉类60万吨，奶油24万吨，植物油120万吨，砂糖550万吨，柑橘50万吨[13]。美元贬值使苏联的外汇收入锐减，严重削弱了其进口设备、农产品和工业物资等的能力。

美国还通过关税壁垒、出口管制、质量标准、贸易限制等途径，对苏联进行公然经济制裁和贸易禁运，致使1989年苏联整体经济形势严重恶化，人均GDP仅为美国的30%，人均工业品为美国的42%，人均农产品为美国的38%，到1990年人均消费仅为美国的20%[14]。一半以上的外汇收入靠石油出口，一半以上的外汇支出用于进口粮食和食品，苏联的经济直接取决于世界油价和谷物价格的波动，取决于石油和粮食的需求情况，而石油、粮食、美元等因素都被美国牢牢控制在手中。

军备竞赛，拖垮经济。20世纪80年代初，苏联就已经形成强烈的军工经济特征，比如军品占其制造业的60%以上，军费支出占国民总产值的23%，而这两项指标到20世纪80年代末就已经变为80%和28%[15]。农业增速也从20世纪60年代的4.3%降至20世纪80年代初的1.4%，工业增速从8.4%降至3.5%[16]。到1987年，苏联军人和军工部门人员占总人口的16.1%，军费支出占国民总产值的25%，而美国在这两个数据上分别是6.6%和9.6%。虽然军工体制的市场化推动了民用科技的进步和产业发展，但也成为经济的极大负担。

（三）体制上瓦解分化

激化民族矛盾，掀起苏联联盟国家的“独立浪潮”。美国等西方国家努力寻找摩擦的突破口，不断挑起事端，煽动民众情绪，诱使民族纷争不断，为摧毁苏联打下基础、埋下祸端。而民族问题的火药一旦点燃，将会如多米诺骨牌一样，骚乱事件接连发生。据不完全统计，仅 1988 年，苏联一百七十多个城市和地区发生的游行、示威、骚乱和冲突等就多达 2600 次，平均一天就有 7 次，其中有 1600 次事件与民族问题有关，参加者也多达 1600 多万人，占当时总人口的 6%。

20 世纪 70 年代，主张私有化、非调控化、全球自由化、福利个人化，反对社会主义、公有制和国家干预的新自由主义思想兴起。在哈耶克等代表人物的影响下，撒切尔夫人、里根邀请弗里德曼作为政府经济顾问，宣扬市场至上、高度私有化的思想，完全否定政府对经济的宏观调控。1981 年，里根曾在美国总统就职典礼上发表过“政府并不是解决问题的方法，政府本身才是问题所在”的演说。这种思想深刻影响了苏联领导人，他们以此思想指导苏联的经济改革，甚至推行“500 天计划”“哈佛计划”等，导致苏联经济日趋衰退，逐步走向崩溃。

（四）文化上全面西化

宣扬民主、自由、人权，贩卖美国价值观与普世价值，对社会主义国家进行“心理战、宣传战”，推广美国文化与价值观是美国遏制别国的有效手段之一。

美国利用电台宣传、文化渗透等形式宣扬美国价值观、生活方式。1950 年 7 月 10 日，美国国家安全委员会制订了 NSC74 号文件《国家心理战计划》，将心理战界定为一个国家有计划地运用宣传和除战争以外的其他旨在影响外国人员团体的见解、态度、情感和行为，以支持获得被本国目标的传递思想观念和信息的活动[17]。由于心理战成本低、覆盖面广、影响深远，美国更愿意在不动一兵一卒而又不能坐视不理的情况下，使用此战略。杜鲁门曾拨款 1.2 亿美元进行心理战研究，认为其“性价比高，在宣传上花 1 美元就等于在国防上花 5 美元”。美国长期的心理战，潜移默化地影响了苏联及东欧国家领导和广大民众的心态，为其宣扬资产阶级思想奠定了民主观念和民众基础。

宣传战一般是与心理战同时被应用的战略之一，英国广播公司、德意志电波电台、自由欧洲电台等广播媒介被赋予了重任，每天甚至用多达四十多种语言向苏联和东欧国家播放苏东政治阴暗面和资产阶级价值观，挑拨离间，加剧社会紧张。

美国一直认为自己是一个独特的、最佳的文明体系，是世界的“山巅之城”，是“自由的灯塔，民主的堡垒”，上帝赋予了美国人拯救世界的使命，这些观念驱使美国不断向外进行文化输出和渗透。除了通过电台隔空喊话外，美国还不断将文化交流定期化、制度化。1953 年成立的美国新闻署于 1955 年就开始管理美国海外文化交流教育活动[18]，以各种正式名义推行文化渗透，其中里根任命的新闻署署长查尔斯 · Z. 威克（Charles Z.Wick）在位 8 年，在推动东欧剧变中发挥了重要作用。

（五）军事上冷战加热战

美苏的军备竞赛加剧了苏联的衰落。1970 年，苏联经济总量为美国的一半，在差距如此巨大的情况下，美苏大规模的军备竞赛，已使苏联难以承受。1980 年，苏联 7 年累计军费开支达 9810 亿美元，比同期美国军费开支多 2879 亿美元。接着，里根的“星球计划”更是成为美国搞垮苏联的催化剂。另外，美国不断在苏联联盟国家制造内乱，在东欧社会主义国家制造军事事端，不断消耗苏联的国力。

（六）科技上全面封锁

技术封锁是美国对所有社会主义国家的通用政策，当然也用于已经崛起的日本。苏联传统的农业、工业都属于粗放型经济，技术落后。由于缺乏先进技术，机器设备陈旧，劳动生产率过低，很难与西方国家竞争。此外，美国以担心苏联将先进技术用于军事领域为借口，通过强化巴黎统筹委员会职能，两次修订《出口管制法》，对日本企业因向苏联出口先进设备而进行严厉制裁等手段，不断扩大对苏联的技术管制范围。在操控国际油价下跌的同时，里根 1981 年下令要向苏联封锁石油勘探技术，使苏联石油探明储量的增长接近于零；同时向苏联转让有缺陷的技术，导致 1982 年西伯利亚天然气管道大爆炸。

第 7 节　美国对欧盟的合作与打压

自《罗马条约》签订开始，欧洲融合的进程已经走过了 60 年。经过多轮扩张，欧盟经济总量增长至 2016 年的 16 万亿美元，成为全球最大的单一市场、最大的贸易体和第二大国际货币所在地。而在几乎所有人都认为美欧是一家人的时候，欧盟各国才开始慢慢意识到影响其壮大和发展的最大敌人却是美国。美国不可能让欧盟成为能挑战其霸主地位的政治实体、经济实体和军事实体，更不能让欧元挑战美元的霸主地位。

（一）政治上联合与分治

21 世纪初，欧盟成为世界上综合实力最强、一体化程度最高的主权国家联合体，经济总量首次超越美国，开始实行统一货币，美欧关系逐渐从盟友转为对手。2009 年，小布什政府制订了“美国新世纪计划”，声称“美国应该劝阻所有发达国家不要拒不承认美国的领导地位，也别指望在地区发挥更大作用”[19]，这也在暗示欧盟必须接受美国的领导。

美国对欧盟采取了联合与分而治之的政治手段，利用欧盟需要军事保护的弱点加强政治、外交、经济的联合或军事联盟；利用欧盟成员国之间的不同利益需求，又进行内部分化，分而治之。美国还通过发动武装打击以及挑唆成员国独立等手段，进一步落实其分而治之的策略，如北约介入波黑内战，发动科索沃战争、利比亚战争，参加阿富汗战争等；宣传“新欧洲、旧欧洲”[20]等论断，制造新老欧洲成员国之间的矛盾和分歧，从而牵制欧盟在军事上摆脱北约的行动。除了上述手段，美国还通过输出民主政治的意识形态，催生“阿拉伯之春”集群式革命、讨伐利比亚、干涉叙利亚等手段，制造西亚和北非等地区的社会动荡，促使这些地区向欧洲不断输送难民，进而导致欧盟各成员国意见严重分歧，“强制配额”使本国负担加重、本国居民福利水平下降，导致矛盾激化。

美国与欧盟长期而坚固的关系正被一点点瓦解，英国“脱欧”被特朗普说成是“伟大的事情”[21]，引起欧盟其他国家的公愤；德国的难民政策被特朗普指责是“灾难性错误”[22]；“北约过时论”[23]也使北约各国异常不满；退出《巴黎协定》、退出联合国教科文组织、退出伊朗核协议等，这些都导致欧盟和美国在现实利益和价值观上的重大分歧和裂痕，美国在反对全球化和欧洲一体化的路途上越走越远。

（二）经济上合作加打压

转嫁次贷危机。2008 年美国金融危机引发了全球金融海啸，欧盟作为美国的经济伙伴，当然没能幸免，对冲基金大规模入侵、大型投资公司的恶意投机等，扰乱了金融市场，引发欧债危机等连锁反应，这次全球金融危机引发的欧债危机成为压倒欧盟经济的“最后一根稻草”。美国将次贷危机转嫁欧盟后，逐渐走出金融危机的阴影，而欧盟却深陷泥潭，仍无法走出经济和金融困境。尽管近两年欧洲各国领导人提出加强金融国际监管、制止恶意投机等行为，但美国却置若罔闻，仍坚持“金融是经济中最有活力的一部分”。

通过贸易规则制约。为争取国内选民群体，保持在贸易中的优势地位，美国不断利用制订贸易规划的主导权制造贸易摩擦。2002 年，小布什政府对进口钢铁加征保障性关税，欧盟国家通过向 WTO 提起争议诉讼、公布报复名单、对部分美国商品加征 10% 关税等手段使小布什政府提前结束加征关税[24]。2018 年 3 月，特朗普表示要重新打造美国的钢铁和铝产业，对进口钢铁和铝分别征收 25% 和 10% 的关税，并就加征关税的“232 条款”签署了命令，欧盟作出强烈反应，考虑对 35 亿美元的美国产品征收 25% 的高额关税，特朗普又因此威胁要对欧盟汽车征税等，这种经贸领域的摩擦会不断外溢到政治领域。

挤压欧元空间，防止弱化美元地位。美国通过各种手段打击欧元，比如让欧元贬值来确保美元的强势本币地位；再通过压低美元汇率，使美元贬值，促使出口增长。美国曾利用德国在欧盟的重要角色，对德国猛下狠手，对德国大众汽车和德意志银行进行巨额罚款，导致德意志银行股价大跌，从而致使整个欧洲银行股价大跌，几乎导致整个欧洲银行业股价崩盘；通过发动伊拉克战争、科索沃战争等，主导国际油价，从而借机打击欧元，因为除英国以外，欧盟国家的石油进口依赖度为 80%—90%，德国甚至高达 98%[25]，美国借由油价的变动影响欧盟国家的财政，进而打击欧元。

美国通过让欧元贬值来确保美元地位，而信用评级是美国对欧盟国家趁火打劫的最有效手段。有研究指出，无论欧洲哪个国家出现债务问题，美国评级机构都会迅速趁机介入，使该国陷入信任危机[26]。比如，2009 年希腊债务危机，美国评级公司迅速下调希腊主权债务信用等级[27]；2011 年意大利债务危机，美国标普公司自行向用户发出对法国信用降级的通知[28]，尽管后来被证实是“误报”，但仍对法国形势起到了火上浇油的效果。

（三）军事上保护加占领

北约对欧盟有保护作用，而事实上却形成了美国对一些国家在一定程度上的军事占领，使一些国家失去了一个主权国家应有的权利。如德国企业与中国企业正常的商业合作，却因受到美国政府的干预而放弃，实在是让人不可思议，德国作为世界第四经济强国是否还有自己独立的主权？

在欧大量驻军，建立各类军事基地。美国利用东欧新成员国对安全问题的顾虑，建立欧洲导弹防御系统，离间成员国之间的关系，坐收渔翁之利。美军最重要的海外军事基地群位于欧洲——中欧、南欧和西欧[29]。德国是美军领导的北约的主要军事基地和武器库，最多时有 181 个美军基地，超过 21 万美军驻扎，据称直到现在，美国在德国驻军仍有六万多人、战术核武器两百多件；美军在意大利仍有 4 个陆军基地、3 个海军基地和 3 个空军基地；在英国留下 5 个空军基地等[30]。此外，美国还趁成员国危机之际，在中、东欧国家建立原有军事基地之外的常设基地。

阻挠欧盟建立独立防卫力量。2003 年美国时任国防部部长拉姆斯菲尔德公开提出欧盟防务的“三不”方针，即欧洲快速反应部队“不得脱离”北约框架、欧盟所建政治军事机构与北约机构“不得重叠”、对非欧盟成员的北约成员“不得歧视”[31]。2017 年特朗普访欧时要求欧洲国家提高军费[32]，意在让成员国提高在北约范围内的军事投入。

第二篇

挑 战 篇

2010年，中国GDP超过日本成为世界第二经济大国，改变了持续37年的“美国第一、日本第二”的世界经济格局。同年，中国制造业超过美国成为世界第一制造业大国，改写了美国保持110年制造业大国的历史，取得了举世瞩目的成就。与此同时，中国经济发展仍然面临着前所未有的挑战。

从国内看，经济进入新常态，工业产能过剩，增速明显下降，结构亟待调整，动力需要转换。经济增长率先后跌破8%、7%；第一产业面临“三道红线”；第二产业多数行业接近产业“拐点”，出现速度、效率“双下降”；第三产业发展迅速，但缺乏行业的规范、标准与技术支撑；战略性新兴产业缺乏核心技术，潜力远远没有释放出来，经济亟待高质量发展。

从国际看，美国已把中国列为战略竞争对手，认为中国动摇美国世界第一经济大国地位，挑战美国传统理念，制衡美国行使霸权，美国绝对不会轻易容忍中国崛起甚至超越，贸易战、科技战、人才战、货币战、局部军事摩擦等在所难免。

中国的发展还面临着“中等收入陷阱”“修昔底德陷阱”“塔西佗陷阱”“金德尔伯格陷阱”“第二经济大国陷阱”五大陷阱。

第 4 章

中国经济重回世界第二位

1949 年中华人民共和国成立，结束了半殖民地、半封建社会的历史，人民当家作主，经济实现跨越式的发展，创造了人类经济史上的“中国奇迹”。

第 1 节　2010 年中国 GDP 重回世界第二位

根据中国国家统计局数据，按当年价格计算，2017 年中国 GDP 达到 827122 亿元，是 1949 年工农业总产值[①]466 亿元的 1774.94 倍[1]，是 1952 年工农业生产总值 679.1 亿元的 1218 倍，是 1978 年工农业生产总值 3678.7 亿元的 224.8 倍。

① 对于 1985 年之前的经济总量数据，因为历史原因和计量方法不同，本书一致采用工农业生产总值作为参照值。

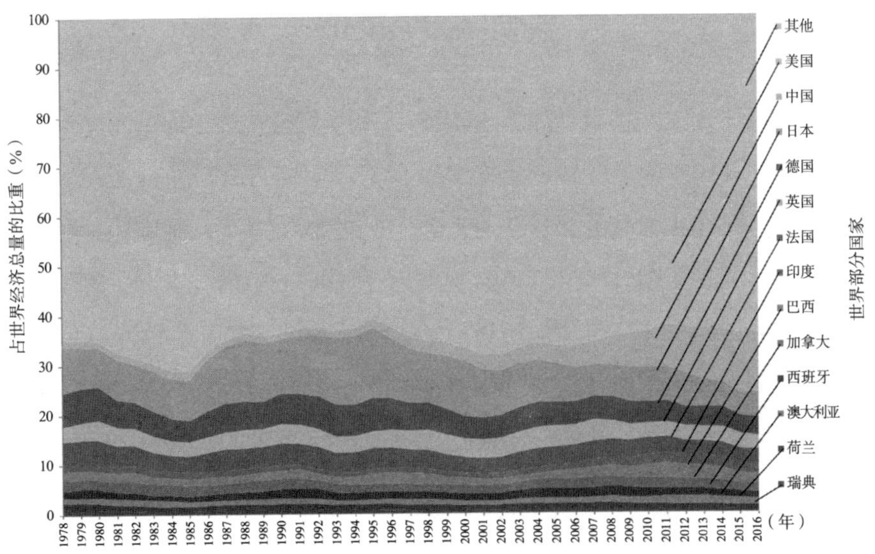

图 4-1　1978—2016 年间部分国家 GDP 占世界经济总量的比重

数据来源：根据世界银行数据整理。

不论从中国经济发展的纵向比，还是同其他国家经济发展的横向比，中国都是经济增长最快的国家之一。特别是改革开放 40 年来，中国成为世界上经济增长最快、增长持续时间最长的经济大国。

通过比较中美经济发展可以发现，按当年价计算，1949—2017 年间，中国 GDP 由 1949 年的 466 亿元增加到 2017 年的 827122 亿元；同期，美国 GDP 从 2728 亿美元增加到 193906 亿美元，中国 GDP 增速是美国 GDP 增速的 25.3 倍。中国成为世界主要国家中经济发展最快的国家。从图 4-1 可以看出，1990 年以后，美国、日本、德国、法国等国家的 GDP 占世界经济总量的比重都出现了明显的下降，而中国的 GDP 占世界经济总量的比重迅速提升。

第2节 1949—2017年间中国GDP增加了1774倍

为了便于比较，采用世界银行和美国经济分析局公布的1949—2017年期间的数据，中国GDP总量由1949年的202.6亿美元增加到2017年的122503.9亿美元，同期美国GDP总量由2728亿美元增长到193906亿美元，而其中在1978—2017年间，中国GDP总量由1496.4亿美元增加到122503.9亿美元，同期美国GDP总量由23565.7亿美元增加到193906亿美元。由此可见，在1949—2017年间，中国GDP的增长速度是美国GDP增长速度的8.5倍，其中在1978—2017年间，中国GDP的增长速度是美国GDP增长速度的10倍（表4–1）。

表4–1 1949—2017年间中美两国GDP总量和增长速度的比较

年份	美国（亿美元）	中国（亿美元）	GDP比值：美国/中国	增速比值：中国/美国
2017年	193906	122503.9	1.58	–
1978年	23565.7	1496.4	15.75	–
1949年	2728	202.6	13.47	–
2017/1949年	71.1	604.7	–	8.5
2017/1978年	8.2	81.9	–	10.0

从GDP增长率分析，1949年以来中国经济共出现了五个半“W”，其中改革开放前的30年形成三个“W”，改革开放后40年形成两个半“W”，经济在波动中持续发展（图4–2）。

1952–1958年间，中国经济增长曲线呈现第一个“W”，1959—1970年间为第二个“W”，1971—1975年间为第三个“W”，GDP年增长率出现了三个高峰和三个低谷。三个高峰的GDP增长率都在18%以上，其中1958年达21.3%，1964年达18.6%，1970年为19.4%。三个低谷的增长率均为负值，分别是：1961年的经济增长率为–27.3%，1967年的经济增长率为–5.7%，1976年的经济增长率为–1.6%（图4–3）。

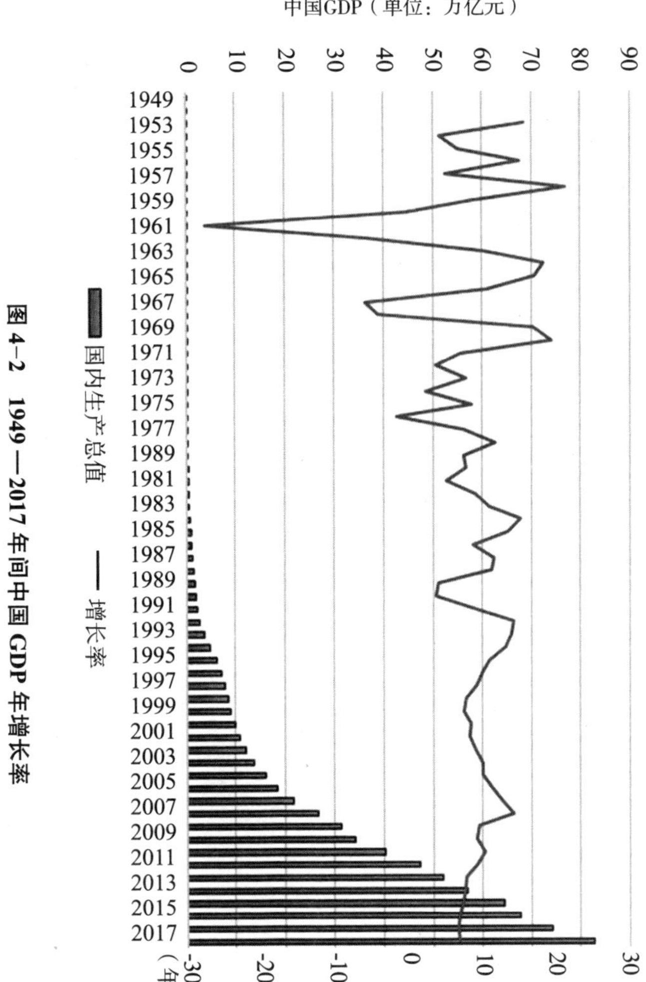

图 4-2 1949—2017 年间中国 GDP 年增长率

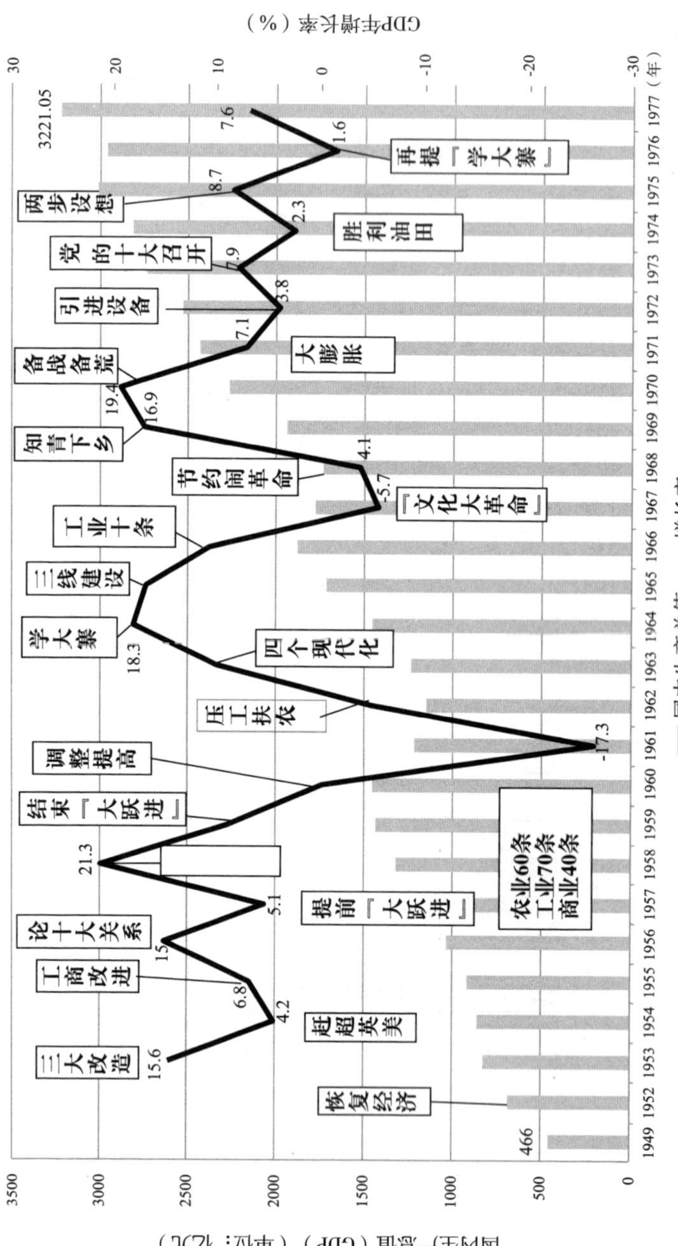

图 4-3　1949—1977 年间中国 GDP 年增长率及政策轨迹

数据来源：根据《中国统计年鉴》及有关文件整理。

从 GDP 年增长率曲线分析，从 1978 到 2017 年，改革开放 39 年形成了两个半“W”，第一个“W”出现在 1978—1987 年期间，持续了 10 年；第二个“W”出现在 1989—2007 年期间，持续 19 年；最后半个“W”从 2008 年起出现。从图 4-4 看出，经济增长率曲线呈“三起三落”的格局。

“三起”是指三项重大政策措施对经济上行发挥了极为显著的推动作用。一是改革开放初期引进外资、发展乡镇企业与私营经济，释放出压抑多年的民间经济力量，形成了改革开放以来的第一个经济冲击波，其中 1984 年、1985 年 GDP 增长率分别为 15.2% 和 13.5%；二是 1992 年邓小平南方谈话之后，大量资本投入，国家公职人员下海经商、兴办企业，形成了第二个经济冲击波，是中华人民共和国成立以来经济增长最快、波动最小的时期；三是 2001 年中国加入 WTO，大量产品走出国门，外贸依存度曾一度高达 44%，2001-2007 年间 GDP 增长率连续 7 年攀升，2007 年高达 14.2%，形成了第三个经济冲击波，这一政策的影响一直持续到 2008 年全球金融危机之后才有所减弱（图 4-4）。

“三落”是指三个因素导致经济明显下行，形成“谷底”：一是 1989 年“价格闯关”，使 1989 年、1990 年 GDP 增速分别降至 4.1% 和 3.8%，出现改革开放以来经济增长的最低谷；二是 1998 年亚洲金融危机使 GDP 增长率降至 7.6%，由于中国政府采取了一系列正确的应对政策措施，2000 年经济开始恢复增长；三是 2008 年全球金融危机使中国经济发展提前遭遇“产业拐点”，许多行业出现产能过剩，经济增长率在 2016 年下降至 6.7%，是 1990 年以来的最低值。

综上分析，推动经济增长的主要因素是政府正确的经济政策与导向，而导致经济滑坡的主要原因是社会动荡与金融危机等。因此，维护社会稳定、防范金融危机是保持经济持续、健康发展的根本保障。

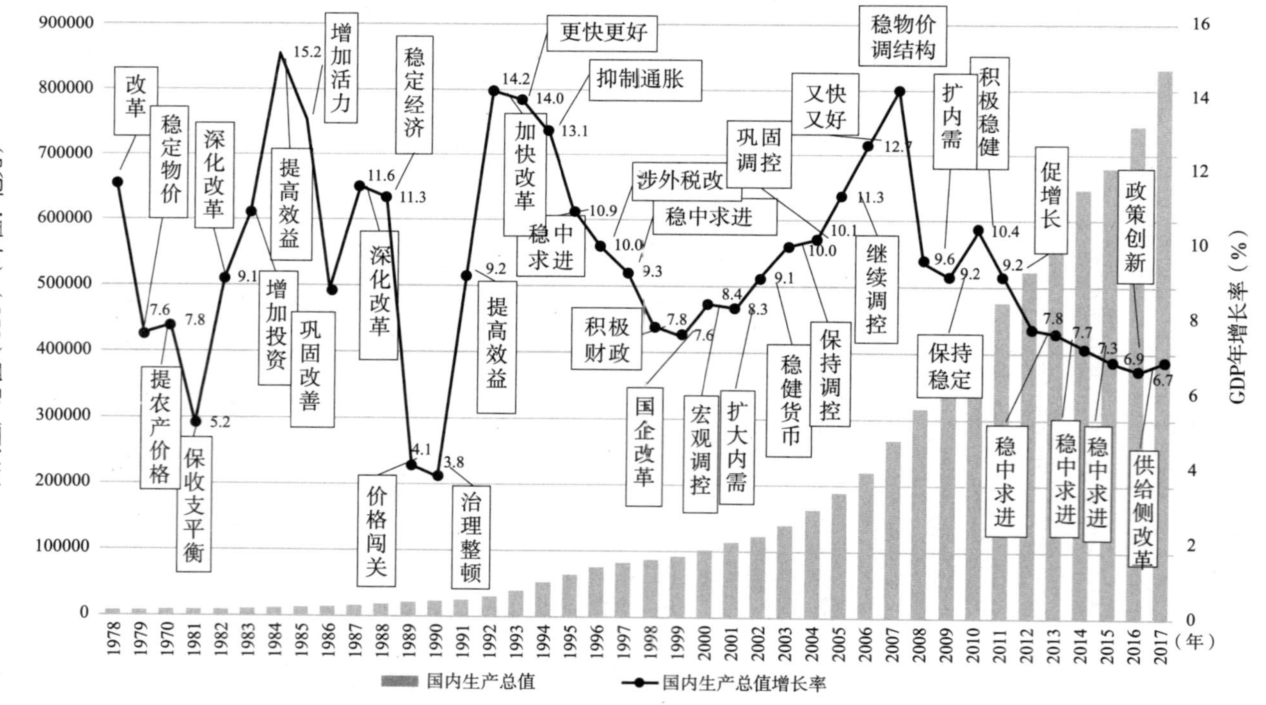

图 4-4　1978—2017 年间中国 GDP 年增长率及政策轨迹

数据来源：根据《中国统计年鉴》及有关文件整理。

第3节　1949—1978年间中国GDP增加了6.9倍

关于中国改革开放之前30年的经济增长，有许多完全不同的观点，最具有代表性的是以下两种：一种观点认为改革开放前经济发展到了崩溃的边缘，穷困、饥饿等基本温饱问题长期困扰着人民的生活；另一种观点则认为，中国经济是在一穷二白的基础上逐步发展起来的，尽管遭遇重大自然灾害和政策失误，但经济发展仍然取得了显著成就，经济增速明显快于许多国家。我们研究认为，有三个观点需进一步强调。

（一）经济总量增加了6.9倍

1949年中国人均GDP远低于英、美、日、法等国。政府统计部门没有正式公布中国1949年的经济数据，为此许多专家与机构都做了推算。为了便于比较，我们采用《世界经济千年史》数据，1950年，中国人均GDP为439国际元，仅为日本1926国际元的22.8%、印度619国际元的70.9%、法国5270国际元的8.3%、德国3381国际元的12.98%、英国6907国际元的6.4%、苏联2843国际元的15.4%、美国9561国际元的4.6%。

根据中国国家统计局的数据，按照当年价计算，1978年中国GDP为3678.7亿元，是1952年679.1亿元的5.4倍，比1949年中华人民共和国成立之初的466亿元增加了6.9倍。1952—1978年间，中国GDP平均年增长率达6.8%，是同期世界经济增长率3%的两倍多，比美国4.3%的增长率高出2.5个百分点，比处于高速增长期的日本高0.1个百分点，更明显高于英国、法国、德国、意大利等发达国家，但慢于“亚洲四小龙”等处于经济快速增长期的国家或地区（表4-2）[①]。

---

① “亚洲四小龙”是指从20世纪60年代开始，中国香港、新加坡、韩国和中国台湾推行出口导向型战略，重点发展劳动密集型的加工产业，在短时间内实现了经济的腾飞，一跃成为全亚洲发达富裕的国家和地区。

表 4-2　1952—1978 年间中国 GDP 变化

年份	国家统计局（亿元）	世界银行（亿美元）				麦迪森（1990 年百万国际元）		
	中国	中国	美国	世界	中国 / 世界	中国	世界	中国 / 世界
1952 年	679.10	—	—	—	—	—	—	—
1955 年	911.60	—	—	—	—	350908	6830521	5.10%
1960 年	1470.10	591.8	5433	13666.2	4.30%	441694	8432822	5.20%
1961 年	1232.30	495.6	5633	14220.1	3.50%	365092	8725317	4.20%
1962 年	1162.20	466.9	6051	15268.2	3.10%	366465	9136466	4.00%
1964 年	1469.90	590.6	6858	18004.8	3.30%	450312	10224886	4.40%
1965 年	1734.00	697.1	7437	19618.1	3.60%	501769	10760252	4.70%
1966 年	1888.70	758.8	8150	21276.4	3.60%	548841	11346932	4.80%
1967 年	1794.20	720.6	8617	22636.5	3.20%	533407	11769155	4.50%
1968 年	1744.10	699.9	9425	24416.3	2.90%	522728	12416761	4.20%
1969 年	1962.20	787.2	10199	26887.7	2.90%	567545	13101913	4.30%
1970 年	2279.70	915.1	10758.8	29520.2	3.10%	636937	13765940	4.60%
1975 年	3039.50	1611.6	16889.2	58835.9	2.70%	798346	16637925	4.80%
1978 年	3678.70	1495.4	23565.7	85271.3	1.80%	935083	18955430	4.90%

按照国际经济和社会统计的 1950—1982 年期间的数据计算[2]，在 1950—1978 年间，中国国民收入从 426 亿元[3]增长到 1978 年的 3678.7 亿元（按照本国货币数计算）。另据《世界经济千年史》统计数据，中国 1950 年的 GDP 为 239903 百万国际元，1977 年达到 935884 百万国际元。同期，日本从 160966 百万国际元增加到 1446165 百万国际元；法国从 220492 百万国际元增加到 756545 百万国际元；德国从 265354 百万国际元增加到 1021710 百万国际元；英国从 347850 百万国际元增加到 695699 百万国际元；苏联从 510243 百万国际元增加到 1673159 百万国际元；美国从 1455916 百万国际元增加到 3868829 百万国际元。

以上数据显示，在 1949 —1978 年间，中国依然是经济发展速度最快的国家之一，因此，否定改革前的经济增长成就是没有根据的。

（二）占世界经济总量的比重为 4.5% 左右

中华人民共和国成立以来，尽管中国经济发展明显加快，但二战后许多国家都在加速发展经济，中国经济占世界经济的比重没有明显提升，1950 年与 1977 年都是 4.6%，基本保持稳定。

按照《世界经济千年统计》，改革开放以前的 30 年，中国 GDP 仅增加了 2.9 倍（按 1990 年国际元计算）。从中国 GDP 在世界经济的占比看，有 20 年高于中华人民共和国成立之前 4.6% 的水平，8 年低于 4.6%。1950 —1960 年间，经济占比一直保持在 4.6% 以上。由于重大自然灾害等原因，1961-1964 年经济占比降至 4.0%—4.4% 之间，1965 —1966 年间短暂恢复后，从 1967 年间起又连续 3 年降至 4.6% 以下。1970 —1977 年间，除 1976 年为 4.5%，其余 7 年都在 4.6%—4.8% 之间。1977 年中国经济占世界经济的比重与 1950 年相同，均为 4.6%，1978 年达到 4.9%。

但用世界银行公布的美元数据来看，中国经济占世界经济的比重则明显偏低，1960 年中国 GDP 占世界的比重为 4.3%，由于自然灾害等影响，1961 —1965 年间降至 3.1%—3.5%，1965 —1966 年间恢复到 3.6%。从此以后，由于“文革”破坏经济发展等原因，中国 GDP 占世界经济的比重持续下降，1968 年降至 2.9%，1978 年降至 1.7%，比《世界经济千年统计》数据计算的 4.9% 低 3.2 个百分点，其主要原因是在改革开放以前，中国一直实行“物价稳定”的政策，当然也有美元汇率等原因。

（三）探索了计划经济体制机制

通过对比改革开放前后的经济政策，不难看出，中国紧紧围绕计划经济体制，出台了一系列促进经济发展的政策措施，形成了独特的政策体系。1953年提出推进工业、农业、国防和科学技术的现代化，1954年开始对工商业进行改造，1956年提出“论十大关系”，1960年制定了“调整、巩固、充实、提高”的国民经济八字方针，其间还出台了“农业60条”“工业70条”“商业40条”“手工业15条”等重要文件，提出了“多快好省地建设社会主义”“农业学大寨”“工业学大庆”“压工扶农”等一系列推进经济发展的措施，有力地促进了经济的发展。在短缺经济时代，政府主导的经济体制有利于动员社会资源发展大生产，也容易出现由政府失误导致的严重后果，难免会出一些差错。

第4节　1978—2017年间中国GDP增加了224倍

（一）近四十年经济增长率为9.5%，创造经济奇迹

根据中国国家统计局的数据，按当年价格计算，2017年中国GDP达827122亿元，比1978年的3678.7亿元增加了223.8倍，近四十年经济增长率达到9.5%；其中1978—2012年间增长达9.8%。人口最多的国家成为经济增长最快的国家，创造了世界经济史上的奇迹（表4–3）。

表4–3　1978—2017年间中国的GDP变化

年份	国家统计局（亿元）	世界银行（亿美元）					麦迪森*（1990年百万国际元）		
	中国	中国	美国	世界	中国/世界	备注	中国	世界	中国/世界
1978年	3678.7	1495.4	23565.7	85271.3	1.8%	–	935083	18955430	4.9%
1980年	4587.6	1911.5	28625.1	111544.1	1.7%	–	1041142	20029995	5.2%

续表

年份	国家统计局（亿元）	世界银行（亿美元）					麦迪森（1990 年百万国际元）		
	中国	中国	美国	世界	中国/世界	备注	中国	世界	中国/世界
1985 年	9098.9	3094.9	43467.3	126622.7	2.4%	–	1596691	22969599	7.0%
1990 年	18872.9	3608.6	59795.9	225423.1	1.6%	–	2123852	27134084	7.8%
1995 年	61339.9	7345.5	76640.6	306285.5	2.4%	–	3450084	30942239	11.2%
2000 年	100280	12113.5	102847.8	332917.0	3.6%	中超意	4319339	36688285	11.8%
2005 年	187319	22859.7	130937.3	471042.5	4.9%	中超法	7268725	44982587	16.2%
2006 年	219439	27521.3	138558.9	510345.0	5.4%	中超英	7928475	47340576	16.7%
2007 年	270232	35521.8	144776.4	575306.3	6.2%	中超德	8306661	49411106	16.8%
2010 年	413030	61006.2	149643.7	655881.7	9.3%	中超日	–	–	–
2015 年	676708	110646.7	181207.1	747820	14.8%	–	–	–	–
2016 年	744127	111991.5	186244.8	758720	14.8%	–	–	–	–
2017 年	827122	122503.9	193906	–	–	–	–	–	–
2017/1978	224.8	81.9	8.2	–	–	–	–	–	–

* 麦迪森数据只到 2008 年。

（二）中国经济地位迅速攀升，稳居世界第二位

根据中国国家统计局与世界银行公布的数据，1978 年以来，中国经济总量占世界经济总量的比重迅速提升，从 1970 年的 1.7% 一跃达到 2010 年的 9.2%，2014 年是 13.3%，2015 年、2016 年为 14.8%（图 4–5）。从 GDP 的国际排序来看，中国在 1990 年以前为第 11 位，2000 年超过意大利，2005 年超过法国，2008 年分别超过德国和英国，2010 年超过日本，成为世界第二经济大国。

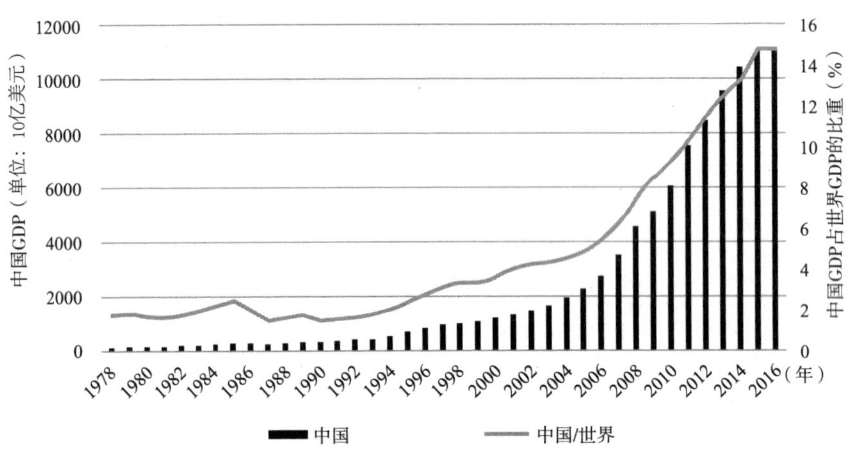

图 4-5　1978 —2016 年中国 GDP 占世界 GDP 的比重

数据来源：根据国家统计局、世界银行数据库整理。

第 5 节　中国经济发展进入新阶段

经历了一百多年的沧桑之后，中国重回世界第二经济大国地位。1949 —2017 年间，中国 GDP 增加了 1774 倍，中国在 2010 年成为世界第二经济大国，2014 年中国购买力平价超过美国成为世界第一，创造了人类经济发展史上的“中国奇迹”。自 2012 年经济增速跌破 8% 后，不少人企盼重回 10%，党中央、国务院作出了“经济进入新常态”的重大判断，“认识新常态、适应新常态、引领新常态”，实施创新驱动战略，打消了一些人“依靠高投入重回高增长”的念头。

新常态就是正常态：结束超常，进入正常。GDP 增长速度告别持续 34 年 9.8% 的超常增长，开始 7% 的中高速增长。但速度降到哪儿？结构调到哪儿？新动力是什么？新常态有多长？我们的研究表明，如果不出现新的科技革命和产业变革，经济增长率重回 10% 是不现实的，但短期出现 8% 的增长率是可能的。

增速换挡：比过去慢，比别国快。回顾过去，近七十年的经济增速呈五个半“W”，在波动中实现高速增长；展望未来，增速曲线近期是 L 形，中期为 V 形，中长期则是 W 形，经济发展有望在波动中保持 7% 的中高速增长，随着经济总量的增加，增速会逐步下降。

结构优化：比过去优，比别国差。2013 年中国第三产业占 GDP 的比重达 41.6%，第一次超过第二产业成为占比最大、增长最快、潜力最大的产业，2017 年第三产业占 GDP 的比重达到 52%，但仍然比发达国家低 20 个百分点，比美国的 82% 整整低了 30 个百分点。

动力转型：比过去强，比别国弱。1990 年以来，中国 GDP 增加了 36 倍，货币供应量增加到 91 倍，依靠投资驱动的发展模式已经难以为继。2017 年中国创新指数处于世界第 17 位，要支撑世界第二大经济体长期保持比发达国家高一倍的经济增速，面临“小马拉大车”的被动局面，加大科技创新力度、走创新驱动之路刻不容缓。

中国经济正在进入高质量发展的新阶段。保持 7% 的中高速增长、加速发展高效益经济是未来发展的基本格局。中国经济“崩溃论”的各种论调基本崩溃，当然如何摆脱“中等收入陷阱”“塔西佗陷阱”“第二经济大国陷阱”等五大陷阱仍然面临巨大挑战。

第 5 章

第一产业接近“三道红线”

“民以食为天，国以农为本”，农业是人民健康生活的根本保障，是社会稳定的基石。中华人民共和国成立以来，农业发展实现了许多千年的梦想，结束了持续数千年缺粮的历史，结束了农民上交“皇粮”（税收）的历史，90% 以上的农区结束了“二牛抬杠”（牛耕田）的历史，一个贫穷、落后的农业国已经成为世界第一农业大国。但是，农业发展仍然面临人均耕地等资源少、人均粮食占有量低、农民增收难、农村基础设施落后等新问题、新挑战。

第 1 节　结束数千年缺粮历史，建成世界农业大国

改革开放 40 年，中国实现了从“农业国家”向“工业国家”的历史性转变。1978 年到 2017 年，农业增加值在 GDP 中的占比从 27.7% 下降到 7.9%，工业增加值占比从 47.7% 下降到 40.5%，第三产业增加值占比从 24.6% 上升到 51.6%，基本完成了从农业社会到工业社会再到消费社会的转

型，改变了持续千年的农业史。

（一）结束了持续数千年不断闹饥荒的历史

中国粮食总产量由1949年的11318.4万吨，增长到2017年的61791万吨，增长了446%，人均粮食产量在1996年超过400公斤（图5-1）；1998年中国政府明确宣布农业进入新阶段，数量问题基本解决，质量问题成为主要矛盾，中国人民彻底告别被饥饿不断困扰的历史。

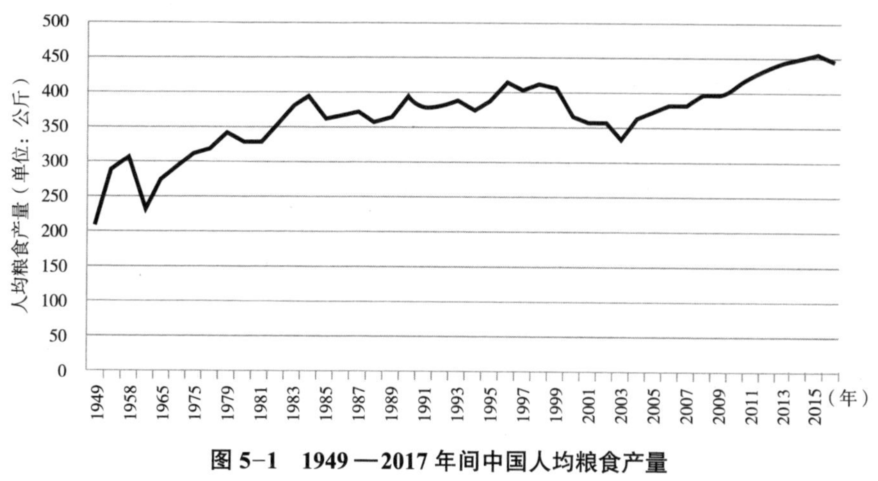

图5-1　1949—2017年间中国人均粮食产量

（二）告别了数千年农民交“皇粮”的历史

2005年中央宣布取消农业税，结束了持续数千年的农民交“皇粮”的历史。2017年，中国农村居民人均年收入达13432元，是2005年农村居民人均年收入3255元的4.1倍，农民收入增幅连续6年高于GDP的增幅，以及高于城镇居民收入的增幅（图5-2）。

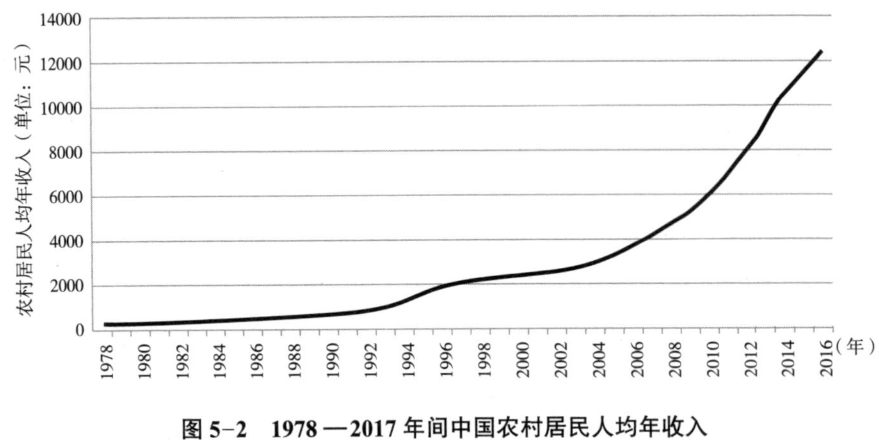

图 5-2　1978—2017 年间中国农村居民人均年收入

（三）告别了持续千年“二牛抬杠”的历史

中国政府一直在持续推动一系列农业现代化举措，20 世纪 50 年代推出农业良种化，60 年代推出水利化、机械化、电器化，70 年代推出化学化，80 年代推行生态化、持续化，90 年代初发展专业化、产业化，90 年代末推广商品化、信息化，21 世纪初提出农民知识化、农业工业化、农村城镇化，2005 年取消农业税，2007 年提出新农村建设，2013 年强化食品安全工作，2015 年提出三产融合，2017 年提出乡村振兴战略等等，每一项政策与措施在继承中创新、在创新中继承。

——“一粒种子能够改变世界”，良种化对单产提高的作用曾达 40%，2016 年中国农作物良种覆盖率达到 96% 以上。杂交水稻、杂交玉米、杂交油菜、杂交棉花等技术与产业化均处于世界领先水平，杂交小麦、杂交大豆等技术也进入国际先进行列。

——农业机械化使中国主要农区基本告别“二牛抬杠”的历史。2016 年，全国农机总动力达到 11.44 亿千瓦，同比增长 2.4%；大中型拖拉机、插秧机、联合收获机保有量分别达到645.4万台、77.1万台和190.2万台，分别是2012年的1.3倍、1.5倍和1.5倍；农作物耕种收综合机械化率达到65.2%，比2012年提高8个百分点；小麦、水稻、玉米三大粮食作物耕种收综合机械化率分别达到94.2%、79.2%、83.1%[1]。

——水利化使8亿亩灌溉农田不再靠天吃饭，结束了粮食产量数千年随着气候变化而变化的历史，创造了粮食连续12年增产的基础；全国节水灌溉面积超过4亿亩，其中2.9亿亩实现了高效节水[2]，意味着中国农业将告别传统大水漫灌，由“浇地”向“浇作物”转变，农业生产方式因水而变。据估计，全国节水农业有望节约两条黄河的有效供水量。

——设施农业、地膜覆盖等技术，使北方近7亿人口告别了数千年冬季缺菜的历史，实现了从“有什么吃什么”到“吃什么有什么”的转变。

——2016年化肥用量达5984.1万吨。虽然化肥会引起土壤板结、造成农田与水资源污染等问题，但化肥对中国粮食产量的提高发挥了不可替代的作用，化学化无疑是中国农业现代化的重要内容与成功经验。

（四）耕地拍卖贡献了近40万亿元的资金

农业技术不断进步，使中国粮食单位面积产量由1949年的1029.33公斤/公顷，增加到2017年的5506公斤/公顷，增长了434.9%（图5-3）。农业增产减轻了粮食供应压力，全国耕地至少出让2亿亩以上，按平均每亩20万元计算，形成净资产40万亿元以上。根据国家统计局的数据，1981—2016年间中国城市建设用地累计达到13.4万亿亩，其中相当一部分是农田。农业增产减轻了粮食短缺压力，支撑了城市化、工业化。

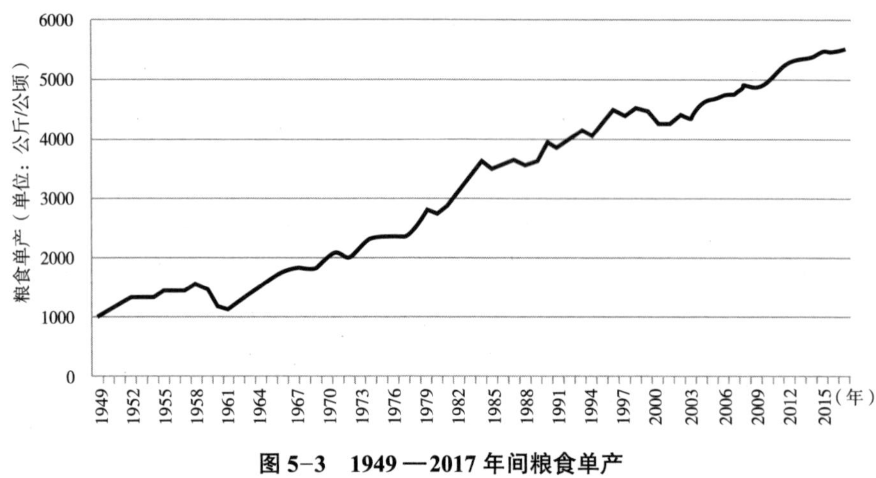

图 5-3　1949—2017 年间粮食单产

（五）建成了世界第一农业大国

中国粮食、肉类、蛋类、油料等主要农产品产量均居世界第一位。2016 年，中国肉类总产量达 8540 万吨，占世界肉类总产量 3.21 亿吨的 26.6%；禽蛋总产量达 3095 万吨，占世界禽蛋总产量的 40%。2017 年，中国粮食总产量为 61791 万吨，其中谷物产量为 56455 万吨，占世界谷物总产量 26 亿吨的 21.7%。

但农业大国的农产品仍然需要进口。中国农业农村部公布的数据显示，2017 年中国农产品进出口额为 1258.6 亿美元。从进口种类看，小麦进口 422.2 万吨，玉米进口 282.7 万吨，大米进口 402.6 万吨，大麦进口 886.3 万吨，高粱进口 505.7 万吨，玉米酒糟进口 39.1 万吨，木薯（主要是干木薯）进口 812.8 万吨，棉花进口 136.3 万吨，食糖进口 229.0 万吨，食用油籽进口 1 亿吨，其中大豆进口 9552.6 万吨，食用植物油进口 742.8 万吨。另外，2017 年中国进口猪肉 121.7 万吨，进口牛肉 69.5 万吨，进口奶粉 104.0 万吨。如此巨大的需求，导致中国农业农产品价格的波动直接影响国际市场农产品的价格波动，中国已成为世界上举足轻重的农业大国。

第2节　农业大国仍然面临“三道红线”

（一）粮食安全问题再现，隐性自给率仅为65%

《国家粮食安全中长期发展规划纲要（2008—2020年）》明确提出国内粮食生产与消费比例在2010—2020年要保持在95%以上，但2017年中国广义粮食自给率已降至82.5%，跌破了90%的红线。

1998年中国正式宣布农业进入新阶段，主要农产品供给已由长期短缺变成总量大体平衡、丰年有余。进入21世纪，中国粮食产量取得了“十二连增”的成绩，导致社会各界忽视了粮食数量的深层次问题。据我们测算，2017年中国粮食净进口量相当于8.9亿亩农田的产量，粮食隐性自给率仅为65%，粮食数量不足的问题实际上已经重现。

1. 粮食自给率的内涵与现状

国际上常用的粮食自给率是指一个国家或地区粮食产量占消费量的比重。由于对粮食种类的界定不同，粮食自给率通常有三种：一是广义粮食自给率，是指一个国家或地区粮食产量与粮食消费量的比例，其中广义的粮食，既包括稻谷、小麦、玉米，还包括大豆、高粱、谷子、薯类等；二是狭义粮食自给率，是指稻谷、小麦、玉米等禾本科作物的产量占消费量的比重；三是能量指标法，是指一个国家或地区生产粮食所含能量占消费粮食所含能量的比重。此外，也有专家采用营养成分来计算粮食自给率。

中国常用的粮食自给率有两种：一是粮食自给率，也就是广义粮食自给率，是指生产粮食占粮食总消费量的比重；二是口粮自给率，是指稻谷、小麦、薯类等口粮生产的量占粮食总消费量的比重。

中国海关总署发布的数据显示，2013年中国粮食产量为60194万吨，进口粮食8402.1万吨，合计为7155万吨，粮食自给率为87.8%；2017年粮食总产量为61791万吨，比2013年增长2.6%，粮食净进口13062万吨，比2013年增长55.5%，粮食总消费量为74853万吨，粮食自给率为82.5%。

2017年中国口粮（主要指稻谷和小麦）自给率为98%。海关总署数据显示，2017年中国稻谷、小麦净进口量分别为283万吨、442万吨；国家统计局数据显示，2017年中国稻谷、小麦生产量分别为20707.5万吨、12884.5万吨，稻谷、小麦的消费量分别为20990.5万吨、13326.5万吨。按此计算，稻谷、小麦的自给率分别为99%、97%，中国口粮自给率高达98%。如果把薯类也计算在内，口粮自给率则高于98%，完全能够保障口粮自给的基本目标。

2. 粮食隐性自给率降至65%

粮食自给率、口粮自给率在80%以上，在一定程度上掩盖了粮食安全的一些深层次的矛盾，实际上1998年宣布的解决了的粮食数量问题已经重新出现，不容忽视。

为了分析粮食自给率隐含的深层次问题，我们提出了粮食隐性自给率的概念。粮食隐性自给率是指在一定科技水平下，一个国家或地区的生产粮食所需耕地（播种）面积占总耕地（播种）面积的比重，换句话说，粮食隐性自给率实际上就是生产粮食的耕地自给率，能够反映粮食自给率偏高时的隐性矛盾。

中国粮食隐性自给率已经降至65%。据海关总署数据，2013年与2017年中国净进口大豆分别为6337.5万吨和9553万吨，平均每年增加804.0万吨。按照大豆单产1787公斤/公顷计算，2013年与2017年进口大豆相当于5.33亿亩和8.03亿亩农田的产量；2017年净进口其他谷物3371.4万吨，按谷类单产6075公斤/公顷折算，相当于8324.4万亩农田的产量，两项共计8.86亿亩，相当于占中国耕地总面积20.24亿亩的43.7%，占粮食播种面积16.83亿亩的52.6%，占农作物总播种面积24.99亿亩的35.4%。可见，中国粮食隐性自给率已降至65%，与口粮自给率相差33个百分点，与粮食自给率相差 17.9 个百分点。

3. 粮食隐性自给率下降的主要原因

导致粮食隐性自给率下降的原因是多方面的：一是城镇化、工业化占用大量耕地，迫使通过压缩低产作物、种植高产作物提高粮食产量；二是进口低产作物大豆，用原来种植大豆的耕地种植玉米，粮食产量表面上实现“十二连增”，实质上掩盖了粮食安全的结构性问题，也就是国外已有 8.9 亿亩耕地为中国生产粮食；三是 80 后农村青年劳动力弃农进城，“只有老人的山村”“谁来种粮”问题十分突出，农业、农村、农民、农民工“四农”问题亟待新一轮制度设计与改革。

城镇化导致粮食消费增长，自给率下降。日本、韩国、中国台湾地区快速城镇化的过程都伴随着粮食自给率的迅速下降。1947 年日本城镇化率为 33%，1985 年达到 77%，38 年提高了 44 个百分点，年均增加 1.2 个百分点，与中国 2001 —2017 年城镇化速度相同。日本粮食自给率由 1960 年的 79% 下降至 1979 年的 39%，不到 20 年粮食自给率下降 40 个百分点；谷物自给率从 1960 年的 82% 下降到 2014 年的 29%，下降 53 个百分点。

压缩低产作物播种面积、增加高产作物播种面积，掩盖了粮食问题的深层次矛盾。通过减少产量低的大豆种植面积，增加高产玉米的种植面积，粮食实现了“十二连增”，保持了较高的粮食自给率，但隐性自给率迅速下降，粮食数量不足问题再次凸显。2000 —2017 年，豆类种植面积由 12660 千公顷减少到 10352 千公顷，下降了 18.2%；加上高粱、谷子等低产作物为玉米让地，玉米面积则由 2000 年的 23056 千公顷增加到 2017 年的 35445.2 千公顷，上升了 53.7%。按 2017 年玉米单产 6090.8 公斤 / 公顷计算，增加面积可生产玉米 7545.02 万吨，占 2017 年比 2000 年粮食产量增量 12790.7 万吨的 59.0%。

2000 年到 2017 年，中国谷物单产由 4753 公斤 / 公顷增加到 6075 公斤

/公顷，增长了27.8%；谷物播种面积由85264万公顷增加到92930.2万公顷，增长了9.0%；同期，粮食总产量由46217.5万吨增加到61790.7万吨，增长了33.70%。可见，中国粮食增产的主要原因是单产增长，而单产增长的原因是种植高产作物——玉米挤掉了低产作物种植。

换个角度分析，隐性问题就更显而易见：中国玉米单产是大豆单产的3倍，若大豆自给、玉米进口，少进口9553万吨大豆，就需要多进口28659万吨玉米，而粮食自给率则由82.5%降至62%。

（二）耕地面积两次接近18亿亩红线

保护耕地是中国国家战略，中国政府曾明确规定了耕地的18亿亩红线。根据中国国家统计局数据，1949年中国耕地面积为14.68亿亩，1957年为16.77亿亩，到1995年降为14.25亿亩。1996年第一次土地调查将耕地面积重新确定为19.51亿亩，随后逐年下降，到2006降至18.26亿亩，2012年仍为18.26亿亩，6年没有变化，但由于建设用地面积在迅速增加，耕地面临实际已经接近18亿亩红线。2013年12月，根据第二次土地调查结果，耕地面积再次上调为20.27亿亩（图5-4）。2014年4月，全国土壤污染状况调查结果显示，19%的耕地存在污染问题，其中5000万亩耕地中度、重度污染，已不适宜农业生产。根据国土资源部最新数据，截至2016年末度全国耕地面积为20.24亿亩。

中国国家统计局数据显示，2001年中国城镇化率为37.66%，2017年达到58.52%，平均每年增加1.2个百分点。尤其是2014年《国家新型城镇化规划（2014—2020年）》发布以来，城镇化提速明显，城镇化率平均每年增加1.6个百分点。1981年到2016年，城市建设用地面积累计达13.43亿亩，平均每年3837万亩；1984—2015年间建筑业房屋竣工面积累计达470.8亿平方米，按13.7亿人口计算，人均房屋面积为34.4平方米。虽然国

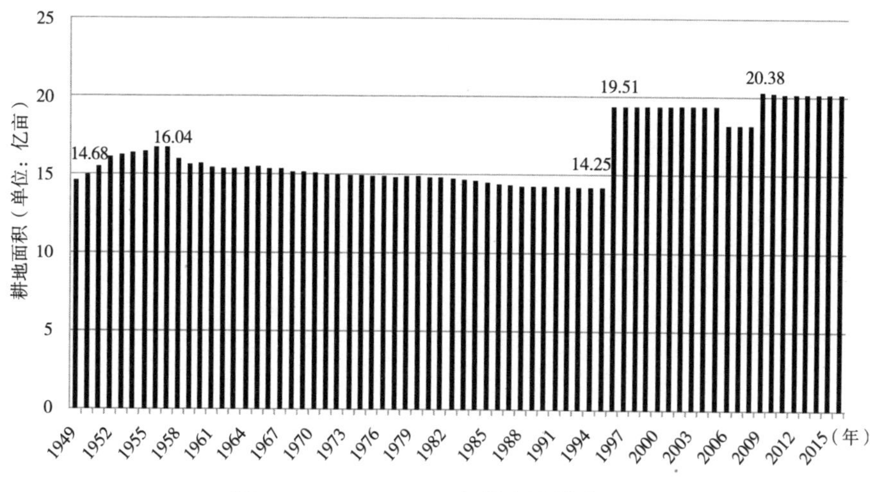

图 5-4　1949—2016 年间中国耕地面积

家对占用耕地采取了严格的加补政策，但回补的农田质量明显低于被占用耕地，很难弥补粮食生产能力的损失。

（三）农村劳动力老龄化遇到红线

工业化、城镇化过程中的农村劳动力数量下降已成为国际趋势，中国正在经历这一关键时期。农村劳动力以“386061”部队[①]为主的现象没有改观，农村劳动力缺乏问题愈发突出，大量农田闲置，严重影响了农业生产率的提高。目前，农村劳动力以 60 后为主，70 后已很少务农，80 后基本不参与农村劳动，从根本上动摇了家庭联产承包责任制的全面实施，需要进一步加快农业规模化、合作化进程，需要进一步深化农村经营体制改革，以适应劳动力短缺的压力。

① “386061 部队”的数字含义是：38，源自于三八妇女节，这里代表了农村妇女；60，是指 60 岁以上老人；61，是指农村儿童。

第6章

第二产业遇到“产业拐点”

第1节　快速工业化建成制造业大国

改革开放以来，中国用了40年的时间就基本走完了发达国家100—150年才走完的工业化道路。制造业的发展不仅极大地改善了中国人民的生产、生活条件，而且为世界人民提供了大量物美价廉的产品。中国制造正在向中国创造高速迈进，制造业大国正在迈步走向世界制造业强国。

第一，门类最全。中国拥有41个工业大类、191个中类、525个小类，是全世界唯一拥有联合国产业分类中全部工业门类的国家，形成了一个举世无双、行业齐全的工业体系。美国产业空心化问题相当严重，奥巴马提出“制造业回归”，但基础设施、产业链、产业配套能力重建都需要时间与资本投入，研发体系、生产体系、物流体系等不可能一蹴而就，例如美国许多大学的纺织学院已经关闭，重整纺织业面临人才、厂房、设备、研发体系、销售体系等诸多问题。

第二，规模最大。据中国国家统计局的数据，中国粗钢、煤等主要工业产品产量位居世界第一（表 6-1）。据估计，中国五百余种主要工业产品中有两百二十多种产品产量位居世界第一[1]。中国在 2010 年超越美国成为全球制造业第一大国，终结了美国保持的自 1895 年到 2009 年长达 115 年制造业世界第一的纪录。2010 年，世界制造业总产值为 10 万亿美元，其中，中国占据 19.8% 的份额，略高于美国 19.4% 的比重[2]。2016 年，中国制造业的实际增加值是 2000 年制造业实际增加值的 7 倍，占全球制造业总产出的比重从 2000 年的 8.5% 提高到 30.9%，同期，美国、日本、德国在全球制造业中的比重分别从 28.5%、17.0% 和 10.1% 降至 19.3%、11.6% 和 7.0%。

表 6-1　中国工业主要产品产量世界排名

项目	1978 年	1980 年	1990 年	2000 年	2005 年	2010 年	2015 年	2016 年
粗钢	5	5	4	1	1	1	1	1
煤	3	3	1	1	1	1	1	1
原油	8	6	5	5	5	4	4	5
发电量	7	6	3	2	2	2	1	1
水泥	4	4	1	1	1	1	1	1
化肥	3	3	3	1	1	1	1	1
棉布	1	1	1	2	2	1	1	1

数据来源：根据《中国统计年鉴（2017 年）》整理。

第三，出口最多。作为传统的出口大国，中国连续 8 年维持出口第一大国的地位。根据中国海关总署数据，2017 年中国出口额达 22635.22 亿美元，占 2016 年全球货物贸易出口总额 15.5 万亿美元的 14.6%[3]。不仅如此，中国高技术产品出口额已经超过美国，成为世界第一出口大国。世界银行数据显示，2005 年中国高技术产品出口额是美国高技术产品出口额的 1.13 倍，2016 年中国高技术产品出口额是美国的 3.2 倍（图 6-1）。根据中国商务部统计，2017年中国非金融类企业对外直接投资为1201亿元，其中制造业占15.9%，流向装备制造业的对外投资已占同期中国制造业对外投资的56.7%。

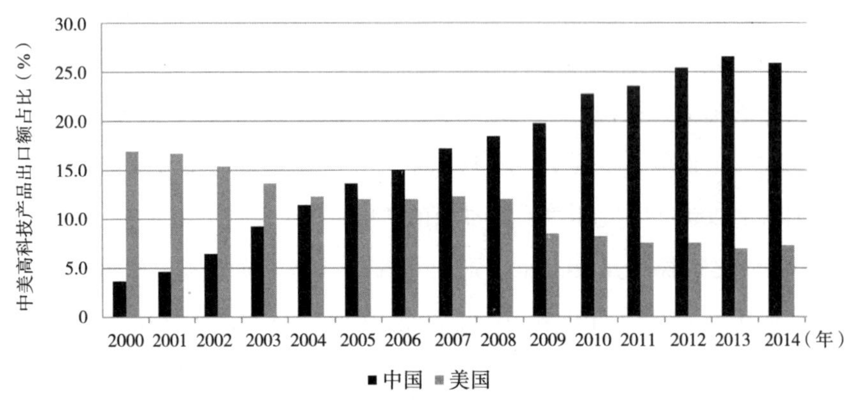

图6-1　中美高科技产品出口额占世界总出口额的比重

数据来源：世界银行。

第2节　第二产业全面接近“产业拐点”

“认识新常态、适应新常态、引领新常态”是中国当前和未来经济社会发展的核心任务，而“认识产业新拐点、开发产业新技术、创新产业新模式、开拓产业新局面”是适应、引领新常态的基础性工作和客观需求，对宏观经济趋势与规律的把握，迫切需要深入研究产业转型与发展规律。我们对“产业拐点”的形成与发展规律进行了研究，发现中国第二产业已全面进入“产业拐点”。

（一）“产业拐点”的定义与内涵

国内外学术界还没有公认的对“产业拐点”的定义。我们研究认为，拐点是指两条斜率不同的曲线的连接点，也称为转折点。“产业拐点”是指产业发展的转折点，“产业拐点”的两端是完全不同的增长速度或方式。

关于“产业拐点”的内涵，可以从数学、经济、科技、管理等不同角度理解。从数学角度讲，拐点两边的曲线完全不同，一边为凸，另一边则为凹；从经济学角度分析，市场供求关系、产业结构、产业增长要素（劳动力、资本、土地与资源、技术）等的重大变化通常会导致产业转型拐点的产生；从科技创新角度分析，颠覆性技术的产生与应用必然会导致“产业拐点”的出现；从管理角度分析，重大政策通常会加速或延缓“产业拐点”的出现。

（二）国外“产业拐点”相关研究的主要观点

国外许多机构与学者都在从事经济波动、科技革命、产业变革相关规律的研究，形成了许多理论与学说。

“经济长波理论”。苏联经济学家康德拉季耶夫通过对英国、法国、美国等资本主义国家 1789 年到 1920 年 130 多年的价格、利率、工资、对外贸易等 36 个统计指标的分析，认为 50—60 年为一个经济长期波动的周期。从科技与经济发展的长期趋势分析，康德拉季耶夫所说的经济波动周期是生产力发展的周期，科技发展的周期决定了生产力发展的周期。一次新技术革命推动一次产业变革，进而推动一轮经济增长。市场饱和后增速下降，又孕育下一次技术革命。

社会经济“三阶段理论”。法国经济学家克莱门·朱格拉提出社会经济运动会经历“繁荣、危机与萧条三阶段”。三个阶段的反复出现就形成了一个周期，每次周期性波动为 10 年，即经济运行变化从衰退——低潮——回升——高潮，呈现出有规律性的收缩与扩张交替的周期性波动。

“经济大小周期理论”。英国经济学家约瑟夫·基钦提出经济周期有大小两种。资本主义的经济周期只有 3 —5 年，大周期包括 2 个或 3 个小周期，小周期平均长度约为四十个月。基钦把这种 2 —4 年的短期调整称为“存货”周期。

“技术创新理论”。美籍经济学家熊彼特提出“技术创新理论”，认为创新就是要“建立一种新的生产函数”。经济周期性波动源于创新过程的非连续性和非均衡性，不同的创新对经济发展会产生不同影响，由此形成经济周期。他认为 3 个基钦周期构成一个朱格拉周期，18 个基钦周期构成一个康德拉季耶夫周期。

“建筑周期理论”。美国经济学家库兹提出“建筑周期理论”，提出经济发展中存在着长度为 15 —25 年不等的长期波动。他认为从生产和价格的长期运动角度看，现代经济体系是不断变化的，这种变化存在一种持续的、不可逆转的变动。这种波动在美国的许多经济活动中，尤其是建筑业中表现得特别明显。

“政治周期理论”。波兰经济学家卡莱斯基的“政治周期理论”认为经济周期的根源归于政府对通货膨胀采取的周期性制止政策。经济周期与政策的稳定和经济政策的行为紧密相关，政府为了维持较高的经济增长速度，往往扩大总需求，从而导致通货膨胀，政府制止通货膨胀的唯一方法是人为地制造一次衰退。当经济出现衰退后，政府在广大民众的压力下不得不再次执行充分就业政策，结果又推动了新的高涨，也就不可避免地出现第二次人为衰退。

“心理预期理论”。英国经济学家凯恩斯提出“心理预期理论”，认为经济波动的原因在于公众心理反应的周期性变化。对前途乐观时，投资和生产就会增加，经济走向繁荣；反之，则走向衰退。他认为对经济的长期预期既是不稳定的，又是稳定的。长期预期是受信心影响的，因而是不稳定的；但“当其不稳定时，会有其他因素起稳定作用”。

“产业成长曲线”。美国管理学家迈克·波特提出“产业成长曲线”，认为产业周期通常分为形成期、成长期、成熟期和衰退期等四个阶段。外在表现为从弱小到强大、从不成熟到成熟。内在则包括三个方面的变化：产业规模、产业技术和产业组织。产业成长与其生命周期有关，每个产业都有一个从形成到成熟再到衰退的发展历程。

“技术成熟度曲线”。著名的 IT 公司 Gartner 认为，一项新科技从诞生、广告宣传、投资生产到稳定商业化，大致分为 5 个阶段：技术诞生的促动期、过高期望的高峰期、稳步增长的光明期、泡沫化的低谷期、实质生产的高峰期。

（三）国内“产业拐点”相关研究的主要观点

自中央提出经济进入新常态以来，中国国内许多机构或学者对新常态下的经济发展趋势、结构调整、产业转型的规律和对策做了大量的研究，主要观点如下。

刘世锦提出“中国经济转型为上下半场”。2010 年一季度经济开始出现下滑，至 2014 年为转型的上半场，从 2015 年起进入转型的下半场。下半场将主要解决三个问题：一是促进前些年支持经济高增长的终端需求能够平稳落地；二是过剩产能要退出；三是培育新的增长动力，缩小与发达国家之间的差距[4]。

吴敬琏提出“要从供给侧的各种因素去分析中国经济增长的驱动力”。关注新增劳动力、新增资本投资和效率的提高。保持持续稳定增长的主要驱动力量应该是转变经济增长的方式，从主要依靠投资、资源，转到主要依靠技术进步、靠效率提高[5]。

厉以宁认为“没有创新、没有结构调整，中高速增长也是不可能的”。他认为，7%，甚至 6%—7% 的区间是中高速增长，中高速增长同样是不容易的，它需要结构调整和创新来支撑[6]。

蔡昉认为2013年中国开始出现“刘易斯拐点”，人口红利将不再增长，之后还将转入负增长阶段，需要政府与产业界提出新的发展模式与措施[7]。

李稻葵提出经济结构调整拐点在2007—2009年已经出现，经济结构正在向好的方面发展。他认为要加快经济发展动力的转换，就像大轮船行驶一样，一边行驶，一边要换动力，换发动机，旧的发动机逐步退出去，把新的发动机装上去[8]。

我们提出2013年是中国产业转型的重要拐点，第三产业超过第二产业成为最大的产业，并估算到2020年第三产业拥有20万亿元的市场潜力，在工业增速不出现大幅下降的情况下，通过加速发展第三产业，能够支撑中国经济保持中高速增长[9]。

第3节　重点行业的“产业拐点”分析

按照国民经济分类标准，中国第一、第二、第三产业可细分为59个行业，其中第一产业细分为4个行业，第二产业细分为41个行业，第三产业细分为14个行业。由于数据的可获得性，我们对50个行业的增长趋势、产业拐点进行了分析。

（一）持续增长的行业

将2016年与2012年不同行业增加值的增长率进行比较，保持持续增长的行业有7个，按增长速度由高到低排序依次为：汽车制造业（7.1%）、房地产业（3.9%）、燃气生产和供应业（2.6%）、水的生产和供应业（2.5%）、住宿和餐饮业（0.9%）、交通运输、仓储和邮政业（0.5%）、石油加工、炼焦及核燃料加工业（0.4%）（图6-2）。

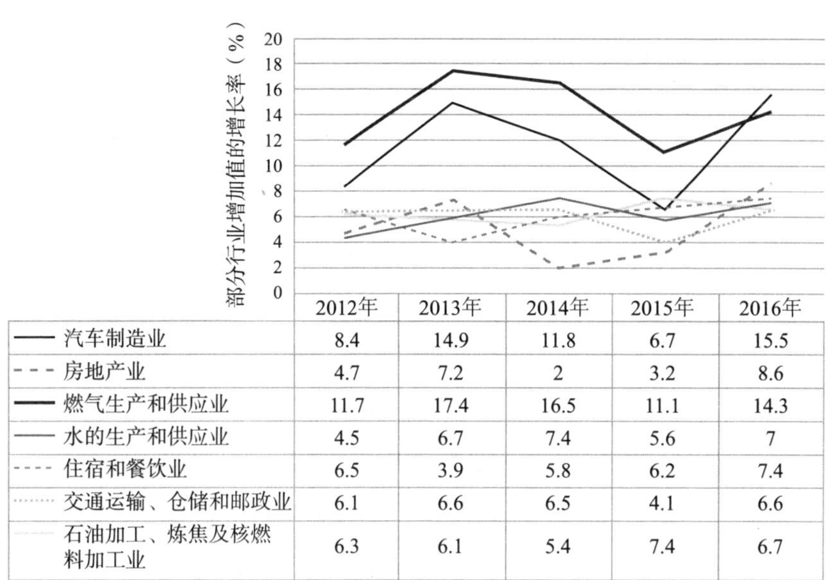

	2012年	2013年	2014年	2015年	2016年
—— 汽车制造业	8.4	14.9	11.8	6.7	15.5
- - - 房地产业	4.7	7.2	2	3.2	8.6
—— 燃气生产和供应业	11.7	17.4	16.5	11.1	14.3
—— 水的生产和供应业	4.5	6.7	7.4	5.6	7
- - - 住宿和餐饮业	6.5	3.9	5.8	6.2	7.4
······ 交通运输、仓储和邮政业	6.1	6.6	6.5	4.1	6.6
—— 石油加工、炼焦及核燃料加工业	6.3	6.1	5.4	7.4	6.7

图 6–2　持续增长的行业

（二）接近产业拐点、缓慢下降的行业

将 2016 年与 2012 年不同行业增加值的增长率进行比较，将年增长率下降速度低于 3 个百分点的行业，确定为接近产业拐点、缓慢下降的行业，共有 13 个，按照增长率由高到低排序依次为：电力、热力的生产和供应业（−0.2%），林业（−0.7%），渔业（−0.9%），电气机械及器材制造业（−1.2%），交通运输设备制造业（−1.4%），其他制造业（−1.6%），通信、计算机及其他电子设备制造业（−2.1%），专用设备制造业（−2.2%），橡胶和塑料制品业（−2.5%），通用设备制造业（−2.5%），建筑业（−2.6%），造纸及纸制品业（−2.9%），食品制造业（−3.0%）（图 6–3）。

	2012 年	2013 年	2014 年	2015 年	2016 年
电力、热力的生产和供应业	5	6.2	2.2	0.5	4.8
农业	4.4	4.4	4.4	5	4.2
林业	6.7	7.3	6.1	5.3	6
渔业	5.1	5.2	4.4	3.8	4.2
电气机械及器材制造业	9.7	10.9	9.4	7.3	8.5
铁路、船舶、航空航天和其他运输设备制造业	4.6	4.8	12.7	6.8	3.2
其他制造业	7	2.3	5.2	6.1	5.4
通信设备、计算机及其他电子设备制造业	12.1	11.3	12.2	10.5	10
专用设备制造业	8.9	8.5	6.9	3.4	6.7
橡胶和塑料制品业	10.1	10.7	8.6	7.9	7.6
通用设备制造业	8.4	9.2	9.1	2.9	5.9
建筑业	9.8	9.7	9.1	6.8	7.2
造纸及纸制品业	8.8	8.4	6.5	5.3	5.9
食品制造业	11.8	10	8.6	7.5	8.8

图 6–3　接近产业拐点、缓慢下降的行业

（三）出现产业拐点、中速下降的行业

我们将 2016 年增长率比 2012 年下降幅度在 –3% 到 –6% 之间的行业，确定为出现产业拐点、中速下降的行业，共有 17 个，按照增长率由高到低依次为：仪器仪表制造业（–3.2%），批发和零售业（–3.2%），石油和天然气开采业（–3.3%），纺织服装、服饰业（–3.4%），医药制造业（–3.7%），化学原料及化学制品制造业（–4.0%），印刷和记录媒介复制

业（−4.0%），金属制品业（−4.0%），皮革、毛皮、羽毛及其制品和制鞋业（−4.3%），酒、饮料和精制茶制造业（−4.5%），牧业（−4.5%），家具制造业（−4.6%），非金属矿物制品业（−4.7%），金融业增加值指数（−4.9%），金属制品、机械和设备修理业（−5.1%），木材加工及木、竹、藤、棕、草制品业（−5.6%），非金属矿采选业（−5.9%）（图 6−4）。

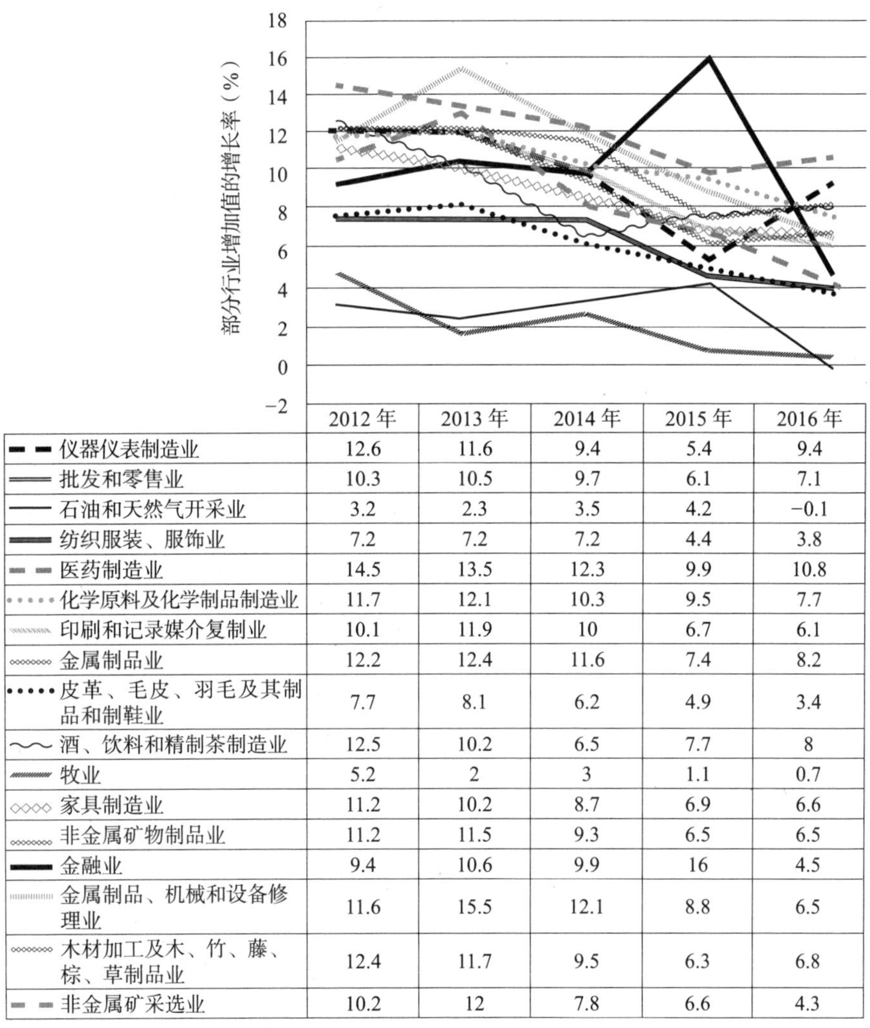

	2012 年	2013 年	2014 年	2015 年	2016 年
仪器仪表制造业	12.6	11.6	9.4	5.4	9.4
批发和零售业	10.3	10.5	9.7	6.1	7.1
石油和天然气开采业	3.2	2.3	3.5	4.2	−0.1
纺织服装、服饰业	7.2	7.2	7.2	4.4	3.8
医药制造业	14.5	13.5	12.3	9.9	10.8
化学原料及化学制品制造业	11.7	12.1	10.3	9.5	7.7
印刷和记录媒介复制业	10.1	11.9	10	6.7	6.1
金属制品业	12.2	12.4	11.6	7.4	8.2
皮革、毛皮、羽毛及其制品和制鞋业	7.7	8.1	6.2	4.9	3.4
酒、饮料和精制茶制造业	12.5	10.2	6.5	7.7	8
牧业	5.2	2	3	1.1	0.7
家具制造业	11.2	10.2	8.7	6.9	6.6
非金属矿物制品业	11.2	11.5	9.3	6.5	6.5
金融业	9.4	10.6	9.9	16	4.5
金属制品、机械和设备修理业	11.6	15.5	12.1	8.8	6.5
木材加工及木、竹、藤、棕、草制品业	12.4	11.7	9.5	6.3	6.8
非金属矿采选业	10.2	12	7.8	6.6	4.3

图 6−4　出现产业拐点、中速下降的行业

（四）出现产业拐点、快速下降的行业

将 2016 年增长率比 2012 年下降幅度在 −6% 到 −9% 之间的行业，确定为出现快速下降的行业，共有 6 个，按照增长率由高到低依次为：纺织业（−6.7%），废弃资源综合利用业（−6.9%），有色金属冶炼及压延加工业（−7%），化学纤维制造业（−7%），农副食品加工业（−7.5%），文教、工美、体育和娱乐用品制造业（−7.7%）（图 6−5）。

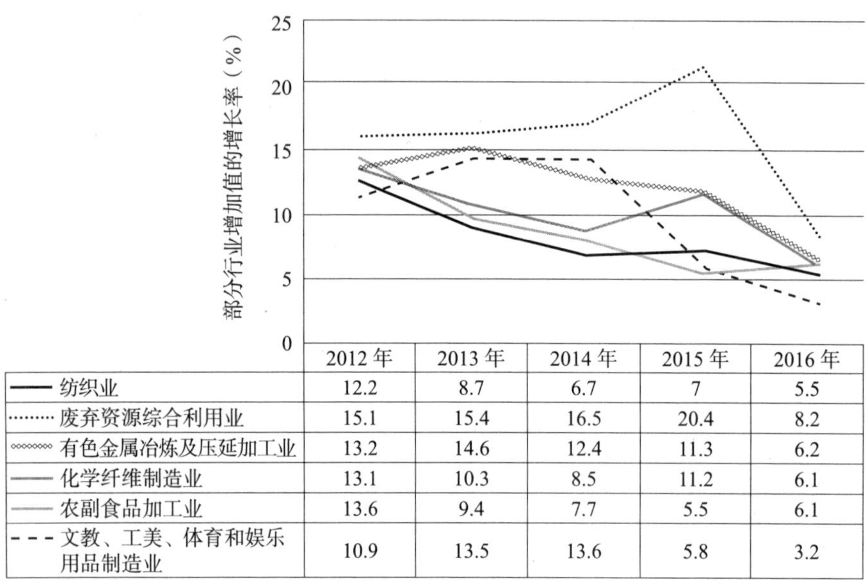

	2012 年	2013 年	2014 年	2015 年	2016 年
纺织业	12.2	8.7	6.7	7	5.5
废弃资源综合利用业	15.1	15.4	16.5	20.4	8.2
有色金属冶炼及压延加工业	13.2	14.6	12.4	11.3	6.2
化学纤维制造业	13.1	10.3	8.5	11.2	6.1
农副食品加工业	13.6	9.4	7.7	5.5	6.1
文教、工美、体育和娱乐用品制造业	10.9	13.5	13.6	5.8	3.2

图 6−5　出现产业拐点、快速下降的行业

（五）出现产业拐点、急剧下降的行业

将 2016 年增长率比 2012 年下降超过 −9% 的行业，确定为急剧下降的行业，共有 7 个，按照增长率由高到低依次为：黑色金属冶炼及压延加工业（−11.2%），煤炭开采和洗选业（−11.3%），有色金属矿采选业（−12.8%），其他采矿业（−16.8%），烟草制品业（−17.6%），黑色金属

矿采选业（−23.2%），开采辅助活动（−28.7%）（图 6−6）。

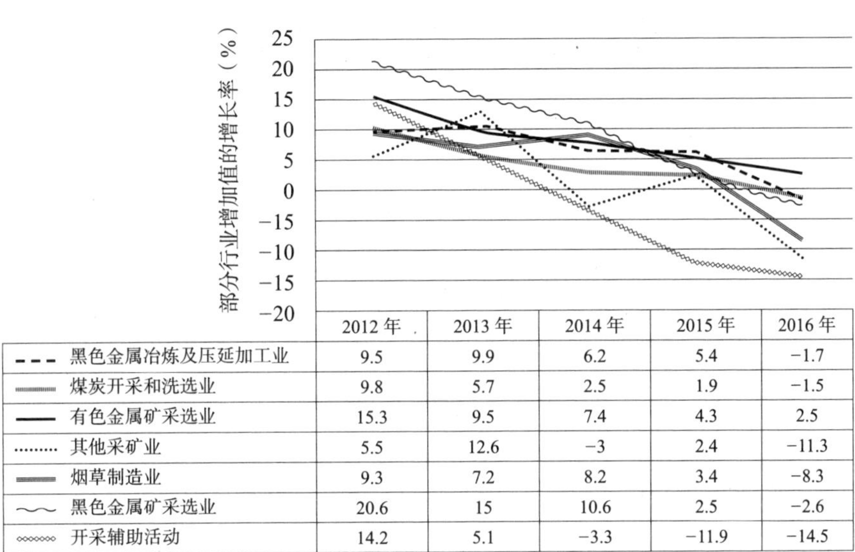

	2012 年	2013 年	2014 年	2015 年	2016 年
黑色金属冶炼及压延加工业	9.5	9.9	6.2	5.4	−1.7
煤炭开采和洗选业	9.8	5.7	2.5	1.9	−1.5
有色金属矿采选业	15.3	9.5	7.4	4.3	2.5
其他采矿业	5.5	12.6	−3	2.4	−11.3
烟草制造业	9.3	7.2	8.2	3.4	−8.3
黑色金属矿采选业	20.6	15	10.6	2.5	−2.6
开采辅助活动	14.2	5.1	−3.3	−11.9	−14.5

图 6−6　出现产业拐点、急剧下降的行业

第 4 节　四个典型“产业拐点”的案例分析

“产业拐点”的形成与变化受市场、技术、政策、文化、国际环境等多种因素的影响，蕴藏着经济发展、科技创新、产业变革、社会进步、国际贸易等领域的内在规律。以数码、钢铁、平板显示、LED 照明四个行业为例，我们对科技创新与经济转型的关系，特别是颠覆性技术对相关产业的影响进行了案例分析，在此基础上对产业转型拐点的形成与变化规律进行初步探讨。

（一）数码

1. 数码产品颠覆胶片产品，颠覆性技术是核心动力

数码技术的成熟及其产品的规模化生产，在胶片行业仍然快速增长、市场尚未达到饱和的情况下，颠覆了胶片产业，形成了产业拐点，是一个典型的由技术驱动的产业转型。

数码产品自从问世以来，经历了多次超越、颠覆与被超越、被颠覆的过程。

柯达公司研制的数码技术颠覆了柯达胶片，几乎颠覆了柯达公司。1975 年美国柯达公司研制了第一台数码相机，1981 年索尼将数码相机商品化，1989 年富士推出了首台使用闪存存储介质的数码相机，1995 年尼康和富士共同开发了数码单反相机，从此数码相机产品迅速增长。

2002 年数码相机出货量超越胶片相机，颠覆了胶片相机的市场。1997 年胶片相机出货量达到 3667.1 万台的峰值，在此之前一直保持平稳增长。1997 年起数码相机的出货量持续上升，到 2002 年数码相机出货量开始超过胶片相机，也就是说数码相机颠覆了胶片相机的市场。受金融危机的影响，2009 年数码相机出货量下降，2010 年数码产品出货量达到历史最高值，为 12146.3 万台，随后逐步下降，2017 年下降到 2497.8 万台，仅为 2010 年的 20.7%。2017 年，中国数码相机出货量仅为 217 万台，相较于 2016 年下降 17%；全球智能手机出货量为 14.62 亿台，中国智能手机出货量达到 4.59 亿台。

2009 年以来，具有数码相机功能的智能手机的出货量大幅增长，颠覆了数码相机的市场。由于智能手机具有容易储存、即时上传、社交分享、价格低廉等数码相机不具有的优势，在很大程度上取代了非专业化数码相机，导致数码相机出货量持续下降，2017 年降至 2497.8 万台，仅为鼎盛时期 2012 年的 20.7%（图 6–7）。更让相机厂商难过的是，数码相机的“寒冬”甚至已蔓延至高端相机市场，可转换镜头式相机的出货量，由

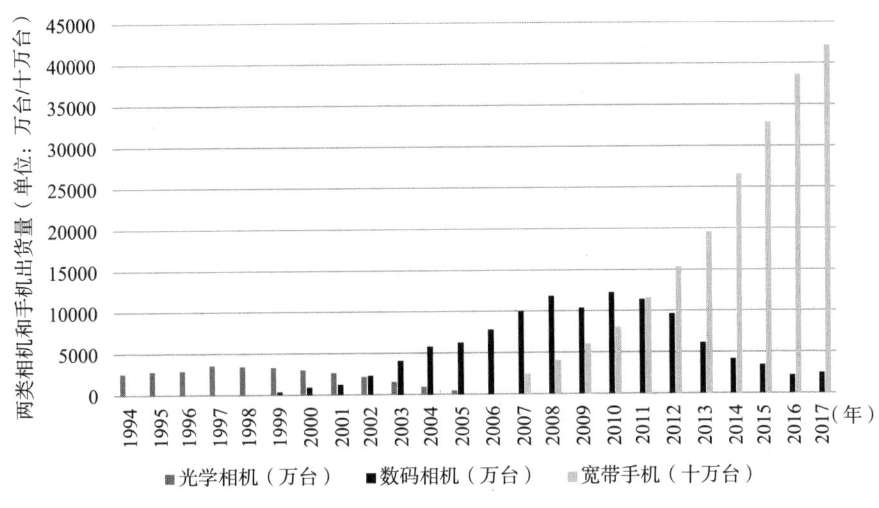

图 6-7 光学相机和数码相机、宽带手机出货量

数据来源：CIPA、ITU。

2012 年的 2015.7 万台下降到 2017 年的 1167.6 万台，下降了 42.1%（图 6-8）。市场萎靡、销量下滑，数码相机在颠覆胶片相机十多年后，又被智能手机所颠覆。

2. 数码产品颠覆胶片产品的主要规律

从数码产品颠覆胶片产品的案例分析中可见，“产业拐点”的形成与变化有以下几个特征与规律。

第一，技术优势、成本优势是数码产品颠覆胶片产品的根本原因，是“产业拐点”形成的基础。数码成像取代传统成像，核心是微电子技术替代了化学成像技术，微电子技术具有三个明显优势：一是储存、加工方便，存储芯片替代了胶卷，打印输出、显示输出替代了化学冲印；二是传输速度快，图像实时显示、即时传输，提高了娱乐性、趣味性，吸引了大量年轻消费者；三是成本低廉，重复使用的数码产品替代一次性感光材料，消

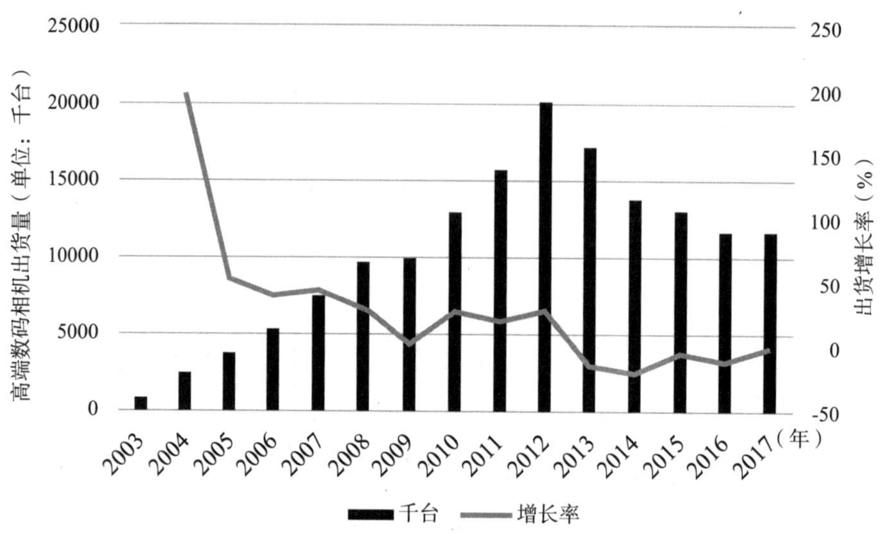

图 6-8　高端可转换镜头数码相机出货量

数据来源：CIPA。

费者节约了购买胶片、冲洗照片的费用，多次投资变成了一次性投资，大幅度降低了摄影成本。

第二，市场机制完善、竞争充分是数码行业迅速崛起的重要保障。化学成像产业是一个市场竞争充分、非常成熟的产业，存在较高的技术壁垒与行业标准，相机制造长期被尼康、美能达、奥林巴斯、佳能等公司控制，胶片生产被柯达、富士等企业垄断，传统相机产业发展比较稳定。但是，由于数码技术更新快，使许多新企业跻身相机产业，引发激烈的市场竞争，这是数码产业快速发展的一个重要原因。

第三，政府干预少是数码产业发展的一个重要特征。日本政府认识到相比政府管制，自由竞争更有利于日本未来发展，所以对数码产业实行不干预政策，大大促进了数码产业新业态的快速形成。

（二）钢铁产能短缺与过剩多次反复，政府与市场博弈

从1953年到2014年，钢铁产业的年增长率形成近10个“拐点”，出现“短缺、过剩、再短缺、再过剩”的多次反复。

1. 钢铁“产业拐点”形成的基本过程

1949年中国钢铁产量为15.8万吨，1957年超过500万吨，1986年超过5000万吨，1996年超过1亿吨，2003年超过2亿吨，2005年超过3亿吨，2006年超过4亿吨，2008年突破了5亿吨，2011—2013年间连续3年跨越6亿吨、7亿吨、8亿吨三个台阶。2014年中国钢铁产量达到8.22亿吨，占全球钢铁总量的49.4%，钢铁产量达到了“产能峰值”，2015年钢铁产能由“相对过剩”变为“绝对过剩”，产量下滑、价格下降，大批企业亏损，再次出现产业拐点的特征（图6-9），2017年钢铁产量为8.32亿吨，较2016年增长了3.0%。

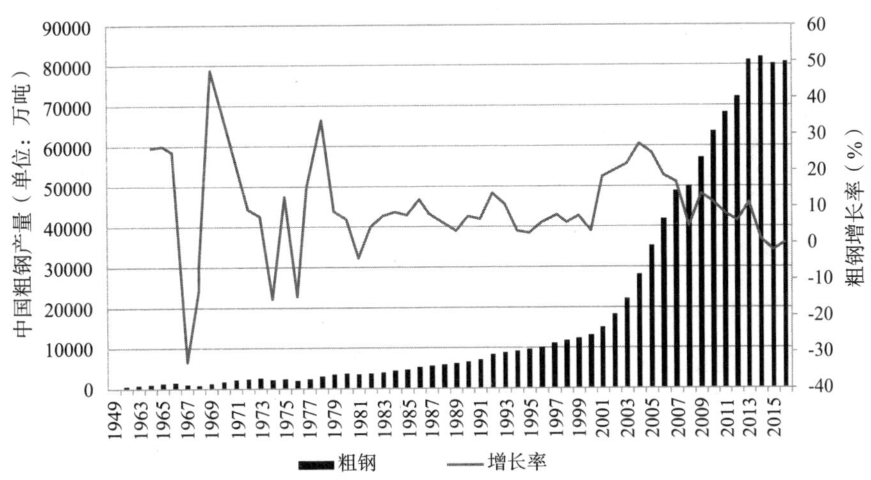

图6-9　1949—2015年期间中国钢铁产量与增长率

钢铁产量刚过 1 亿吨时，就出现了产能相对过剩的问题。1996 年钢铁产量达到 1.0124 亿吨，占世界钢铁总产量的 13.4%，当时已经提出钢铁工业发展的主要矛盾从总量问题转向结构性问题，发展的主要任务是加速钢铁大国向钢铁强国转变。1997 年全国冶金工业会议提出要优化产品结构、优化工艺技术装备结构、优化企业组织结构、淘汰落后生产工艺装备，简称“三优化、一淘汰”。

钢铁产量超过 2 亿吨时，国家为防止出现产能过剩采取了一系列调控措施，但由于市场的拉动作用，钢铁产量 5 年仍翻了一番。2003 年钢铁产量突破 2.2234 亿吨，同年国家发改委出台《关于制止钢铁行业盲目投资的若干意见》，2004 年国务院要求在全国范围内对在建和拟建钢铁项目进行清理整顿，2005 年国务院颁布《钢铁产业发展政策》，2006 年国家提出淘汰 1 亿吨落后炼铁生产能力和 5500 万吨落后炼钢生产能力，2007 年国家多次下调钢材出口退税税率。虽然政府连续 5 年采取控制措施，但由于房地产业、铁路等基础设施建设对钢铁市场需求的拉动作用，钢铁产业始终保持高速增长势头，2007 年钢产量达 4.94 亿吨，占世界的 36.4%，增长率仍高达 17.3%。

钢铁产量达到 5 亿吨时，产能再次出现过剩，政府强力推动又迎来 6 年快速增长。2008 年钢铁产量达到 50306 万吨，但增速降至 2.8%，比 2007 年低 13.9 个百分点，行业利润大幅下滑，出现了产业发展拐点。针对钢铁产业下滑，国家颁布了《钢铁产业调整和振兴规划》，着力推动钢铁产业结构调整和优化升级，特别是出台《十大产业振兴规划》，大量投放货币，钢材需求量大幅度增长，2009 年以后钢铁产量进一步攀升，2014 年中国钢铁产量达到 8.22 亿吨，占世界钢铁总产量的 49.4%，产能过剩问题进一步凸显。国务院出台了《国务院关于推进国际产能和装备制造合作的指导意见》，积极推进“一带一路”，促进钢铁产能合作。

2. 钢铁产业拐点形成的主要规律

从钢铁产业拐点产生与变化分析中可看出以下规律。

第一，市场需求是钢铁产业拐点形成的基础，市场饱和就会出现发展“拐点”。钢铁在 1 亿吨、2 亿吨、5 亿吨时都出现过产能相对过剩，多次出现发展拐点，但在经济快速发展、钢铁市场需求量持续增长的巨大拉动下，钢铁产业在“短缺、相对过剩、再短缺、再过剩”的多次循环中不断发展壮大。

第二，科技创新是钢铁产业持续增长的核心动力，没有科技与装备的进步，就不可能成为钢铁大国。中华人民共和国成立以来，技术设备引进和自主创新双管齐下，钢铁工业高炉利用系数、入炉焦比、高炉喷煤比、转炉炉衬平均寿命、连铸比等已接近或超过世界先进指标。钢铁工业的技术装备日趋大型化、高效化、自动化、连续化、紧凑化、长寿化，宝钢、鞍钢、武钢、马钢、太钢等一大批钢铁企业的工艺装备水平已达到或接近世界先进水平。没有钢铁工业科技、装备的进步，中国就不可能成为钢铁产业大国。

第三，产业政策具有加速或延缓产业拐点形成的双重作用，良好的产业政策是产业转型的保障。中国在钢铁产能 1 亿吨时就采取了一系列调控钢铁产业发展的政策，实践证明，推动经济增长、创造新的市场需求，是加速钢铁产业持续发展、推动钢铁产业转型升级的根本保障，如果没有政策保障，技术就不能发挥作用，市场也不能实现发展。

（三）发光二极管颠覆白炽灯，政府的推动功不可没

发光二极管（Light-Emitting Diode，以下简称 LED）在成本、价格尚不具备市场竞争优势的情况下，由于政府采购、价格补贴、限制白炽灯生产、“十城万盏”示范推广等政策措施的推动，加速推动了 LED 灯替代白炽灯的进程，使产业拐点提前形成。

1.LED 灯取代白炽灯的基本过程

自爱迪生发明白炽灯以来，照明产业经历了白炽灯、荧光灯、LED 灯三个发展阶段。2012 年起，随着 LED 灯进入市场，白炽灯和荧光灯销售量持续下降。2006 年 LED 照明产业产值仅为 356 亿元，2010 年突破 1000 亿元，2015 年、2016 年分别突破 4525 亿元、5216 亿元，2017 年整体达到 6538 亿元。2016 年中国 LED 通用照明应用产值达到 2040 亿元，增长率为 31.5%（图 6–10）。2017 年中国发布的《半导体照明产业“十三五”发展规划》提出，到 2020 年，半导体照明产业整体产值达 10000 亿元，LED 功能性照明产值达 5400 亿元，LED 照明产品销售额占整个照明电器行业销售总额的比例达 70%。有机构预测，未来五年 LED 行业市场规模增速将保持在 12%[10]。

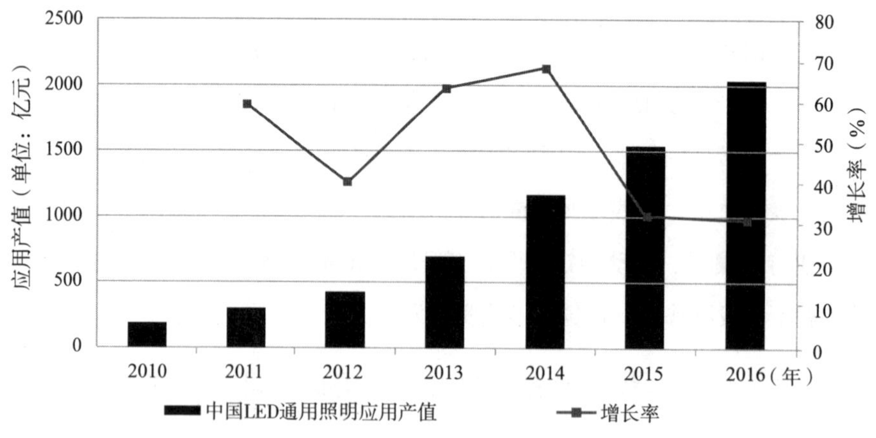

图 6–10　中国 LED 通用照明应用产值及增长率

20 世纪 90 年代后，高亮 InGaAlP 四元红、黄光及 GaN 系蓝、白光器件等开发成功，LED 应用取代传统灯泡，开始由指示转化为照明。数据显示，2014 年以来，全球 LED 产业规模增长的主要动力来自照明应用，所占比例为 50%。2017 年，全球 LED 照明渗透率达到 36.7%，预计到 2020 年中国 LED 照明渗透率将达到 60%—70%[11]。

2. 白炽灯为什么会消失？

第一，颠覆性技术的产生必将导致产业拐点的出现。采用以氮化镓为主要技术路径的 LED 照明产品，发光效率已达到 140lm/W，是荧光灯的 1 倍，其在发光效率、节能、环保、美化环境等方面具有不可替代的优势，这是颠覆传统照明产业的基础。

第二，产业政策能够加速产业拐点的形成。产品开发初期，成本高导致产品价格偏高，LED 产业发展受到一定的限制。为加速推广 LED 照明产品，政府“双管齐下”，一方面实行价格补贴，另一方面加速技术创新，降低成本。2009 年启动了“十城万盏”试点示范工程，实施了半导体照明产品财政补贴政策，同时，加大技术创新力度，大幅度降低产品价格。在上述政策的支持下，LED 灯价格出现大幅下滑。LEDinside 统计数据显示，取代 40W 白炽灯的 LED 灯全球零售均价从 2016 年 1 月的 10.3 美元下跌至 2017 年 12 月的 6.32 美元，下降幅度达到了 38.6%；取代 60W 白炽灯的 LED 灯全球零售均价由 2016 年 1 月的 14.1 美元下滑至 2017 年的 12 月的 7.51 美元，下降幅度达到了 46.7%；2016 年 LED 照明市场规模达到 296 亿美元，2017 年 LED 照明市场规模达到 331 亿美元，预计到 2019 年将达到 333 亿美元[12]。此外，国际清洁能源部长级会议发布了白炽灯等禁令和限令，客观上也助推了全球半导体照明产业的发展。

第三，企业主体、产业集中度高是 LED 产业发展的重要特征。近几年半导体照明产业企业兼并重组加快，从上游的材料到芯片制备，再到封装集成应用的产业体系已基本形成，行业龙头逐步涌现，集中度快速提升。目前半导体照明产业已制定了 39 项国标和 2 项国际标准，国内企业正在组织兼并全球照明巨头欧司朗公司，推动中国半导体照明产业走出去。

第四，推广节能照明是国际化大趋势。2015 年，全球照明占电力消耗的 19%，照明每年碳排放量超过 19 亿吨。节能减排、应对气候变化已成为全球共识，照明产业是节能减排的主力军之一。

（四）平板显示取代阴极射线管的过程：纯粹的技术较量

1. 电视显示技术进步的基本过程

中国是全球最大的显示终端生产国和消费国，2017 年中国彩色电视机产量已经达到 1.72 亿台。显示技术的更新换代，对改善人民生活、推动经济发展、促进文化交流发挥了极为重要的推动作用。

早在 1897 年，德国人布劳恩发明出了第一只阴极射线管（Cathode Ray Tube，以下简称 CRT），实现了电信号向光输出的转换，成为电子显示技术的起点；1924 年，美国无线电公司 (RCA) 发明的光电摄像管和显像管，打开了电视系统由机械进入电子时代的大门，出现了黑白电视机；1950 年，RCA 公司研制出了第一只彩色显像管。此后，基于 CRT 显像管的电视技术垄断了世界电视领域长达半个多世纪。直到 21 世纪初被异军突起的平板显示技术彻底颠覆。

这场产业颠覆起源于液晶技术的发明。1972 年出现了第一只使用液晶显示器的手表，1981 年 EPSON 公司发明了第一台使用液晶显示器的便携式计算机，1997 年日本先锋推出第一台家用等离子电视机，使等离子电视机第一次进入家庭。

技术的成熟驱动了产业的变革，从 2004 年开始，平板显示电视机的产量持续上升，到 2008 年，平板显示电视机出货量规模超过传统 CRT 显示电视机，至此平板显示技术颠覆了 CRT 显示技术，电视机产业实现逆转。到 2014 年，传统 CRT 电视机已经几乎从市场上消失（图 6-11）。

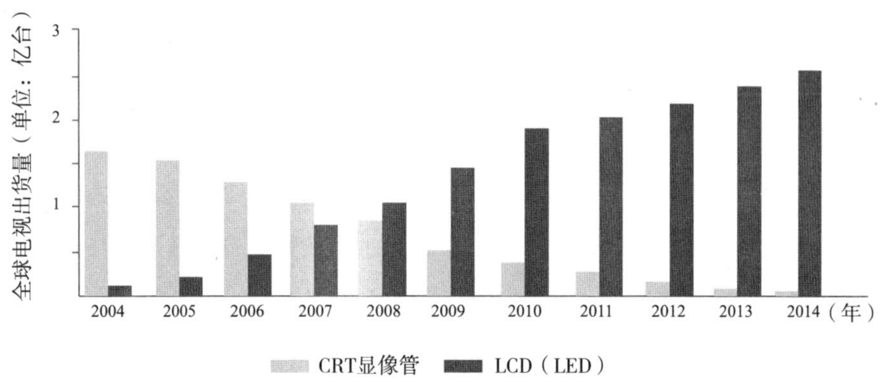

图 6-11　2004 —2014 年期间全球电视出货量

2. 显示技术进步的主要规律

从平板显示技术颠覆 CRT 显示技术的案例分析产业拐点形成的主要原因，可以看到几个特征与规律。

第一，平板显示技术优势的形成是多项技术同台较量的结果。ELD(电致发光显示)、LED(发光二极管)、OLED(有机发光显示)、PDP(等离子体显示)、VFD(真空荧光显示)、FED(场发射显示) 等各种平板显示技术在发展中不断较量，推动平板显示技术日趋成熟。相对于传统 CRT 显示器，平板显示技术具有明显的优势：（ 1 ）体积小、重量轻，可以做成便携式和壁挂式，甚至做到手表上；（ 2 ）功耗小，液晶屏的驱动电压低、耗电少；（ 3 ）失真少，由于液晶电视（ LCDTV ）采用行列电极加信号显示，故不存在因电子束偏转所产生的几何失真和三基色失聚问题；（ 4 ）无辐射、无污染。

第二，产业体系完善是新兴产业拐点形成的保障。在平板显示行业产业链中，上游是设计、研发、原材料和零部件，中游是显示面板和显示模组生产，下游为各类电子整机终端产品，涵盖了智能手机、笔记本电脑、平板电视、液晶显示器等众多电子领域产品，形成了完整、巨大的产业链，这是平板显示产业迅速发展的保障条件。

第三，市场潜力巨大、经济效益显著是平板显示产业迅速崛起的主要原因。平板显示技术在清晰度、节约能源、保护环境、室外可视性等方面具有明显优势，代表了显示器件的发展方向，能够广泛应用于娱乐、工业、军事、交通、教育、航空航天，以及医疗等社会的各个领域，巨大的市场潜力吸引了大量企业投入，奠定了平板显示产业快速发展并形成产业拐点的基础。

第四，政府支持加速了平板显示产业的快速发展。自2005年起，中国科技部、工信部、商务部、知识产权局、国资委、发改委等部门陆续在相关文件中对平板显示技术的应用进行支持，2007年平板显示产业被列入国家“十一五”发展规划，成为“2006年至2020年信息产业中长期发展纲要”中最重要的发展项目之一。政策扶持与平板显示产业的颠覆进程几乎同步。

第5节 “产业拐点”的“四力规律”

纵观不同国家、不同产业的发展过程和趋势，总结国内外有关经济波动、科技革命、产业变化的研究结果，结合对数码、钢铁、LED照明、平板显示四个产业的案例研究，我们认为“产业拐点”的形成与变化遵循“四力规律”：市场决定产业的发展潜力，产能过剩必然引发“产业拐点”；技术决定产业的竞争实力，颠覆性技术会催生“产业拐点”；政策是动力或者阻力，正确的政策是动力，不当的干预是阻力。

（一）市场决定产业潜力，市场饱和会引发“产业拐点”

市场需求决定产业的发展潜力，是“产业拐点”形成的基础，市场饱和必然导致“产业拐点”的形成。总结国内外不同产业的发展，不难看出，产业发展通常经历“形成、快速增长、平稳增长、下降或衰退”等阶段；一些产业会经历“短缺、过剩、再短缺、再过剩”的波浪式发展过程，多次出现“拐点”；一些产业因产能过剩等，会出现萎缩甚至消失；还有一些产业则在发展初期就被新的产业颠覆或替代。由此可见，市场需求的规模决定着产业的规模，没有市场需求的技术或产品，难以形成新产业，没有市场需求的持续增长就没有产业的持续发展。

（二）创新能力决定潜力能否变为现实生产力

创新，特别是技术创新决定了潜力能否变为现实生产力，是“产业拐点”形成的前提。技术进步是产业发展的动力，而颠覆性技术往往会加速“产业拐点”的形成。没有颠覆性技术，即使有巨大的市场需求，产业也不能实现跨越发展，更不会产生“产业拐点”。因此，颠覆性技术是产生“产业拐点”的前提，比如没有数码技术的出现，数码产品就不可能颠覆非数码产品。

（三）新的产业体系是产生“产业拐点”的根本保障

新的产业体系是产生“产业拐点”的根本保障，新产业相关的研发体系、生产体系、销售体系、服务体系的形成与完善，是“产业拐点”形成的根本保障。反之，产业体系不健全、不完善，再好的技术也很难形成现实生产力。

（四）政府作用是产生“产业拐点”的动力或阻力

政府对产业发展、“产业拐点”的形成具有双重作用，正确的政策是动力，不良的干预是阻力。在 LED 的研发与推广应用中，政府正确的政策发挥了重要的推动作用，加速了“产业拐点”的形成；在数码产品颠覆非数码产品的过程中，政府采取了不干预的政策同样是正确的，市场起到了决定性的作用。反之，政府多次干预钢铁产业发展，既有成功的经验，也有惨痛的教训。

由此可见，正确的政策是产业发展的必要条件和强大动力；反之，不恰当的政策干预会成为产业发展的阻力或破坏力。因此，政府在没有成功的把握之前，最好不干预市场，确实必要干预时，也必须以正确把握产业发展规律为前提。

第7章

中等收入陷阱：有望五年左右跨越

“中等收入陷阱”是不是伪命题？是偶然现象还是普遍存在？产生的历史根源与现实逻辑是什么？成功跨越“中等收入陷阱”的国家有什么经验？落入“中等收入陷阱”的国家又有什么教训？中国能否成功跨越？能否继续作为世界经济的发动机？这些问题已引起国内外政治家、科学家、企业家乃至广大民众的高度关注。

第1节 “中等收入陷阱”不是伪命题

“中等收入陷阱”是偶然现象，还是普遍存在？我们研究认为，“中等收入陷阱”是客观存在的，能否跨越“中等收入陷阱”是由经济结构、创新能力、消费水平、国家治理能力等综合因素决定的。

（一）“中等收入陷阱”的概念与内涵

从2002年开始，国内外广泛兴起关于“拉美化”和“拉美病”的讨论，被视为是研究“中等收入陷阱”的前奏。2004年，时任中国国家发展和改革委员会主任马凯在两会期间解释了“拉美现象”，提出当人均GDP达到10000美元以上，就会迈上重要的历史台阶，但是登上这个台阶以后，经济上有可能会出现停滞不前、社会矛盾突出，甚至两极分化和社会动荡[1]。2006年，世界银行的《东亚经济发展报告》中首次提出“中等收入陷阱”的概念，意为一个国家的人均收入达到中等水平后，由于不能顺利实现经济发展方式的转变，导致经济增长动力不足，最终出现经济停滞的一种状态。

要准确理解“中等收入陷阱”，首先需要了解世界银行对各经济体收入水平的分类标准，人均国民总收入是用于划分发展水平的主要指标。世界银行2015年的最新收入分组标准为：人均国民总收入低于1045美元的为低收入国家，在1045美元至4125美元之间的为中等偏下收入国家，在4126美元至12735美元之间的为中等偏上收入国家，高于12736美元的为高收入国家。

（二）“中等收入陷阱”的不同意见

对于“中等收入陷阱”的概念，许多学者持反对意见。第一，认为“中等收入陷阱”只是经济增长中的个例，进入中等收入阶段的很多国家经济仍保持快速增长，并成功跨入高收入国家，陷入“中等收入陷阱”国家的数量相比世界国家总量，并不普遍适用[2]；第二，认为此概念缺乏经验依据，在过去的经济发展过程中，中等收入国家的GDP增长没有明显高于低收入国家[3]；第三，认为此概念并不适用于中国，中国进入中等收入水平后，经济持续保持中高速增长，即便近年来经济增速放缓，但是与美国、日本等发达国家2%—3%的GDP增速相比，仍有巨大优势，用“中等收入陷阱”概念无助于中国突破经济发展瓶颈[4,5]。

（三）“中等收入陷阱”的肯定意见

对于一个概念或者命题，只要可以用一定的理论框架加以分析，有统计意义上显著的经验证据，并且具有特定的针对性，就值得被提出来，以便进行更广泛、深入的研究和讨论。蔡昉认为大量国家的经验验证了在中等收入的特定阶段上，高速增长的经济体表现出减速甚至增长停滞的趋势[6]；刘世锦认为，回顾历史，一些成功启动工业化进程并进入中等收入阶段的国家，曾落入“中等收入陷阱”，而有些国家则相对比较顺利地跻身高收入国家行列[7]；厉以宁提出“中等收入陷阱”包含制度、社会和技术三个子陷阱[8]；李稻葵认为未来10年是中国经济能否突破“中等收入陷阱”、迈入高收入国家的关键10年[9]；贾康认为一国长期处于中等收入阶段则被视为落入“中等收入陷阱”，中国亟须关注此概念[10]。可见，诸多学者一致认为，“中等收入陷阱”的概念是成立的，且中低收入国家更易于陷入“增长陷阱”。

我们研究认为，一个国家在低收入和中低收入阶段，其经济增长的动力源于人力资本水平、固定资本形成与对外开放程度，而发展到中高收入阶段或高收入阶段时，动力因素则转为制度和技术。

第2节　跨越“中等收入陷阱”的成功做法

（一）国家治理有方，社会保持稳定

1970年至今，拉美国家相继落入“中等收入陷阱”。这些国家进入中等收入阶段后，在社会和政治领域同时出现了因收入差距扩大而引起的社会失衡、治安混乱、政局动荡等问题，导致人均收入水平一直没能跨过中等收入阶段、进入高收入国家行列。可见，保持社会稳定是跨越“中等收入陷阱”的必要条件，作为人口总量世界第一、经济总量世界第二的大国，

中国的社会稳定不仅有利于本国经济发展，也有利于全球经济发展。

（二）经济转型成功，第三产业崛起

很多国家通过经济转型成功跨越了“中等收入陷阱”：英美用了大约十三年的时间实现了由中上等收入国家向高收入国家的跨越，一些东亚国家也仅用了十年左右的时间。这些高收入国家的成功经验就是进行经济转型，实现增长方式的转变，通过创新能力的提高促进生产率的提高，进而引起产业结构的变化和产业升级。发达国家的经济结构已从以第二产业为主，第一产业、第三产业为辅的方式，转变为以第三产业为主，第一产业、第二产业为辅。例如，2017 年美国第三产业增加值占 GDP 的 81.6%，占比远超第一产业、第二产业，中国第三产业增加值占 GDP 的比重仅为 52%，未来发展空间巨大。

（三）创新驱动发展，增长方式转型

发展中国家避免陷入“中等收入陷阱”的核心是实现创新驱动。战后西欧跨越“中等收入陷阱”的经验表明，应把创新和技术进步作为经济发展方式转变的决定性因素，充分发挥后发优势，通过引进或吸收发达国家的先进技术，提升经济投入要素的结构，提高技术进步在经济增长中的贡献率，实现由低成本优势向创新优势的战略转型[11]。中国经济持续 40 年的高速增长，实现了由低收入国家向中等收入国家的转变，避免跌入“中等收入陷阱”的重要出路之一是通过技术创新，创造新的经济增长点，从而跻身高收入国家行列。

第 3 节　落入“中等收入陷阱”的主要教训

世界上最早陷入“中等收入陷阱”的国家主要集中在拉美地区，其他发展中国家也相继出现了类似情况。与拉美国家相比，南亚和东南亚的许多国

家从 20 世纪 70 年代末期才开始陆续进入中等收入国家行列，这些国家中诸如马来西亚、印度尼西亚、泰国等国也已经出现了类似拉美国家陷入“中等收入陷阱”的特征[12]。资源丰富的一些中东和北非国家，如突尼斯、约旦、伊拉克、伊朗、埃及、阿尔及利亚和黎巴嫩等国，面临的主要问题是被认为陷入了“中等收入陷阱”。

（一）社会不稳定

进入中等收入国家行列的国家在发展过程中，大多靠缩小收入差距和管理创新来进一步提高经济水平，进入高收入国家行列。但是在从中等收入国家向高收入国家发展的过程中，常常会产生社会危机陷阱，即收入增长缓慢、下降或停滞，造成严重的贫富差距，从而导致社会动荡不稳定。例如伊拉克、埃及、伊朗，以及一些拉美国家都先后出现了社会动荡，甚至发生战争，严重影响了经济发展。因此，社会动荡是陷入经济危机和“中等收入陷阱”的重要原因。

（二）经济转型难

很多陷入“中等收入陷阱”的国家迟迟未能进入高收入国家行列的原因主要是都未能及时地由投资带动向消费带动转移，未能培育出新的经济增长点、建成中产阶级社会，也未能对从“生产型社会”转向“消费型社会”创造有利条件。

中等收入国家向高收入国家发展，在产业结构上的表现是，从以第二产业为主转向以第三产业为主，也就是说，由资本密集型的重工业转向以知识和技术密集型为主的产业。拉美国家陷入“中等收入陷阱”的重要原因就是没有及时转换经济增长方式，持续依靠高投资和高物质消耗来推动经济增长，这种过度依赖低成本优势的战略无法维系经济的可持续发展。例如，16 世纪初，葡萄牙、西班牙侵占拉美地区，使拉美国家陷入了长达 300 年的殖民地时期，由于宗主国家长期强迫拉美国家只生产本国使用的农业产品与矿产产品，导致产品严重单一化，并破坏了资源环境。进入中等收入阶段之后，难以及时调整经济结构，是这些国家陷入“中等收入陷阱”的又一重要原因。

（三）技术创新弱

当一个国家进入中等收入阶段，由于人力资本等价格的提升，已不适宜继续维持低成本优势，难以在低端市场与低收入国家竞争，但同时由于缺乏良好的基础研发积累，所以在中高端市场又难以与高收入国家抗衡。在这种挤压的环境中，若不能提高技术创新能力，则很容易失去增长动力，陷入“中等收入陷阱”。中等收入国家的一个共同特征是，创新能力弱，基本处于技术跟跑阶段，缺乏具有国际竞争力的拳头产品，研发经费占 GDP 的比例低于 1.5%，甚至更低。例如，印度尼西亚、马来西亚等国家在亚洲金融危机后经济再也没能恢复到危机爆发前的高增长，与经济增长缺乏技术创新动力有直接关系[13]。

（四）治理能力弱

进入中等收入阶段的发展中国家在从传统社会向工业社会转型的过程中，保留了很多传统社会的特征。不同国家的国情不同，但不少国家套用、照搬他国治理模式，没有找到与其国情相适应的社会治理模式或制度，不仅没有迎来经济增长、社会稳定，反而导致社会混乱、经济崩溃。有些国家甚至出现了战略失误，把“进口替代工业化战略”作为长期经济发展战略，不顾本国资源特点，盲目发展重工业，导致经济效益下降，人民收入难以提高；还有一些国家，种族多样化的社会治理模式不能与工业社会有效契合，管理效率低下，成为阻碍经济持续发展的“制度陷阱”。

第 4 节　中国有望五年左右跨越“中等收入陷阱”

中国会不会陷入“中等收入陷阱”，已成为国内外政治家、企业家、经济学家普遍关心的热点问题。我们研究认为，只要国际经济环境不出现重大变化，中国完全有能力跨越“中等收入陷阱”，而且只用 5 年左右的时间，中国将跨越“中等收入陷阱”，进入高收入国家行列。

当今世界，美国和中国是全球经济体中仅有的两个 GDP 超过 10 万亿美元的国家，2017 年美国 GDP 为 193906 亿美元，居世界第一位，中国 GDP 以 GDP 达 122503.9 亿美元居世界第二位。世界银行数据显示，2017 年中国人均 GDP 达 8836 美元，距高收入国家 12736 美元的人均 GDP 还差 3900 美元，相差 44.1%，也就是说，只要人均 GDP 再增长 44%，中国就能够跨越“中等收入陷阱”。

如果 GDP 增长按 6.5% 的中速计算，只要五年时间人均 GDP 就能增长 44%。中国处于工业化中后期、城镇化中前期，第三产业潜力远远没有释放出来，经济发展仍然具有巨大潜力，成功跨越“中等收入陷阱”只是时间早晚的问题。

我们按照年人口增长率 2 ‰，以及 GDP 增速的高、中、低三种方案进行预测，得出中国跨越“中等收入陷阱”所需的时间（表 7−1）。

一是五年快速跨越。以 2017 年为基础，当 GDP 增速继续保持 6.9% 时，到 2022 年，中国人均 GDP 将达 12335 美元，也就是说，仅需五年时间中国就能跨越“中等收入陷阱”。

二是七年中速跨越。以 2017 年为基础，如果将 GDP 增速按 4.6% 计算，2024 年中国人均 GDP 将达 12105 美元，即使经济增长速度明显下降，中国也仅需七年时间就能够跨越“中等收入陷阱”。

三是九年慢速跨越。以 2017 年为基础，按 GDP 增速 3.5% 计算，2026

年中国人均 GDP 达 12042 美元，当中国经济发展速度明显下滑、与发达国家增速基本接近时，中国跨越“中等收入陷阱”则需要九年时间。

保守估算，中国未来 5 年的 GDP 增速为将在 6.3%—6.7%，用五年的时间，中国就可以跨越“中等收入陷阱”。也就是说，只要保持社会稳定，加速工业升级，补上城镇化短板，大力发展第三产业，中国成功跨越“中等收入陷阱”只是时间问题。

表 7–1　中国跨越“中等收入陷阱”所需的时间预测

	GDP 增长率	中国人均 GDP（美元）	年份	时间（年）
基础值	6.9%	8836	2017	—
中高速	6.9%	12335	2022	5
中速	6.5%	12106	2022	5
中低速	4.6%	12105	2024	7
低速	3.5%	12042	2026	9
平均值	5.4%	12147	2024	7

中国已经进入工业化后期，出于前期政策的原因，农民工进城后的医疗、教育、住房、养老等基本保障相对滞后，导致城镇化进程与工业化进程不协调，工业化速度快、城镇化相对滞后。因此，只要做好推进城镇化、大力发展第三产业等措施，中国就能够成功跨越“中等收入陷阱”。

（一）保持社会稳定

保持社会稳定是中国跨越“中等收入陷阱”、迈向高收入国家行列的基本条件。已经跌入“中等收入陷阱”国家的经验教训表明，社会稳定是一个国家发展的重要前提保障。中国拥有良好的社会稳定基础，为经济社会发展，为企业和人才创新提供了优越的大环境，这一优势是世界上许多国家所望尘莫及的。

（二）防止一产滑坡

如果中国农业现代化进程缓慢，甚至出现严重滑坡现象，则跨越“中等收入陷阱”的难度就会增大。对于农业发展，应通过增加农业现代化投入、提高农业机械化和科技化水平，缩小与工业、服务业的现代化差距，降低农业成本，提高收益率。应当调动全社会的力量，通过财税、金融体制或公共投入等方式，加速农业现代化。

（三）加速二产升级

中国第二产业，尤其是制造业大而不强的问题相当突出，处于全球产业链的中低端，因此，若想跨越“中等收入陷阱”，第二产业亟须快速升级。改革开放以来，利用规模优势，第二产业取得了巨大进步，但是在核心技术、高质量专利、标准制定等方面还有巨大潜力。因此，应加大对第二产业的研发投入，提高技术创新能力，不断向产业链高端发展，努力改变国际分工地位。

（四）补上三产短板

作为未来发展的重点产业，第三产业目前存在结构性矛盾和服务业总量不足等问题，因此应把补上第三产业的短板作为跨越“中等收入陷阱”的关键措施来抓。中国国家统计局数据显示，2017 年中国第三产业增加值占 GDP 的比重为 51.6%，而美国第三产业增加值占 GDP 的比重高达 82%。此外，2017 年中国户籍人口城镇化率为 42.35%，若城镇人口不能集聚到一定规模，服务业需求总量就上不去。根据国际相关经验，一个国家城镇化率若不超过 60%、服务业占 GDP 比重达不到 60% 以上，是难以迈向高收入国家行列的[14]。

（五）培育新兴产业

跨越“中等收入陷阱”的必由之路是培育新兴产业，推进发展低投入、低耗能和高效益的产业，实现资源节约、环境保护的经济发展方式。尽管这种发展方式短期内会牺牲经济增长，但是绿色的可持续发展模式才能够为中国未来经济增长提供内生动力。因此，重点发展战略性新兴产业，抢占未来发展的制高点[15]，是迈入高收入国家行列的重要战略举措。

（六）改善营商环境

我们认为，中国要顺利迈向高等收入阶段，改善营商环境是关键要素之一。通过不断强化营商环境优势，吸引国际顶尖人才，可以推动中国经济迈向中高端、保持中高端，即实现“双中高”。可以通过开展人才预测、制订人才规划、启动顶尖人才引进计划、抢占新科技革命制高点、营造吸引国际顶尖人才的环境和创新文化五大举措，改善中国营商环境[16]。

第5节　跨越“中等收入陷阱”之后仍需警惕的问题

只要在经济发展中不犯颠覆性错误，中国肯定不会落入“中等收入陷阱”。但需要注意的是，跨越“中等收入陷阱”之后，既要防止收入反降，重新陷入“中等收入陷阱”，又要防止在高收入阶段找不到经济增长点，经济不能保持持续增长，落入“中高收入陷阱”。也就是说，跨过“中等收入陷阱”后能否保持住高收入？能否在高收入阶段继续保持增长势头？会不会落入“中高收入陷阱”？会不会像发达国家一样，只有1%—3%的增长速度？这些都是需要未雨绸缪的重大问题。

（一）防止重返“中等收入陷阱”

跨越“中等收入陷阱”难，保持不再重返“中等收入陷阱”更难。许多国家曾经多次出现了收入的剧烈波动，跨越“中等收入陷阱”后，又重返了“陷阱”。导致重返“中等收入陷阱”的原因是多方面的，但要抓住几个关键的防御措施。

1. 持续保持社会稳定

维护社会稳定、加强治理能力，建立健全社会服务体系，解决人民最关心、最直接、最现实的利益需求问题[17]。在跨越“中等收入陷阱”后，社会矛盾往往会出现结构性变化，还要积极化解跨越过程中出现的各种社会问题和潜在风险。我们必须谨慎选择多元化的治理模式和方法，解决各种可能出现的社会问题，避免产生共振效应。

2. 不断调整经济结构

在中国经济结构中，第二产业占 GDP 比重过大，第三产业占 GDP 比重待提高，高污染、高能耗、低附加值和低增长质量的问题并没有得到实质性解决[18]。可以说，经济结构能否顺利调整已经成为中国经济能否持续增长的重要因素。所以，能否成功跨越“中等收入陷阱”关键在于能否适时、适度地调整经济结构，实现高水平、高质量的可持续发展。

3. 提高技术创新能力

技术创新能力的提升可以通过内、外两方面双管齐下，内部环境通过国家财政和社会资本支持，为研发人员提供适当的激励机制；外部环境通过营造创新的制度、氛围，如专利保护制度等为研发人员提供安全保障，从而实现技术创新水平的提升。

4. 提升社会消费需求

自全球金融危机爆发后，美国及西方国家过度依赖负债的消费模式显示出弊端，此后各种贸易保护主义开始抬头，贸易摩擦频发。最近美国对中国展开贸易战，中国依赖外部需求拉动经济增长的难度也逐渐增大。所以，未来可通过提升国内消费需求，拉动经济增长，避免重返“中等收入陷阱”。

（二）防止陷入“高收入瓶颈”

“高收入瓶颈”是指当一个国家进入人均高收入水平阶段后，往往出现经济增长低迷、停止，甚至下降的现象。美国、德国、英国、日本、加拿大等发达国家在进入高收入阶段之后，由于工业化、城市化高速发展时期已经结束，信息化的高额利润几乎被美国独占，所以多数发达国家找不到新的经济增长点，经济增长速度降至工业化高峰期的一半左右，经济发展遇到了瓶颈，许多国家经济增长率很难达到 2%。日本用尽各种政策措施，甚至采用了零利率政策，但经济仍然低迷，常常出现负增长，多年增长率在 1% 左右；欧盟凭借强大的工业基础、巨大的消费市场，也没能摆脱经济低增长的“怪圈”，经济增长率多年保持在 1%—3%；几乎独占了信息技术革命全部红利的美国，经济增长率也在 2%—3% 徘徊，特朗普提出 4% 的增长目标，采取了大幅度减税、强征贸易关税等措施，但也很难实现 4% 的增长目标。

1. 推动信息科技革命之后的新科技革命

究竟是什么原因导致跌入“高收入陷阱”呢？国内外不同学者有不同的观点，我们研究认为其最重要的原因是信息技术革命引发的产业革命对经济增长的推动力正在减弱，而新科技革命引领的新产业革命还未能成为经济增长的新动力。

什么是新科技革命？什么技术将引领新科技革命？哪个国家会领跑新科技革命？国内外专家有不同的认识。一种看法认为，新的科技革命是由多项技术共同引领的，包括信息、生物、材料等；越来越多的专家认为信息技术革命与产业革命之后，新的科技革命将是由生物技术引领的，因此不少国家政府近一半的研发经费用于生物技术、生物医药的研究与开发，微软、三星、谷歌等一些大型跨国公司也纷纷投入巨资研究生物医药技术。只有推动新一轮科技革命和产业变革，才能推动世界经济迈上一个新的台阶。

2. 寻找工业化、城市化、信息化之后的下一个“化”

工业化、城市化、信息化之后的下一个“化”是什么？人类高度物质文明之后，消费的重点是什么产品与服务？是文化、旅游？是健康、长寿？是生态文明？找不到新科技革命的突破口，找不到下一次产业革命的重点与方向，找不到人人需要、天天需要的新产品、新服务，“高收入陷阱”将难以跨越或填平！

3. 物质需求基本满足之后，将转向精神文明时代？

人类基本需求得到满足之后，更高的追求是什么？当今高收入国家、高福利国家的消费模式是不是人类未来消费、生活追求的目标？高收入国家当前消费结构是不是代表未来人类的消费方向？除了私人飞机、游艇、度假基地、保健医生、太空旅游等之外，人类还将消费什么？人类基本物质需要满足之后，过多追求经济快速增长是伪命题？人类会不会由消费工业产品转向提升自身健康水平？人类会不会由追求高消费的物质文明时代，转向追求尊严与信仰的精神文明时代？

第 8 章

修昔底德陷阱：中美必有一战？

如果不是你的邻居，却常常在你家门口游荡甚至骚扰，你会想什么？做什么？

战争不一定都是恶意的产物，往往也是判断失误的产物。国际上不少学者和机构都根据“修昔底德陷阱”的规律，预测中美之间可能发生战争。兰德公司的《与中国开战》[1]、克里斯托弗·科克尔的《大国冲突的逻辑——中美之间如何避免战争》[2]，还有一些学者结合中国台湾、中国南海、朝鲜等区域问题，分析中美会不会发生军事冲突或战争。

尽管 1814 年英国放火烧了美国白宫，为了遏制美国崛起付出了巨大努力，但最终还是容忍了美国的崛起，当然也有政治、文化等多方面的原因。但是美国不会轻易容忍中国崛起，中国也绝不会放弃发展的权利与机遇，中美之间发展与遏制的矛盾，用何种方式或手段来管控和解决？是贸易、外交、文化，还是军事？朝鲜战争、南海撞机事件、轰炸中国驻南斯拉夫大使馆事件，至今历历在目。美国航空母舰经常驶入中国南海 12 海里海域，无人机长期在中国边界搜索情报。中美如何防止、避免局部军事摩擦与战争？

菲洛斯特拉托斯（Philostratus）曾经说过："神看到未来的事情，智者看到即将发生的事情，平凡人只看到眼前的事情。"预见并防患于未然是战略者和管理者的天职，平凡人往往用直觉和经验对那些最接近我们的事情进行预测，这种预测往往也是不准确的。但是历史往往会重演，我们不能对事物的内在逻辑与规律和事物反复出现而揭示的规律视而不见。

大国误判战略最常见的原因是无法避免竞争的"丛林法则"。美国不一定好战，但常常引发战争与冲突，美国人说中国的民族主义很危险，但中国从来没有发动过侵略战争。美国民主党经常损人不利己，追求自由主义、干涉主义，倡导美国价值观；共和党则主张"美国优先"，常做损人利己之事。

英国学者克里斯托弗·科克尔在其《大国冲突的逻辑》中针对大规模冲突的本质，研究了中美未来交战的前景，他认为两国的努力不是为了避免战争，而是为寻找一旦战争爆发，如何争取优势地位的对策[3]。他同时提出了战争很可能发生的方式：未来的战争肯定是坐在密室中的大量操作人员来操控，他们在机器上输入密码和指令，他们是受过高等训练、坐在屏幕前的年轻人，将可能成为人类历史上下一场大国战争的主角，即人海战术变成机海战术。

第1节 "修昔底德陷阱"的本质是两强必战

"修昔底德陷阱"的概念源于古希腊著名历史学家修昔底德，用来形容16世纪以来的大国关系，即大国之间始终存在着血雨腥风的权力之争[4]。美国政治学家格雷厄姆·艾利森在研究国际关系时以此提出"修昔底德陷阱"的概念，是指一个新崛起的大国必然要挑战现存大国，而现存大国也必然会回应这种威胁，这样一来，战争就变得不可避免。将"修昔底德陷阱"概括成一句话就是：国强必霸，争霸必战。

“修昔底德陷阱”的基本内涵是指当已崛起的大国与既有的统治霸主竞争时，双方的博弈多数以战争告终[5]，其本质是什么？是在弱肉强食的“丛林法则”支配下的战争吗？

“修昔底德陷阱”其实是现代西方的部分学者立足于欧洲近现代史、站在传统强国立场上提出的命题，这个命题隐含了霸权主义、帝国主义的成分，剥夺了发展中国家的发展权[6]。从理论角度来看，“修昔底德陷阱”是现实主义，尤其是进攻性现实主义理论的观点，即国际权力结构的变迁必然导致国际冲突和战争[7]；从现实角度来看，在人类历史上，很多新兴大国与守成大国之间往往因为大国权力更替而发生战争，陷入“修昔底德陷阱”[8]。

历史表明，大国崛起和强国相争的核心是国家利益。自 1500 年以来，一个新崛起的大国挑战现存大国的案例一共有 15 例，其中发生战争的有 11 例[9]。从葡萄牙、西班牙、荷兰、英国、法国、德国、俄罗斯、日本、美国 9 个世界级大国相继崛起的过程可见，“修昔底德陷阱”已经成为西方大国处理国际政治关系普遍奉行的“铁律”，也就是说，只要是新崛起的大国，必然是现有秩序的天敌，这与国家政治体制和社会意识形态都无关[10]。苏联崛起为世界第二大国时，以美国为首的西方国家通过数十年的持续“冷战”使其轰然解体；当日本崛起为世界第二大国时，美欧国家通过《广场协议》等强压日元大幅升值，日本经济从此长期停滞；而今天，中国成为世界第二经济大国时，也成为美国的打压对象[11]。

第 2 节　中国政府坚持走和平崛起道路

随着中国的崛起，美国霸权主义、民粹主义势力不断上升，中美关系的未来走向已经引发国际社会的高度关注。近年来，一些西方学者炮制“修昔底德陷阱”，美国智库兰德公司发表长达 4.6 万字的咨询报告《与中国开战》，推演美国与中国发生战争的可能输赢情况。一些学者将“修昔底德陷阱”套用到如今的中美关系中，预测中美两个大国在世界权力转移中必然爆发战争。

国外不少学者、机构预测中美会陷入新一轮“修昔底德陷阱”。中国的迅速发展使得美国政界、商界和学界忧心忡忡，担心中国的崛起将修正现行国际规则，损害美国利益。美国已扮演了近一百年的全球霸主角色，其综合国力始终保持着全球主导者的地位，内心十分不愿看到中国越来越强大。在特朗普提出对中国 500 亿美元产品征收 25% 的关税之后，有学者甚至认为中美已经陷入“修昔底德陷阱”。

“国强必霸”的规律不适用于中国文化、国情、国策。从历史、文化的角度看，中华文化的最大特征是爱好和平，勤劳、勇敢、文明、中庸、包容是中华文明最主要的特征，中华民族没有追求霸权的基因。中国始终奉行独立自主的和平外交政策，始终以和平共处五项原则、和平崛起、“一国两制”、和平统一作为保障国家主权和领土完整、处理国际关系的基本准则。2017 年 10 月 18 日，习近平总书记在党的十九大报告中提出的“坚持和平发展道路，推动构建人类命运共同体”，这一新时代的外交战略包含了全球价值观、国际权力观、共同利益观、可持续发展观和全球治理观，已得到国际社会的广泛赞同与响应。2018 年习近平主席在亚洲博鳌论坛年会上指出：“无论中国发展到什么程度，我们都不会威胁谁，都不会颠覆现行国际体系，都不会谋求建立势力范围。中国始终是世界和平的建设者、全球发展的贡献者、国际秩序的维护者。”“中国人民将继续与世界同行、为人类作出更大贡献，坚定不移走和平发展道路，积极发展全球伙伴关系，坚定支持多边主义，积极参与推动全球治理体系变革，构建新型国际关系，推动构建人类命运共同体。”

中国走和平崛起之路，不仅符合中国的国情，符合中华民族的最大利益，也符合全世界各族人民的最大利益。和平崛起不仅没有损害任何国家的利益，而且作为世界经济增长的最主要贡献者，中国的经济增长将使全世界人民受益，中国价廉物美的产品将丰富世界人民的生产与生活，中国倡导的和平共处、和平崛起将带来世界的和谐与安宁。此外，中国和平崛起有利于世界多极化格局的形成，有利于维护世界和平稳定，中国将为世界的和平与发展贡献自己的智慧与力量。

总之，中国正在崛起，但是并未进行传统意义上的军事和领土扩张，而且也丝毫没有挑战现有国际秩序的行为和意图，“修昔底德陷阱”在中美关系上并不存在。进入新世纪，时代的进步决定了中美之间必然会跨越所谓的“修昔底德陷阱”，能够构建“中美新型大国关系”，大国之间和平共处、合作共赢、管控分歧是中国政府倡导的新型大国关系的核心。

第3节　核大国之间的战争实为自杀行为

爱因斯坦早就预言第四次世界大战是用石头打的，因为一旦核大国之间发生战争，必然会引发第三次世界大战，人类现代文明将被核武器彻底摧毁，人类的生活、生产等社会活动只能从石器时代重新开始。

目前，世界上已有的核武器拥有把地球毁灭一百五十多次的能力，因此，任何核大国都不会也不敢轻易挑起这种“自杀式”的战争。瑞典斯德哥尔摩和平研究所（SIPRI）发布的2016年全球最新核武器发展情况报告表明：全球共拥有15395枚核弹头，比2015年减少455枚，其中4120枚为部署状态；俄罗斯拥有7290枚，美国有7000枚，分别位居全球第一位、第二位，两国总和占全球核弹头总数的93%；接下来依次为法国300枚、中国260枚、英国215枚、巴基斯坦110—130枚、印度100—120枚、以色列

80 枚及朝鲜 10 枚[12]。若按 100 枚核弹头毁灭一次地球计算，则现有的核武器就足以将地球毁灭 153 次，所以，没有任何核拥有国敢于发动对其他核拥有国的战争，除非疯子掌控军权或想自杀。

《简氏防务周刊》发布的 2017 年度国家军费报告显示，排名前五的军费支出国分别为美国、中国、英国、印度、沙特阿拉伯，其中，除沙特阿拉伯军费支出年负增长外，其他国家均呈现正增长[13]。各国持续增长的军费支出，使得军事杀手锏不断涌现，没有完胜把握的大国谁也不会主动发动战争。人类现代文明已经能够遏制烈性自杀行为，但是不能百分之百地排除“疯子”发动战争的可能性。

总之，大概率事件“修昔底德陷阱”已不适合当今世界，军事途径不是解决经济问题、政治问题的唯一途径，更不是最有效的途径。大国之间的经济问题、文化差异、理念分歧甚至领土之分，已经不会再把战争作为唯一途径或首选途径。“修昔底德陷阱”产生的概率很小，取而代之的是“第二经济大国陷阱”，即用非军事手段——外交、贸易规则、金融、争夺人才等——解决经济乃至综合国力竞争的问题。

事实上，“修昔底德陷阱”只是一种历史现象，而非发展规律，并不是人类历史上所有崛起的大国都经历了战争。中国一直奉行和平发展的道路，这是中国传统文化的必然选择，有着深厚的历史渊源和基础。“构建人类命运共同体”是中国国际秩序观的集中阐释，体现了中国人民的真诚愿望和不懈追求，是中国顺应时代潮流、走向现代化的必然要求。中国没有对外扩张的基因，构建中美“新型大国关系”正是对“修昔底德陷阱”所作出的积极而正确的回应。

第4节　防御“修昔底德陷阱”始终不能松懈

中国人常说：“不怕一万，就怕万一。”多数军事家普遍认为，当今世界大国之间的大战几乎不可能发生，因为任何人都无法预测战争后果。但人们记忆犹新，二战之前，多数政治家、军事家也曾预测短期内不会发生世界大战，事实证明这些预测是错误的，放松警惕就会造成不可估量的损失，在战略上宁可信其有也不可信其无。

战争历来都是双方的，不主动发起战争的一方始终不能不防御战争的发生，只有强大到对方不能轻易判断战争输赢，才是防御战争的最好策略。

另一方面，当今世界，人类的精神文明远远没有达到足以遏制战争狂的高级阶段，从军事家的眼光看，文明遏制战争是幻想、是幼稚可笑的，这一天永远不会到来，这是科学家、慈善家良好的愿望而已。一些国家、民族对物质、霸权的欲望永无止境，导致国家之间、民族之间、区域之间的局部冲突与战争从未停止过，在高度精神文明到来之前，局部争端与战争绝对不会停止。相对而言，物质文明、精神文明较高的大国之间直接冲突的可能性很小。中国坚持和平崛起战略，但防御战争的警惕性只能提高，一日不可放松，只有防患于未然，才能决胜千里，做到万无一失。

第5节　中美会不会发生战争的四种情境

不少学者和机构都根据“修昔底德陷阱”的规律预测中美之间可能会发生战争，克里斯托弗·科克尔、兰德公司等国内外学者和机构关于中美会不会发生战争的研究，主要有四种观点：

第一，中美没有必要发生战争。当前中美发生贸易摩擦或贸易战、科技战、人才战完全是由于美国对中国贸易、经济、知识产权与政治同时作出误判的结果。经济误判是指，中美贸易顺差并不是美国商务部所说的 3752 亿美元，也不是中国商务部公布的 2758 亿美元，因为这些数字只是对商品贸易统计的结果，至少应该再加上 700 多亿美元的服务贸易逆差，中美贸易实际顺差应小于 2000 亿美元，也就是说，美国公布的贸易逆差比实际数值扩大了近一倍；政治误判是指，美国认为中国定会挑战美国的传统理念，会挑战美国主导建立的世界秩序，这一点，中国国家主席习近平已经明确指出，“履不必同，期于适足；治不必同，期于利民”“中国不‘输入’外国模式，也不‘输出’中国模式，不会要求别国‘复制’中国的做法”[14]。

国际上一些学者和机构发布各种版本的“中国威胁论”，夸大中国的崛起对美国的威胁，导致美国政府对此作出严重误判，加大了遏制中国的力度，并认为中国是“战略竞争对手”“中国会挑战美国发展理念”。实际上，这些“威胁论”都不成立，中国只是探索适合本国国情的体制机制，发展本国经济，造福中国人民和世界人民。

任何的战争都来源于对形势的误判，如果美国能够正确认识中美差距、中美关系，就不会发起战争。中美综合国力的差距比一些学者宣传的要大得多，中美的差距实质上还是最大发展中国家与最大发达国家之间的差距，中国经济总量有可能超过美国，但综合实力在短时间内难以超过美国。例如中国人均 GDP 、科技创新能力、教育等指标短期内不可能超过美国，美国没有必要担心中国挑战其经济强国地位，更没有必要发动战争解决本来就不存在的问题。中国正处在重大发展机遇期，正在用适合自己的体制机制加速经济发展，改善人民生活，更不会主动挑起战争。中美之间的分歧没有到需要战争才能解决问题的程度。我们认为这两个文明大国、经济大国都能够十分理智地建立新型战略关系，求同存异、争而不斗或者斗而不破。

第二，中美两国都是军事大国、核大国，不会直接发生军事冲突。美国军费开支约是中国军费开支的 3.8 倍，核弹头数量是中国核弹头数量的 26.9

倍，中美军事实力之间存在较大差距，同样作为拥有现代化国防力量的军事大国，如果中国国家安全和核心利益受到侵略，中美直接发生军事冲突，双方都会受到毁灭性的打击，也就是说，不会有胜利者[15]。美国军事伦理学界也认为，战争常带来毁灭性的后果，使生命丧失、财产遭到破坏，使交战双方都付出沉重的代价。因此，不到万不得已的情况下决不能诉诸武力[16,17]。

第三，“局部小战”不可避免，“中等区域”战争风险依然存在，但“全面大战”不可能发生。兰德公司发布的《与中国开战》报告，从四个角度（短期高强度型、长期高强度型、短期低强度型、长期低强度型）分析了中美发生战争的可能性与途径，并提出美国作为开战方，应该提前做好准备，战争爆发后美国应在战争目标和成本上取得平衡。进入 21 世纪后，世界范围内的“局部小战”从未停止过，美国始终坚持以反恐的名义向各国强行推行所谓的“民主计划”，引发中东和中亚等一些国家的政局动荡；还有的国家通过战争的方式获取社会声誉产品，即国家经济模式是“战争经济”[18]。

第四，美国不会轻易允许中国的崛起，中国也不会放弃自身发展的权利与机遇，分歧管控失控的高风险始终存在，政治误判的风险始终存在[19]。

第 9 章

塔西佗陷阱：百姓难信政府？

"塔西佗陷阱"是国际流行病，也是中国经济社会发展中面临的又一重要问题。许多国家流行"政府无用、官员无能"，无论政府官员做什么，老百姓都不相信、不支持，这种现象会在中国出现吗？一旦出现就是社会经济发展中的一个巨大陷阱！

2014 年 3 月 18 日，习近平总书记在河南兰考考察时提出："如果群众观点丢掉了，群众立场站歪了，群众路线走偏了，群众眼里就没有你。"[1] 这就是"塔西佗陷阱"。习近平总书记提醒全党警惕"塔西佗陷阱"。什么是"塔西佗陷阱"？如何防御"塔西佗陷阱"？

第 1 节　"塔西佗陷阱"的由来和主要内容

古罗马历史学家普布利乌斯·克奈里乌斯·塔西佗（Publius Cornelius Tacitus）曾经说过，一旦皇帝成了人们憎恶的对象，他做的好事和坏事都会引起人们对他的厌恶。也就是说，当政府失去公信力时，无论是说真话还是说假话，无论是做善事还是做坏事，都会被认为是说假话、做坏事，都会失去人民的支持，这就是著名政治学定律之一的“塔西佗陷阱”。

作为先后历任过古罗马执政官、保民官、行政长官等职位的著名历史学家，塔西佗在罗马史学中的地位可以与修昔底德比肩，有丰富的执政经验和政治智慧。“狼来了”的故事和中国历史典故“烽火戏诸侯”都是“塔西佗陷阱”的经典案例，“塔西佗陷阱”反映的是人民对政府的不信任和质疑，反映的是政府的信任危机。人民的“宁可信其有，不可信其无”，使政府陷入了因小失大、跋前疐后的危机和困境中。

“塔西佗陷阱”出现的路径一般是通过政府失信行为的不断发生，使得民众对政府的信任度不断下降，最终导致政府的统治无能和权力丧失。也就是说，当一个政府体制不稳定，政策不切实际、前后冲突，决策缺乏程序，官员官僚主义、腐败成风等现象严重时，民众的信任度就会逐渐下降，政府的权威就会逐渐丧失，最终陷入“塔西佗陷阱”。

第2节 “塔西佗陷阱”已成国际“流行病”

“塔西佗陷阱”始终是围拢着世界许多国家的魔咒，已成为国际“流行病”，但由于国情的不同，“塔西佗陷阱”在发达国家和发展中国家的表现略有不同。

（一）经济失败是主要根源

有的国家执政党在执政时期由于政策前期准备分析不足、主观判断失误、管控风险能力差等，导致政策错误、政府失败，影响大多数人民群众的根本利益，使得人民群众失去对执政党的信任。拉美一些国家的官僚主义盛行导致政府失能，有些国家虽然建立了公务员选拔体系，但是领导任命现象严重，导致选拔的低素质官员无法胜任工作，政府效率极低。韩国多任总统因独裁或腐败，导致民众运动爆发，最终导致下台甚至牢狱之灾；美国历任政府的民调显示，信任政府的民众比例从 1958 年华盛顿政府时期的 73% 下降到 2001 年布什政府的 50%，1984 —1994 年期间克林顿政府信任比例降至 21%；印度国大党实施了错误的财政政策，导致财政赤字巨大、国际收支失衡明显，使印度处于债务陷阱的边缘；印度尼西亚专业集团党盲目向外借债，使整个国家在金融危机来临时经济崩溃，使人民逐渐失去对执政党的信任；20 世纪 50 年代，苏联的“信任危机”导致戈尔巴乔夫时期即使推进“公开化”和推动改革也不能赢回民心，积重难返，苏联解体前的一份调查显示有 21% 的民众认为党组织已经不具有任何政治威信。

（二）政府失灵是理论依据

政府失灵，或政府失败（Government Failure）、政府缺陷，是一个重要理论问题，萨缪尔森提出的政府失灵、查尔斯 · 沃尔夫提出的非市场失败（Nonmarket Failure）都是研究政府失灵问题的。

亚当 · 斯密在《国富论》中提出，市场在“无形的手”的调节下运行顺畅，政府做好“守夜人”的工作就足够了，这一思想得到古典经济学家、新古典经济学家的大力追捧，至今西方主流经济学派仍然推崇自由的市场经济，把政府作用称为“闲不住的手”。而在实际的经济活动中，完全靠市场的力量是无法解决共同性、垄断性、信息不对称等问题的，市场会失灵，经济危机会不断爆发，社会稳定必然受损，世界经济发展无数次重复这种规律。

1929 年的全球性经济危机爆发，许多国家的政府与经济各界认识到没有政府作用的不足，广泛采取了凯恩斯主义的政府干预政策，这在一定程度上弥补了市场失灵的不足，但又出现了政府干预过多，扭曲经济规律的问题。还有一些国家政府职能不到位，没有提供公共品维持市场出现“政府失灵”。因此，“无形之手”与“有形之手”高效协调，有效解决政府失灵与市场失灵问题，已经成为当今世界保持经济持续发展的一个重要的研究课题。

政府失灵是政府等公共部门在提供公共品方面不能满足社会需求，导致经济效率下降甚至出现社会混乱。造成政府失灵的原因是多方面的：一是政策失误或错误，政府干预过多扭曲了市场规律，导致经济效率下降；二是政府不作为或官员无能，不能够保障公平、公正、公开的经济秩序，导致垄断、腐败等行为产生，使经济效率下降；三是公共支出规模过大，导致经济效率下降。

政府失灵的例子有很多，美国前总统胡佛当年提出对所有进口产品加税，结果不但没有实现美国经济的增长，反而引起了新的金融危机；特朗普今天重走胡佛的老路，其结果可想而知。里根采取减免税收的办法，在一定程度上促进了经济增长，但使美国财政赤字迅速增加；克林顿上台以后，不得不取消减税政策。又如阿根廷等国在达到中等收入水平后，由于政府的政策失误，没能够保持经济的持续增长，陷入了“中等收入陷阱”。

（三）官员腐败无德是导火索

官员腐败无能、无德、无诚信是导致许多国家陷入“塔西佗陷阱”的导火索。当政府失灵、经济效率下降时，如果官员与广大民众同甘共苦，广大民众仍然能够支持政府、相信官员，但是如果官商勾结、贪污腐败，则必然陷入“塔西佗陷阱”。黄炎培先生早在七十多年前就提出了“60年周期律”[2]，实际上，这就是“塔西佗陷阱”在中国朝代更迭中的体现。“物必先腐而后虫生”，广大民众“不患寡而患不均”，腐败是社会的毒瘤，腐败的官员则是社会腐烂的病原菌，必须及早根除、彻底铲除，防患于未然。

作为国际流行病，“塔西佗陷阱”表现出：有的官员无能，有的官员腐败，有的官员则既腐败又无能，有的国家则表现得十分严重，最终导致广大民众推翻政府，人亡政息。2001年菲律宾总统阿罗约上台时曾决心肃清腐败，因此获得民众支持，但两年后腐败问题仍无进展，民众对政府的支持与信任与日递减，政府走向“穷途末路”。此外，“影子工程”等现象严重，使菲律宾一度位列亚洲腐败国家之首；日本自民党接连不断发生的贪污、受贿、偷税、漏税等政治丑闻，都有党内关键政治人物的参与；印度尼西亚专业集团党在苏哈托的军事独裁之下，家族财产达到两百多亿美元；罗马尼亚原共产党中央第一书记齐奥塞斯库因任人唯亲、蛮横专断、奢靡腐化，脱离群众，不惜用民力大搞议会宫等“形象工程”，把自己送上断头台；1991年苏共垮台时民众的第一反应是漠然，“8·19”事件发生时广大人民的无动于衷就说明了一切。一系列腐败、作风问题案件的发生让人民越来越不信任官员，久而久之，人心丢了，执政地位也就塌了。一旦腐败有朝一日成为一种文化、一种“时尚”，就会疯狂成长并被不断复制。韩国朴槿惠、李明博、金大中、卢泰愚等前总统无一幸免地遭遇牢狱之灾，与腐败的行为是分不开的。

第3节　中国能够跨越“塔西佗陷阱”

滑入“塔西佗陷阱”的风险随时存在。中国政府一直采取主动积极应对的政策，早在延安时期，黄炎培先生就曾当面向毛泽东同志提出，共产党如何避免“60年周期律”。毛泽东明确回答通过民主共产党能够避开兴亡周期律。中华人民共和国成立初期，毛泽东同志曾经把进京执政比为“进京赶考”，并批准处决贪污犯刘青山、张子善等[3]，有效遏制了腐败的发生，预防了跌入“塔西佗陷阱”。

党的十八大以来，以习近平同志为核心的党中央进一步加大惩治腐败的力度，迎来了风清气正的局面，得到了广大人民的衷心拥护，又一次成功地预防了“塔西佗陷阱”。

（一）以人民为中心取信于民

中国共产党是世界上最大的政党，拥有近九千万名党员，是根植于人民、一切为了人民的政党，代表着最广大人民的利益。中国共产党也是近年来对人类贡献最大的党，因为她领导着世界人口最多的国家成为经济增长最快的国家，使七亿多贫困人口成功脱贫。与此同时，中国制造的价廉物美的产品销往全世界，为改善世界人民的生活作出了重大贡献。进入 21 世纪，中国经济对世界经济增长的贡献率长期保持在 30% 左右，并将继续承担世界经济发动机的角色。这些巨大贡献，不仅增强了人民对政府的信任感，而且增强了中华民族的成就感，这是取信于民的根本。

以“人民为中心”已经成为以习近平同志为核心的党中央执政理念的核心。习近平总书记在庆祝中国共产党成立 95 周年大会上的重要讲话中指出：“坚持不忘初心、继续前进，就要坚信党的根基在人民、党的力量在人民，坚持一切为了人民、一切依靠人民，充分发挥广大人民群众的积极性、主动性、创造性，不断把为人民造福事业推向前进。”以“人民为中心”的科学论断，丰富和发展了党的执政宗旨，与“三个代表”重要思想等政治主张是一脉相承的，是习近平新时代中国特色社会主义思想的高度概括，进一步明确了党和国家的奋斗目标，奠定了取信于民的根基。

（二）依法治国筑牢制度根基

中国的古代先贤们对政治生活的诚信问题有着理性的沉思和追问。孔子从国家治理的角度对政府诚信就有很高的认知，把“信”列在了比“食”和“兵”还要重要的位置，“自古皆有死，民无信不立”[4]“信则民任焉”[5]“上好信，则民莫敢不用情”[6]。商鞅也将政治诚信作为治国的基本法宝之一，“国之所以治者三：一曰法，二曰信，三曰权。法者，君臣之所共操也；信者，君臣之所共立也；权者，君之所独制也”[7]，并以自己“徙木立信”的实践和变法成效印证了自己的理念。荀子更是认为政府公信是治国理政的根本地位，“夫诚者，君子之所守也，而政事之本也”[8]。此外，管子的“诚信者，天下之结也”[9]，《吕氏春秋》的“君臣不信，则百姓诽谤，社稷不守”[10]，无一不说明了政府公信的重要意义。此外，政府公信也是国家竞争力和国家存亡的重要标志，“上诈其下，下诈其上，则是上下析也。如是则敌国轻之，与国疑之，权谋日行而国不免危削”[11]“古者禹汤本义务信而天下大治，纣弃义背信而天下大乱”[12]等。

可见，政府公信是直接关系到国家生死存亡的大事，关系到国家的政治根基。因此，要完善制度建设和法律建设，为政府管理职能的充分实现提供法律基础和保障。要以实现深化政府改革、转变政府职能为目的，通过政府的“权力清单”等法治化手段调整政府的权力运行机制，以法律法规等进一步规范政府、企业、社会组织、民众等之间的关系；同时，为适应经济社会发展需要，修订政府行政管理法规，防止公务员“钻空子”；出台《中华人民共和国信息公开条例》，提高政府政务和信息公开的透明度和约束力；等等。

（三）治理现代化防御政府失灵

中西文化对政府的理解有很大区别。西方自由主义学派普遍认为，不需要政府干预私人经济，应让市场机制完全充分地发挥作用，只要充分发挥市场机制的作用，经济体系本身是可以稳定的。这种思想认为政府是“必要的恶”，政府不能创造 GDP，应完全交给市场，从理论上、本质上否定了政府的作用，而华尔街的金融海啸则说明了市场并不是万能的灵丹妙药。从某种程度上来讲，“无形之手”在中国改革开放40年中确实发挥了重要的作用，比如，实施市场多元化战略，融通国内外市场，健全市场准入、交易、退出机制，整顿和规范市场经济秩序，打破行业垄断和地区封锁，逐步形成现代市场体系，等等。但政府宏观调控水平的提高、驾驭市场经济能力的增强，是使中国战胜一系列困难和挑战的重要力量。

政府要在市场失灵和出现缺陷时保证经济的稳定正常进行，弥补市场“一只手”的不足。中国特色社会主义经济制度发展到今天，已展示出强大的制度优越性，实践多次证明了“无形之手”与“有形之手”相结合，“两只手”总比“一只手”好。

习近平总书记在党的十九大报告中明确指出要“打造共建共治共享的社会治理格局”，这是对新时代推进中国社会治理现代化的总体要求。要不断通过政府治理能力的现代化防御“政府失灵”，要完善危机管理制度，快速有效地预防、应对和处理公共危机；扩大公众政治参与，实现政府与公众的良好互动与信任。

（四）“精英治国”根治官员无能

在现实生活中，某些官员没能树立正确的世界观、人生观和价值观，出现了滥用职权、谋取私利的机会主义行为等问题，使官员群体失去民心，增加了陷入“塔西佗陷阱”的危险性，导致一些群众认为“官员无能”。比如在某些社会热点事件中，个别官员会把民众的正当诉求当成是“非正当需求”，处置方式欠妥，强化了官员与民众的矛盾。而少数官员对民众的不信任与民众对少数官员的不信任累积起来就会引发更大的事件，陷入恶性循环。

事实上，从氏族部落首领开始到科举制度，再到现在具有公共决策权力的党和政府，精英治国的思想、实践从不例外。在中国，精英治国的理论渊源可以追溯到春秋战国时期的儒家学派，代表人物孔子的“唯上智与下愚不移”，孟子的“劳心者治人，劳力者治于人”“唯仁者宜在高位”，都主张精英治国。西方“希腊三贤”的提法与中国精英治国的体系也有异曲同工之处，他们都主张“贤人治国”。传统思想认为，历朝历代皇权的确立都是靠“打仗”取得的，因此皇帝会“任人唯亲”、起用“皇亲国戚”，事实却并非如此。从隋朝开始延续一千三百多年的科举制度就是“学而优则仕”精英治国的完美体现，科举制度打破了贵族世袭的现象，真正为政府从民间提拔人才改善了用人制度，让“寒门学子”也能“一登龙门”，真正做到了“不论出身、不论贫富”，是一种公平、公开、公正的方法。这种先进的体制形成了精英治国的体系，使得韩国、日本、越南等纷纷效法，更有欧洲传教士将科举制度传到欧洲，受到英、法等国思想家的大力推崇。

以精英治国理念为基础，以提高公务人员素质为核心，加强队伍建设，是中国抵御执政风险、加强执政能力的关键。在干部选拔任用方面，要按照从严治党的要求完善干部选拔任用制度，强化选拔的道德考量和标准，选什么样的人，用什么样的人，会直接影响党的执政根本。防止选人过程中的行贿和裙带提拔等现象影响优秀人才的脱颖而出，避免“劣币驱逐良币”现象发生，坚持公开选拔、民主推荐、组织考察和集体决定的原则，保证选拔任用在阳光下进行。在干部考核评价方面，要做到精准识别，注重干部个人平时在德、能、勤、绩、廉等方面的表现，建立健全干部廉政档案；完善干部激励约束机制，“能者上、庸者下、劣者汰”；探索建立标准化、程序化、公开化的干部道德廉政考核体系，实现干部绩效考核的道德评价和实绩评价相结合。

（五）惩治腐败永保国泰民安

全心全意为人民服务是中国共产党的根本宗旨，但有个别官员不仅忽视对政府形象的维护，说大话、说假话、说空话、不办事、办错事，而且违法乱纪、中饱私囊。长期下去必然失信于民，政府也得不到百姓的理解，政府的善行也得不到百姓的支持。这是陷入“塔西佗陷阱”的重要标志。

党的十八大以来，截至 2016 年 12 月 31 日，包括周永康、徐才厚、苏荣等在内的 124 名省部级以上官员被调查[13]。仅 2013 年就有 18.2 万名干部受到党纪政纪处分，3.6 万名官员因涉腐被中纪委立案查办[14]。中国经济社会高速发展到现在，从 2008 年到 2016 年，伴随着 GDP 增长了 130.3%，在公务员平均工资涨幅不大的情况下，少数人会被这样那样的诉求和利益所蛊惑，由于分配不公、收入差距过大等，导致心理不平衡，出现了受贿、索贿等一系列腐败问题。这些腐败干部在涉案金额上从几百万元、几千万元甚至上亿元不等，有形损失是国有资产的流失，而无形损失是损害了党和政府的形象，降低了人民群众的积极性，丧失了民众的信任，这些腐败干部用以权谋私、不劳而获的手段打击了广大劳动人民通过辛勤劳动获得收入的积极性，“少数人坏了多数人的名誉”。腐败问题正在拉大官员与民众间的鸿沟，当突破临界点时，官民关系断裂，就会动摇党的执政地位。

从民意调查来看，民众对政府的信任程度和满意程度正在不断提高。2016 年，中国国家统计局在 21 个省（区）、市开展了“全国党风廉政建设民意调查”，结果显示有 92.9% 的群众对党风廉政建设和反腐败工作成效表示满意，比 2012 年提高了 17.9%；93.1% 的群众对遏制腐败现象有信心，比 2012 年提高了 13.8%；90.9% 的群众认为当前党员干部违纪案件高发势头得到遏制，比 2012 年提高 5.5%。关于对纪检机关和纪检干部的信任程度，89.4% 的群众选择信任，比 2013 年提高了 18.3%[15]。

从中国信用小康指数的政府公信力这一指标来看，从 2005 年到 2017 年，增长了 23.2 个百分点（表 9–1）。2017 年公布的十大诚信职业群体排名依次是：军人、医生、教师、农民、学生、警察、律师、专家学者、普通公务员、记者，普通公务员的诚信度首次进入前十[16]。

表 9-1　2005—2017 年期间中国信用小康指数

	政府公信力	人际信用	企业信用	中国信用小康指数
权重	40%	30%	30%	100%
2005 年	60.5%	66.3%	53.7%	60.2%
2006 年	60.5%	66.1%	53.4%	60.1%
2007 年	60.6%	66%	53.1%	60%
2008 年	61.5%	66.2%	53%	60.4%
2009 年	62.2%	67%	53.6%	61.1%
2010 年	63%	67.7%	54.1%	61.7%
2011 年	65%	67.8%	54.5%	62.7%
2012 年	67.8%	68%	56%	64.3%
2013 年	70.1%	70.2%	58.5%	66.7%
2014 年	74.1%	67.8%	68.2	70.5%
2015 年	77.8%	66.8%	68.4%	71.7%
2016 年	81.1%	68.7%	70%	74.1%
2017 年	83.7%	73.1%	74.6%	77.8%

数据来源：根据《小康》杂志每年公布的中国信用小康指数整理。

总之，“塔西佗陷阱”的危险是存在的，但是预防跌入这个陷阱的主动权在政府手里。首先，要培养各级干部自身过硬的政治素养，加强理论学习、牢记“四个意识”、坚定“四个自信”等，用政治纪律和政治规矩约束自己的言行；以“全心全意为人民服务”为宗旨，为群众作表率，为群众办实事，就能取信于民，避免落入“塔西佗陷阱”。其次，提高专业化水平，按照新时代对领导干部的能力要求，不断学习，努力获取新知识，避免裹足不前、墨守成规；提升岗位胜任能力，改进工作方式，主要弥补工作失误和能力盲区，提高为群众服务的水平，当人民公仆，为人民负责，多谋富民之策，多为群众办事。

党的十八大以来，在以习近平同志为核心的党中央的领导下，中国共产党的治国理政能力、惩治腐败的能力已经得到全世界许多国家和人民高度认同和称赞，更得到了中国百姓的衷心拥护，有效地防御了“塔西佗陷阱”。实践证明，只要中国共产党能时刻保持警惕、勇于自我革新、采取正确举措，“塔西佗陷阱”对于中国来说，是完全可以避免的。

第 10 章

金德尔伯格陷阱：不是真正的陷阱

国外一些学者认为，中国发展面临着“金德尔伯格陷阱”。但是客观地讲，这一陷阱并不存在。相对于“修昔底德陷阱”和“塔西佗陷阱”，“金德尔伯格陷阱”是 2017 年提出的新概念。美国学者认为世界大国需要承担起提供国际公共品或者承担领导世界的责任，如果这一作用没有得到充分发挥，会导致世界经济萧条甚至秩序混乱。事实上，国际公共品是许多国家共同努力提供的，并不只有大国才能发挥作用，小国往往是国际公共品的维护者、捍卫者。大国倡导主导国际规则的制定和国际机构的成立，是国际公共品的受益者，但当国际公共品对大国有约束时，大国往往就会成为破坏者。因此，认为只有“大国是国际公共品的提供者”的说法并不准确，“金德尔伯格陷阱”实际上并不存在。

第 1 节　“金德尔伯格陷阱”的内涵不够准确

著名经济学家、美国麻省理工学院教授查尔斯·金德尔伯格在

《1929—1939年世界经济萧条》一书中提出，第一次世界大战之后，美国取代英国成为世界霸主，但美国未能及时接替英国发挥全球领导者的作用，没能及时提供国际公共品，最终导致了20世纪30年代的世界经济大萧条[1]。2017年，美国哈佛大学教授约瑟夫·奈提出“金德尔伯格陷阱”的概念，认为在全球权力转移过程中，如果新兴大国不能提供必要的国际公共品，就会导致世界治理失序和全球经济混乱[2]。约瑟夫·奈还认为已成为世界第二大经济体的中国可能会在国际上示弱，回避应该承担的大国责任和国际公共品的供给。由此可见，所谓“金德尔伯格陷阱”，实际上是美化英美、丑化中国的“陷阱”，把提供国际公共品、维护世界和平与发展的功劳归功于英国、美国，而企图把未来可能出现的世界秩序混乱、经济衰退的责任推向中国，这完全是不切实际的。因此，“金德尔伯格陷阱”本身就是陷阱，至少其内涵是不准确的，英美在提供国际公共品的同时，也谋取了大量的利益，绝不可能是无偿为世界和平服务。

第2节　国际公共品是和平与发展的必需品

国际公共品是指不同国家乃至全世界所有人口共同受益的产品，其主要特征是受益的非排他性和非竞争性。

按照国际公共品的种类，可分为纯国际公共品和准国际公共品。纯国际公共品是指完全符合非排他性和非竞争性的公共品，其受益者包括所有国家和地区，对所有人都是平等的，可以免费使用，比如臭氧层保护、气候变暖控制、科学知识普及等。准国际公共品是指对部分国家和地区有利的公共品，如北美自由贸易区、上海合作组织、东盟经济合作组织等。

按照国际公共品的内容，可分为广义国际公共品和狭义国际公共品。广义国际公共品包括科学、教育、文化、体育、健康、环境、管理、国际秩序等内容。狭义国际公共品包括维护国际运行与管理秩序的国际机构、章程、规则等，例如，世界卫生组织、国际货币基金组织、联合国粮农组织、维持和平部队等。

由此可见，国际公共品是指那些具有普及性、公用性、长期性、稳定性的公共资源、公共服务、政策法规、体制机制等，如和平稳定的国际环境、自由开放的贸易体系、稳定高效的金融市场、良好的国际经济政策、防止冲突与战争的安全机制、高效的传染病防控体系、多国参与的生态资源保护机制等[3]。

国际组织和国际规则是最核心、最重要的国际公共品，维护了国际社会的基本秩序，是广大发展中国家和落后国家平等参与国际活动的舞台，为世界的和平发展发挥了重要的保障作用。联合国、世界贸易组织、世界银行、国际货币基金组织、联合国粮农组织、世界卫生组织、联合国教科文组织等国际组织，《裁军协议》《不扩散核武器条约》《禁止化学武器公约》《联合国气候变化框架公约》《巴黎协定》等一系列的协议、协定，多边与双边的规定，以及多边合作联盟和论坛，都是世界和平发展的必需品，是人类文明的重要标志，奠定了世界和平与发展的基础。对这些国际公共品的作用必须充分肯定，必须不断加强、坚决维护，用规则规范国家行为，用竞争替代战争，用文明抵御愚昧与霸权。

第3节　任何国家无法单独提供国际公共品

国际公共品并不是或不完全是由大国提供的，大国发挥了倡导甚至主导作用，但任何国际规则的制定、国际组织的成立、国际公共品的提供，都离不开其他国家的支持和参与。许多国际机构、国际规则的制定都是由大国和小国共同完成的。由于发展中国家在国际经济、外交、政治、军事等方面处于相对弱势，因此会更加尊重和维护国际规则，是国际公共品最有力的维护者。

世界贸易组织、世界银行、国际货币基金组织的成立，以及世界贸易规则、气候变化、核裁军等协定都是由美国等国倡议，许多国家共同发起并组织实施的。如《关贸总协定》就是 1947 年由美国、英国、中国在内的 23 个国家共同发起的；上海合作组织、亚洲基础设施投资银行、“一带一路”倡议等是由中国倡议、许多国家共同推动的。

世界银行官网明确指出，世界银行发展的目标是为发展中国家提供中长期贷款和技术协助来帮助这些国家实施它们的反贫穷政策。然而，世界银行作为国际公共品，成立之初的主要目的不是为发展中国家服务，而是为西欧国家恢复战后经济服务，但 1948 年欧洲国家开始主要依赖“马歇尔计划”来恢复经济，世界银行则开始向发展中国家提供中长期贷款与投资，其支持发展中国家建造学校和医院、供水供电、防病治病和保护环境的各项努力，为发展中国家的建设作出了重要贡献。世界银行的资金来源包括各成员国缴纳的股金、国际金融市场借款、发行债券和收取贷款利息等，因此，国际公共品并不是由一个大国或几个大国提供的。

又如，联合国粮农组织是根据美国前总统罗斯福 1943 年的倡议，由 44 个国家参加的粮农会议决定成立的，并拟定了粮农组织章程，1945 年 10 月正式成立，1946 年 12 月成为联合国专门机构。其宗旨是提高人民的营养水平和生活标准，改进农产品的生产和分配，改善农村和农民的经济状况，促进世界经济的发展并保证人类免于饥饿[4]。

自美国成为世界第一大国以来，确实为世界提供了很多国际公共品，参与了很多国际组织的成立和国际规则的设立，为世界和平与发展作出了巨大的贡献。例如世界银行为发展中国家提供长期贷款和技术协助，在消除贫困方面作出了极大的贡献；第二次世界大战之后，美国发起欧洲复兴计划，也就是“马歇尔计划”，对西欧各国进行经济援助、协助重建，从1947年开始持续了四个财年，总共提供了包括金融、技术、设备等各种形式的援助，合计131.5亿美元；与多国共同签署了许多气候变化协定，如《巴黎协定》和《京都议定书》；就伊朗核问题积极达成全面协议，承诺不再对伊朗追加制裁，暂停对伊朗贵金属、汽车零部件和石化制品的禁运，允许其石油出口，放宽其食品药品进口限制，解冻伊朗留学生资金。

随着多极化世界格局的逐步形成，特别是在经济全球化不断深化的形势下，国际公共品的范围更广，内容更加详细，规则更加明确，和平、经济、合作、贸易、金融、环境、健康、知识产权等无一不对经济全球化、国际关系、世界稳定和发展产生深远的影响，任何一个国家都无力单独提供国际公共品，更无力、无权影响或阻碍世界的和平与发展。新兴市场国家和广大发展中国家对全球经济增长的贡献率已经超过80%，传统的全球治理模式已经不适用于当代世界，对国际公共品的定义、内涵与外延的修正、补充已经是不可阻挡的世界潮流。

第4节　一些大国经常破坏国际规则

随着世界经济一体化的不断深入和新兴经济体的不断崛起，“单极化”的全球治理模式难以为继，“多极化”共同维护世界和平与发展的新格局正在形成。传统意义上的国际公共品多局限于贸易与宏观经济体系，而对国际秩序维护、科技进步、文化教育、人类健康、生态环境、消除贫困、世界文明等方面国际公共品的需求更加迫切。

回顾国际公共品形成与发展的历史，无论是被称为“霸权国”还是“稳定者”，显而易见都是受利益驱动的。许多情况下不能反映全球大多数国家的利益和诉求，何来为其他国家提供国际公共品？[5] 也就是说，英美为世界提供国际公共品的前提是霸主国家及其盟友的利益驱动，不可否认，英美两国建立了维护世界宏观经济稳定发展的全球治理模式，例如金本位制、固定汇率制和以美元为中心的布雷顿森林体系，为世界的金融稳定和经济发展发挥了重要作用。但是，过去英国提供国际公共品的根本目的是扩大境外贸易、建立殖民地，以巩固其“日不落帝国”的全球霸主地位；同样，今天的美国也是以自由贸易、市场经济、跨国公司的方式实施经济扩张来获取全球化利益。同时，这种单一霸主国家主导国际公共品供给的模式并没有有效维护各国经济的稳定，也没能给所有国家和全人类带来利益。2016 年，美国人口占世界总人口的 4.3%，经济总量占世界经济总量的 1/4，相当于 209 个发展中国家 GDP 的总和，美国总统特朗普还提出“美国优先”，并通过技术限制、贸易限制、军事等手段，进一步提高美国经济在世界经济中的地位。

在国际公共品供应的其他方面，英美不仅没有提供国际公共品，反而在维护世界和平方面还产生了大量的负面影响。为了扩大殖民地以获取更大经济利益，英国发动了一系列企图统治亚洲、美洲和非洲的战争，在中国发动两次鸦片战争，在印度镇压印度民族大起义，两次世界大战均从欧洲发起。在美国成为独一无二的世界霸主之后，局部战争频发，美国成为朝鲜战争和越南战争的主要交战方，更是以自身利益为动机，直接发动海湾战争、阿富汗战争和伊拉克战争等，导致世界和平格局以及经济、民生、国际关系的巨大动荡。

进入 20 世纪，石油战争、货币战争、粮食战争、贸易战、信息战、海湾战争、伊拉克战争、阿富汗战争，以及颜色革命等，都没有离开过大国的影子。1928 年的全球金融危机、1998 年的亚洲金融危机、2008 年的全球金融危机，以及苏联卢布的贬值、近期俄罗斯股票的暴跌，也离不开大国的影子。特别是 2018 年 3 月以来，美国公然破坏国际贸易公约或章程，用其国内法律发起对中国的所谓“232 调查”“301 调查”，并根据其单方面的调查结果，提出针对中国 500 亿美元的产品加征 25% 的关税，这完全是单边主义行为，是对国际公共品体系的公然破坏。又如，2018 年 4 月 14 日，美国联合法国、英国对叙利亚军事设施实施精准打击，美其名曰为了报复叙利亚政府对平民使用化学武器，但在谁使用化学武器还没有调查清楚、在国际相关组织未做出最终调查结论之前，任何武装打击都是对国际公共品体系的破坏，是违反国际法的行为。对此，俄罗斯总统普京严厉谴责这是以化学武器为借口的武装侵略行为，中国外交部发言人也明确指出，在国际组织做出最后的调查结果之前，任何武装行动都不符合国际法。叙利亚总统巴沙尔·阿萨德则认为美国等“殖民部队意识到已丧失对局面的控制，在本国人民和全世界面前都失去了信誉”[6]。

英美发起或主导国际公共品的供给客观上是为别人，其主观上则是为本国利益提供便利。由此可见，“金德尔伯格陷阱”认为大国提供国际公共品、维护世界秩序的说法是不正确的，大国、小国、发达国家、发展中国家都是国际公共品的提供者，都有维护世界和平和发展的责任和义务。

第 5 节　中国是负责任的经济大国

中国成为世界第二大经济体后，习近平总书记多次强调，中国人民崇尚“己所不欲，勿施于人”。中国不认同“国强必霸论”，中国人的血脉中没有称王称霸、穷兵黩武的基因；“无论中国发展到什么程度，我们都不会威胁谁，都不会颠覆现行国际体系，都不会谋求建立势力范围”[7]。

经济全球化是不可逆转的时代潮流，是科技进步和社会发展的必然结果。习近平总书记明确提出：“当今时代，各国是相互依存、彼此融合的利益共同体，开放包容、合作共赢是唯一正确的选择。”[8]“世界已经成为你中有我、我中有你的地球村，各国经济社会发展日益相互联系、相互影响，推进互联互通、加快融合发展成为促进共同繁荣发展的必然选择”。

虽然中国经济总量已达到世界第二位，但仍然是一个发展中国家，人均收入和综合国力等与美英等发达国家相比还有很大差距。尽管如此，作为现行国际体系的参与者和受益者，中国愿意为维护世界和平和良好秩序作出贡献，提供与中国经济社会地位相匹配的国际公共品。

改革开放以来，中国已经承担了自己应尽的国际责任，在对外开放中展现大国担当。中国已经是联合国秩序维护的中流砥柱、联合国维和行动捐款的第二大贡献国、联合国安理会常任理事国中派出维和部队最多的国家；积极参与国际组织，从加入世界贸易组织到组织一百多个国家共建“一带一路”，成立金砖国家开发银行、亚洲基础设施投资银行等，为应对亚洲金融危机和国际金融危机作出了重大贡献；连续多年对世界经济增长贡献率超过30%，成为世界经济增长的主要稳定器和动力源；通过自身的和平发展改善人民的生活，先后使七亿多贫困人口脱贫，为全球减贫作出巨大贡献；遵守《巴黎协定》并在其后续机制建设中发挥关键作用；等等。习近平总书记在多个场合提出，欢迎其他国家搭乘中国发展的快车、便车。在G20杭州峰会上，习近平总书记提出建设创新型、开放型、联动型、包容型的世界经济等一系列政策主张，在2018年博鳌亚洲论坛年会上重申“对话协商、共担责任”“同舟共济、合作共赢”“构建开放型世界经济”。

实际上，进入21世纪，中国对世界和平与发展的贡献是世界上最大的，世界经济增量的30%以上来自中国，世界科技增量，即论文、专利、研发投入的增长50%以上也来自中国，世界许多国家的人民享用中国制造的价廉物美的产品。更为重要的是，习近平总书记倡议的“一带一路”、建设亚洲基础设施投资银行以及构建人类命运共同体，正在成为促进世界和平发展的重要理念与力量。中国经济体制机制使中国经济连续40年增长率高达9.5%，并继续保持增长势头，已经引起许多国家政府与专家的关注，中国政府精准扶贫，短短几年使几亿贫困人口脱贫，更是人类发展史上罕见的，中国正在为世界和平与发展作出自己的贡献，更不会逃避理应承担的国际义务。中国将承担更多的国际责任，完善全球经济治理体系，提供国际公共品。但必须指出的是，作为世界上最大的发展中国家，中国只能承担与自身实力、发展阶段相适应的大国责任，只有世界各国共建共享，共同参与全球治理，才能创造共同发展、合作共赢的美好局面。

第 11 章

第二经济大国陷阱：最难跨越的陷阱

自 1890 年美国成为世界第一经济大国以来，世界第二经济大国无一例外地衰落，大国竞争中存在“第二经济大国陷阱”。2010 年中国成为世界第二经济大国后，经济发展进入新常态，面临国内、国外的双重压力，特别是 2017 年 12 月美国《国家安全战略报告》第一次把中国称为“战略竞争对手”，《国防战略报告》更把中国列为排在俄罗斯之前的“竞争对手”。中国如何成为第一个摆脱“第二经济大国陷阱”的国家，已经成为实现中国梦的大战略。

第 1 节　中国正面临与日本当年类似的困难与问题

日本曾为世界第二大经济体，并展示出强大的经济竞争力，但在美国、英国、法国等国的联合遏制下，日本经济陷入长达 30 年的低迷时期。中国成为世界第二经济大国后，中美经济格局与 20 世纪日美经济格局十分相似，经济总量达到美国的 70% 左右，占美国贸易逆差的 40% 左右，购买美国国债的 18% 左右。中国经济社会发展也面临着与当年日本相似的问题：金融业占 GDP 超过 8%，经济脱实向虚，房地产泡沫严重，大量收购海外资产导致资金外流，金融潜在风险激增，粮食安全问题凸显，被美国视为“竞争对手”，等等。

（一）同为第二经济大国，占美国 GDP 总量的 70% 左右

2010 年中国 GDP 超过日本，打破了自 1972 年开始的“美国第一、日本第二”的世界经济格局。根据中国国家统计局与美国经济局的数据，2017 年中国 GDP 以 122503.9 亿美元继续保持世界第二位，相当于美国的 63.2%，比 2016 年增加了 3.1 个百分点。2017 年中国 GDP 增速为 6.9%，是美国 GDP 增速 2.3% 的 3 倍，按此速度，2018 年中国 GDP 占美国 GDP 的比重将超过 70%。1985 年日本 GDP 占美国 GDP 的 32.2%，1995 年日本 GDP 相当于美国 GDP 的 71.1%，2000 年日本 GDP 降至美国 GDP 的 47.5%，2016 年仅为 26.6%。

（二）同为美国最大贸易伙伴，占美国贸易逆差近 40%

2009 年中国进出口总值为 22072.7 亿美元，成为世界第一大贸易国，并与美国互为最大贸易伙伴。由于多种因素，中美两国公布的贸易顺差、逆差数据相差近三分之一。根据美国商务部数据，2017 年美国对中国贸易逆差为 3752 亿美元，比 2016 年增长了 9%，占美国贸易逆差的 46.3%[1]；根据中国商务部数据，2017 年中国对美国贸易顺差为 2758 亿美元[2]，中美两国计算数值相差 36%。对比 20 世纪 80 年代的美日贸易，1987 年达到 567.67 亿美元的贸易逆差峰值，占当时美国贸易逆差 1533 亿美元的 37%[3]。据研究，在 1983 —1987 年期间，日美贸易中日本顺差累计达到 1943 亿元，占日本对外贸易顺差的 74%。

（三）同为美国最大债权国，占美国国债 18.5% 左右

据中国人民银行数据，截至 2018 年 1 月底，中国外汇储备达到 31615 亿美元[4]，2017 年 11 月，中国持有美国国债达 11800 亿美元，是美国国债的第一大海外持有国，占同期外国主要债权人持有的美国国债总额（63431 亿美元）的 18.5%[5]。对比当年美日格局，当国际收支出现巨额贸易赤字，日本成了美国最大的债主，这造成了美国的极大恐慌，美国政府不惜采取政治施压的方式限制日本出口。

（四）经济脱实向虚，金融业增加值占 GDP 比重 8% 左右

"金融业增加值占 GDP 之比"是衡量一个经济体的虚拟与实体之间发展是否协调、经济结构是否合理的重要指标。科学管控金融业在 GDP 中的比例一直是国家宏观经济政策的重要任务，因此许多国家对金融业的监管都十分严格。

据中国国家统计局的数据，1996 —2002 年间为 5% 左右，2003 —2006 年间接近 4%，2007 年以来迅速提高，2015 年达到 8.4%。从 2005 年至 2015 年，金融业增加值占比翻了一番；金融业增加值占比在 2013 年超过美国，2015 年超过英国和日本。2015 年，中国、美国、日本、英国四国金融业增加值占比分别为 8.4%、7.2%、4.4%、7.2%[6]。这与 20 世纪日本的情况很类似，1994 年日本金融业增加值占 GDP 的比重高达 9.3%。金融泡沫破灭是导致日本经济持续低迷的又一个重要原因。当前，中国金融业增加值占 GDP 的比重与日本当年颇为相似，经济脱实向虚问题突出，已成为制约经济发展、影响社会稳定的潜在风险之一。

（五）房地产泡沫严重，相关产业占 GDP 比重高达 13%

房地产泡沫是许多国家城市化进程中经常出现的问题，房地产价格陡然上涨，价格严重背离价值，房地产业占 GDP 的比重迅速上升，国民经济中充满了并不能反映物质财富的货币泡沫，形成“泡沫经济”(Foam Economy)，泡沫破灭，经济必然由繁荣转向衰退。

国际上研究房地产泡沫的主要指标有房价增长倍数、相当于工资的倍数、房地产业占 GDP 的比重、买地收入占地方财政的比重等。1923 —1926 年间美国佛罗里达房地产泡沫（Property Bubbles），房地产投资狂潮引发了华尔街股市的大崩溃，导致人类历史上第一次全球经济危机，也是导致第二次世界大战的重要原因。20 世纪日本房地产爆发泡沫，按日本统计部门数据[7]，在 1986 —1990 年间，日本住宅土地的平均价格累计涨幅高达 41.6%，商业用地价格增长了 133.6%；在 1986 年、1987 年、1989 年这三年中，日本的地价总额增量均超过国民生产总值，特别是 1987 年地价总额增量与国民生产总值之比竟高达 1.19 ：1[8]。1989 年年底，日本房地产价值是美国房地产价值的 5 倍，是全球股市市值的 2 倍以上；到 1990 年，日本土地的总价值是世界其余国家和地区全部土地价值的一半；但 1991 年日本房地产泡沫破裂后，房地产价格大幅下降，大量银行和地产企业倒闭，大量买房的家庭不仅一夜返贫，还要承担沉重的赋税，造成日本经济陷入长达 30 年的衰退。2015 年日本六大主要城市住宅用地价格跌幅为 65%，所有城市跌幅为 53%[9]。

根据中国国家统计局的数据，2015 年中国建筑业增加值为 46626.7 亿元，占 GDP 的 6.8%；房地产业增加值为 41701 亿元，占 GDP 的 6.1%，合计广义房地产业增加值占 GDP 的 12.9%，房地产泡沫问题相当突出，曾经成为高于金融风险、经济硬着陆的最大未知数。2004 —2015 年间，中国房地产业增加值占 GDP 的比重由 9.9% 增加到 12.9%，增加了 3 个百分点；全国平均商用住房价格由每平方米 2778 元增加到 7476 元，11 年时间增长了 169.1%。许多地县的卖地收入甚至成为地方财政的最主要来源，买房成为中国民众最大的负担。

（六）工业化危及粮食安全，海外 8.9 亿亩农田为中国种粮

1998 年中国正式宣布农业进入新阶段，“主要农产品供给已由长期短缺变成总量大体平衡、丰年有余”，第一次宣布告别持续数千年的粮食短缺历史。但出于工业化、城镇化占用大量耕地、农村青年向城市转移，以及单产高的玉米种植挤占低产的大豆种植等原因，粮食隐性自给率仅为 65%，进口粮食相当于 8.9 亿亩农田的产量，粮食安全问题重新出现。

1. 建设用地累计 13 亿亩，人均建筑面积为 34.4 平方米

据中国国家统计局的数据，2001 年中国城镇化率仅为 37.66%，2017 年达到 58.52%，平均每年增加 1.2 个百分点。2014 年《国家新型城镇化规划（2014 —2020 年）》发布以来，城镇化明显提速，城镇化率平均每年增加 1.6 个百分点。按照国家统计的数据，1981 —2016 年间，中国城市建设用地面积累计 13.43 亿亩[10]。1984 —2015 年间，中国建筑业房屋竣工面积累计达到 470.8 亿平方米，按 13.7 亿人口计算，人均建筑面积达 34.4 平方米。

2. 商品房销售额相当于工资总额的 98%

根据中国国土资源部的资料，1999 —2015 年间，全国建设占用耕地 5928 万亩，城市扩张占用的大量土地一半以上是耕地[11]。2016 年商品房销售额达到 11.76 万亿元，相当于当年全国 GDP 的 15.9%，相当于当年城镇单位就业工资总额 12 万亿元的 97.96%；若再加上建筑业总产值的 19.36 万亿元，则相当于 2016 年全国 GDP 的 42%。2017 年全国国有土地使用权出让收入为 5.2 万亿元，占全国一般公共预算收入 17.3 万亿元的 30.1%。

3. 中日城镇化快速增长期内均为每年增长 1.2 个百分点

日本快速城镇化的过程伴随着粮食自给率的迅速下降。1947 年日本城市化率为 33%，1985 年达到 77%，39 年提高了 46 个百分点，年均增加 1.2 个百分点，与中国 2001 —2017 年间城镇化速度接近。快速城市化，使农业遭到严重冲击，使日本粮食自给率由 1960 年的 79% 下降至 1979 年的 39%，20 年间粮食自给率下降 40 个百分点。而日本谷物自给率从 1960 年的 82% 下降到 2014 年的 29%，下降 53 个百分点。为了保证粮食安全，日本政府采取了技术壁垒、绿色壁垒、安全壁垒、粮食补贴等政策，水稻生产的补贴率曾高达 52%，使水稻成为“政治米”。粮食短缺一直是日本经济安全、国家安全的短板。

（七）大量收购海外资产，对外投资增速高达 22.2%

与当年日本相似，在国内经济快速增长的同时，对外直接投资数量迅速增长。世界银行的数据显示，中国对外直接投资净流出额已由 2006 年的 239.3 亿美元增加至 2016 年的 2172.0 亿美元，年均增长率高达 22.2%，一些企业纷纷对外投资，有的甚至借机转移资产。在国家对对外转移资金额度适当限制之后，2017 年对外投资有所放缓，较 2016 年中资海外并购金额下降 35%。

中国的海外并购热潮不禁让人想起了 20 世纪 80 年代中后期，有人认为日本可以买下美国，《广场协议》签订后日元升值一倍多，日本人在境外掀起了一股并购狂潮，大量购进企业和不动产，三菱公司用 14 亿美元买下了美国国家象征的洛克菲勒中心，夏威夷 96% 的境外资产来自日本。20 世纪 80 年代末，全美国 10% 的不动产已成为日本人的囊中之物[12]，但是后期许多并购都黯然收场。

（八）国际消费膨胀，奢侈品消费占全球 46%

中国财富品质研究院发布的《新零售业态下奢侈品市场的未来》显示，

2016年中国人在境外消费的奢侈品高达6300亿元，连同国内市场，占世界20%人口的中国人消耗了全球46%的奢侈品[13]。麦肯锡发布的《2017中国奢侈品报告》中提到，中国消费者撑起了全球奢侈品消费1/3的贡献值，2025年中国人将买下全球44%的奢侈品[14]。随着中国人出境旅游步伐的加紧，中国人消费外流严重，70%以上的奢侈品消费并没有发生在中国本土，中国的“消费国际化”特征明显。这与20世纪日本人喜欢旅游、购买奢侈品的现象极为相似。

（九）日本当年面临的社会与理论问题值得重视

日本近代经济发展可分为战前、战时、战后三个阶段[15]，战前的经济增长并没有给广大社会下层带来好处，贫富差距越来越大，被称为“黑暗时代”；战时动员一切经济力量，以消耗殆尽而告终；战后经济发展令人喜出望外。1967年日本GDP达到1237.8亿美元，成为世界第二大经济体，工业仅次于美国、苏联，居世界第三位。

日本成为世界第二大经济体后，出现了许多社会问题，把“赶超欧美先进国家”作为最高国家目标，引起美国警惕并采取一系列措施遏制日本；为消除企业过分竞争，提出“特振法”，推动官民结合的“大企业合并”，结果以失败而告终；经济增长、人性淡化，老年人自杀、中年人离家、青年人犯罪，社会问题突出；环境污染等公害问题突出；城市化引发大量人口迁移，人口“过密与过疏”问题突出，出现“只有老人的山村”；“尼克松冲击”导致日元升值，经济竞争力下降；提出“日本列岛改造计划”，过高估计经济增长能力，投资过度、通货膨胀、地价暴涨、房地产泡沫严重，埋下长远发展隐患；提出“福利优先”，实行全民保险、全民年金制、老龄医疗免费制，进入老龄化社会后，社会负担沉重，积重难返。这些问题，值得警惕。

（十）创造经济增长新模式，同被美国视为竞争对手

中日两国都创造了经济增长奇迹，经济增速长时间保持在 9.8%。1955 年日本 GNP 为 240 亿美元，仅为美国的 6%；1973 年 GDP 达到 4078 亿美元，达到美国 GDP 的 31%；1955 年到 1973 年间，日本 GDP 连续 18 年平均增速达 9.8%。中国 GDP 由 1978 年的 1995.41 亿美元，增加到 2012 年的 85605.47 亿美元，GDP 年平均增速达到 9.8%，创造了经济发展新模式，创造了世界经济的奇迹，被美国视为竞争对手。

20 世纪 80 年代，日本的经济发展对美国造成威胁，甚至有人口出狂言要把美国买下来，让 21 世纪成为日本的世纪，欧美开始盛行“日本经济威胁论”，美国开始对日本采取一系列遏制措施，使日本经济经历近三十年的低迷期。2010 年中国成为世界第二大经济体，国际贸易摩擦与日俱增，一些国家违背国际公约公然不承认中国市场经济地位，制造贸易事端，炮制高额补贴，侵犯知识产权，限制转移技术，制造“修正主义国家”等一系列“中国威胁论”。2017 年 12 月美国《国家安全战略报告》第一次把中国称为“战略竞争对手”，《国防战略报告》则提出“与中国和俄罗斯的长期战略竞争是国防部的主要优先事项”，中国第一次成为排在俄罗斯之前的美国竞争对手。

第 2 节　中国落入“第二经济大国陷阱”的可能途径

美国没有接受苏联、日本、欧盟的崛起，同样也不会轻易接受中国的崛起或超越。像美国当年说伊拉克拥有化学武器而发动战争一样，美中贸易逆差只是美国遏制中国的借口之一，美国会采取一切手段遏制中国，最终的目标是遏制中国持续发展，防止中国经济总量超过美国，长期保持世界第一经

济大国、“世界警察”的地位。

中国是世界上唯一一个文明没有中断的国家，曾经保持世界第一经济大国地位长达一千八百多年。中华民族伟大复兴已经迎来了一个最有希望的新时代，中国绝对不会放弃持续发展的权利和机遇。中国人均收入刚刚达到8836美元，即使增加两倍仍然处在世界第四十位左右，可见改善人民生活的压力还很大。中国无心称霸世界，中国人只想有一个和平、公平的环境把自己的事情办好，这是中国人民的共同需求和愿望。

然而，往往事与愿违，中国渴求和平发展、公平合作的愿望总是受到干扰。当年美国遏制日本、苏联，也是在这两个国家GDP达到美国70%的时候，因此美国采取一系列措施遏制中国是必然的。特朗普明确表示要“采取一切手段”遏制中国。2017年11月，特朗普访华期间，两国签订了2535亿美元的人类历史上最大的贸易清单，中国政府还同意放开坚守了多年的外资在中国金融领域占股权不超过51%的界限。然而，商人出身的特朗普一回国就扬言要把美中贸易逆差缩小1000亿美元，并发动了自胡佛政府以来最愚蠢的贸易战。胡佛政府的贸易战让美国经济严重受挫，特朗普政府正在重蹈覆辙，很可能引发2008年以来的又一次全球金融危机，导致世界经济停滞甚至倒退。

理论上讲，这种人为性的危机是完全可以避免的。无论从经济上，还是社会体制与发展理念上，美国都不必担心中国会挑战超越美国，更没有必要如此紧张。当然，如果仅仅是为了选举就没有必要假戏真做。从经济角度分析，即使中国经济总量接近美国，美国人均GDP仍是中国人均GDP的6.8倍，中国短期内不可能超越美国。另外，美国科技、教育、国防实力明显高于中国，更无须担心中国超越美国。从发展理念上讲，中国没有挑战美国传统发展理念的兴趣和打算，拥有五千年文明史的中国，拥有高度的道路自信、理论自信、制度自信和文化自信，中国只选择适合中国国情的发展道路。

美国前总统奥巴马在2010年国情咨文中称“美国绝不当老二”，特朗普提出“美国优先”，通过遏制世界第二经济大国巩固世界霸权是美国直言不讳的战略。中国国情与日本完全不同，美国必然采用不同的措施遏制中国。如果说美国对日本的策略是“认同体制、遏制经济”，对中国则是“否认体制、遏制发展”。中国既要防范重蹈日本经济衰退的覆辙，更要防御“第二经济大国陷阱”的新花招。美国遏制中国的可能途径主要有以下几个。

（一）制度战：不认同政治制度，和平演变贼心不死

西方国家将所谓的自由、民主、人权作为普世价值，永远不会认同、包容社会主义的政治制度，和平演变是美国改变其他国家社会制度的最经济、最有效的办法之一。东欧剧变、苏联解体，使西方阵营更加有信心遏制社会主义制度的发展，并不断加大对中国的遏制力度。然而让西方社会始料不及的是，中国不但没有被遏制，反而取得了巨大的发展，导致一些西方政治家、学者对资本主义制度的唯一正确性产生了怀疑，认为中国的政治体制、经济体制至少是适合中国国情的。

老布什政府采取“施压促变”的策略，通过中国台湾、中国西藏、知识产权等问题不断制造事端，向中国施压；克林顿政府先后提出“遏制加接触”“接触加遏制”“软遏制”，欲通过接触推动和平演变；小布什政府延续“接触加遏制”策略，并把中国作为“战略对手”；奥巴马政府提出“既是对手，也是潜在伙伴”，采取“既防范、遏制，又接触、合作”的对策，2010年提出“亚太再平衡战略”，把美国海军核潜艇力量的60%集中在亚太地区[16]；特朗普则明显加大遏制中国的力度，把中国列为排在俄罗斯之前的“战略竞争对手”，不惜破坏国际规则，不断冲击中美关系“争而不破”的底线。

美国的民主体制受到许多国家的推崇，但从理论上讲，美国体制绝对

不是唯一正确的体制，因为不同国家的历史、经济、文化等不同；从实践上说，与美国体制相同的许多国家都没有迎来发展与稳定，一些国家甚至出现长期动荡与混乱。

地球就是一个大村庄，不同的家庭有不同的家风与家规，只要遵守国家法律法规，遵守乡规民俗，恪守道德底线，不与其他家庭发生利益冲突就行，没有必要，也不可能使所有家庭都按照一种所谓的“普世价值”生活。一个村庄是这样，人类世界更是这样，强求别的国家或地区采取美国体制，本质上是与美国倡导的自由、民主的多元化文化相悖的。

2018 年 2 月 9 日，美国《华盛顿邮报》发表了《“美国优先”遇上“人类命运共同体”》[17]，揭示了美国人对体制战的思考，作者认为人类命运共同体的核心理论与中国古代的天下观是相同的，目标是“天下和谐共存”，通过政治、外交艺术化敌为友，寻求共同生存的方式，也符合中国传统哲学儒家的理念，“己所不欲，勿施于人”，通过寻求将冲突最小化的方式，探索和平共处、共同发展的国际环境，而不是“美国优先”使个人利益最大化。文章指出，在今天多元化的世界，对维护世界和平与发展来说，人类命运共同体是一个最理想的模式，和平与发展必将是未来世界的主题。

《环球时报》发文表示“人类命运共同体已经赢得世界人心”[18]，人类命运共同体的理念是人类社会在全球化时代的顶层利益关系，人类社会面临的全球性问题，诸如气候变化、恐怖主义、网络安全、重大疾病传染等威胁着不同国家的安全，需要更加紧密的国际合作。人类命运共同体的核心是和平平等、互利共赢，而“美国优先”则是赤裸裸的国家利益，人类命运共同体已经得到了许多国家，特别是联合国有关组织的认同。美国要领导世界的雄心不会改变，“美国优先”的政策不会改变，中国通过构建人类命运共同体，寻求和平发展的国际环境的政策也不会改变。但美国不会轻易接受中国提出的理念，中美的制度战将会是持久战。

（二）体制战：不认同经济体制，不承认市场经济地位

2001年中国加入WTO时，WTO成员方提出给予中国15年达到自由市场标准的观察期（中国称为“保护期”）。2016年，曾经给予中国的“15年观察期”到期，欧盟和日本等国却宣布要“继续维持中国的非市场经济地位”，“不承认中国市场经济地位”。中方认为，中国已经兑现了当年加入WTO的承诺，承担发展中国家的义务，加入WTO满15年就应自动获得市场经济地位，否则就是WTO成员方违背了15年前的承诺。但欧盟和日本等国却认为中国市场开放还未达到自由市场经济的标准，比如关税和贸易（退税补贴）、市场准入、汇率完全市场化、货币自由兑换、国企垄断、信息市场垄断等，美国既没有宣布承认中国市场经济地位，也没有否认。

2017年11月10日，美国总统特朗普结束对中国的首次访问，并得到了2535亿美元的“创纪录”贸易大单。但20天之后，特朗普政府正式拒绝了中国根据《中国加入世界贸易组织议定书》第15条获得市场经济地位的要求，不少国人都有一种被骗了的感觉。在美国正式提交给世界贸易组织的文件中，美国认为，“不管中国加入世贸组织议定书中规定的条件如何，中国仍应遵守与WTO其他成员国一样的规则”，WTO成员“有权拒绝非市场经济条件下形成的扭曲价格或成本”。由此可见，美国要求中国遵守与WTO其他发达国家同样的规则，而中国则坚持按照议定书的规定，只能承担发展中国家的义务，这是中美双方贸易承诺是否兑现的根本分歧所在。

事实上，中国是否履行议定书中的承诺，不是美国是否承认中国市场经济地位的主要原因，寻找借口遏制中国才是其真正的目的。如果中国达到了欧盟、日本所提出的自由市场经济的要求，它们还会寻找其他的原因来遏制中国。欧盟对中国市场经济地位与欧盟主要国家的就业的关系进行了评估，认为如果承认中国市场经济的地位，对欧盟不同国家就业的影响

在 4%—20%，因此从就业的角度考虑，欧盟不会承认中国的市场经济地位。而对美国而言，承认中国的市场经济地位可能会加速中国追赶美国的步伐，美国则失去了遏制中国的一个重要手段，所以美国也不会承认中国的市场经济地位。

衡量一个国家或者地区的经济制度，不应看理论假设，而应看经济发展的实际效果。在过去的 40 年，西方的自由市场经济受理论界所推崇，甚至被认为是唯一正确的经济模式，但是西方的经济并没有取得快速发展。恰恰相反，不被西方认同的中国特色社会主义市场经济体制，却使中国连续 40 年 GDP 年平均增长率为 9.5%。改革开放以来，中国放弃了计划经济体制，吸收西方市场经济中合理的部分，形成了具有中国特色的社会主义市场经济体制，实践证明探索是成功的、有效的，至少是十分适合中国国情的。这一点已经得到许多西方经济学家，特别是公众的认同，不少学者都认为，“有形之手”与“无形之手”的结合是一种理想的经济体制。

当今世界至少有三种经济体制：一种是以欧美为主导的自由市场经济体制，许多国家都采用这种体制，中国许多经济学者推崇这种体制。但实践表明，一些自由市场经济国家的经济发展了，还有一些国家并没有得到发展；第二种经济体制是计划经济体制，目前只有少数几个社会主义国家采用这种经济体制。计划经济体制或者政府干预的市场经济体制，在苏联、古巴、中国改革前期都取得了经济的快速发展，但也暴露出明显的问题；第三种经济体制，也是当前最成功的经济体制之一——中国特色社会主义市场经济体制，这种体制吸收了自由市场经济“让市场在配置资源中起决定性作用”的优点，同时又能充分发挥政府的调控与保障作用，也就是说，将“无形之手”与“有形之手”高效协调起来，能够更加有效地推动经济发展。

美国等西方国家，一方面承认中国改革开放以来的经济成就，另外一方面却极力否定中国的市场经济体制，这种做法本身就是自相矛盾的。美国不承认中国的市场经济地位，不仅仅是为了在贸易中谋取更多利益，更重要的是想从根本上否定中国的经济制度，遏制中国经济持续发展的势头，把中国推入“中等收入陷阱”及“第二经济大国陷阱”。美国政府对推动经济发展几乎无能为力，因此通过各种途径限制中国政府推动经济发展，美国总统访华期间带着大批企业家推销产品，却反对中国政府支持经济发展，由此可见美国政府的两面性。

（三）贸易战：贸易摩擦不断，削弱经济竞争力

1986 年 7 月，中国政府出于改革开放的需要提出关于恢复关贸总协定缔约方地位的申请。1994 年，在世界贸易组织取代关贸总协定的前一年，中国已经基本完成“复关”的谈判，但由于美国等发达国家漫天要价，不断抬高门槛，最终未能入关。1995 年中国又开始进行“入世”谈判，中国政府多次重申了入世的三个基本原则：一是根据权利与义务对等的原则，承担与本国经济发展水平相适应的义务；二是按照乌拉圭回合多边协议，与有关成员方进行双边或多边谈判，公正合理地确定入世条件；三是中国坚持以发展中国家身份入世，享受发展中国家的待遇。中国入世的时候美国就漫天要价、多次阻挠，导致中国的入世谈判长达 14 年之久。

入世初期，中国国内许多人担心引狼入室，担心民族企业竞争力弱，国内的市场被国外市场挤占，但由于中国人的勤奋和努力，特别是大量农民工节约了医疗、住房、教育等费用，降低了中国产品的成本，不但保住了中国的市场，也赢得了国际市场。当美国等国看到中国经济发展以后，为了阻挠中国经济的进一步发展，多次以中国不履行加入世贸组织的承诺为由，不断发起对中国的贸易摩擦。如果真如美国所说，中国没有履行或没有完全履行入世承诺，美国完全可以提请 WTO 裁决，而不是绕开世贸组织直接发动贸易战争。

改革开放40年来，中国经济取得了举世瞩目的成就，这与加入WTO是分不开的，引进外资、技术与设备，学习西方管理经验对经济发展起到了重要的推动作用。但这些都是外部因素，起主要作用的内因则是中国人的勤奋、聪明和节约，是中国人的技术创新和商业模式创新。

中国绝对不是加入WTO唯一的受益方，西方发达国家乃至许多发展中国家都从中国的发展中得到了巨大的利益，中国制造的价廉物美的产品已极大地丰富了世界人民的生活，这是铁的事实。

与此同时，中国也开放了国内市场，许多外资企业在中国取得了巨大的发展，销售额、利润成倍增长，没有中国的开放，这些企业也不会有今天的市场规模，这也是铁的事实。

中国开放市场引进了外资与技术，也作出了巨大的让步，放弃了许多高科技产品的开发，允许外资企业进入，大量使用国外产品。例如，中国放弃已经试飞成功的“运 -10 飞机”，使用了美国的波音和欧洲的空客；中国放弃了开发自主知识产权的计算机操作系统，采用了美国的微软系统，导致计算机操作系统以及文字、数据、图像、邮件等相关软件的市场都被美国企业占领，不但造成了巨大的经济损失，而且使信息安全、网络安全以至于国家安全受到严重威胁，美国对中兴公司的禁令就是一个残酷的现实、深刻的教训；北京吉普、上海牌轿车等一批民族品牌产品让位给奥迪、大众、通用、丰田、本田、尼桑等国外品牌，国外汽车占领着中国汽车的中高端市场。中国的飞机、中高档汽车，计算机硬件、软件的市场几乎都被外资企业占领，不仅高科技领域的市场被国外企业占领，就连熊猫牌洗衣粉、化妆品等日用品传统品牌也被外资先收购、后封存，最终在中国市场消失。美国苹果公司的19%的利润来自中国，高通公司将60%的芯片卖给了中国，通用汽车在中国销售的产品多于美国。

为了吸引外资，中国中央政府和地方政府纷纷出台吸引外资企业的政策，WTO 规则规定成员国的外资企业享受国民待遇，但是在中国，许多外资企业长期享受超国民待遇，不仅实行税收减免，而且连汽车牌照都与众不同。最近几年，由于外资企业增多，对这些企业享受的超国民待遇才逐渐取消。已经在中国享受了几十年优惠政策、获取了巨大利润的外资企业，在今天美国对中国不断发起贸易摩擦时，理论上不应再保持沉默。美国等发达国家也应该知道、看到中国为履行入世承诺所付出的巨大努力，也付出了巨大的市场代价，已经履行了一个发展中国家应该履行的承诺。中国没有履行入世承诺的说法是站不住脚的。

如果说中国加入 WTO 有什么让美国人没有预想到，那就是中国经济的发展速度超出了美国人的预料，追赶美国经济的速度也超出了美国人的预料。回过头看，中国在加入 WTO 时提出的三个基本原则是完全符合中国国情的，说明在加入 WTO 之初中国政府就对困难做了充分的准备，提出的承诺是恰当、合理、必需的。只是中国加入 WTO 后经济发展快了，美国等发达国家就认为他们吃亏了。

奥巴马政府启动“跨太平洋战略经济伙伴关系协定”（TPP）的目的是把中国排斥在外，遏制中国的快速发展。特朗普作为一个商人，认为制定 TPP 不可能有效限制中国发展，因为任何正常的贸易规则都不能阻碍中国价廉物美的产品。所以特朗普政府提出退出 TPP 协议，另寻遏制中国的策略。特朗普在访问印度时，提出“印太战略”，想用印度牵制中国。接着美国又与日本、澳大利亚等五国制订“基础设施计划”，目的是对冲亚洲基础设施投资银行的作用，遏制中国在基础设施建设方面的作用，当美国发现这些措施不一定奏效时，便不顾一切发起新的贸易战。

2018 年 3 月以来，特朗普政府发动了自 1928 年美国胡佛政府发动臭名昭著的贸易战以来最为猛烈的贸易战。从对 30 亿美元钢铝产品收税，直到提出对涉及中国出口的总额达 500 亿美元的产品加征 25% 的关税，在中国列出“同样规模、同样金融、同样强度”的清单后，美国总统特朗普又考虑给1000亿美元的产品加税，严重威胁持续四十多年的中美贸易关系，更是对世界贸易秩序和经济持续发展的巨大冲击。

（四）科技战：封锁先进技术，切断经济增长动力

贸易战是削弱中国当前的经济增长力，而科技战则主要是扼杀中国未来的经济竞争力。美国要遏制中国的崛起必然会发起科技战，但科技战来得如此凶猛，超出许多专家的预料。

美国发起科技战的主要法律依据有三个：一是《瓦森纳协定》，二是《国际紧急经济权力法案》，三是所谓的“301条款”。

1.《瓦森纳协定》限制向中国出口高科技与产品

1996年签订的《瓦森纳协定》是建立在自愿基础上的集团性出口控制机制，所以也叫“瓦森纳安排机制”，全称是《关于常规武器和两用物品及技术出口控制的瓦森纳协定》(The Wassenaar Arrangement on Export Controls for Conventional Arms and Dual-Use Good and Technologies)，包括美国、日本、英国、俄罗斯等40个国家。协定规定成员国自行决定是否发放敏感产品和技术的出口许可证，并在自愿基础上向其他成员国通报有关信息。

协定包括两份控制清单：一是军民两用商品和技术清单，包括先进材料、电子器件、计算机、电信与信息安全、传感与激光、导航与航空电子仪器、船舶与海事设备、推进系统等；另一份是军品清单，涵盖了各类武器弹药、设备及作战平台等共22类，中国被列入被禁运国家之列。《瓦森纳协定》声称不针对任何国家和国家集团，不妨碍正常的民间贸易，也不干涉通过合法方式获得自卫武器的权力，但实际上完全受美国控制。例如包括德国在内的许多国家拟向中国出口高技术时或中国企业并购外国企业时，美国都会出面干涉。2016年福建宏芯基金拟收购德国半导体企业艾思

强（Aixtron），9月8日已经得到德国经济部批准，但由于美国政府的干预，10月德国经济部突然撤回批准[19]。又如，2018年3月，美国总统特朗普以国家安全为由，阻止了新加坡博通公司收购美国芯片制造商高通公司的交易[20]。

2.《国际紧急经济权力法案》限制中国投资美国敏感技术

美国《国际紧急经济权力法案》（International Emergency Economic Powers Act，IEEPA）是1977年“冷战”时期制订的美国国内法案，赋予总统权力以应对“不寻常的威胁”，以维护国家安全，总统有权阻止外资并购美企甚至冻结外资资产。2018年3月27日，美国消费者新闻与商业频道报道，美国总统特朗普考虑利用《国际紧急经济权力法案》等国家紧急状态法令，禁止中国投资敏感技术，限制中国与美国高科技企业的合作。报道中知情人士表示，美国财政部官员正在制订计划，中国大陆企业将被禁止投资的技术领域，包括半导体和5G无线通信[21]。美国一些人甚至叫嚣要没收中国银行、金融高管在美国的存款。

3.“301条款”往往成为技术敲诈的工具

“301条款”（也称“301调查”）按照其内容可分为狭义与广义301条款。

狭义“301条款”仅指《1974年贸易法》第301条，为“一般301条款”。第301条规定，美国贸易代表办公室（USTR）可对外国损害了美国在贸易协定下的利益的做法进行调查，决定采取制裁措施。该条款还授予美国总统对外国影响美国商业的“不合理”和“不公平”的进口加以限制和采用广泛报复措施的权力[22]。因此，特朗普不断发起对中国的贸易、科技争端是依据“301条款”的授权进行的。

广义“301条款”是指《1988年综合贸易与竞争法》第1301—1310节的内容，包含“一般、特别、超级301条款”和配套措施，以及“306

条款监督制度”。“一般301条款”是美国贸易制裁措施的概述；“特别301条款”主要针对知识产权保护和知识产权市场准入等；“超级301条款”主要针对外国贸易障碍和扩大美国对外贸易；配套措施主要是针对电信贸易及外国政府机构对外采购中的歧视性和不公正的做法，而且其范围有逐渐扩大的趋势[23]。

“301条款”是美国国内贸易法案的一部分，但美国却常常用来处理国际贸易争端。迄今为止，美国已针对全球多个国家发起过122次“301调查”。1991年以来，针对中国就发布过6份“301调查”报告，按照特朗普的说法这只是刚刚开始。

第一份报告，1991年4月美国指责中国“知识产权执法行为不合理”，并公布了28亿美元的预备性报复清单，拟对中国出口的成衣、运动鞋、玩具和电子产品等产品征收100%的关税。双方谈判并签订《中美知识产权保护协议》，中方对改进知识产权法律作出承诺，化解了危机[24]。

第二份报告，1991年8月美国指责“中国对美国商品设置不公平市场壁垒”，并公布了39亿美元的报复清单。经谈判，中国承诺未来5年时间里对美国多种商品取消进口壁垒。

第三份报告，1994年6月美国指责中国“知识产权法则执行不力”，将中国列为“特别301条款”“重点国家”。最终，签订了第二个《中美知识产权协议》，中方允许外国企业在中国设立从事音像制品复制的中外合资企业。

第四份报告，1996年4月美国还是指责“知识产权保护不力”，将中国列为“特别301条款”“重点国家”，并启动了制裁程序。最终达成了第三个《中美知识产权协议》，中国承诺加强知识产权保护，并先后修订了《专利法》《商标法》，颁布《反不正当竞争法》等。

第五份报告，2010年指责中国对“清洁能源补贴”，涉及风能、太阳能、高效电池和新能源汽车行业的154家企业。经谈判，中国修改《风力发电设备产业化专项资金管理暂行办法》中涉及禁止性补贴的内容。

第六份报告，2018 年 3 月 28 日又对中国提出了 5 项指控。一是不公平的技术转让制度。美国提出了“强制性技术转让”的说法，认为中国利用合资要求和外资股权的限制，以及各种行政审查和许可程序，迫使美国企业进行技术转让。二是歧视性许可限制。中国技术监管机制迫使美国企业以有利于中方企业的方式，而不是基于市场的条件，许可中方使用美方企业技术。三是对外投资不合理。中国以不平等的方式促进中国企业对美国企业和资产进行投资和收购，目的是获取先进的技术和知识产权。四是中国支持对美国企业计算机网络的非法入侵，盗取知识产权及敏感商业信息。五是《网络安全法》和知识产权保护不足等[25]。

第六份调查报告内容最多，但也是最荒唐的一份调查报告。美国攻击中国的五条罪状，其中四条完全站不住脚，只有一条理由也十分勉强。在日内瓦召开的世贸组织解决争端的会议上，美国代表发现这份调查报告的第一项、第二项、第四项、第五项都不成立，中国的政策和做法完全符合世贸组织的《与贸易有关的知识产权协定》。只有第二项，美方提出的理由是有关技术转让合同到期后，外国企业执行专利不利于赔偿，这与美国制造的中国不遵守知识产权的形象相去甚远。可见第六份 301 调查报告完全是为了发动贸易战而编造的。

第六份“301 调查”报告与前几份调查报告还有几个明显的不同：一是商人出身的特朗普要价更高、目标更大。他先提出了缩小 1000 亿美元贸易逆差的目标，后来又表示要“采取一切手段”；二是高科技产品为增加关税的重点。2018 年 4 月 3 日，美国贸易代表办公室公布依据“301 调查”结果拟加征关税的中国进口产品清单，涉及一千三百多个独立关税项目，总价值 500 亿美元，主要针对《中国制造 2025》提出的航空航天、信息和通信技术、机器人和机械制造等十多个行业，美国贸易代表办公室建议对清单上的中国产品额外征收 25% 的关税；三是限制高科技企业与中国合作，限制中美企业合作；四是指责中国的理由不充分。中国专利申请量、授权量已经超过美国，中国一些有价值的知识产权在“青苗阶段”（尚未申请专利）就被美国等国的企业收购，许多创新型的中小企业被收购，各省市高考的“状元”等优秀人才都成了美国的劳动力。在中国投资界还没有认识到阿里巴巴、百济神州等企业的创新价值时，外资企业就已成为大股东。中国保护知识产权的需求比美国更为迫切，美国不再以“知识产权保护不力”作为制裁中国的理由，而是编造一个新词——“强制性技术转让”，而大家都明白，企业间技术转让一定是互惠互利的，不可能产生一方强制另一方转让技术，否则企业间合作就无法进行。

美国彼得森国际经济研究所高级研究员查德·鲍恩形容，在这一调查中，美国政府既是警察（判断外国政府是否有错），又是检察官（提起诉讼），又是陪审团（甄别证据），又是法官（决定是否采取报复性措施）[26]。看起来好像在“享受一个人的表演”。

“301 条款”是美国经济霸权、单边主义对抗世界贸易体系的蛮横行为，“乌拉圭回合”谈判已经建立了 WTO 争端解决机制，其中一个重要目的就是限制美国使用国内法则——“301 调查”处理国际事务。美国已在《乌拉圭回合协定法》相关文件中承诺，对于 WTO 规则涵盖的不公平贸易行为，美国将提交 WTO 解决，不再使用“301 条款”，但美国并没有遵守承诺。

认真分析前 5 份“301 调查”报告的处理过程与结果，不难看出几个基本的规律或特点：

一是从调查报告出台到处理结束大致经历了 5 个阶段。前 5 份调查报告都经历了发布报告、宣传造势、局部摩擦、切磋谈判、妥善解决 5 个阶段，最终的结果基本都是中国作出适当让步、签订相关的协议，最终和解。

二是调查对中国的指责越来越不合理。从“301 调查”报告所涉及的核心内容看，从知识产权保护不力、设置市场壁垒、新能源补贴，到所谓的“强制性技术转让”，说明美国指责中国的理由越来越不合理，竟指责中国应该按照发达国家的标准开放市场，这并不符合中国入世时提出的三个基本原则。

三是征收关税涉及的产品已经从贸易额最高的产品转向技术含量高的高科技产品。从以贸易量最大的纺织品、玩具、家电等产品为主，已经转向信息、人工智能、先进制造等高科技领域。高科技产品已经成为贸易战中美国打压中国的重点，美国发动科技战的目的已经越来越明显。

四是美国追求的目标已经由寻求贸易平衡转向遏制中国高科技产业发展、遏制中国崛起。也就是说，贸易战是手段，科技战是核心，综合国力竞争才是最终目的。

（五）货币战：渗透金融体系，诱发金融危机

美国用货币战争成功地遏制了苏联与日本，不用一枪一炮、只用几亿美元就打垮了最大的敌人，因此美国遏制中国同样会运用货币战。中国与美国政治不接轨、经济半接轨、外交“斗而不破”、军事互相牵制，金融是中国国家安全最短的短板之一，防范货币战已成为确保国家安全、经济安全的核心内容。

防备货币战，一要加强对金融的监管，防御发生系统性金融危机，特别是预防外资对金融企业与汇率的干预或控制；二要严格控制地方债务规模，防止货币超发，保持房价基本稳定，提高抵御金融风险的能力；三要科学评估与应对美国减税、加息政策，以及刺激消费、加强基础设施建设、吸引资本回流等措施对中国金融与货币体系的影响，提高防御金融风险的能力。此外，美国控制中国资本投资美国敏感技术，对民间资本在美国投资的影响也需要进一步评估、科学应对。

美国政府可以利用《国际紧急经济权力法案》发动货币战，寻找理由直

接冻结中国企业、企业家或国家在美国的部分资产。一旦发生货币战，如美国人认为中国对美国经济造成威胁，美国总统有权冻结中国在美国银行的外汇存款与资产。一些人认为中国可以通过抛售美国国债导致美元贬值，削弱美国经济实力，这种想法是完全行不通的，定会招致意想不到的结果。

（六）人才战：鼓励留学，限制顶尖人才回国

《中国云：美国的致命错误与中国作为核大国的崛起》（*The China Cloud: America's tragic blunder and China's rise to nuclear power*）一书提到，在钱学森准备回国时，美国海军次长丹·金博尔（Dan Kimball）说："我宁愿枪毙他，也不愿让他离开这个国家……无论在哪里他都抵得上五个师。"[27]根据他的话，美国司法部拘留了钱学森，没收了技术资料，并羁留了他5年，直到周恩来总理出面才回国。可见美国十分重视顶尖人才的作用，美国至今仍然用逮捕中国学者、"学术间谍""美国学术机构被外国渗透"等多种手段，阻止中国留学人员回国工作或开展业务合作。

人才战是美国最擅长的隐蔽、高效、持久的战争。二战期间，美国抓住欧洲战乱，科学家无法正常工作、生活的机遇，组织8个师的兵力搜罗人才，并成立了国家自然科学基金会，大批引进欧洲科学家到美国，很快使美国成为世界人才中心，进而使美国成为世界科技中心，奠定了美国作为世界经济中心、军事中心的基础。中华人民共和国成立初期，美国极力限制钱学森等一批顶尖华人科学家回国，采取没收技术资料、三年内不允许进科学实验室等一系列手段。2017年在美国的留学生已达107.9万人，其中中国留学生就达35.1万人，全世界最优秀的青年人才连续不断地涌向美国，不断强化美国作为世界人才中心的地位，不断巩固美国世界科学中心、经济中心、军事中心的地位。

随着中国经济的发展，特别是中国科技的不断发展，美国在限制高科技

产品向中国出口的同时，必然会限制高端技术人才与中国合作交流。长期以来，美国对高科技企业和尖端技术人才在中国进行学术交流一直是很有保留的，许多世界著名科学家在中国的学术报告中常常只讲一些科学常识，不谈科学前沿，让人费解；美国一些机构的科学家在中国进行学术交流，要经过其所在机构的严格学术审查，就是防止其将尖端技术透露给中国。

限制高新技术出口、吸引高端人才、收购专利青苗“三管齐下”，是美国遏制中国经济增长的一贯政策。北京大学、清华大学集中了中国各省市90%的高考状元，而毕业后70%的学生都去了欧美等发达国家[28]。美国等西方国家对中国青蒿素、阿里巴巴等高科技产品、企业进行早期收购，从源头上遏制了中国高科技产业的发展。

（七）网络战：控制网络核心技术，瞬间导致网络瘫痪

网络已成为经济、社会运行的基础工程，中国网络硬件、软件的核心技术、装备都依赖进口，全球互联网13个根服务器中的10个在美国，一旦爆发网络战，美国关闭根服务器，会造成互联网以及通信、交通、银行、军事、贸易等相关领域的瞬间瘫痪。美国已经将美军网络司令部升级为美军第十个联合作战司令部，地位与美国中央司令部等主要作战司令部持平，这也就意味着，网络空间正式与海洋、陆地、天空和太空并列成为美军的第五战场，网络空间军事化趋势正在进一步加剧[29]。比如，自2010年以来，伊朗多次遭受大规模网络攻击，已经成为全球网络武器的试验场和网络攻击的重灾区，特别是代号“震网”的攻击行动，是历史上首次通过虚拟空间对现实世界进行攻击并达成战略目的的军事行动[30]。

（八）粮食战：引发物价上涨，激化社会矛盾

20世纪80年代末，美国通过限制对苏联出口玉米，巧妙地抬高了苏联的饲料价格，直接导致肉类价格和其他物价上涨，引发了社会矛盾，对和平

演变、苏联解体起了催化作用。

2017 年中国粮食净进口量相当于 8.9 亿亩农田的产量，尽管口粮自给率为 98%，但粮食隐性自给率仅为 65%。大豆已被列入中国反制美国贸易争端的产品清单，但若美国政府给美国农民补贴 139.5 亿美元，对中国实行大豆出口限制或封锁，则粮食战可能成为继芯片之后美国遏制中国的又一个手段。也就是说，美国可能会用补贴农民的手段，让中国人炒菜缺油。特朗普已要求美国农业部执行一项“保护农业和农民的计划”，加强对农业的补贴。虽然，过多补贴不符合 WTO“绿箱”和“黄箱”政策，但是，特殊时期美国绝对不会遵守 WTO 规则。

2017 年中国净进口大豆 9553 万吨，其中进口美国大豆 3285.6 万吨，占大豆总进口量的 34.4%。用大豆反制美国有一定风险，因为美国大豆向中国的出口额仅为 139.5 亿美元。一旦中美发生贸易战，美国政府补贴农民，而中国短期内找到美国大豆的替代品是很困难的。也有专家说可以从巴西、俄罗斯、阿根廷进口大豆，但实际上我们通过进一步研究就会发现，巴西大豆的 75% 被卖给中国，潜力不大，更为严重的是巴西的大豆被美国 ADM、邦基、路易达孚、嘉吉等 4 家粮食贸易公司控制，如果美国政府下令不让这 4 家公司与中国做生意，中国就很难买到巴西的大豆；阿根廷大豆年产量仅 700 万吨，对中国的巨大需求来说是杯水车薪；俄罗斯自身对大豆也有巨大的需求量，出口能力很有限。也就是说，中国至少有 85% 的进口大豆被控制在美国手中，一旦出现严重贸易争端，中国很难在短期内找到 8 亿亩农田生产的大豆。一些专家认为大豆是中国最大的贸易杀手锏，美国大豆很容易被替代[31]，这种想法值得研究，迫切需要制定切实措施，防止美国发起粮食战。

（九）石油战：阻断石油供给，引发交通混乱

2017年中国原油进口量突破4亿吨，石油对外依存度高达67.8%，远高于世界公认的50%的“安全警戒线”。中国石油储备量仅为40天[32]，一旦出现局部战争或马六甲海峡被封锁或拥堵，石油将不能满足市场供应，必然引发交通与社会安全问题。基辛格曾有句名言：“谁控制了石油，谁就控制了世界。”国际能源署最新消息称最晚到2019年，美国将重新成为世界头号产油国[33]。未来美国是否会用石油战作为杀手锏仍不可知，但美国曾用石油作为“武器”攻击过苏联，通过操控国际石油价格，影响苏联贸易平衡，进而影响苏联的食品领域，并蔓延到其他经济领域，最终助推了苏联的解体，美国对苏联的“石油战”大获全胜。

（十）生物战：诱发重大疾病，动摇国家安全

由于生物武器具有危害大、致死率高、难监测、传播快、难预防、成本低等特点，生物战剂可能是未来战争中杀伤力、破坏力最大的武器。此外，生物恐怖和生物战所使用的武器病原体，有“廉价原子弹”之称，1969年联合国化学生物战专家组统计数据显示，以当时每平方千米导致50%的死亡率的成本来算，传统武器为2000美元，核武器为800美元，化学武器为600美元，而生物武器仅为1美元[34]。中国目前只有一个生物安全P4级实验室，西方国家对中国生物技术研究能力比较清楚，而中国对美国及其他西方国家生物战剂研究了解很不够。2001年9月18日，“9·11”恐怖袭击仅过去一周，美国几个新闻媒体办公室和两名民主党参议员就收到一封匿名信，信件上携带着炭疽杆菌这种极具传染性的细菌，随后22人被感染，其中5人不治身亡。这次事件成为生物恐怖事件的分水岭，是现代生物战的导火索[35]。2004年美国启动了“生物盾牌计划”，主要研发诱发传染病、慢性病、癌症，导致神经错乱、记忆消失、短命、自杀的生物武器，存在重大生物安全隐患，

需要及早采取应对策略。二战期间，日本的“731”部队，用人做实验研制大量的生物武器。半个多世纪过去，生物技术取得了巨大进步，生物武器的破坏力更强，这一问题必须认真应对。

（十一）空间战：占领空间领地，掌控未来制空权

空间竞争是未来国际竞争的重点，美国在月球、火星以及太空以外的探测能力具有明显优势，其在轨卫星数量是中国与俄罗斯的总和，隐形卫星、“天基监测系统”也在不断完善。为保持美国在空间领域的绝对优势地位，美国多次修改《国家安全与空间战略》，目标是不让敌国进入空间领域。另外，美国还可能利用物理尖端技术诱发地震与海啸、操控气象等。

（十二）军事战：制造军事摩擦，消耗经济实力

不断制造军事摩擦或局部军事冲突，发动新一轮军备竞赛，消耗中国国力，是美国又一个遏制中国的措施。特朗普政府一上台就增加军费，并把海军力量大量调入亚太地区，美国《国家安全报告》把中国列为“战略竞争对手”和“修正主义国家”，认为中国会动摇美国的世界霸主地位，挑战美国的价值观，为美国制造军事争端寻找借口。此外，美国还在南海、东海、台海等地区不断制造事端，一旦出现判断失误、分歧管控失误，就有可能造成不可弥补的损失。

第三篇

趋 势 篇

中国经济发展进入了“六期重叠”的新阶段，即工业化中后期、信息化中中期、城镇化中前期、新科技革命前期、乡村振兴加速期、美国遏制加速期。

中美两国的差距仍然是最大发展中国家和最大发达国家之间的差距。中国经济总量超过美国绝对不等于综合国力超过美国。40 项指标的定量与定性分析表明，70% 的指标美国领先，30% 的指标中国领先。中国与美国尚有明显差距，一些差距短期内无法赶上。

美国绝不会轻易容忍中国的崛起与超越，中国绝不会放弃发展的权利与机遇，中美贸易竞争、科技竞争乃至综合国力的竞争必将是一个长期的过程。贸易战可能引发科技战、人才战、货币战、网络战、石油战、粮食战等潜在的非常规战争，甚至引发局部军事摩擦。

“共建人类命运共同体”的包容文化，必然比唯我独尊的“美国优先”观念更受世人推崇，但文明战胜霸权不仅需要时间，更需要实力。

和平与发展仍然是当今世界的主题。硬实力、软实力、巧实力、锐实力、潜实力正在成为大国竞争的重点、热点与难点，更是着力点。

第 12 章

中国经济发展的基本判断：“六期重叠”

2012 年，中国经济进入增长速度换挡期、结构调整阵痛期、前期刺激政策消化期的“三期叠加”。目前，经济发展还展现出一些新的特征，增长速度还在变化之中，下行压力依然存在，结构调整是一个长期的任务。从经济发展的阶段分析，中国正在迎来工业化中后期、信息化中中期、城镇化中前期、新科技革命前期、乡村振兴加速期、美国遏制加速期，在“六期重叠”结束之前，中国经济发展仍然拥有巨大潜力，中高速增长、高质量发展的基本面不会转变。

第 1 节　工业化中后期

关于工业化的内涵，有狭义的工业化与广义的工业化两种观点。狭义的工业化是指工业产值占国民生产总值的比重、工业就业人口占就业总人口的比重不断上升的过程。广义的工业化则是指国民经济现代化的过程，不仅包括工业产值占比、工业就业人员占比的上升，还包括城市化、人均收入、绿色发展等内容。信息技术出现之后，一些专家把工业对信息技术应用的过程称为新型工业化，还有专家把农业的标准化生产、规模化经营等称为农业的工业化。

（一）工业化的五个阶段

关于工业化的阶段划分，也有许多不同的标准，政府采纳较多、学术界较为认同的是钱纳里和赛尔奎提出的"五段法"[1]，即把经济发展分为前工业化，工业化实现初期、中期、后期，以及后工业化五个阶段，其主要划分指标包括人均收入、产业结构、就业结构和城市化水平等（表 12–1）。

表 12–1　中国工业化阶段划分的主要依据

基本指标	前工业化	工业化			后工业化
		初期	中期	后期	
人均 GDP（美元）	745—1490	1490—2980	2908—5960	5960—11170	11170 以上
产业结构	第一产业 =1	第一产业 >20% 且 <1	第一产业 <20%，第二产业 > 第三产业	第一产业 <10%，第二产业 > 第三产业	第一产业 <10%，第二产业 < 第三产业
第一产业就业人员占比：就业结构	60% 以上	45%—60%	30%—45%	10%—30%	<10%
人口城市化率：空间结构	30% 以下	30%—50%	50%—60%	60%—75%	>75%

数据来源：根据《中国工业化进程报告（1999—2015 年）》[2] 等资料整理。

衡量进入后工业化阶段的主要指标是：第一产业产值小于 10%、第二产业产值小于第三产业、第一产业就业人员占比小于 10%，人口城市化率大于 75%。按此标准，1955 年美国 1955 年第二产业占 GDP 的比重为 39%，小于第三产业占比，进入后工业化阶段；日本、韩国分别于 1973 年和 1995 年进入后工业化阶段，日本比美国晚了 18 年，韩国比日本晚了 22 年[3]。

（二）工业化的争论：中期还是后期？

关于中国工业化所处阶段，政府部门与学术机构存在不同的观点，争论主要围绕是处于工业化中期还是后期。部分专家认为处于工业化中期，还有的专家则认为处于工业化后期。产生不同结论的原因是研究问题的角度不同，以及阶段划分选用的指标不同。

政府有关部门认为中国处于工业化中期。工业与信息化部组织专家对工业化的阶段划分与指标体系进行了系统的研究，提出了 4 个一级指标和若干二级指标：一级指标主要包括工业化带动能力、创新能力、信息化水平和绿色发展能力；二级指标则包括人均 GDP、第二和三产业占比、城镇化率、高技术产业占比、劳动生产率、信息化指数、单位工业增加值能耗等（表 12–2）。基本结论是：中国处于工业化中期，工业化的任务远远没有完成。在 2012 年的“中国发展高层论坛”上，国家统计局原局长马建堂指出，2006 年到 2010 年，中国工业化指数分别为 51.2%、53.9%、55.1%、57.4% 和 59.8%，而完成工业化的指数为 100，因此我国工业化仍将持续较长时间。

表 12–2　中国工业化水平评价部分指标

一级指标	二级指标
带动经济社会发展	人均 GDP、第二和三产业增加值占比、第二和三产业就业占比、城镇化率
工业结构层次	高技术产业占比、重点工业行业集中度、新产品产值率
创新能力和信息化水平	工业企业 R&D 经费投入强度、工业全员劳动生产率、信息化发展指数
绿色发展能力	单位工业增加值能耗、工业主要污染物排放强度、工业固体废物综合利用率

学术界认为中国已处于工业化中后期或后期。国务院发展研究中心在考虑增长理论、驱动因素、主导产业等基础上，参照国外工业化阶段划分标

准，认为中国处于工业化中后期[4]。中国社会科学院计算2010年中国的工业化水平综合指数已达到66，表明2010年以后中国已进入工业化后期，中国经济走向新常态的过程，也正是步入工业化后期的阶段[5]。也有专家认为2012年左右正好是中国从工业化中期进入后期的转折点[6]。国家信息中心的专家认为1995年中国进入工业化中期，并于2014年结束工业化中期，2015年进入工业化后期阶段。

（三）进入工业化中后期的八个理由

比较国内外有关工业化阶段划分的指标，我们将工业化进程分为初期、中期、后期和后工业化4个时期（表12–3）。我们对阶段划分指标修正的基本依据：一是工业化指标应与工业化的内容与范畴保持一致，围绕工业产值占比、就业人口占比变化的规律与趋势，从工业发展的动力、特征、方式以及主导产业等方面进行阶段划分；二是中国已经成为制造业第一大国，两百五十多个工业产品产量已居世界第一位；三是工业化指标不宜包括城镇化、信息化、生态化等相关内容，因为城镇化、信息化、生态化是与工业化并列的现代化目标；四是要考虑与国际常用的划分标准相对一致，以便进行国际比较。因此，对中国工业化阶段的划分要从多角度分析。

1. 从产业结构分析，第二产业产值小于第三产业

2001年，中国工业产值（不含建筑业）为43569.8亿元，第三产业产值为45507.2亿元，工业产值已小于第三产业产值，也就是说，从2001年起中国经济发展已进入工业化后期；2013年第二产业产值占GDP的比重为43.7%，第三产业产值占比为46.9%，第三产业占比超过二产成为第一大产业。也就是说，加上建筑业，从第二产业产值占比分析，2013年中国已进入工业化后期；按第一产业产值占比分析，2009年第一产业占比为9.9%，小于10%，已达到进入工业化后期的标准。

表 12–3　中国工业化主要阶段的主要特征与划分标准

	初期	中期	后期	后工业阶段
产业结构	第一产业 > 第二产业	第一产业 < 第二产业 > 第三产业	第一产业 <10%，第二产业 > 第三产业	第一产业 <10%，第二产业 < 第三产业
主导产业	轻工业	重工业	高端制造业	新兴服务业
工业体系	体系创建	体系完善	结构调整	精细化、智能化
发展动力	资金、劳动	资金、技术、劳动	技术、土地	技术
发展特征	快速增长	高速增长	增速下降	稳定增长
发展方式	产业形成	外延增长	内涵增长	创新驱动
经济形态	短缺经济	供需基本平衡	过剩经济	创新经济

2. 从工业规模分析，规模稳居世界第一

中国已经建立了全球规模最大的工业体系，2010 年已超过美国成为制造业第一大国（图 12–1），不但传统工业规模与产能超过美国，高科技产品出口额也远远超过美国，无论是工业生产能力还是工业技术水平，中国都已远超美国进入工业化后期。因此，从工业规模分析，中国已经完成规模扩张的阶段，进入了结构优化、技术创新、效益提升的新阶段，这是中国进入工业化后期的最重要标志。

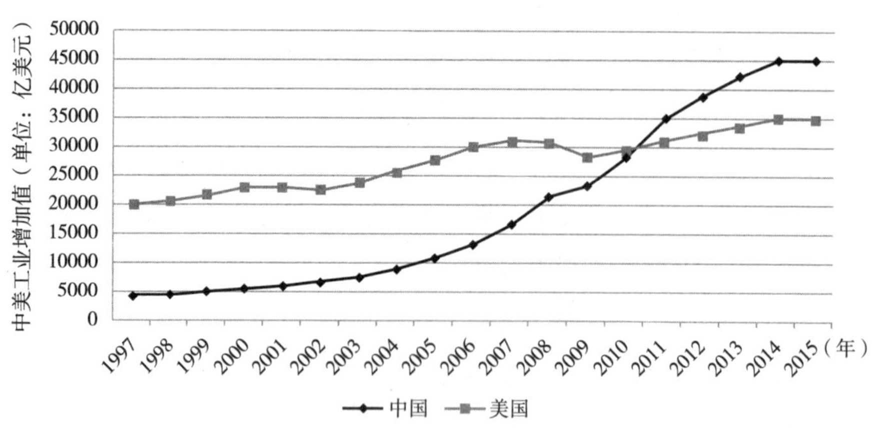

图 12–1　1997—2015 年间中美工业增加值

3. 从工业体系分析，工业体系完善

中国已经建立了世界上最完善的工业体系，已经建成拥有 41 个工业大类、191 个中类、525 个小类的工业体系，是全世界唯一拥有联合国产业分类中全部工业门类的国家[7]。从工业体系建设的角度分析，中国已经完成了体系构建阶段，工业正在加速向中高端发展，发展新兴产业已经成为重要的任务。

4. 从发展速度分析，高速发展阶段已经结束

中国工业化经历了迅速崛起、调整、高速发展的扩张阶段，增长速度已经由 10% 以上降到 6%—7%，增速明显下降，这是工业化后期的重要特征。

5. 从发展动力、发展方式分析，要素驱动阶段基本结束

从工业发展方式分析，依靠资金、土地、廉价劳动力等要素驱动的阶段基本结束或已经结束，外延式增长正在向内涵式增长转变，创新成为推动工业持续发展的最重要的动力。

6. 从市场供求关系分析，告别短缺，过剩成为主要矛盾

中华民族第一次迎来了工业产品大量过剩、长期过剩的阶段。解决过剩问题总比解决短缺问题的办法多，因此这实质上是一种"快乐的烦恼"。工业发展进入了传统产能过剩、高端产品紧缺的新阶段，标志着工业化后期的到来，这也是引发经济进入新常态的重要原因。

7. 从就业结构分析，中国也已进入工业化后期

2014 年，中国第一产业就业人口占就业总人口的比重为 29.5%，第一次低于 30%，达到了国际上常用的进入工业化后期的标准。

表 12-4 1981—2015 年间中美第二产业增加值（单位：亿元）*

年份	工业增加值		建筑业增加值	
	中国	美国	中国	美国
1981 年	2067.7	14416	1333.59	227377
1985 年	3478.3	30131	1775.31	521355
1990 年	6904.7	60844	2462.39	1177810
1995 年	25024	126811	2971.99	2481909
2000 年	40260	152817	4623.38	3827419
2005 年	77961	174661	6541.05	5358232
2010 年	165126	164451	5416.17	3666476
2011 年	195143	166507	5466.14	3530471
2012 年	208906	167751	5836.46	3684265
2013 年	222338	169461	6198.69	3838973
2014 年	233856	173981	6640.01	4078825
2015 年	228974	171181	46456	4444885

数据来源：中国国家统计局、美国经济分析局。

* 中美两国第二产业增加值均以人民币亿元计，2015 年美元兑换人民币按照 6.2 折算。

8. 工业 2.0、3.0、4.0 并进，工业化中后期的重要标志

工业化是一个动态的现代化过程，不同阶段、不同国家都有不同的优势与困难。中国工业体系在国际的比较优势是规模大、体系全，劣势则是技术水平低、效益低、竞争力下降、环境问题突出等，解决这些问题的根本出路是加速“中国制造”向“中国创造”的战略性转变，加速制造业大国向制造业强国转变。

然而，中国工业 2.0、3.0 的基础还不是十分牢固，迎接工业 4.0 的挑战，需要工业 2.0、3.0、4.0 齐头并进的技术路线。当前，美国提出“重建制造业”，德国推进“工业 4.0”，中国进入工业化中后期的任务极其繁重。

工业化中后期绝不意味着工业任务基本完成，而是面临着更新、更高、更紧迫的任务，旧的发展思路、发展方式、发展动力都不能持续，需要体制创新、技术创新、商业模式创新、发展战略创新，走出一条有中国特色的新型工业化道路。加速"中国制造"向"中国创造"转变，建设制造业强国。

第2节　信息化中中期

"信息化"是中国未来发展的重要任务之一，进一步推进信息化迫切需要深入研究的问题是：什么是信息化？实现信息化的指标与标准是什么？信息化的方向在哪里？如何推进信息化？

（一）信息化的三个阶段

20世纪60年代，日本学者梅棹忠夫提出了"信息化"的概念，70年代后期，西方学者提出"信息社会"和"信息化"。1997年中国召开首届全国信息化工作会议，对"信息化"进行了明确定义："信息化是指培育、发展以智能化工具为代表的新的生产力并使之造福于社会的历史过程。"国家信息化就是在国家的统一规划和组织下，在农业、工业、科学技术、国防及社会生活各个方面应用现代信息技术，深入开发、广泛利用信息资源，加速实现国家现代化进程。

信息化分为几个阶段？哈佛大学理查德·诺兰教授提出企业信息化建设的阶段划分，也就是"诺兰模型"[8]，将企业信息化分为初始、扩展、控制、统一、数据管理和成熟6个阶段。第四次国家信息化发展论坛提出信息化分为"数字化、一体化、虚拟化、智能化"4个阶段[9]。有专家将中国信息化分为起步阶段、推进阶段和发展阶段3个阶段[10]。还有专家提出初步信息化、发展信息化、基本信息化、高级信息化4个阶段，各阶段相互衔接、相互重叠。南京大学钱志新教授将信息化分为数字化、网络化和智慧化 3 个阶段[11]：第一阶段是数字化，计算机将信息转化为数据成为资源，使其成为有用的信息；第二阶段是网络化，信息在网络中互联互通，使之得以更好地应用；第三阶段是智慧化，由于物联网的出现，使物体与物体在网络中互联互通，实现智慧化应用，智慧化是信息化发展的最新阶段。

我们赞同国内外多数专家的意见，信息化应该分为数字化、网络化、智能化三个阶段。初期为个人计算机阶段，中期为网络化阶段，分为互联网、物联网两个阶段，后期为智能化与机器人阶段（表 12–5）。

表 12–5　信息化阶段划分的主要指标

主要指标	初期（计算机时代）	中期（网络化时代）	后期（智能化时代）
主要标志	个人计算机普及率 50%	网络普及率 50%	智能化设备普及率 50%
所处时间	1946—1980 年	1980—2030 年	2030—2050 年
核心技术	数字化、集成电路、软件开发	网络传输、光纤、无线传输、传感器、大数据、物联网	人工智能（AI）、虚拟现实（VR）、脑机接口
主导产品	个人计算机、笔记本电脑、大型计算机	服务器、计算机、智能手机、超级计算机	E 级计算机、智能机器人、智能家电、智能可穿戴设备
主要作用	提升计算能力	信息互联、催生新业态	人类脑力、体力倍增
经济效益	计算机制造业成为支柱产业之一	网络经济成为支柱产业 互联网 +、+ 互联网、物联网	智能机器人、智慧城市、智慧医疗、智慧农业等
社会效益	工作效率提高	引发文化、伦理变化 催生新社会治理体系	引发就业结构、促进治理变革

1. 信息化初期：个人计算机阶段

这一阶段从 1946 年第一台计算机发明与应用开始，到 1980 年前后信息高速公路建设初期。信息化初期的核心技术是数字化，主导产品是个人计算机、笔记本电脑、大型计算机等。信息化初期的主要标志是计算机与通信制造业成为支柱产业之一，个人计算机普及率达到 50%，人们对复杂数据的处理"告别了计算器，迎来了计算机"，对文字的处理"告别了铅与火，迎来了光与电"，劳动生产率大幅提高。这一时期，个人计算机成为人类工作、生活的重要标志性产品之一。

2. 信息化中期：互联网与物联网阶段

从 20 世纪 80 年代美国提出建立国家信息高速公路，推广信息网络技术以来，信息网络技术与应用进入了快车道。信息化中期的核心技术是网络硬件与软件技术，主导产品是光纤、服务器、计算机、智能手机等（表 12-5），网络技术实现了人类随时随地"互联互通"，网络普及率达到 50%，正如未来学家托夫勒在 20 世纪 70 年代预测的那样，"地球变成了一个村"。网络时代的主导产品是互联网、服务器、个人电脑、智能手机、平板电脑等终端产品，大幅度加速了计算机与通信设备制造业的发展。

互联网的普及不仅实现了"人与人随时随地的沟通"，而且催生了一些新业态，引发了一些行业的重大变革，如网上银行、电子商务、网络教育、远程医疗、移动端打车等，还有许多行业正在"互联网 +""+ 互联网"的过程中发生变革。物联网将把网络时代推向高峰，使人类进入"人与物沟通的时代"，人类可以随时随地调动"物"为人服务。

3. 信息化后期：智能化及机器人阶段

信息化后期的主要特征是智能化设备普及率达到 50%，其核心技术是人工智能、虚拟现实、精细制造和脑机接口等，主导产品将是智能汽车、智能机器人、智能家电、智能可穿戴设备等，将催生智慧城市、智慧医疗、智慧交通、智慧农业、共享经济、分享经济等新业态和新模式，一个高效率、低消耗的经济时代将应运而生（表 12-5）。与此同时，一个新兴的制造业领域正在迅速崛起，也就是有专家担心未来会控制人类的机器人。机器人不但能够在商业、交通运输业、建筑业、制造业、家庭服务等方面应用，大量替代人类简单、重复、危险的劳动，还将在医疗、科研、教学、战争等复杂领域替代或部分替代人类的脑力与体力劳动。

区别于其他技术，信息技术是一种基础性、渗透性的技术，信息化正在经历“计算机 +”“互联网 +”“大数据 +”，最终将走向“智能 +”的发展历程。信息技术在每个阶段都以一种扩散性的特征向各行业渗透，深刻改变着整个社会的生产、生活方式。

（二）信息化的三种观点

国内外学术界从技术、经济、社会三个角度对信息化的内涵有三种不同的理解：

第一，从技术的角度分析，信息化是计算机、通信和网络技术的普及应用推动的现代化，是信息技术推动产业变革、经济发展和社会进步的过程。与机械化、电气化一样，信息技术是推动人类进步的又一个动力源。

第二，从经济的角度分析，信息化就是从物质生产占主导地位的经济结构逐步向信息等非物质生产占主导地位的经济结构转变的发展过程。人类生产过程不仅仅依赖物质财富，信息等非物质财富同样是、甚至是更重要的财富源。

第三，从社会的角度分析，信息化是从工业社会向信息社会变革的过程，到信息化高级阶段，整个社会经济比重会发生重大变化，信息技术将成为主导性的生产要素。一些专家甚至认为机器人会影响未来社会，甚至主导人类未来发展，还有的专家认为未来算法会统治世界。

维克托·迈尔·舍恩伯格曾预言大数据时代将引发生活、思维、商业、管理的重大变革，开启一个重大的时代转型[12]。而《经济学人》的专家们计算 2011 年全球信息量已经达到 1.8ZB（18000 亿个千兆字节），他们认为，未来我们最大的难题是信息过量的问题[13]。

我们认为从技术、经济、社会的角度定义信息化，全面、客观地反映了不同学科对信息化内涵与外延的理解，既有科学性，也有局限性，需要从工业化、城市化、生态化等不同角度，跨越学科界线，对信息化概念进行相对综合、全面的理解。

工业化是工业产值占国民经济的比重、工业就业人员占就业总人口的比重不断增加的过程，也就是工业在经济、社会发展中作用、地位不断提升的过程。同理，我们认为，信息化就是信息产业占经济的比重、信息产业就业人口占就业总人口不断提升的过程，也就是信息产业对经济发展、社会进步的直接贡献与间接带动作用不断提升的过程。

（三）处于信息化中中期的四个依据

关于信息化的标准与阶段划分，目前还没有统一、公认的指标体系与阶段定位。我们研究认为中国已跨入信息化中中期阶段，严格地讲，是中期的中期。

1. 个人计算机已基本普及，出货量呈现下降趋势

从 2006 年至 2015 年，10 年间全球个人计算机（PC）的出货量累计达 30.97 亿台，全球平均每两人一台个人计算机。美国市场研究机构 Gartner 的报告称，2017 年全球 PC 出货量为 2.63 亿台，比 2016 年减少 2.8%[14]。个人计算机出货量大幅度下降，表明个人计算机高速发展的阶段已基本结束，产业拐点形成，已经进入平稳增长阶段，个人计算机已经被广泛应用于工作、生活、社会等各个领域，信息化第一阶段的任务已经完成。

2001 年，中国电子及通信设备制造业总产值为 8990.3 亿元，已经成为最大的工业行业。2017 年计算机与通信设备制造业总营业收入已经达到 106894.9 亿元，连续十多年成为中国制造业第一大行业[15]（其中有两年钢铁、交通设备制造业为最大的工业行业）。2014 年中国微型计算机设备生产量为 35079.63 万台，比 2013 年下降 268.78 万台，其中笔记本电脑由 24041.53 万台下降到 22728.73 万台，下降了 1312.8 万台，随后几年生产量逐年下降，2016 年中国微型计算机设备生产量已降至 29008.5 万台[16]，说明中国微型计算机设计生产量已经出现拐点，信息化第一阶段，即普及个人计算机的任务已经基本完成。从 2011 年起，平板电脑及智能手机等移动互联网终端的崛起，把个人终端引向一个新的发展阶段，中国笔记本电脑、智能手机等产品产量已经进入国际前列。

2. 互联网普及率已超 50%，“互联网 +”正在渗透各行各业

中国虽然不是信息技术的引领者、发明者，却是信息产品最大的生产者、使用者。特别是 2008 年以来，中国政府推动“互联网 +”，实施“大数据战略”，加速信息技术与其他行业的发展融合，以“互联网 +”“+ 互联网”为重点的网络化已经催生一系列新业态，引发了商品流通、工业、农业、金融、教育、医疗、运输等行业的变革，甚至颠覆了一些传统领域的商业模式，如电子商务颠覆了传统商店的销售方式，网络银行颠覆了传统银行的商业模式，电子邮件颠覆了纸质信件，卫星导航系统成为驾驶员离不开的工具，微信已经融入了百姓的日常生活，等等。

判断信息化阶段的重要指标之一是网络化水平。“数字 2018”互联网研究报告显示，全球网民总数已超 40 亿人，占全球 76 亿人口的 52.9%[17]。中国已成为全球第一互联网大国，中国互联网络信息中心（CNNIC）发布的第 41 次《中国互联网络发展状况统计报告》显示，截至 2017 年 12 月，中国网民规模达 7.72 亿人，普及率达 55.8%，超过全球平均水平（51.7%）4.1 个百分点，超过亚洲平均水平（46.7%）9.1 个百分点[18]，表明中国已经进入信息化中中期阶段。

3. 智能化技术不断突破，物联网正在兴起

随着互联网技术的发展与推广应用，在门户网站、即时通信、信息搜索引擎、互联网平台化等技术之后，大数据、云计算、智能机器人、精细制造、智能家居、智能穿戴设备、量子计算机、生物计算机等技术正在加速发展，网络时代的第二阶段——物联网阶段来临，正在进一步推动经济、社会、文化等领域的深刻变革。

4. 信息安全等问题仍制约互联网的发展

随着互联网的不断普及，一些问题也随之产生，这些问题制约着信息化的健康、快速发展，要解决这些问题还需要时间、经费，需要相关法律、管理体系的完善：一是信息安全问题。信息化的最大制约因素是信息安全问题，包括国家信息、经济信息、企业信息、个人信息等方面的安全问题，信息安全小到影响个人隐私，大到影响国家安全、经济安全。二是信息处理方法短缺。由于缺乏实时、实用的信息处理工具，如何从大量文字、数字、图片、影像等信息中获取有价值的信息与解决方案，是当前制约网络进一步发展亟待解决的问题。三是信息垃圾处理问题。随着信息化的深入发展，互联网所承载的信息与知识也呈现指数级的增长，海量的信息反倒阻碍了人类获取真正有价值的信息，垃圾信息占据大量空间，造成信息失真，严重制约信息网络的效率。

第 3 节　城镇化中前期

诺贝尔经济学奖得主斯蒂格利茨（Joseph E.Stiglitz）曾提出，21 世纪影响世界经济的有两件事：一是美国的新技术革命，二是中国的城镇化[19]。

中国进入工业化后期，产能过剩，发展减速，成本上升，效益下降，以工业为主导的经济发展遇到前所未有的困难与问题。不少学者认为，城镇化会成为工业化之后的下一个经济增长点，会推动中国经济迎来新一轮的增长。也有学者认为，现阶段城镇化还不能像工业化一样推动经济的新一轮增长。

城镇化有多大经济潜力？城镇化能否成为工业化之后推动经济增长的又一强大动力？中国城镇化处于什么阶段？面临什么困难？

（一）城镇化的三个阶段

城镇化是农村人口向城市聚集、城市范围不断扩大、农村变为城镇的过程。衡量城镇化的发展水平最常用的指标是城镇化率（或城市化率），即城镇（市）常住人口占总人口的比重。国内外关于城镇化阶段划分的研究有很多，对城镇（市）化发展阶段划分的研究也有不同的观点。

1. 工业城市化、逆城市化和再城市化三个阶段

有专家将西方国家城市化近三百年的历程，分为工业城市化、逆城市化和再城市化三个阶段[20]：第一阶段是工业化带动城市化。18 世纪工业革命加速了西方国家城市化的进程，到 1950 年，英国城市化率达到 79%，德国为 64.7%，美国为 64.2%，法国为 52%[21]。但接踵而来的是环境污染、人口拥挤、犯罪率上升等问题。第二阶段是逆城市化。为解决城市化发展带来的问题，一些国家把城市人口向郊区和小城镇疏散，出现了中心城市衰落等问题。第三阶段为再城市化。1990 年以来，为解决中心城市衰落等问题，美国等国通过加强基础设施建设等措施改善城市生产、生活条件，吸引中高收入人群向城市回流。

2. 初始、加速、最后三阶段

1979 年美国城市地理学家诺瑟姆（Ray.M.Northam）提出了“S”形曲线，将城市化分为初始、加速、最后三个阶段：初始阶段的城镇化水平低、发展速度缓慢；加速阶段城镇化水平迅速提高；最终阶段城镇化率高，但发展速度逐步趋缓[22]。

3. 初期、中期、后期三个阶段

国内外不少专家探讨用 Logistic 方程模拟城镇化过程[23]，探索城镇化阶段划分的具体指标。从 1988 年起，联合国也采用 Logistic 方程估算和预测世界各国的城镇化水平。国内外有关专家通常将城镇化划分为初期、中期、后期三个阶段：初期阶段是指城镇化率在 30% 以下，生产力水平较低，城镇化速度缓慢；中期阶段是指城镇化率为 30%—70%，城镇化快速发展，城镇化率短期内迅速从 50% 提升至 70%；后期阶段是指城镇化率在 70% 以上，城镇化发展速度有所下降。

（二）进入城镇化中前期

城镇化是国家现代化的标志，是继工业化之后经济发展的又一个增长点，更是改善民生的重要途径，世界各国都十分重视城镇化建设。改革开放以来，中国的高速工业化、廉价的农民工，使工业化明显快于城镇化。经济进入新常态之后，许多专家建议把城镇化作为工业化之后的又一个经济增长点来培育，也有专家认为城镇化是中国无法回避的时代命题、不容错过的发展机遇[24]。

根据中国国家统计局公布的数据，2017 年中国城镇常住人口为 81347 万人，农村常住人口为 57661 万人，城镇常住人口占总人口比重（城镇化率）为 58.5%，处于城镇化中期水平。联合国开发计划署发布的《2013 中国人类发展报告》提出，中国城市化实现由 10% 上升到 50% 的跨越，用了 60 年，欧洲国家用了 150 年，拉丁美洲国家则用了 210 年，并预测 2030 年中国城镇化水平将达 70%[25]。关于中国处于城镇化中期阶段的判断，学术界与政府有关部门的意见基本一致，著名经济学家厉以宁提出“中国城镇化正处在城镇化率 30%—70% 的中期阶段”，户籍城镇化率只有 36%，“低于发达国家 80% 的平均水平，也低于类似发展中国家 60% 的平均水平”[26]。

1. 新型城镇化的四项主要任务

中国政府十分重视新型城镇化和城乡一体化建设工作，先后发布了一系列重要文件，确立了城镇化的目标、原则、任务与重大措施。

2015 年 4 月 30 日，中共中央政治局针对健全城乡发展一体化体制机制进行了第二十二次集体学习，习近平总书记指出，努力在统筹城乡关系上取得重大突破，特别是要在破解城乡二元结构、推进城乡要素平等交换和公共资源均衡配置上取得重大突破，给农村发展注入新的动力，让广大农民平等参与改革发展进程、共同享受改革发展成果[27]；逐步实现城乡居民基本权益平等化、城乡公共服务均等化、城乡居民收入均衡化、城乡要素配置合理化，以及城乡产业发展融合化。

2014 年 3 月，中共中央、国务院印发的《国家新型城镇化规划（2014—2020 年）》明确提出了四个指标[28]：一是“常住人口城镇化率达到 60% 左右”，比 2017 年的 58.5% 高 1.5 个百分点，是一个相对容易完成的目标；二是“户籍人口城镇化率达到 45% 左右”，2017 年中国户籍人口城镇化率已达 42.4%；三是“户籍人口城镇化率与常住人口城镇化率差距缩小 2 个百分点左右”，也就是要从 2013 年的 17.3% 缩小到 15.3%，2017 年差距为 16.2%；四是“努力实现 1 亿左右农业转移人口和其他城镇常住人口在城镇落户”，这是一项十分艰巨的任务。我们认为，中国城镇化建设中前期还面临着城镇规划布局、城乡一体化协调、城镇发展模式创新、体制机制创新、城镇基础与服务设施建设等任务。

2. 新型城镇化面临三大难题

要实现城镇化与城乡一体化建设，还存在许多困难与问题。我们研究发现，近期城镇化建设面临的最大难题是缺钱、缺地、缺就业岗位。

第一个难题是缺钱。城镇化投资需求大、回收期长、利润相对较低，地方债务已经很重，私人企业不再投资基础建设，因此缺钱是城镇化面临的最大难题，具体而言：一是1亿农民进城至少需要30万亿元的资金支持。解决进城农民的就业、住房、医疗、子女上学等问题，按过去安排一个农民工就业、生活需要30万元的低标准计算，则需要30万亿元。二是使1.6亿已进城的农民工的生活水平达到或接近城市生活水平，至少需要16万亿元。三是完善城市基础设施建设，需要的经费更多。在"农民没有钱，地方政府债务已经很高，民间投资实业与基础设施积极性下降、中央银行货币不能超发"等多种约束下，推进城镇化面临"缺米下锅"的问题，需要在投资体制方面进行重大创新。

第二个难题是缺乏建设用地。据统计，在1996—2012年间，全国建设用地年均增加724万亩，其中城镇建设用地年均增加357万亩；2010—2012年间，城镇建设用地年均增加515万亩[29]。2006年中国耕地面积为18.26亿亩，已接近18亿亩红线，后来调整耕地面积又增加到2013年的20.31亿亩，更有专家明确提出"再创270万亿GDP的国土资源在哪里"[30]。在耕地已经不能再被大量占用的情况下，城镇化面临缺乏土地的难题。

第三个难题是缺乏就业岗位。2016年，经济活动人口80694万人，就业人员77603万人，城镇登记失业人数982万人，高校毕业生达797万人，学成回国留学人员43.25万人，就业压力空前。

此外，城镇化建设中还存在一些困难，如1.6亿进城农民工还没有真正的城镇化，城市化滞后于工业化，乡镇基础设施与公共服务体系不完善，大城市的防洪、交通、卫生等基础设施仍不完善，服务业与发达国家还有很大差距等，这些特征都表明，我国仍然处于城镇化中前期。

第4节　新科技革命前期

未来有没有新的科技革命？什么技术将引领新科技革命？哪个国家将领

跑新科技革命？中国在新科技革命、产业变革中将有多大机遇？这是中国经济发展，特别是科技发展必须正确回答的问题。

（一）有关科学、技术、工业、产业革命的讨论

讨论科学革命、技术革命、工业革命、产业革命或产业变革，必须明确其内涵与范畴。革命是指推动事物发生根本变革，引起事物发生质的飞跃；科技革命是科学革命与技术革命的统称。关于科学、技术、工业、产业革命或变革的研究很多，有几种不同的结论和观点。科技创新则是对现有科学知识、技术的改进或创新，有可能通过引发新科学、技术革命，进而催生新产业革命，并可能改变世界科技、经济、军事格局。

1. 关于三次科学革命的讨论

科学革命是指改变人类科学认识的重大科学发现，是人类对自然规律认识的巨大飞跃。关于人类历史上出现过几次科学革命，学术界大致有两种不同的观点：一是认为人类经历了四次科学革命[31]，主要是希腊科学、牛顿力学、电磁学、相对论四次科学革命；二是认为只经历过近代物理、相对论与量子论两次科学革命[32]。

我们研究认为，生物 DNA 双螺旋结构的发现属于近代物理、相对论之后的第三次科学革命，因为它是人类对自然界最复杂的生命体认识的巨大飞跃，必将引发第四次产业革命[33]。当然，关于双螺旋结构理论是否属于第三次科学革命，学术界还有许多争论。我们在 2001 年就提出过“生物技术将引领下一次科技革命，第四次浪潮（生物经济）即将来临”，这一预测结论目前已经得到联合国、联合国教科文组织、联合国粮农组织、世界卫生组织等国际组织和学术界的广泛认同，美国、德国、英国、日本等政府先后发布《国家生物经济蓝图》等文件，美国、日本、德国、韩国、马来西亚、泰国等十多个国家的国家领导人或政府首脑亲自兼任有关生物技术与产业相关机

构的负责人。

2. 关于七次技术革命、六次工业革命的讨论

技术革命是指能够改变、颠覆人类生产和生活的重大技术发明，如种植技术、蒸汽机、发电机的发明等。技术革命又分为农业技术革命、工业技术革命、信息技术革命等。学术界对技术革命、工业革命的研究很多，据不完全统计，有三次、四次、五次、六次和七次等不同学说（表 12–6）。

（1）"三次学说"至少有三个不同观点：一是国内外多数专家认为，16 世纪文艺复兴以来，三次技术革命引发了三次工业革命，即蒸汽机发明引领的机械化、电力技术发明引领的电气化与自动化，以及电子技术正在引领的信息化[34]；二是认为三次技术革命是机械化、自动化（美国底特律汽车制造业的自动化）和数字化制造[35]；三是美国未来学家杰里米·里夫金在《第三次工业革命》中提出的，第一次工业革命是煤炭与机械工业，第二次工业革命是燃油与电力，第三次工业革命的"五大支柱"则是可再生能源的转型、分散式生产、新储存方式、能源互联网和零排放式交通等[36]。

表 12–6　国内外关于技术革命、工业革命划分的主要观点

科技革命	第一次	第二次	第三次	第四次	第五次	第六次	第七次	提出者
三次	机械化	电气化	信息化	–	–	–	–	多数专家
	煤炭、机械	燃油、电讯	再生能源	–	–	–	–	里夫金
	机械化	自动化	数字制造	–	–	–	–	保罗麦基
四次	机械化	电气化	自动化	信息化	–	–	–	多数专家
	取火	种植	机械	信息	–	–	–	杨沛霆
	机械化	电气化	数字化	综合	–	–	–	施瓦布
	机械	电力	信息	能源	–	–	–	刘汉俊
	机械	电力	电子	信息	–	–	–	钱时惕

续表

科技革命	第一次	第二次	第三次	第四次	第五次	第六次	第七次	提出者
五次	现代物理	机械化	相对论	自动化	信息化	–	–	多数专家
	蒸汽	钢铁	铁路	化工	信息	–	–	Neumann
	棉花、铁	机械化	电气化	汽车	信息	–	–	弗里曼
六次	农业	商业	大工厂	跨国企业	信息	知识农业	–	钱学森等
	纺织	钢铁	化工	汽车	信息	新能源	–	张其佐
七次	现代物理	机械化	相对论	自动化	信息化	再生仿生	时空	何传奇

（2）“四次学说”至少有五种不同观点：一是认为共发生取火技术、种植技术、机械技术、信息技术四次技术革命[37]；二是认为四次技术革命是机械化、电气化、数字化、综合化技术革命[38]；三是认为四次技术革命是机械、电力、信息和能源技术革命[39]；四是认为四次技术革命是机械化、电气化、电子技术和信息技术[40]；五是德国政府提出的“工业 4.0”，即在机械化、电气化、信息化的基础上，用智能化、个性化推动新一轮工业化[41]。

（3）“五次学说”有三种不同主张：一是将两次科学革命、三次技术革命相加，称为“五次科技革命”，许多专家都比较认同这一观点；二是经济学家卡罗塔·佩雷斯认为中国见证了四次技术革命，和第五次的前半段，即蒸汽机、铁路、钢铁、石油化工，以及通信信息和远程通信[42]；三是认为五次技术革命分别是棉花和铁、蒸汽机和机械、电气与重工业、汽车与石油、信息通信[43]。

（4）关于第六次产业革命主要有两种不同的观点。著名科学家钱学森等指出，在农业、商业、大工厂、跨国企业、信息等五次产业革命之后，第六次产业革命将是“知识密集型农业”革命，包括农业、林业、草业、沙产业等[44]。还有专家认为六次技术革命或产业革命分别是纺织业、钢铁、石化、汽车、信息和新能源等[45]。

（5）第七次科技革命是中国科学院现代化研究中心何传奇研究员提出的再生革命和时空革命[46]，也有专家认为是材料科技革命。

关于科技革命、工业革命的阶段划分仍然值得进一步深入研究。我们研究认为，技术革命或创新要引发产业革命或变革，必须有两个根本要素：一是科技创新取得重大突破，揭示了人类从未发现的科学规律，或发明了从来没有的新技术；二是运用新知识、新技术开发了人类从未使用过的新产品或提供了新服务，颠覆了原有的技术格局、产业格局、经济格局，改变了人类的生产、生活，引发了世界科技格局、经济格局、军事格局的变化，乃至影响了人类文化与伦理。按此标准，除农业技术革命外，工业技术革命共发生四次：第一次是蒸汽机引发的机械化；第二次是电的发明，电力、电灯、电话、电动机等电器产品的出现；第三次是数控机床、计算机等引领的自动化；第四次是信息技术在工业上的应用，促进工业化与信息化的融合发展（表 12-7）。

表 12-7 重大科技发明及其作用

机械化	电气化	自动化	信息化	生物化
18 世纪 50 年代	19 世纪 60 年代	20 世纪 40 年代	20 世纪 70 年代	21 世纪后
1765年珍妮纺织机 1769年水力纺纱机 1779年骡机 1785年水力织布机 1785年改良蒸汽机 1804年机车 1807年轮船 1814年火车	1831年电磁感应 1832年电 1837年电报 1866年发电机 1870年电动机 1876年煤气内燃机 1879年电灯 1882年火力发电 1883年汽油内燃机	1873年自动车床 1882年电话 1885年汽车 1894年无线电 1903年飞机 1926年火箭	1945年第一颗原子弹 1946年计算机 1954年晶体管 1957年人造卫星遥感 1961年太空飞行 1965年人工胰岛素 1969年阿波罗登月 1970年因特网 1973年手机 1973年杂交水稻 1995年3D打印	1933年器官移植 1953年DNA 1997年克隆羊 2001年人类基因组 2006年干细胞 癌症疫苗 生物药 转基因生物 ……

资料来源：作者根据科技发展史有关资料整理。

3. 关于产业革命研究的几个误区

在工业、产业革命或变革的有关研究与讨论中常遇到如下几个问题：

（1）把工业革命与产业革命混为一谈，忽略了农业产业革命。工业革命与产业革命或变革的区别是什么？产业革命的范畴大于工业革命。工业技术革命是指重大工业技术发明引发的工业颠覆性变革，如机械化、电气化等。而产业技术革命是指重大技术发明颠覆原有产业、形成新的产业，如农业经济、工业经济、网络经济的形成属于产业革命。产业变革则是在原有产业的基础上增加新的业态、提高产业效率，如核电、电池是新技术对电力工业的变革，又如从杂交育种到转基因、从互联网到物联网都是产业变革，而不是产业革命。

很多产业革命研究报告提及历次产业革命，研究的时间起点基本都是从蒸汽机的发明开始，实质上是把工业革命与产业革命混为一谈，没有把种植技术、养殖技术引发的农业产业革命作为产业革命来研究。事实上，农业产业革命是人类历史上第一次产业革命，为人口增长、工业化、城镇化奠定了坚实的基础，不应该在研究产业革命时被忽视。

（2）信息化是工业革命还是产业革命，莫衷一是。关于信息技术引发的产业革命或变革，属于第三次产业革命的第三个阶段还是属于第四次工业革命，至少有三种不同的观点：

第一种观点认为，信息化是第四次工业科技革命。信息技术是继机械化、电气化、自动化之后的第四次工业产业变革，机械化增强了人类体力，引发了工业产业革命，工业文明替代了农业文明；电气化、自动化进一步增强了人类体力，引发产业变革，提高了劳动效率；信息化则通过增强人类脑力，提高资源利用率与劳动效率。

第二种观点认为，信息技术引发了数字经济（网络经济）的形成，属于第三次产业革命。著名未来学家阿尔文·托夫勒在《第三次浪潮》明确指出，农业发明掀起了第一次浪潮，工业革命带来了惊天动地的第二次浪潮，我们正在迎来"信息时代"或者"地球村"（Global Village）。

第三种观点并没有对信息化的作用进行明确定位，不少学者在研究信息技术革命时，注重信息技术对经济、社会发展的巨大推动作用。20世纪90年代末，世界经济合作与发展组织（OECD）提出知识经济是建立在知识的生产、分配和使用（消费）之上的经济[47]，美国社会学家贝尔（Daniel Bell）提出"后工业社会"，还有专家提出"超级工业社会"等，都没有对信息技术带来的产业革命进行明确定位。但事实上，信息化显然超出了工业领域，不应该是工业化的一部分，它引发了新兴产业——信息产业，使人类社会进入了信息社会，但许多研究并没有明确这一基本观点。

（二）科技革命与产业革命相互作用的基本规律

我们对科技发展历史，特别是近两千年的科技发展史进行了梳理（图12-8），研究发现，人类共经历了农业技术、工业技术、信息技术等三次技术革命，引发了农业经济、工业经济、网络经济（也有学者称信息经济、数字经济）等三次产业革命，而农业产业革命中又包括五次农业产业变革或技术变革，工业产业革命中包括了三次工业产业变革或技术变革（表12-8）。

表12-8 技术革命、产业革命的主要历程与作用

产业革命	技术革命	时间阶段	标志产品	支柱行业	引领国家
农业经济	种植养殖	17世纪前	谷物、牲畜	种植业、畜牧业	中国等
	化学化	1950年后	化肥、农药	化肥工业、农药工业	德国等
	良种化	1960年后	杂交玉米、水稻、油菜、棉花	种子产业	墨西哥、中国
	机械化	1970年后	收割机、播种机	农业机械	美国等
	转基因	2010年后	转基因玉米、棉花	转基因生物	美国等

续表

产业革命	技术革命	时间阶段	标志产品	支柱行业	引领国家
工业经济	机械化	1780—1895年	蒸汽机、轮船、铁路	运输、纺织、机械	英国、美国
	电气化	1895—1940年	电力、电灯、电话、电动机	电气设备、重型机械、重化工	美国、德国、英国
	自动化	1940—1973年	机床、无线电、汽车、飞机、柴油机	机械制造、军工、航空、石油、化工	美国、德国、日本
数字经济	数字化	1946—1980年	卫星、计算机、手机	信息产业、航空航天	美国
	网络化	1980年起	互联网、物联网	信息产业	美国
	智能化	2030年左右	机器人	机器人产业	中国或美国
生物经济	生物技术	2040年左右	生物医药、转基因生物、人工器官、生物能源	生物医药、生物农业、生物能源、生物制造	中国或美国

资料来源：作者根据科技发展史有关资料整理。

从对科技革命、产业革命发展及其相互作用的规律的回顾中不难看出，科学技术是人类进步的核心动力，科技革命必然引起产业革命，产业革命必将引发利益格局的变化，进而引发社会变革与进步。世界经济中心、文化中心、军事中心，乃至政治中心，总是随着科技中心的转移而转移，过去如此，未来还将如此。这是科技积累的大数据、经济发展的大趋势、人类发展的大逻辑（图 12-2）。

（三）第一次产业革命开辟了农业时代，中国领先

从人类起源直到种植业、养殖业产生以前的几万年里，人类主要依靠采食野生果实、打猎为生，完全依靠自然资源维持生存，加之几乎没有疾病防治能力，人口增长极其缓慢。公元前一万年前后，种植业、养殖业技术出现，引发了人类历史上第一次产业革命，并且一直延续到 18 世纪[48]，这是人类历史上持续时间最长的产业革命。这一时期农业产量大幅度提高，奠定

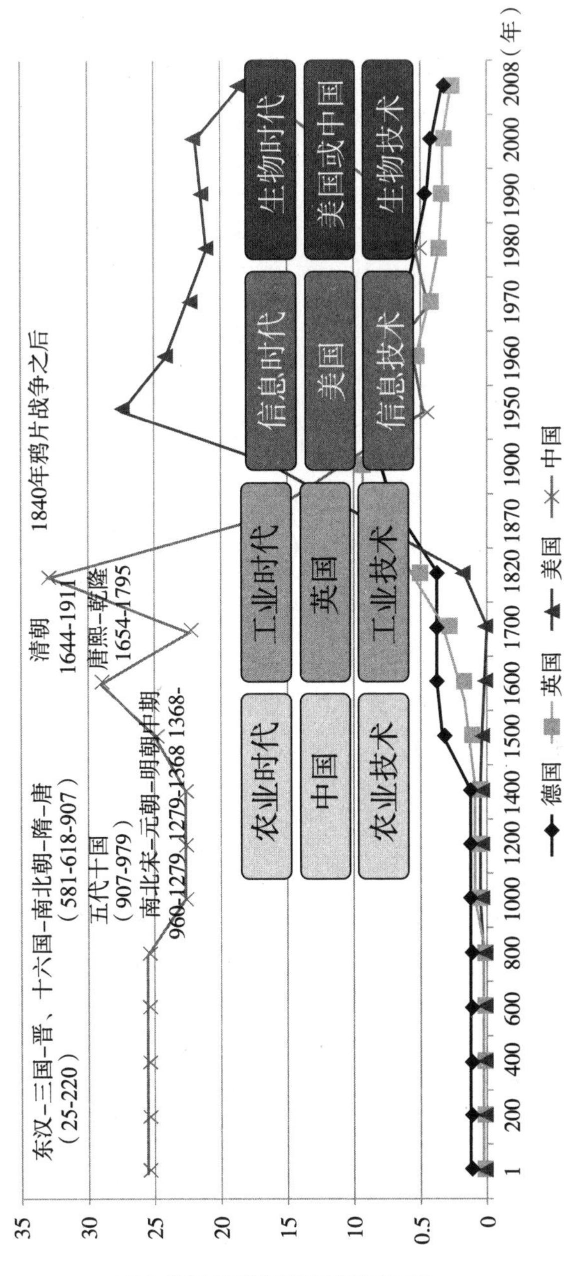

图 12-2 近两千年科技革命与产业革命

了世界人口增长的物质基础（图 12–2）。

对于农业技术革命是不是人类历史上第一次科技革命，学界一直存在着不同观点，不少学者都认为第一次科技革命就是工业科技革命，认为蒸汽机的发明引发了第一次产业革命。许多世界经济大国的研究中甚至没有提及中国的地位[49]。而从科学意义上讲，人类历史上第一次技术革命是农业技术革命，种植、养殖技术的发明，使人类告别依靠野生植物和动物生存的历史，跨入了农业经济阶段；第一次产业革命是农业产业革命，食物产量大幅度提高，为人口增长奠定了物质基础。

农业技术发展到现在，已经历了四次技术革命，正在经历第五次技术革命。第一次农业技术革命诞生了种植业、养殖业；第二次农业技术革命催生了农业的化学化，从 20 世纪 50 年代开始，大量化肥、农药的使用使农作物产量提高 50% 以上，但随着化肥施用量的增长，出现了“边际报酬递减”现象；第三次农业技术革命是良种化，也称为“绿色革命”，通常使农作物增产 20% 以上，以杂交育种为核心的良种培育技术，一直支撑着地球养活全球 70 亿的人口，“绿色革命之父”诺曼 · 博洛格（Norman Borlaug）得到了农业科技领域唯一的诺贝尔奖（1970 年）；第四次农业技术革命是农业机械化，发达国家 20 世纪 70 年代前后就实现了机械化。到 2000 年中国基本上实现了农业机械化；第五次农业技术革命则是正在进行的第二次“绿色革命”，包括转基因技术、生物肥料、生物农药、生物能源等，将使大量荒地变成农田。

在农业经济时代，由于中国人口多、农业技术领先，中国经济总量在 1820 年前一直占世界经济总量的 25%。所以，农业经济时代是中国引领世界发展的时代。

（四）第二次产业革命开创了工业时代，欧洲领跑

1765年英国人瓦特发明蒸汽机，1804年蒸汽机被用于机车，1807年被用于轮船。蒸汽机的发明引发了人类历史上第二次产业革命，人类逐步进入工业经济时代，英国凭借先进的工业技术率先完成了工业技术革命，英国的产品几乎摆满了世界的货架，经济总量迅速提升，从1820年的363.26亿国际元，增加到1913年的1502.69亿国际元，增长了313.7%。在工业科技革命之前，1500年英国经济总量仅为德国经济总量的34.1%，而工业革命后，1820年英国经济总量是德国的135%，1870年为德国经济总量的138.9%。欧洲国家工业技术领先世界，进而使欧洲在工业经济时期主导世界经济的发展，成为世界的经济中心和文化中心（图12-2）。

（五）第三次产业革命催生了信息时代，美国称霸

美国1776年建国，凭借大量移民与先进的技术引进，实现了经济的快速增长，1872年经济总量超过英国，1890年超过中国，成为世界第一经济大国，此后，美国又利用两次世界大战，大量吸引各国优秀人才，出售先进武器，不断强化世界超级大国的地位。一战之前的1913年，美国经济总量为5173.8亿国际元，是英国、德国两国经济总量总和的1.12倍，而到1950年就增加到2.37倍。20世纪80年代以来，信息技术，特别是网络技术的迅速普及，由于美国对信息硬件、软件技术高度垄断，独享了信息技术革命的成果，经济迅速增长。信息技术引领的新科技革命，引发新的产业变革，让美国占据世界经济的主导地位，到2000年美国经济占世界经济总量达到30.89%，是英国、德国经济总和的2.90倍。从2002年开始，中国经济崛起，美国占世界经济总量的比重持续下降，2007年降至25.17%，2015年降至24.32%。

（六）生物技术引领的第四次产业革命加速形成

有没有发生新科技革命的可能？何时会发生？什么技术将引领新科技革命？哪个国家或民族会占据优势地位？新科技革命将会对经济、社会及人类产生什么影响？这些不仅是科学家关心的问题，也是企业家、政治家关心的问题。

1. 许多国家的政府和专家都认为新科技革命正在孕育之中

国内外学术界对科技革命和产业革命的研究，概括起来有两个共同点和两个不同点。两个共同点分别是：一是信息技术引领的产业革命正在进行之中，方兴未艾；二是新科技革命正在孕育之中。两个不同点是：其一，什么技术将引领新科技革命和产业革命？有许多政府文件认为是信息、生物、材料等技术共同推动新科技革命；一些政府与学者认为是生物技术，还有学者认为是新能源、新材料技术推动新科技革命；大多数学者则认为是生物技术引领、多项技术共同推动新科技革命。其二，何时会产生新科技革命？乐观的估计是20年，多数学者认为30年左右，还有一些学者认为很难预测。

许多国家政府、国际组织、大型跨国机构纷纷采取一系列重大措施加速迎接新的科技革命。2006年，党的十七大报告明确指出，“世界多极化不可逆转，经济全球化深入发展，科技革命加速推进”。同年发布的《国家中长期科学和技术发展规划纲要（2006—2020年）》明确指出，“新科技革命迅猛发展，正孕育着新的重大突破”；2012年，党的十八大报告指出，“世界多极化、经济全球化深入发展，文化多样化、社会信息化持续推进，科技革命孕育新突破”；2016年，中共中央国务院印发《国家创新驱动发展战略纲要》，提出了建设世界科技强国的宏伟目标。

在国际上，美国国家经济委员会（NEC）与白宫科技政策办公室

（OSTP）联合发布了2015版《美国国家创新战略》[50]；欧盟提出了“2020地平线计划”；德国政府提出“工业4.0”；日本、英国、法国等也都提出了本国科技发展的政策与规划。

学术界关于新科技革命、工业4.0、新经济、经济第五波等提法和观点与日俱增。中国科学院曾组织两百多位专家、院士用了一年多的时间来研究未来可能发生重大突破的领域，2013年6月正式发布《科技发展新态势与面向2020年的战略选择》[51]，认为当今世界正处于新一次科技革命的前夜，新技术革命和产业革命初露端倪，一些重要科技领域正显现发生革命性突破的先兆。中国工程院提出“新科技革命渐行渐近，制造大国转型升级谋新”。

2. 全球每年投入千万人、万亿美元，创新能力迅速攀升

据联合国教科文组织数据，全球研究与开发经费（R&D）已超15000亿美元，全球全时研发人员已超过1000万人，大量人力、财力的投入，推动科技创新不断取得重大突破。从2008年到2015年，全球专利申请从1162100件增加到1972800件，增长了69.8%；科学论文（SCI）从143.74万篇增加到181.68万篇，增长了26.4%；工程技术论文（EI）从39.68万篇增加到67.99万篇，增长了71.3%（表12-9）。

表12-9　2008—2015年间部分国家研发投入与产出情况

	国别	2008年	2015年	2015年/2008年
专利（件）	中国	194579	968252	497.6%
	世界	1162100	1972800	169.8%
论文（万篇）[52]	中国（SCI）	9.23	29.68	321.6%
	世界（SCI）	143.74	181.68	126.4%
	中国（EI）	8.94	21.73	243.1%
	世界（EI）	39.68	67.99	171.3%

续表

	国别	2008 年	2015 年	2015 年 /2008 年
R&D 经费[53]（PPP，现价百万美元）	加拿大	24911.9	25740.9	103.3%
	法国	46547.9	74217.7	159.4%
	德国	81970.7	112808.8	137.6%
	日本	148719.2	170081.8	114.4%
	韩国	43906.4	74217.7	169.0%
	英国	39396.9	502893	1276.5%
	美国	407238	502893	123.5%
	中国	144684.9	409576.80	283.1%

从研发投入来看，2008 年到 2015 年期间，除加拿大以外，其他主要国家的研发经费都明显增长，韩国增长 69.0%，德国增长 37.6%，美国增长 23.5%。

中国研发投入增长和产业增长在世界主要国家中处于前列，2008 年到 2015 年期间，中国专利申请量增长了 397.6%，是世界增长倍数的 2.9 倍；SCI 科学论文增长了 221.6%，也是世界平均增长速度的 8.4 倍，工程论文增长了 143.1%，是世界平均增长速度的 2 倍。同期，中国的研发经费增长了 183.1%，SCI、EI 科学论文的增长速度分别比研发经费增长速度高 138.5 个百分点和 60 个百分点，这从另一个角度说明中国科技创新的效率在明显提高（表 12–9）。

与此同时，生命起源与规律、宇宙探索、航空航天、暗物质、量子科学、人工智能等领域的科研也不断取得重大突破。

3. 信息技术引领当前科技革命，不宜被列入下次科技革命

一些专家提出由信息、生物与新能源技术引领的新科技革命正在形成，严格地讲，信息技术正在引领当前的科技革命，而下一次科技革命是指继信息技术之后，由新技术或技术群引领的新科技革命，所以引领新科技革命的核心技术不应再包括信息技术。我们研究认为，信息技术引领的新科技革命方兴未艾，生物技术引领的下一轮科技革命正在孕育之中。

当前，信息技术与产业发展正处于中期阶段，仍然表现出强劲的发展势头，计算更迅速、储存更大、传输更快、渗透更广。计算速度已突破每秒100亿亿次，即将到来的5G网络（第五代），下载一部高清电影仅需要13秒左右，科学家在实验室已使传输速度达到每秒400T（相当于每秒传输6.6亿册30万字的书）；普通用户的信息存贮已经能够得到满足，量子计算机、生物计算机的出现将会使计算机的计算速度进一步提高；互联网基本实现了"心心相通"，物联网将实现"物物互联"，信息化正在由网络化的中期阶段走向智能化的高级阶段。

4."第三次、第四次工业革命"的实质是信息化的深化

美国未来学家杰里米·里夫金提出第三次工业革命，世界经济论坛创始人兼执行主席克劳斯·施瓦布提出"第四次工业革命"[54]，其主要技术是前几次科技革命的深入发展，从严格意义上来讲，可以作为产业变革或进步，并不能单独列为一次新的工业革命，更不能称为一次产业革命。

"第三次工业革命"实际上是能源革命的深化。里夫金在《第三次工业革命》中提出的"五大支柱"包括可再生能源的转型、分散式生产、新储存方式、能源互联网和零排放式交通[55]。从核心技术分析，缺乏一个颠覆性技术或技术群的出现，基本上都属于能源技术的革新或进步，算不上一次新的工业革命。但他提出的这些新技术，以及研究链将从宝塔式向扁平式、网格式的方向发展，生产链中开发、小试、中试、产业化等环节连接更加紧密等新思路，都值得研究与借鉴。

里夫金提出的3D打印等技术短期内不会动摇中国制造业大国的国际地位[56]。3D打印、分布式能源等技术会催生一些新产品，会引起一些产业领域的变革，会出现生产分散化、消费个性化、服务网络化、决策扁平化等新变化，会成为大规模、标准化现代工业体系的有效补充，但不会导致整个工业技术体系、产业体系的根本性变革。加之 3D 打印需要高端设计、特殊打印材料、专用打印设备，以及网络化服务等产业支撑体系，短期内难以大规模替代现代工业体系，不会动摇中国的制造业大国地位。应当看到，美国高度重视制造业的“智能化”和“高端化”，同时中国大量低端制造业向菲律宾、越南、孟加拉国等劳动力更便宜的国家或地区转移，这必然会从“高、低两端”挤压中国制造业的生存空间，进而动摇中国制造业大国的地位，这些问题需要引起足够的重视。

“第四次工业革命”实质是信息化的深化。施瓦布在《第四次工业革命》一书中写到“我们尚未完全了解这次新技术革命的速度和广度”，并列举了 23 个“深度变革”的技术，仔细分析后可以发现，除了“植入技术、定制人类、神经技术、3D 打印与人类健康、3D 打印与消费品”5 项技术外，其余 18 项引发“深度变革”的技术基本都属于信息技术领域。因此，“第四次工业革命”本质上还是信息化的深化，是“工业 4.0”的深化，第四次工业革命绝不仅限于智能互联的机器和系统，其内涵更为广泛。当然，他提出，“这些技术之间的融合，以及它们横跨物理、数学和生物几大领域的互动，决定了第四次工业革命与前几次革命有着本质的不同”，也就是说下一次科技革命可能不是一个颠覆性技术引发的，而是由一个技术主导、其他新技术群共同引发新的科技革命。

5. 生物技术已有近七十年积累

通过连续近二十年对新科技革命的跟踪研究，我们认为以物理学为主导，数学、化学等学科共同推动的机器化、电气化、自动化正在深入发展，信息化方兴未艾，而生命科学引领、多领域技术共同推动的新科技革命正在加速形成。如果说机器化、电气化、自动化替代了人类的体力，信息化增强了人类的脑力，未来生物技术引领的新科技革命将大幅延长人类生命，对人类健康、生态改善、社会伦理等影响都将远远超过前几次科技革命。生物技术引领的新科技革命正在加速形成的基本依据是"科技有突破、市场有需求、产业有基础、政府有行动、国际有共识"。

6. 经济发展接近长周期拐点

苏联经济学家康德拉季耶夫（Nikolai D.Kondratieff）运用英国、法国、美国和德国等国的价格、利率、进口额、出口额等统计资料进行了大量实证研究，在 1925 年提出了"经济长波理论"[57]。从科技与经济发展的长期趋势分析，科技发展的周期决定了生产力发展的周期[58]，一次新技术革命推动一次产业变革，进而推动一轮经济增长。市场饱和、增速下降，又孕育着下一次技术革命，他认为 50—60 年为一个经济长期波动的周期。

经济发展经历了蒸汽机、钢铁与铁路、电气化与化工、石油与汽车等几个阶段，从 1946 年计算机发明至今已经七十多年，如果从计算机大量向民众推广的 20 世纪 70 年代起，也已经有四十多年。按照康德拉季耶夫经济长周期规律，信息技术推动的经济增长的势头正在逐步减弱，新的科技革命正在孕育之中[59]，世界经济正处于新旧两次科技革命的转换期，在新科技革命到来之前，世界经济发展趋缓是经济规律所决定的。

7. 应对金融危机，G20 领导人共同推动科技创新

2008 年以来，由美国引起的、席卷全球的金融危机已经持续十年，这是 1929 年以来最严重的金融危机，许多国家政府、科学家、企业家都在寻找摆脱危机的新对策、新途径。2016 年 9 月 3 日，习近平主席在 20 国集团峰会开幕式上讲话时明确指出，"当前，世界经济在深度调整中曲折复苏，正处于新旧增长动能转换的关键时期。上一轮科技和产业革命提供的动能面临消退，新一轮增长动能尚在孕育"[60]。

20 国集团领导人杭州峰会公报明确写道："我们决心构建创新

(innovative)、活力 (invigorated)、联动 (interconnected)、包容 (inclusive) 的世界经济”“发掘增长新动力，开辟新增长点，以创新和可持续的方式推动经济转型”“无论对各国而言，还是对全球而言，创新都是经济长期增长的重要动力之一。我们致力于以创新为重要抓手，挖掘各国和世界经济增长新引擎，以解决近期疲弱增长的根本原因”[61]。

由此可见，2012 年中国政府提出的实施创新驱动战略，把科技创新放在国家发展战略的核心位置，依靠创新驱动经济社会发展，2016 年在 G20 峰会上已经得到了世界主要国家、国际机构的高度认同，创新第一次成为世界大国领导人共同讨论的重大议题。有全球各国政府的大力支持和全球科学家、企业家的共同努力，新的科技革命必将应运而生。

G20 杭州会议已成为中国对世界经济、科技发展作出新贡献的重要里程碑，标志着近三十年来，中国不仅贡献了世界经济增长量的 30%，探索了社会主义市场经济理论，形成了一整套政府调控与市场调节相结合的经济管理模式，而且在 G20 杭州峰会上又贡献推动世界经济、科技发展的重要思想，那就是“构建创新、活力、联动、包容的世界经济”。

第 5 节　乡村振兴加速期

城市发展快了，农村怎么办？2017 年，党的十九大报告第一次提出乡村振兴战略，明确了产业兴旺、生态宜居、乡风文明、治理有效、生活富裕的总要求，对统筹推进农村经济建设、政治建设、文化建设、社会建设、生态文明建设作出了全面部署，开启了农业农村工作的新篇章。在城镇化加速发展的过程中，要实现农村与城市的协调发展，改变农村长期落后的局面，特别是在农村道路、住房、教育、饮水、卫生、厕所等方面，补上农业生产、农民生活的短板，实现山、水、田、林、路、旅、医、养老等与城市同步发展，将是一个长期而艰苦的任务。

2018 年 2 月，《中共中央国务院关于实施乡村振兴战略的意见》明确提出了乡村振兴的"七个之路""五个振兴"，进一步指明了未来农村发展的方向与重点。"七个之路"是指：重塑城乡关系，走城乡融合发展之路；巩固和完善农村的基本经营制度，走共同富裕之路；深化农业供给侧结构性改革，走质量兴农之路；坚持人与自然和谐共生，走乡村绿色发展之路；传承发展提升农耕文明，走乡村文化兴盛之路；创新乡村治理体系，走乡村善治之路；打好精准脱贫攻坚战，走中国特色减贫之路。"五个振兴"包括产业振兴、人才振兴、文化振兴、生态振兴、组织振兴。

实施乡村振兴战略要着力解决当前乡村发展面临的一些突出问题：

第一，城乡发展不平衡、农村发展不充分的问题，也就是要在城镇化、现代化过程中保持农业、农村的同步发展，保持农民的同步富裕。中国城市化率已接近 60%，在将来达到 70% 时，仍有 4 亿—5 亿人生活在农村，因此必须解决城乡发展不平衡、不协调的问题，要采取超常规的政策与措施，发展新技术、新业态，加快农业农村发展速度，防止城镇化过程中乡村的萎缩。

第二，农业发展的质量、效益和竞争力不高的问题，特别是饲料、粮食等大量依靠进口的问题。

第三，农村基础设施和公共服务发展还比较滞后，比如医疗、教育、文化、供水、交通、旅游等基础设备仍明显滞后，应大力推动水、电、路、汽、防、汛等基础设施向农村倾斜，不断改善农民生产和生活条件。

第四，农民增收后劲不足，城乡收入差距还比较大。要消除绝对贫困，打赢脱贫攻坚战，进一步缩小城乡差距，促进农村第一二三产业融合发展，推进第二次绿色革命、开拓农村经济新局面，解决农业占 GDP 比重持续下降的问题。

第五，农村生态环境修复与改善的问题。工业化与农业生产中化肥、农药的使用，对农村生态环境造成了严重污染，要推进农村垃圾处理、污水治理，加速农业废弃物的资源化利用，治理被严重污染不宜耕种的5000万亩农田。此外，近两亿农民进城之后，对大量宅基地的整治能够增加大量农用地，迫切需要在政策、技术、生产方式等方面创新，开拓农村生态建设的新时代，让农村成为安居乐业的美丽家园。要使农村成为“看山望水忆乡愁”的新社区，引导城镇人口到乡村休闲、旅游、养老，恢复并改善生态环境的任务仍十分繁重。

第六，农村人才队伍建设问题。目前，80后的青年劳动力不愿意在农村就业的问题非常突出。传统一家一户的生产方式，难以吸引青年农民在乡村稳定工作，迫切需要培养一批新型的农村经济带头人才，发展现代农业企业，加快培育新型农业经营主体，发展农业适度规模经营。与此同时，培养大量“三农”干部，深化农村体制改革，引导、支持、鼓励各类人才返乡、下乡创业兴业，造就一支城乡人才结合、技术与经营人才结合的新型乡村人才队伍。

乡村振兴的工作是个“老”问题，但也是一个“新”命题，刚刚起步，需要政策创新、技术创新、生产方式创新、商业模式创新、人才创新、保障条件创新等全面创新，需要以创新驱动乡村振兴战略。

第6节　美国遏制加速期

中国发展快了，美国怎么办？特朗普政府上台以来，特别是发动新一轮贸易战、签署《台湾旅行法》，标志着美国遏制中国发展的力度明显加强，美国已经不择手段，不惜破坏国际公约，不惜撕毁中美三个联合公报，把遏制中国变成美国发展的重大战略。

美国政府及智库学者几乎从来不回避通过遏制竞争对手、保持美国“世界领导权"的战略目标。美国政府许多文件曾明确提出保持美国领导地位，里根总统强调"美国早晨"，克林顿则更赤裸裸地说："世界必须有一个领导，而且只能有一个，美国最具有领导这个世界的能力。"特朗普政府高唱"美国优先"的调调，破坏国际规则、维护本国利益。

美国曾经成功地遏制了英国、德国、日本、苏联的发展，也遏制了欧盟经济发展，遏制中国崛起已成为美国公开的宣言与行动。美国国务卿蒂勒森特意选在党的十九大召开之日，专门跑到华盛顿智库战略与国际研究中心表示"到2050年，印度有望成为世界第二大经济体"，要与印度建立"百年战略关系"，而"永远不会同中国建立相同的关系"。美国参谋长联席会议主席约瑟夫·邓福德则更露骨地表示"到2025年中国将对美国构成最大威胁"[62]。美国不断采取不同手段遏制中国是必然的、公开的，用他们的逻辑甚至是天经地义的。

特朗普上台以来，对华遏制不断升级，手段不断增加，力度不断加码，除采取贸易、金融、外交等手段外，还在中国南海、中国东海、中国台湾、中印边界、非洲等地区制造军事摩擦甚至冲突。

2016年11月9日，特朗普当选美国总统，12月2日破坏中美协议，同中国台湾地区领导人蔡英文通电话。

2017年3月1日，美国发布《2017年度国别贸易壁垒评估报告》，列举了中国对美国存在的破坏公平贸易或违反WTO规则的主要贸易壁垒，涉及了知识产权、产业政策、服务贸易、数字贸易、农业、政策透明度、法律框架7个大类46个小类。

2017年4月1日，美国商务部分别对进口钢铁和铝产品启动"232调查"；美国贸易代表办公室发布《特别301报告》，继续将中国列入《优先观察名单》。

2017年11月9日，特朗普第一次访华，拿到2535亿美元超级订单；

中国放宽金融准入，允许金融部分领域外方占比超过51%，并在五年后取消限制。

2017年12月18日，《美国国家安全战略报告》指出，“中国是最大威胁”。

2018年1月19日，《美国国防战略报告》中33次提到了中国，把中国定性为“修正主义国家”和美国的“战略竞争者”。美国国防部部长说美国进入了与另一个“大国”对抗时期，美国太平洋司令部司令哈里斯毫不隐讳地指责中国是印太地区的“破坏性力量”。

2月28日，特朗普任内首份贸易政策报告，声称中国加入WTO已经十六年多，但尚未采取所有WTO成员所期待的市场经济体系，将使用一切可能的工具来阻止中国，削弱真正的市场竞争。

3月4日，特朗普突然宣布对进口钢铁征收25%、对铝征收10%的关税。在遭到欧盟等国家或地区的强烈反对以后，特朗普对一些国家实施豁免政策，暴露了其完全针对中国的真实意图。

3月16日，特朗普签署《台湾旅行法》，允许“台美各阶层官员互访”，公然破坏“一个中国”原则和中美三个联合公报规定。

3月23日，特朗普总统签署《301调查报告》备忘录，宣布将对中国加征500亿美元关税，并限制中国企业在美国投资。

3月27日，美国消费者新闻与商业频道报道，美国总统特朗普考虑利用《国际紧急经济权力法案》等国家紧急状态法令，禁止中国投资“敏感”技术，限制中国与美国高科技企业的合作。

3月28日，美国公布《301调查报告》，主要有五项对中国的指控：不公平的技术转让制度、歧视性许可限制、对外投资不合理、非法入侵美国商业电脑网络盗取知识产权及敏感商业信息，以及《网络安全法》和知识产权保护不足等。同日，美国贸易代表莱特希泽表示，美国对华加征的关税产品清单的公示天数将从30天延长至60天。

4月3日，美国贸易代表办公室公布依据"301调查"结果拟加征关税的中国商品清单，涉及1300个项目500亿美元。

4月6日，特朗普发表声明，考虑再对中国1000亿美元的出口商品加征关税。

4月9日，美国政府批准向美国制造商核发对中国台湾出售潜艇制造技术的营销许可证。

4月16日，美国政府宣布对中国中兴通讯的激活拒绝令，将禁止美国公司向中兴通讯销售零部件、商品、软件和技术7年，一直到2025年。4天后，中兴公司董事长殷一民在发布会上宣布中兴公司将进入休克状态。实质上美国已经将贸易战转化为科技战，拉开了科技战的序幕。

4月19日，美国国会美中经济与安全审查委员会发布《美国联邦信息通讯技术（ICT）供应链针对中国的脆弱性分析》（*Supply Chain Vulnerabilities from China in U.S.Federal Information and Communications Techology*）[63]，声称"中国政府可能支持某些中国企业进行商业间谍活动"，中兴、华为、联想、浪潮、京东方、中国科学院、中国电子科技集团（CECT）、北京华胜天成等被点名。

4月26日，美国《华尔街日报》消息称，美国司法部正在调查华为公司是否违反向伊朗禁运的有关制裁[64]。

4月27日，英国路透社称，美国政府可能开始对美中企业在人工智能领域的非正式合作进行审查。报道还说，美国部分议员认为，美中科技公司长期合作就像"在花园开发新品种"，最终结果将是中国企业发展壮大，在10年到15年的时间里挑战美国的公司[65]。

4月27日，美国贸易代表办公室发布《2018年特别301报告》，涉及知识产权及执法的十多项议题，每项都涉及中国，中国被继续列入"重点观察名单"，特别是被列在"306条款监管国家"之中，专家们认为这是美国将进行贸易报复的“最后通牒”。

4月30日，美国财政部部长姆努钦表示，美国代表团将于5月3日、4日与中国进行贸易谈判。

5月3—4日，美国总统特使、财政部部长姆努钦率美方代表团访华，双方协商就部分问题达成共识，部分问题尚有分歧。

5月17日，美国众议院宣布维持对中兴制裁。

5月15—19日，中国国务院副总理刘鹤率团赴美协商，双方达成共识，不打贸易战，将采取有效措施实质性减少美对华货物贸易逆差，增加美国农产品和能源出口，双方发表了《中美经贸磋商的联合声明》。其间，中国商务部终止对美高粱反倾销、补贴调查。

5月29日，白宫再次宣布对中国出口的500亿美元商品加征25%的关税，将在6月15日宣布具体名单并在随后实施，同时也将在6月30日之前宣布限制中国对美国科技企业投资的细节。

5月31日，美日欧签订《新巴黎协议》，三方签订《关于工业补贴、市场导向和技术转让的联合声明》。核心内容包括：共同应对非市场导向政策，促进构建公平互惠的全球贸易体系；加快制定有关产业补贴和国有企业新规则，为工人和企业营造更公平的竞争环境；寻求有效手段解决第三国贸易扭曲政策，反对任何国家要求或迫使外国公司向本国公司转让技术；在WTO框架下深化合作以促进WTO规则全面实施。

6月2—3日，美国商务部部长罗斯赴华磋商，双方在农业、能源等领域进行了良好沟通。

6月7日，美国商务部部长罗斯宣布与中国中兴通讯公司达成新和解协议：美国取消禁令，中兴通讯支付10亿美元高额罚款、4亿美元违约金，30天内更换董事会和管理层，美国派人进入中兴合规团队保持10年。

……

美国政府类似的行动还在继续，美国对中国的遏制已经进入加速期。

美国发展需要依赖中国巨大的潜在市场，中国发展需要学习美国先进的技术，其实中国与美国谁也不想离开谁，谁也不能离开谁，除非想主动放弃持续发展的机遇，除非想把发展的机会与市场白白送给别国。美国非常明白中国短期内不会超过美国，也明白中国仍是发展中国家，在加入 WTO 之后不能履行发达国家的义务，而是应该履行入世时中国承诺的义务。但是，当美国看到中国的 GDP 已经接近美国的 70%，而且 GDP 增速是美国的 3 倍时，果断采取一切手段遏制中国的发展。

但世界上两个经济大国的持续发展，离不开相互的支持，美国需要中国这个世界上最大的潜在市场支撑经济发展，中国需要与世界科技中心的合作与交流，才能找到经济增长的新动能。营造互惠互利的双赢局面，中美经济能共同发展，反之则两败俱伤，世界经济也随之遭殃，没有赢家。中国不会发起贸易战，但也不怕贸易战，对于美国发起的贸易争端，中国政府一直采取有理有节的克制态度，采用了相应的对策与措施。

第13章

40个指标全面透析中美差距*

随着中国经济总量的提升，关于中美综合国力比较的研究已经成为一个国际热点政治问题、经济问题、科学问题，不仅政治家、企业家、科学家关心，越来越多的广大民众也参与讨论之中。目前，对中美的差距判断，大致有三种完全不同的观点：第一类是乐观派，认为中国综合国力将要超越美国，或者已经超越美国，甚至有一些国外学者或机构还炮制多种版本的“中国威胁论”，认为中国“威胁”美国世界第一经济大国的地位；第二类是悲观派，主要观点是“中国崩溃论”，一方面承认中国的经济发展成就，另一方面否认中国的经济体制机制、否定中国文化与社会制度；第三类是客观派，我们研究认为中美差距的本质是世界上最大的发展中国家与最大的发达国家之间的差距，中国经济总量迟早会超越美国，但人均GDP、经济效率、经济结构、科技创新、教育、顶尖人才等方面与美国仍有巨大差距，这些差距都需要用事实与数据进行客观、准确、具体的分析。我们从经济、科技、教育、文化、医疗、国防等方面，运用了40项指标对中美差距进行了定量与定性分析。

* 本章中凡是没有注明数据来源的均来自中国国家统计局、美国经济分析局和世界银行。

第 1 节　综合国力的比较：多数指标相差 4 倍以上

综合国力是一个国家涉及人口、资源、经济、科技、教育、文化、国防、体制机制等方面的综合实力的体现，我们选取了 14 个指标对中美情况进行比较。

（一）人口：中国人口总量是美国的 4.3 倍

根据中国国家统计局、美国经济分析局的数据，2017 年中国总人口为 13.9 亿人，中国国土面积、人口数量分别为美国的 1.05 倍和 4.3 倍；美国城市化率比中国高 24.5%，失业率比中国高 0.3%，男女比例相差 8.2 个百分点，老龄化率比中国高 2.6%（表 13–1）。

表 13–1　中美人口相关数据比较

指标	美国（2016 年）	中国（2017 年）
国土 (万平方公里)	915.9	960.0
总人口（亿人）	3.2	13.9
城镇化率（%）	83	58.5
失业率（%）	4.5	4.1
男 / 女比例	97/100	105.2/100
65 岁以上人口比例（%）	14	11.4

2016 年联合国发布了《人类发展指数报告》，对全球近两百个国家和地区的人类发展指数[①]进行了排名。在接受排名的 188 个国家中，挪威蝉联冠军，中国香港排名第 12，中国内地的人类发展指数为 0.74，排第 90 位，美国的人类发展指数为 0.92，居第 10 位。

① 人类发展指数（HDI—Human Development Index），由联合国开发计划署（UNDP）在《1990 年人文发展报告》中提出，用以衡量联合国各成员国经济社会发展水平的指标，是预期寿命指数（LEI）、教育指数（EI）和收入指数（Ⅱ）三者的几何平均数。

（二）耕地：美国人均耕地面积约是中国的 7 倍

美国可耕地面积为 19745 万公顷，人均耕地面积为 0.7 公顷，人均耕地面积是中国人均耕地面积 0.1 公顷的 7 倍。根据 2010 年世界各国森林覆盖率数据，美国森林覆盖率为 33%，中国为 21.6%，美国森林覆盖率是中国森林覆盖率的 1.5 倍。世界粮农组织数据显示，2007 年美国永久草地和牧场面积为 238000 千公顷，中国永久草地和牧场面积为 400001 千公顷，但就人均永久草地和牧场面积而言，中国不到美国的 40%。

（三）外交：美国建交国家比中国多 19 个

世界上 190 个国家均与美国建交，与中国建交的国家有 171 个，与美国建交的国家比中国多 19 个。美国参与国际非政府组织（Non-Governmental Organizations，NGO）的数量是中国参与国际非政府组织的 1.5 倍。

据分析，2012 年美国联邦政府所有国内雇员为 276 万人，其中不包括各州政府雇员；若包括各州政府雇员，2010 年美国所有公共雇佣人员折合全职为 1658.7 万人。

截至 2016 年底，中国共有公务员 719 万人，每万人口中的公务员人数为 193 人，而美国为 88 人，若按美国所有公共雇员计算，每万人口中有 528 人。

（四）收入：美国人均收入是中国的 15 倍

中国国家统计局数据显示，2017 年全国居民人均可支配收入为 25974 元，实际增长 7.3%，高于经济增长速度，其中城镇、农村居民人均可支配收入分别实际增长 6.5% 和 7.3%，农村居民收入增速连续 8 年快于城镇居民。2016 年，美国人均收入为 5.7 万美元，折合为 38.2 万元，美国在人均收入方面是中国的 15 倍。

（五）消费：美国人均最终消费支出是中国的 15 倍

近二十年来，美国个人消费支出总额基本保持直线上升态势，从 1995 年的 4.98 万亿美元跃升至 2016 年的 12.8 万亿美元。2016 年中国消费支出总额为 4.22 万亿美元，中国人口是美国人口的 4.3 倍，美国人均消费支出是中国的 12.7 倍，低于 2015 年。根据世界银行的统计，按照 2010 年不变价美元计算，1990 年以来，美国的人均居民最终消费支出从 23100.42 美元上升至 2015 年的 35525.67 美元，增加了 0.5 倍，而同期中国人均居民最终消费支出从 205.8 美元上升至 2401.7 美元，增加了 10.7 倍。2015 年美国人均最终消费支出约是中国的 15 倍。

（六）储蓄：中国居民储蓄率是美国的 2.5 倍

根据国际货币基金组织、世界银行和美国中央情报局 2015 年度《世界概况》，世界上居民储蓄水平最高的前三个国家是：卡塔尔、科威特和中国大陆，而美国是同期居民储蓄率最低的国家之一。调查发现，超过 62% 的美国人储蓄账户存款不足 1000 美元，其中 1/3 的人根本没有储蓄账户。而 2015 年中国人均存款就已突破 4 万元大关。另据国际货币基金组织此前公布的数据，自 20 世纪 70 年代至今，中国居民储蓄率始终保持世界前列，但自 2010 年以来，中国居民储蓄率持续下降，从 2010 年的 16% 下降到 2017 年的 7.7%[1]，而美国商务部公布 2017 年其居民储蓄率为 3.1%，可见中国居民储蓄率是美国居民储蓄率的 2.5 倍。

（七）住房：美国人均住房面积是中国的 2.2 倍

据中国国家统计局数据，2016 年全国居民人均住房面积为 40.8 平方米，美国人均住房面积为 90.2 平方米（表 13-2）。但是，必须指出美国住房的质量与配套设施明显优于中国，特别是供排水、供暖、道路、污染物处理等方面的配套设施齐全、质量高。中国农村住房面积大，但厕所、供排水、道路等配套设施明显落后。

表 13-2　中美居民住房面积比较

	住房总面积（亿平方米）	人均住房面积（平方米）	房地产服务业增加值（亿美元）
中国（2016 年）	563	40.8	7280
美国（2015 年）	290	90.2	24800
中国 / 美国	194.14%	45.23%	29.35%

（八）寿命：美国人均预期寿命比中国高出 2.5 岁

自 1981 年以来，随着医疗水平的提高和保障措施的完善，中国平均预期寿命已经增加了 8.6 岁，美国人均预期寿命比中国人均预期寿命高出 2.5 岁。随着人均寿命的提高，老龄化现象也愈发严重。截至 2017 年年底，中国 60 岁及以上老年人口已达 2.41 亿人，未来如何保障老年人生活是亟须关注和解决的问题（图 13-1）。

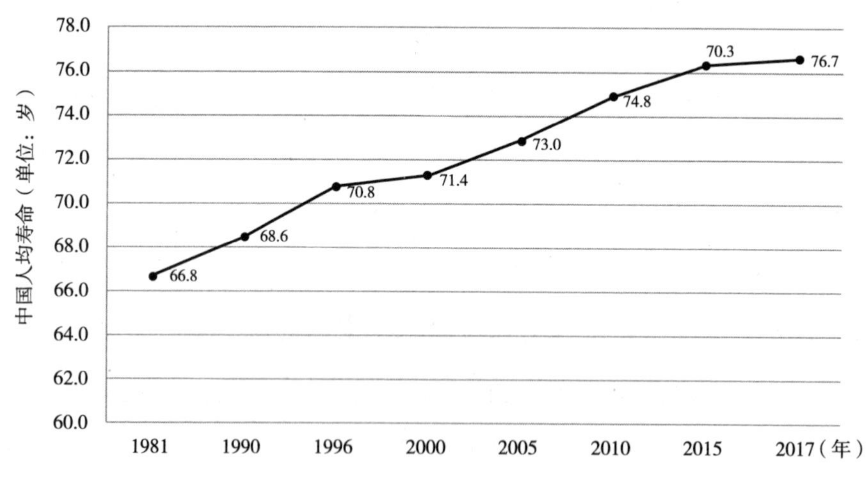

图 13-1　1981 —2017 年期间中国人均预期寿命

数据来源：中国国家统计局。

（九）医疗：美国人均医疗卫生费用支出是中国的 22 倍

从世界银行数据来看，中国人均医疗卫生费用支出远低于美国，2015 年为 425.6 美元，而同期美国人均医疗卫生费用支出达到 9535.9 美元。从另一个方面讲，美国人均预期寿命仅仅比中国高出 2.5 岁，而人均医疗卫生费用支出却比中国多了 9110.3 美元，这说明美国的以西方现代医学为主导、高消费式的医疗模式完全不适合中国的国情，中国需要创造出一条中西医融合的健康之路，以及病前预防、病中治疗、病后康复有机结合的中国特色的健康模式，发展以中医理念、现代技术支撑的未来医学。

（十）食品：中国恩格尔系数是美国的 3.5 倍

据《2017 年中国居民消费发展报告》显示，2017 年全国居民恩格尔系数为 29.39%，首次处在低于 30% 的水平。美国农业部经济研究局公布，2016 年美国的恩格尔系数为 8.3%，中国约是美国的 3.5 倍（表 13–3）。

表 13–3　中美生活水平对比

指标	美国（2011 年）	中国（2016 年）
恩格尔系数（%）	8.3（2016 年）	29.39（2017 年）
每月实际平均工资	2970 美元	2440 元
养老金	4840.7 美元	2300 元
每千人客车数（辆）	423	44
人均牛肉消费量（千克）	39.8	4.8
人均蛋消费量（千克）	14.1	18.5
人均奶消费量（千克）	113.3	27.5

* 由于统计中国居民生活水平数据时，是按照农村和城镇居民两方面进行的，不便于与美国的作比较，为此我们在此采用了 FAO、美国农业部等部门的统计数据，故中国部分数据和《中国统计年鉴》有所不同。

（十一）能耗：美国人均能耗是中国的3.3倍

中国人口是美国人口的4.3倍，能源消耗总量与能源对外依存度却与美国相当。根据2017版BP世界能源统计年鉴的数据，2015年，美国一次能源消费量达到2275.9百万吨油当量，中国达到3005.9百万吨油当量，美国人均能源消耗为7248.1石油当量，中国人均能源消耗为2178.2石油当量，美国人均能源消耗是中国人均能源消耗的3.3倍。美国2015年石油产量为565.1百万吨，中国仅为214.6百万吨，美国石油产量是中国石油产量的2.63倍。

（十二）文化：美国图书馆数量是中国的5.4倍

美国不仅在自然科学与人文社会科学领域占据着高地，其博物馆、图书馆数量也居世界领先地位。美国现有16700个博物馆，公共图书馆数量达到16968个，也就是说，美国平均不到1.8万人就有一个博物馆和公共图书馆（表13–4）。目前中国的博物馆和图书馆建设成果丰硕，但离该指标仍相差甚远，美国图书馆数量是中国图书馆数量的5.4倍。

表13–4　中美文化状况对比

指标	美国（2011年）	中国（2016年）
图书馆数量（个）	16968	3139
博物馆数量（个）	16700	3060
电影院数量（个）	6356	8510
成人使用网络状况（%）	77.9	38.3
每百人手机拥有量（部）	92.3	95.9
人均年读书量（本）	7	8

数据来源：UNESCO Institute for Statistics。

（十三）宗教：美国信奉宗教的人数是中国的5.1倍

根据美国宗教团体统计学家协会(Association of Statisticians of American Religious Bodies)对236个宗教团体进行普查发现，在美国各州中，基督教徒是最大群体，占人口总数的 48.8%，其中天主教人数达到了 5893 万人，相对而言，伊斯兰教、佛教、犹太教等都属于小众教派（表 13-5）。

表 13-5　美国宗教情况

宗教	教堂数（座）	信奉人数（万人）
福音派新教	191112	50013
传统新教	77760	2257
东正教	2551	1057
黑新教	17754	4877
天主教徒	20589	5893
犹太教	–	614
佛教	–	200
伊斯兰教	–	260
小计	309766	14819

中国国家宗教局网站数据显示，中国有佛教寺院 3.3 万座，出家僧尼 20 万人；道教宫观 9000 座，乾道、坤道 5 万人；清真寺 3.5 万座，伊玛目、阿訇 4.5 万人；天主教徒 550 万人，教职人员 7000 人，教堂、会所 6000 处；基督徒 2305 万人，教牧传道人员 3.7 万人，教堂 2.5 万座，简易活动场所（聚会点）3 万处。

从上述数据分析，美国信奉宗教的人数为 1.48 亿人，占美国总人口的 48.8%，中国信奉宗教的人数为 2880 万人，占中国总人口的 2.1%。从信奉宗教的总人数上看，美国信奉宗教的人数是中国信奉宗教的人数的 5.1 倍。

（十四）国防：美国军费开支是中国的 4 倍

美国军费开支始终处于世界首位。随着中国经济实力的提高，军费开支近年来也逐渐提升，但相比美国，军费总额仍差距巨大。2017 年中国军费开支为 1505 亿美元，居世界第二位，美国为 6028 亿美元，继续位居世界首位，美国军费开支总额是中国军费开支的 4 倍。

第 2 节　经济实力的比较：总量可超越，质量、效率差距大

经济竞争力是一个国家涉及经济总量、速度、效率、产业结构、新兴产业、国际贸易、大型企业、营商环境和国际贡献等指标的综合体现，我们选取了 14 个指标对中美的情况进行比较。

（一）总量：中国 GDP 为美国的 63.2%

进入 21 世纪，中国 GDP 占世界 GDP 的比重迅速上升，而同期美国 GDP 占世界 GDP 比重明显下降。2001 —2016 年间，中国 GDP 占世界 GDP 比重上升了 11 个百分点，同期美国则下降了 7 个百分点。根据美国经济分析局和中国国家统计局的数据，2017 年美国 GDP 为 19.39 万亿美元，中国 GDP 为 12.25 万亿美元，中国 GDP 是美国的 63.2%（图 13-2、图 13-3）。

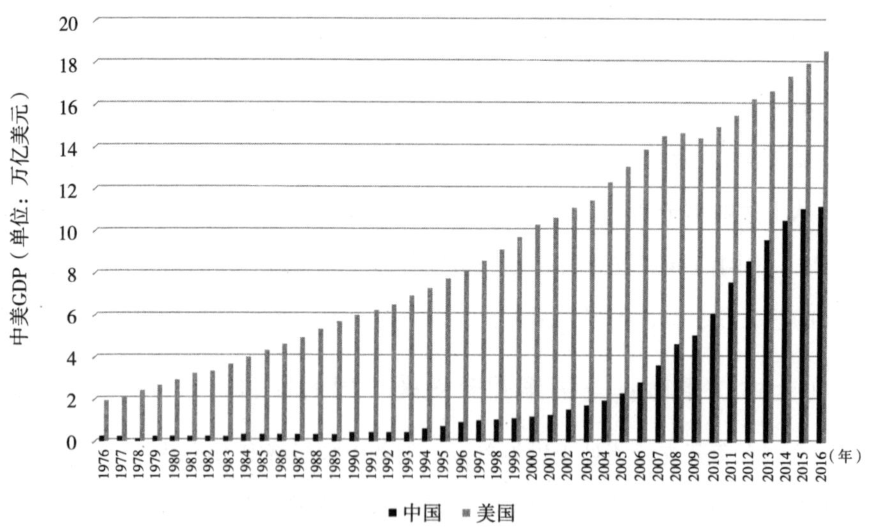

图 13-2　1976 —2016 年间中美 GDP 对比

数据来源：世界银行。

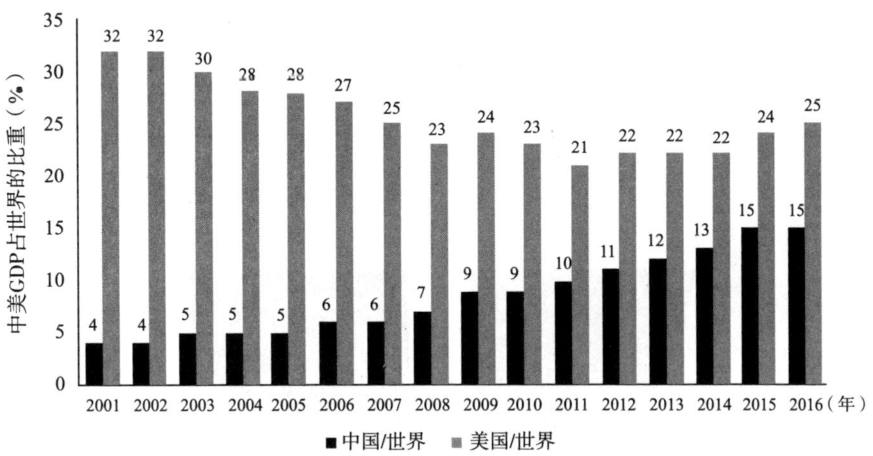

图 13-3　2001—2016 年间中美 GDP 占世界 GDP 的比重

数据来源：世界银行。

当今世界经济格局呈现三个基本态势：一是美国、中国、日本、德国等 4 个国家占世界 GDP 总量的 50.4%，其他所有国家的 GDP 加起来大约仅占世界 GDP 的一半；二是穷国越来越穷、富国越来越富。美国 GDP 占世界 GDP 的 24.5%，相当于经济收入最低的 209 个国家的 GDP 的总和（24.9%）（图 13-4、图 13-5）；三是随着科技的进步，顶尖人才、研发经费、科技创新平台等创新资源向经济大国聚集的趋势更加明显，科技创新差距将导致国与国之间的经济差距进一步拉大，发展中国家可能陷入“越穷越没有研发经费，越没有科技创新就越穷”的恶性循环。中国正在努力打破这种恶性循环当中，创新数量指标已经实现突围，但创新质量与发达国家之间还有明显差距，科技创新面临技术封锁不断加大的压力。

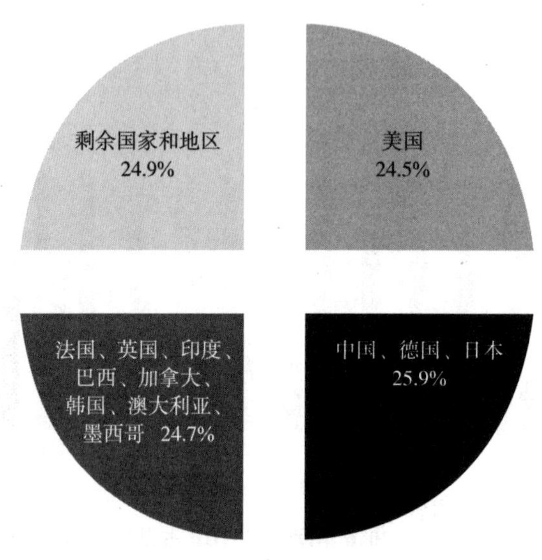

图 13-4 世界经济四大格局（2016 年）

数据来源：世界银行。

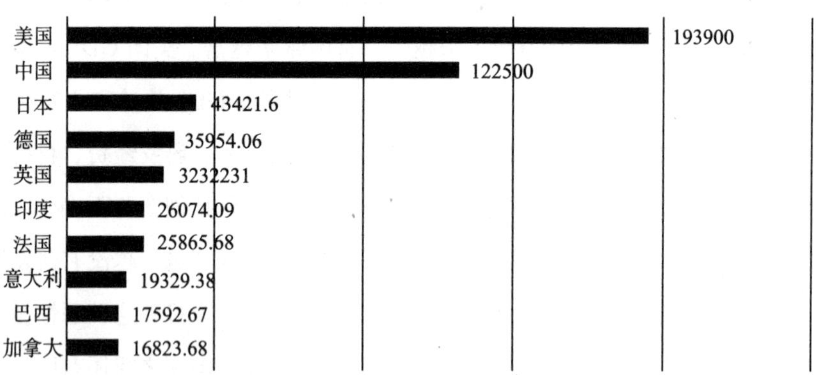

图 13-5 2017 年 GDP 排名前十的国家（单位：亿美元）

据国际货币基金组织公布的数据，2014 年 10 月，中国的 PPP（购买力平价）已经超越美国，中国成为世界第一经济大国。2017 年，中国的 PPP 已达到 26.9 万亿美元，超过美国的 19.4 万亿美元（图 13-6）。

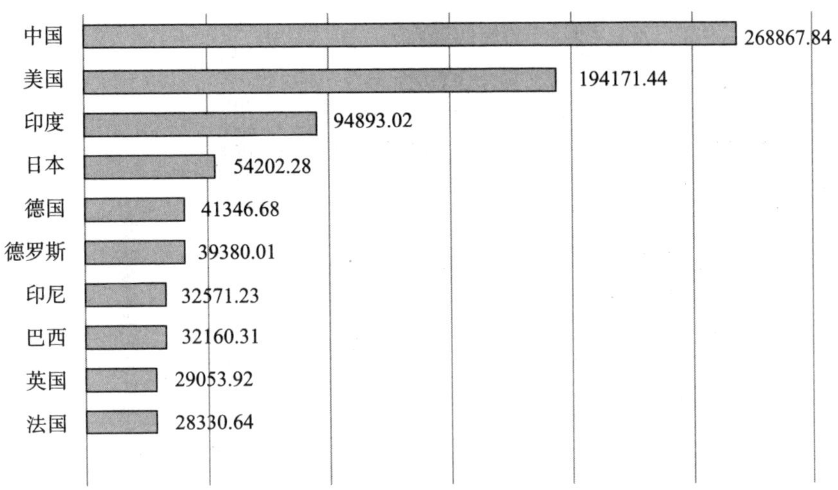

图 13-6　2017 年 PPP 排名前十名的国家（单位：亿美元）

（二）速度：中国 GDP 增速是美国的 3 倍

自改革开放以来，中国 GDP 持续保持高速增长，中国统计局数据显示，2017 年中国 GDP 比上年增长 6.9%，同年，美国 GDP 增速为 2.3%，中国 GDP 增速是美国的 3 倍（图 13-7）。

（三）效率：美国劳动生产率为中国的 12 倍

世界劳工组织统计数据显示，进入 21 世纪以来，中国的劳动生产率从 2000 年的 2023 美元 / 人跃升至 8253 美元 / 人，而美国的劳动生产率 2000 年就已达到 81316 美元 / 人，2017 年已突破 100000 美元大关，为 101101 美元 / 人。中国虽然增长显著，但目前的劳动生产率尚不足美国的 10%（图 13-8）。

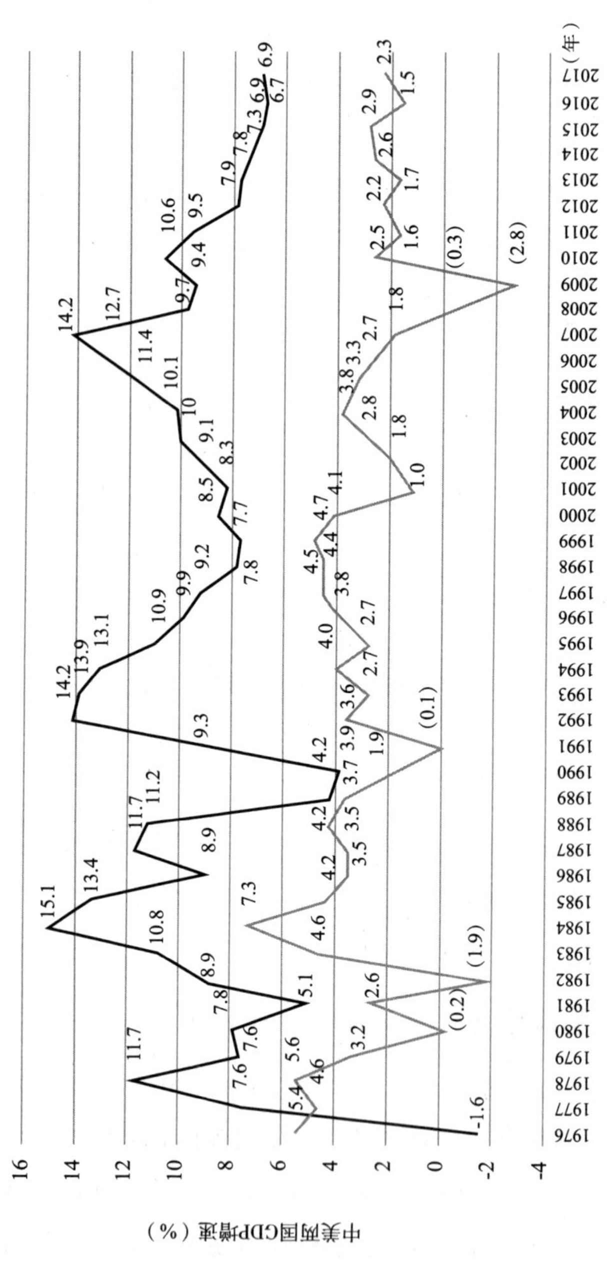

图 13-7　1976—2016 年期间中美两国 GDP 增速对比

数据来源：世界银行。

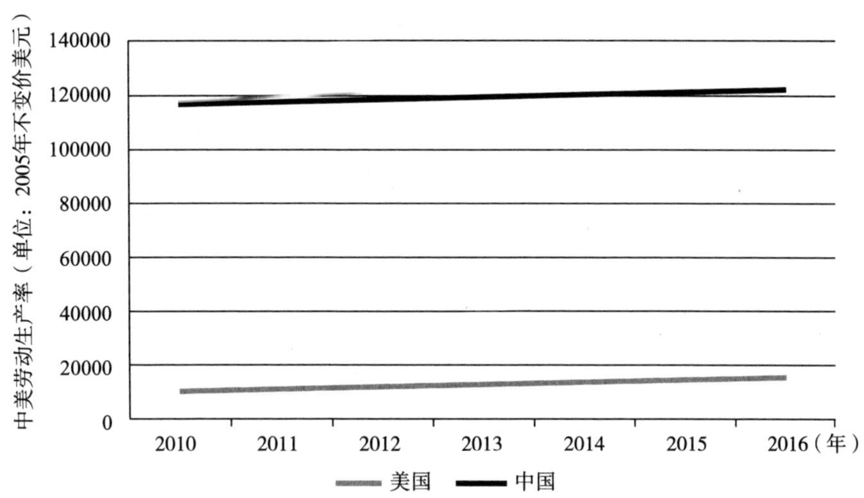

图 13-8　2010—2016 年期间中美劳动生产率对比

资料来源：中国国家统计局、美国经济分析局。

（四）结构：中美第三产业占比相差 30 个百分点

根据中国国家统计局数据，2017 年中国第一、第二、第三产业占 GDP 的比重分别为 8%、40%、52%，按照美国国家经济局数据，美国第一、第二、第三产业占 GDP 的比重为 1%、17%、82%。由此可见，中美产业结构有以下几个明显的差异：

第一，中国第一产业占 GDP 的比重是美国第一产业占 GDP 比重的 8 倍。农业对中国经济发展、社会稳定、粮食安全、就业等仍然发挥着十分重要的作用，中国坚持每年在中央经济工作会议之后，召开中央农村工作会议，每年都要发布中央文件确立下一年农业与农村工作的方针、重点与政策。而美国第一产业占 GDP 的比重仅为 1%，农业对美国经济的贡献很低，但在就业、出口贸易、粮食外交等方面仍然发挥着重要作用。

第二，中国第二产业占 GDP 的比重是美国第二产业占 GDP 比重的 2.35

倍，第二产业占 GDP 的比重比美国高 23 个百分点。中国第二产业占 GDP 的比重在快速工业化时期曾经达到 46%，虽然近年来出现经济“脱实向虚”的趋势，第二产业占 GDP 的比重逐年下降，2017 年已经降至 40%，但仍然明显高于发达国家。

第三，中国第三产业占 GDP 的比重比美国少 30 个百分点，相当于美国 70 年前的结构水平。随着城镇化进程的加快，近五年来中国第三产业占 GDP 的比重平均每年增加一个百分点，2013 年中国第三产业第一次超越第二产业成为第一大产业，成为增长最快、占比最大、潜力最大的产业。如果以美国 2017 年第三产业占 GDP 比重为 82% 的水平来看，按照第三产业占 GDP 比重每年增加一个百分点的速度，第三产业支撑中国经济增长将持续近三十年。

（五）人均：美国人均 GDP 是中国的 6.8 倍

2017 年中国人均 GDP 为 8836 美元，美国人均 GDP 为 60014.9 美元，美国人均 GDP 为中国人均 GDP 的 6.8 倍（图 13–9），中国人均 GDP 在世界排名中仅列第 70 位。

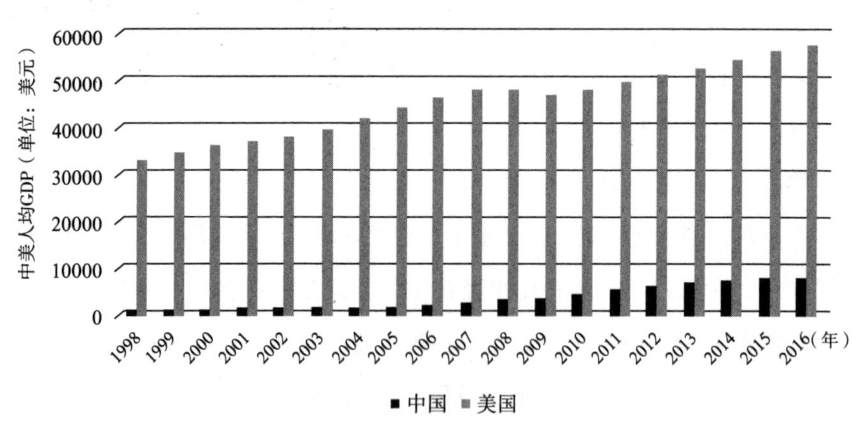

图 13–9　1998—2016 年间中美人均 GDP 对比

数据来源：世界银行。

（六）债务：美国联邦政府国债是中国的4倍

据Visual Capitalist的数据统计，全球所有国家政府债务总量已经高达63万亿美元，而且还在不断上升，美国和日本政府债务合计占全球债务总额的一半。据统计，美国联邦政府的债务总额已达19.95万亿美元。其中，全球债务排名前五的国家，累计债务总额合计为41.6万亿美元，占了全球的66%。其中，美国的债务占GDP的比重达到了107.1%，日本更是高达239.3%。中国政府债务排名世界第三，总额为4.97万亿美元（表13-6）。

表13-6　世界部分国家债务情况对比（2017年）

排名	国家	债务（亿美元）	占世界比重（%）	占GDP比重（%）
1	美国	199470	31.8	107.1
2	日本	118130	18.8	239.3
3	中国	49760	7.9	44.3
4	意大利	24540	3.9	132.6
5	法国	23750	3.8	96.3

数据来源：Visual Capitalist。

（七）第一产业：中国增加值是美国的5.4倍

按照中国国家统计局的数据，2016年第一产业增加值为63671亿元，比上年增长了3.3%，占GDP的比重为8.6%。按照美国经济分析局公布的数据，2016年美国第一产业增加值为1776亿美元，占GDP的0.95%，其中农场增加值为1367亿美元，占GDP的0.73%（图13-10），其他林业、渔业及相关部分占比仅为0.22%。2016年中国第一产业增加值为9647.1亿美元[①]，是同年美国第一产业增加值的5.4倍。

① 本书2016年人民币对美元平均汇率按1美元=6.6元人民币计算。

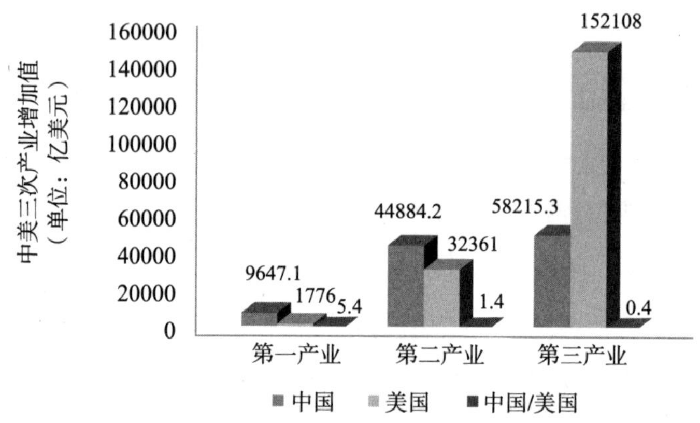

图 13–10　2016 年中美三次产业增加值对比

数据来源：中国国家统计局、美国经济分析局。

（八）第二产业：中国增加值是美国的 1.4 倍

按照中国国家统计局、美国经济局的数据，2016 年中国第二产业增加值为 44884.2 亿美元，约是美国的 32361 亿美元的 1.4 倍。其中，中国制造业和建筑业增加值分别为 4894 亿美元和 2723 亿美元，美国制造业和建筑业增加值分别为 2183 亿美元和 792.5 亿美元，中国制造业和建筑业增加值分别为美国的 2.24 倍和 3.44 倍。尽管奥巴马、特朗普都提出要加速制造业回归美国，但美国制造业占 GDP 的比重没有明显的变化。2012 年中国第二产业增加值是美国第二产业增加值的 1.2 倍，2016 年上升至 1.4 倍。

从第二产业内部不同行业的结构分析，第二产业 18 个行业中，除机动车辆、石油、塑料橡胶 3 个行业美国增加值高于中国外，其余 15 个行业的增加值均是中国高于美国，其中纺织、原料金属、机械、电气设备用具及组件等行业的增加值分别为美国的 14.38 倍、5.56 倍、3.69 倍和 7.33 倍，其余 8 个行业均为美国的 1—2 倍（表 13–7）。中国服装皮革及关联产品占 GDP 的比重为 2.87%，美国仅为 0.05%（表 13–7）。总体而言，中国劳动密集型产业占 GDP 的比重偏高，而美国是技术密集型产业占比较多。

表 13-7 中国制造业超越美国时中美第二产业增加值比较

序号	产品名称	美国（亿美元）	中国（亿美元）	中国/美国(比值)
1	木制品	705	1452	2.06
2	非金属矿产品	929	2512.8	2.70
3	原料金属	3025	16814	5.56
4	混金属产品	3131	5791.4	1.85
5	机械	3457	12769	3.69
6	电脑及电子产品	3501	10290	2.94
7	电气设备用具及组件	1131	8294.6	7.33
8	机动车辆及组件	4695	4217.6	0.90
9	其他交通运输设备	2451	10202	4.16
10	家具及相关产品	581	820.9	1.41
11	食品饮料及烟草品	8630	12389	1.44
12	纺织厂及纺织品	518	7450.2	14.38
13	服装皮革及关联产品	219	1439.9	6.58
14	纸制品	1674	1948.3	1.16
15	印刷及辅助产品	855	1140.9	1.33
16	石油和煤炭产品	7936	5949.9	0.75
17	化工产品	7160	13297	1.86
18	塑料橡胶产品	1978	1182.4	0.60

数据来源：根据中国国家统计局、美国经济分析局数据库整理。

中国工业增加值超过美国的行业以劳动密集型产业为主，其中纺织厂及纺织品、电气设备用具及组件、服装皮革及关联产品、原料金属、其他交通运输设备、机械、电脑及电子产品、非金属矿产品及木制品总产值均超过美国。

中国制造业增加值与美国相当的产业主要集中在化工产品、混金属产品、食品饮料及烟草品、家具及相关产品、印刷及辅助产品和纸制品 6 个行业，也主要集中于劳动密集型产业。

（九）第三产业：中国增加值是美国的 38%

2016 年，中国第三产业增加值为 58215.3 亿美元，是美国 152108 亿美元的 38%。中国第三产业占 GDP 的比例为 51.6%，比美国的 81.6% 低了整整 30 个百分点。可见，中国与美国目前经济总量之间的差距主要是第三产业的差距。

从第三产业内部不同行业间的结构分析来看，中美仍然存在明显的差异：中美金融、保险、房地产和租赁业占 GDP 的比重均是世界首位，但是美国该行业的增加值是中国的 1.5 倍，美国该行业占 GDP 的比重为 21%，而中国仅为 14%；专业和商业服务业占比美国远远领先中国，是中国的 4 倍；信息、艺术、娱乐、住宿和食物服务业占比美国是中国的 2 倍；公共事业占比美国是中国的 3.3 倍。总体而言，与第二产业结构相似，中国劳动密集型产业占 GDP 比重偏高，而美国是技术密集型产业占比偏高。

（十）新兴产业：美国技术强，中国规模大

新一轮科技革命和产业变革正在世界范围内孕育兴起，科技创新成为重塑世界经济结构和竞争格局的关键。中美重点发展的新兴产业中近半数相近，例如生物医药、信息技术产业、高端装备制造业、新能源产业 4 个产业均是中美重点发展的新兴产业（表 13-8、表 13-9）。但美国在信息、生物医药、先进制造、能源、航空航天等方面技术优势明显，许多行业的根技术源头都来自美国。但中国在高新技术产业方面优势明显，高新技术产品出口额明显高于美国。

表 13–8　美国新兴产业发展重点 *

领域	重点内容
能源领域	核电；再生能源（包括风能、太阳能、燃料电池等）；实施汽车技术计划
生物医药	转化医学；发布国家生物经济蓝图
信息领域	实施大数据研究开发计划；发布《云计算战略》
纳米领域	推进“纳米技术签名倡议”，目前已启动“2020 及未来纳米电子学”“可持续纳米制造：创造未来的产业”“太阳能收集与转换中的纳米技术”“纳米技术知识基础：强化可持续设计的国家领导地位计划”“纳米技术与传感器：改善和保护健康、安全与环境”等计划
先进制造	发布“先进制造业国家战略计划”；设立早期创新基金，加大支持力度等
大气与环境	发布《全球变化研究计划 2012—2021 年战略规划》；启动《2012—2016 年大气、气候与能源战略研究行动计划》
航空航天	发布《NASA 空间技术路线图与优先事项：重建 NASA 技术优势，为开创空间新纪元铺平道路》

* 根据《国际科学技术发展报告（2013 年）》整理。

表 13–9　中国新兴产业发展重点 *

领域	重点内容	“十二五”实施的重大工程
节能环保产业	高效节能技术装备及产品；资源综合利用水平和再制造；先进环保技术装备及产品；煤炭清洁利用；海水综合利用	重大节能技术与装备产业化工程 重大环保技术装备及产品产业化示范工程 重要资源循环利用工程
新一代信息技术产业	信息网络基础设施建设；新一代移动通信；下一代互联网核心设备和智能终端；三网融合；物联网；云计算；数字虚拟；发展集成电路、新型显示、高端软件、高端服务器等核心基础产业	宽带中国工程 高性能集成电路工程 新型平板显示工程 物联网和云计算工程 信息惠民工程
生物产业	生物技术药物，新型疫苗和诊断试剂，化学药物，现代中药；先进医疗设备、医用材料；生物育种产业；生物制造；海洋生物技术及产品	蛋白类等生物药物和疫苗工程 高性能医学诊疗设备工程 生物育种工程 生物基材料工程

续表

领域	重点内容	“十二五”实施的重大工程
高端装备制造产业	重点发展以干支线飞机和通用飞机为主的航空装备；卫星及其应用产业发展；轨道交通装备；海洋工程装备；发展以数字化、柔性化及系统集成技术为核心的智能制造装备	航空装备工程 空间基础设施工程 先进轨道交通装备及关键部件工程 海洋工程装备工程 智能制造装备工程
新能源产业	新一代核能技术和先进反应堆；太阳能热利用；风电技术装备；智能电网；生物质能	新能源集成应用工程
新材料产业	发展稀土功能材料、高性能膜材料、特种玻璃、功能陶瓷、半导体照明材料等新型功能材料；发展高品质特殊钢、新型合金材料、工程塑料等先进结构材料；提升碳纤维、芳纶、超高分子量聚乙烯纤维等高性能纤维及其复合材料发展水平；开展纳米、超导、智能等共性基础材料研究	关键材料升级换代工程
新能源汽车产业	着力突破动力电池、驱动电机和电子控制领域关键核心技术，推进插电式混合动力汽车、纯电动汽车推广应用和产业化，开展燃料电池汽车相关前沿技术研发	新能源汽车工程

* 根据《国家战略性新兴产业“十二五”发展规划》整理。

（十一）国际贸易：中国对美国贸易顺差为2758亿美元

中国海关总署数据显示，2017年中国对美国商品贸易顺差为2758亿美元。据中方统计，2016年，美国对华出口飞机440架，金额为125亿美元；大豆3366万吨，金额为138亿美元；汽车25.5万辆，金额为121亿美元；集成电路为97亿美元；棉花26万吨，金额为5亿美元。目前，中国是美国飞机和大豆的第一大出口市场，以及汽车、集成电路和棉花的第二大出口市场。美国出口的62%大豆、17%汽车、15%集成电路、14%棉花以及25%的波音飞机都销往中国（图13-11、图13-12）。

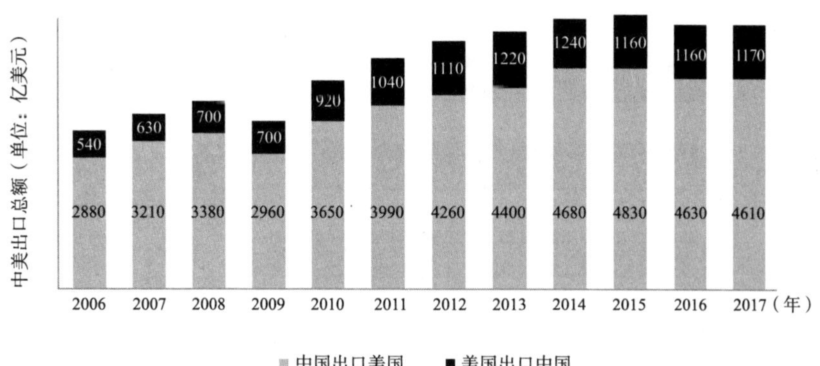

图 13-11　2006—2017 年期间中美出口总额

数据来源：中国商务局、美国商务部。

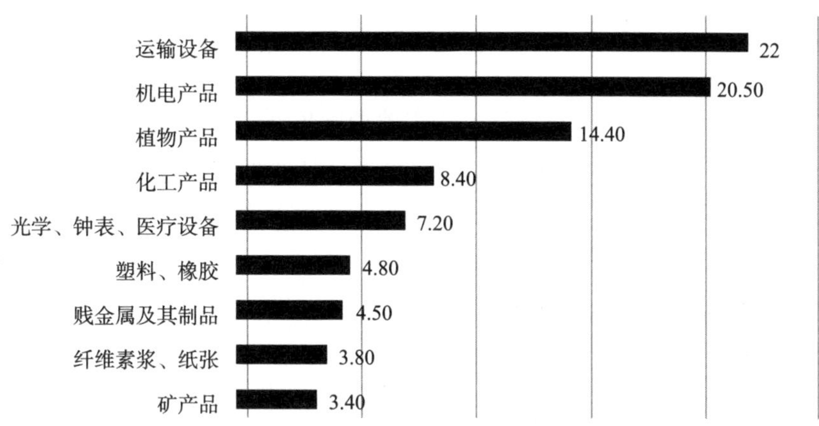

图 13-12　美国进口中国主要商品占进口总额比重（%）

数据来源：美国商务部。

据美国商务部统计，2017 年美国与中国双边货物进出口额为 6359.7 亿美元，其中，美国对中国贸易逆差为 3752 亿美元。美国对中国出口 1303.7 亿美元，占美国出口总额的 8.4%；美国自中国进口 5056.0 亿美元，占美国进口总额的 21.6%。在中国对美国出口的产品中，劳动密集型产品占比较

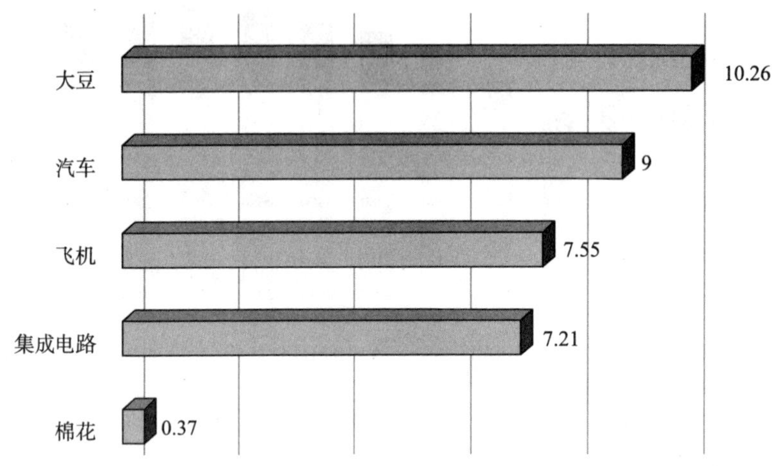

图 13-13　美国出口中国主要商品占其出口总额的比重（%）

数据来源：中国商务部。

大，2018 年前两个月，中国的七大类劳动密集型产品全部高增长，相比 2017 年，增长率达 19.5%。但是美国统计数据明显高估了中美贸易顺差，并且中美服务贸易存在显著逆差。

（十二）世界 500 强企业：美国比中国多 17 个

2017 年《财富》显示，无论是在上榜企业数量上，还是在上榜企业的收入占世界 500 强企业总收入的比例上，中国和美国的差距正在大幅地缩小。中国上榜公司数量连续 14 年增长，达到了 115 家；美国共 132 家企业上榜，比中国多 17 家。从世界 500 强企业 TOP5 分析，中国占 3 个，美国、日本各占 1 个，但中国的企业是国有垄断性能源企业；在 TOP10 企业中，美国占 4 个，中国占 3 个；在 TOP50 企业中，美国占 20 个，中国占 12 个，中国多以能源、银行、通信为主，美国则以高科技企业为主。这表明，世界 500 强企业，中美企业数量有差距，企业质量、行业结构上的差距更明显。

（十三）营商环境：美国营商环境排名领先中国70位

在营商环境方面，美国领先中国70位。在约两百个被调查的国家中，中国营商环境已从2013年的全球第91名上升至2017年的第78名（表13-10），上升幅度明显；美国一直稳居前10名，但从2013年的第4名下降至2017年的第8名。2018年4月8日博鳌亚洲论坛发布的《新兴经济体发展2018年度报告》显示，得益于在投资准入、便利化等方面推出的多项政策，2018年新兴经济体11国（E11）① 整体营商环境水平有所提升。

表13-10　中美营商环境排名

年份	中国	美国
2013年	91	4
2014年	96	4
2015年	90	7
2016年	84	7
2017年	78	8

数据来源：世界银行。

（十四）国际贡献：中国对世界经济增量贡献率是美国的2倍

中国经济增长对全球经济增量的贡献越来越大。20世纪80年代，中国的贡献率不到4%，到90年代，中国的贡献率迅速上升至10%左右，21世纪以来，尤其是2008—2016年期间，中国对世界经济的贡献率在25%—30%之间。据国际货币基金组织测算，中国经济增量对全球经济增量的贡献率已从2014年的27.8%增长到2016年的30%以上（图13-14），居世界首位，美国是15.3%，中国对世界经济增长的贡献率是美国的2倍。另外，近期美国政府屡次威胁要对中国产品加征关税，国际普遍认为美国推动对华贸易摩擦，将对世界经济增长产生消极影响。

① E11即新兴经济体11国，它包括G20国当中的阿根廷、巴西、中国、印度、印尼、韩国、墨西哥、俄罗斯、沙特阿拉伯、南非和土耳其等11个国家。

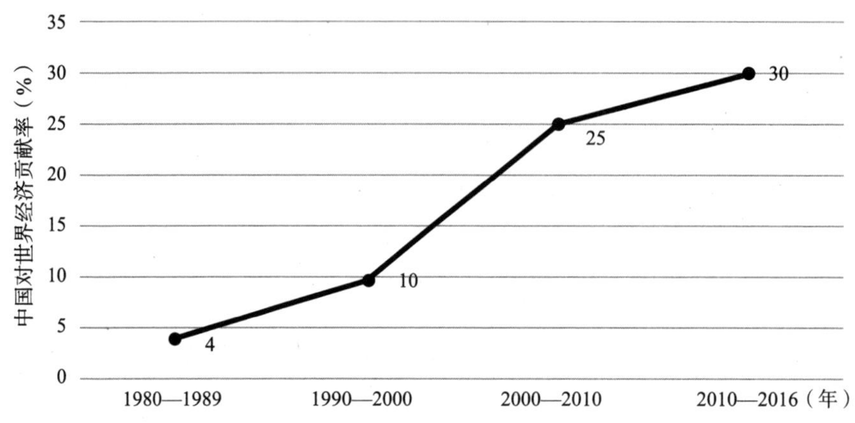

图 13-14　中国对世界经济增量的贡献率

数据来源：国际货币基金组织。

第 3 节　科技实力的比较：数量指标接近，创新质量差距明显

通过比较中美主要科技指标可以发现，中国研发人员、论文、专利、经费、高科技产品出口等数量指标均居世界前 3 位，而国际专利、创新指数、著名品牌数量、500 强企业、100 强大学等创新质量指标与美国差距还十分明显。

（一）论文：中国说美国多、美国说中国多

据中国科技统计数据，2016 年中国国内科技论文 49.4 万篇、国际科技论文（SCI）32.4 万篇、工程索引论文（EI）22.6 万篇、国际会议录引文索引（CPCI-S）8.6 万篇。

根据美国国家自然科学基金会的研究报告，2016 年中国学者作为第一作

者的论文为 42.6 万篇，比中国科技统计 SCI 论文数量高出 10.2 万篇，而美国同期发表的学术论文为 40.9 万篇。另外，专门统计论文数据的爱思唯尔公司的数据也显示中国的科学论文数量已居世界第一位[2]，但该公司统计的数据包括了中国国内学术期刊的论文，与中国科技统计数据口径不一致。

（二）专利：美国 PCT 专利是中国的 1.2 倍

中国科技统计数据显示，2016 年中国专利申请量为 346.5 万件，其中国内、国外专利申请量分别为 330.5 万件和 15.9 万件，国内、国外专利授权量分别为 162.9 万件和 12.5 万件。中国的专利申请量、授权量均居世界第一位，但是专利质量差的问题十分突出，中兴公司连续多年专利数量居国际第一位，当美国宣布合作禁令后，公司进入休克状态，从侧面反映了中国专利质量问题十分突出。中国国际合作专利（PCT，Patent Cooperation Treaty）数量不足、质量不高问题并存，许多核心技术仍然依赖进口。

世界知识产权组织指出，中国国际专利申请量自 2002 年以来一直保持两位数的增长。从国家排名来看，美国连续 39 年位列榜首，2016 年提交了近 5.66 万件申请，约占全部申请量的 1/4；其次是日本，共 4.5 万件；中国排第 3 位，共 4.3 万件。

WIPO 统计数据显示，中国 PCT 专利申请保持较快增长速度。从 2012 年的 1.8 万件增加到 2017 年的 4.8 万件，年均增速 21.3%。2017 年，中国 PCT 专利申请量较上年增长 13.4%，超过了日本的 48208 件，居世界第 2 位。截至 2017 年 5 月，美国的 PCT 专利申请量全球占比为 24.62%，中国为 20.27%（表 13−11）。

表 13-11 中美专利申请情况比较（2016 年）

指标	中国	美国
PCT 专利申请全球占比（2017）（%）	20.27	24.62
非居民专利申请数量（万件）	13.352	31.02
居民专利申请量（万件）	120.50	29.53

数据来源：世界银行。

（三）知识产权进口：美国是中国的 1.7 倍

2017 年知识产权进口费用排名中，我国仅次于美国排名第 4 位，爱尔兰排名第 1。我国知识产权进口费用为 286.6 亿美元，美国为 483.5 亿美元，其中，我国知识产权进口费用中，72.6% 是来自制造业，而其中很大比重又是来自通信行业。

（四）经费：美国 R&D 经费是中国的 2.2 倍

中国 R&D 支出占比增长明显，2014 年中国全社会研发经费投入强度达到 2.02%，首次突破 2%，2016 年为 2.11%，2017 年全社会研发经费投入达到 17500 亿元，投入强度上升到 2.12%，比 2012 年提高了 0.21 个百分点（图 13-15）。根据中国国家统计局、美国经济分析局的数据，2016 年中国全社会研发经费为 2285.5 亿美元，美国全社会研发经费投入为 5062.55 亿美元，中国仅次于美国，居世界第二位，但美国全社会研发经费投入是中国全社会研发经费投入的 2.2 倍。1996 年至 2015 年期间，中国累计研发经费投入共 14.08 亿美元，同期美国全社会研发经费投入是中国的 4.9 倍。从研究经费增速看，中国 R&D 的经费年平均增长率为 18%，是美国研发经费增长率的 4.5 倍，但是中国研发经费中的 79% 来自企业，高于美国等发达国家企业研发经费占全社会研究经费的比重。

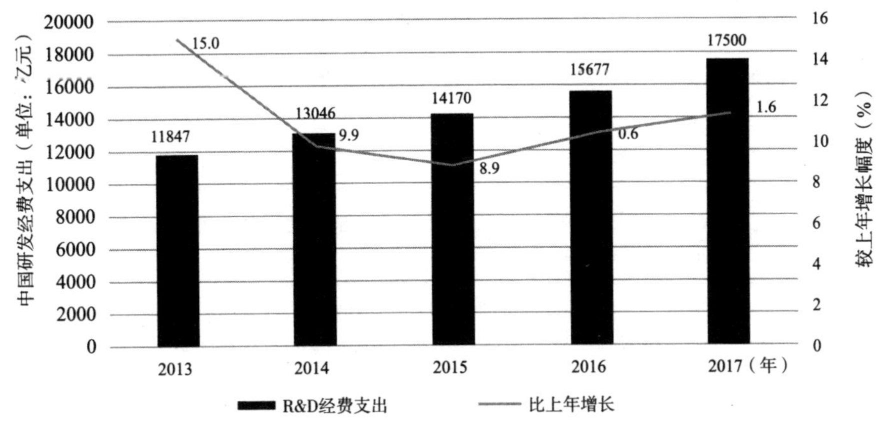

图 13-15　中国研发经费支出（2013—2017 年）

资料来源：《中国统计公报（2017 年）》。

（五）研发重点：美国重生物技术，中国重信息技术

《国家中长期科学和与技术发展规划纲要（2006—2020 年）》确定了国家 16 个重大科技专项，具体包括“核高基”（芯片、软件）、集成电路装备、宽带移动通信、数控机床、油气开发、核电、水污染治理、转基因、新药创制、传染病防治、大型飞机、高分辨率对地观测系统、载人航天与探月工程等。

2016 年，《国家创新驱动发展战略纲要》提出的主要研发重点与方向是，发展新一代信息网络技术、智能绿色制造技术，发展生态绿色高效安全的现代农业技术、安全清洁高效的现代能源技术、资源高效利用和生态环保技术、海洋和空间先进适用技术，发展智慧城市和数字社会技术、先进有效安全便捷的健康技术和现代服务技术，以及颠覆性技术及基础研究等。

表 13-12　美国研发重点方向

序号	方向	具体做法
1	制造	颁布《先进制造业国家战略计划》，确定三个重点：创新、人才、经商环境。
2	生物	颁布《国家生物经济蓝图》和《国家生物监测战略》，加速抢占生命科技制高点，重点支持脑与行为、认知、学习、发展的关系。
3	气候变化	颁布《国家全球变化研究计划（2012—2021 年）：美国全球变化研究计划的战略规划》，计划 2030 年比 2005 年减排 30%。
4	信息技术	颁布《可信网络空间：网络安全研发项目战略规划》，确定信息安全、高端计算机、高端网络、高可信系统、健康 IT、云计算等重点发展领域。
5	清洁能源	支持页岩气、核能、太阳能等发展。
6	国家安全	研发超 5—25 倍音速武器。
7	人才	继续加大吸引海外人才力度。
8	教育	制订《联邦政府关于科学、技术、工程和数学（STEM）教育战略规划（2013—2018 年）》。

通过对美国发布的《先进制造业国家战略计划》《国家生物经济蓝图》《可信网络空间网络安全研发项目战略规划》等国家科技发展战略报告进行分析来看，美国政府支持的研究重点与方向主要有制造、生物、气候变化、信息技术、清洁能源、国家安全、人才和教育等八个方面（表 13-12）。相比中国科技发展规划重大专项，美国重点研发经济主要分布在健康、科学和太空等领域，可见，美国科技发展方向重生物，而中国则重信息技术（图 13-16）。

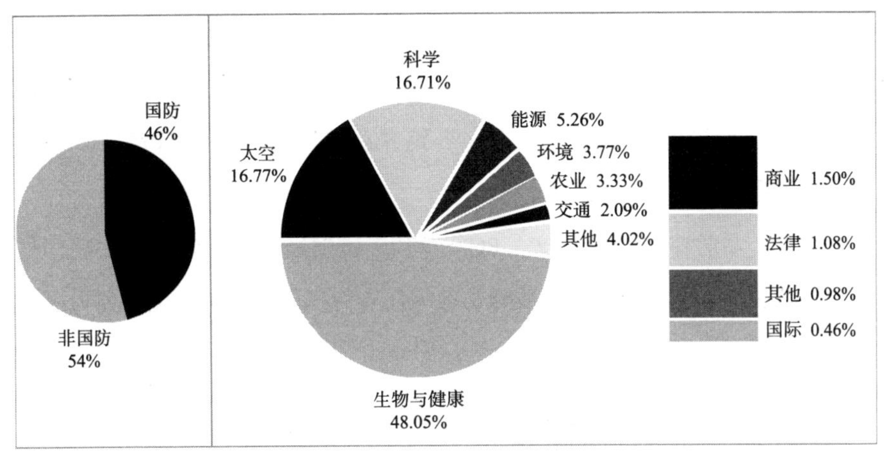

图 13-16 美国研究经费领域分布（2015—2017 年）

资料来源：根据美国相关资料整理。

（六）创新指数：美国创新指数排名比中国高 16 位

创新指数是对一个国家或地区科技创新能力的综合评价指标，全球五大评估机构对中国科技创新指数评价在第 13 和第 27 位之间，美国科技创新能力的排位则在前 4 位，中国创新能力与美国相差 9—23 位。中国科技发展战略研究院公布 2017 年中国的国家创新能力排名第 17 位，美国排名第 1 位，中美相差 16 位；世界知识产权组织公布的《2017 全球创新指数》，中国排名第 22 位，美国排名第 4 位，中美相差 18 位；瑞士洛桑学院公布的《2017 年世界竞争年报》，中国排名第 18 位，美国排名第 4 位，中美相差 14 位；世界经济论坛公布的《2017—2018 年全球竞争力报告》，中国排名第 27 位，美国排名第 2 位，中美相差 25 位；而彭博社公布的《彭博创新指数 2017 年》，中国排名第 21 位，美国排名第 9 位，中美相差 12 位。

中美两国在国内外 5 类创新能力方面评价和排名虽不尽相同，但都反映了一个基本趋势，那就是，中国与美国的创新能力、竞争能力差距十分明显，短期内中国很难超过美国，但中国科技创新能力提升迅速，正在加速迈向国际第一方阵，进入三跑并存、领跑和并跑日益增多的历史性新阶段。

可见，尽管中国科学论文、PCT专利、研发经费均排在美国之后，处于世界第2位，但中国的创新质量与效率还有待提升，与美国创新能力还有很大的差距。

（七）产品出口：中国高科技产品出口额是美国的3.2倍

根据世界银行数据，2016年中国高技术产品出口额为4960.1亿美元，美国高技术产品出口额为1530亿美元，中国高技术产品出口占制成品出口的比重为25%，美国高技术产品出口占制成品出口的比重为20%。习近平主席在2018年亚洲博鳌论坛中指出，“中国不以追求贸易顺差为目标，真诚希望扩大进口，促进经常项目收支平衡”“希望发达国家对正常合理的高技术产品贸易停止人为设限，放宽对华高技术产品出口管制”。今后中国将大幅度放宽市场准入，但同时加强知识产权保护，也希望外国政府加强对中国知识产权的保护。

第4节　教育实力的比较：中国短期内难以赶上

教育竞争力是一个国家涉及大学、经费、顶尖人才、留学人员、高校入学率等指标的体现，我们选取了5个指标对中美这方面的情况进行比较。

（一）大学：美国全球 100 强大学数量是中国的 8 倍

2016 年，中国普通高等学校为 2596 所，而全美有 4495 所能够提供学士课程的合法教育机构，其中，2774 所为四年制，1721 所为两年制。2017 年，中国各年级招生人数分别为：本专科生 761.5 万人，中等职业教育 582.4 万人，高中阶段教育 800.1 万人，初中阶段教育 1547.2 万人，普通小学教育 1766.6 万人，学前教育 4600.1 万人（表 13–13）。由于中国人口总量是美国人口总量的 4.3 倍，所以各级学校招生人数远高于美国，然而美国全球 100 强大学的数量是中国的 8 倍。

表 13–13　2017 年中国各类学历教育学生数（万人）

	招生数	在校学生数	毕业生数
本专科生	761.5	2375.6	735.8
中等职业教育	582.4	1592.5	496.9
高中阶段教育	800.1	2374.5	775.7
初中阶段教育	1547.2	4442.1	1379.5
普通小学教育	1766.6	10093.7	1565.9
学前教育	4600.1	–	–

数据来源：《中国统计公报（2017 年）》

2017 年《泰晤士高等教育》发布了第 14 届年度世界大学排名。从全球范围来看，美国共 41 所大学进入前 100 强，而中国仅有 5 所，分别为北京大学、清华大学、香港大学、香港科技大学、香港中文大学，其中，北京大学为中国排名最靠前的大学，并列第 27 名，清华大学排第 30 名。近几年来，中国平均每年有 32 所高校入围世界排名前 1000 的高校名单，其中 2017 年最多，有 39 所，排名最靠前的清华大学位列第 25 位；而美国平均每年有 152 所大学入围，2017 年高校数量达 157 所。

（二）经费：美国人均教育经费是中国的 8 倍

中国对教育产业的投入持续增长。2015 年，中国教育经费总投入为 36129.19 亿元，比上年增长 10.13%；国家财政性教育经费投入为 29221.45 亿元，比上年增长 10.60%，占 GDP 的比例为 4.26%。2010 年中国的教育经费投入仅为美国教育经费总投入的 22.8%，2016 年达 45.82%。2015 年统计数据表明，中国人口为 13.75 亿，以此为基数计得中国人均教育经费支出 2627.5 元，按 2015 年平均汇率 6.2284 元人民币兑换 1 美元计，折合 423.8 美元，而同年美国人均教育经费支出约为 3200 美元，美国人均教育经费支出为中国人均教育经费的 8 倍（图 13–17）。

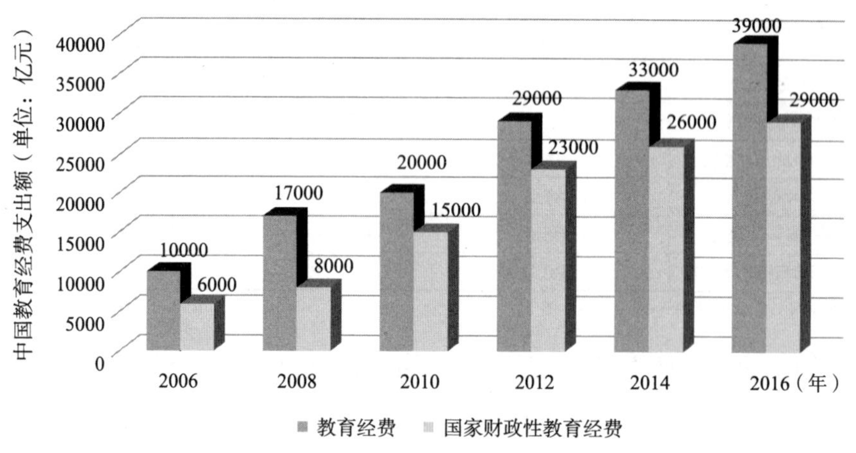

图 13–17　中国教育经费支出

数据来源：中国国家统计局。

（三）顶尖人才：美国顶尖科学家数量是中国的 9 倍

根据汤森路透公布的数据，2017 年全球高被引人才共 3532 人次，其中美国 1643 人次，中国大陆 189 人次。中美诺贝尔获奖人数情况差距悬殊，截至目前，中国仅有 2 人获得诺贝尔奖，分别为诺贝尔文学奖（莫言）和诺贝尔生理学或医学奖（屠呦呦），而美国共有 345 人获得诺贝尔奖。

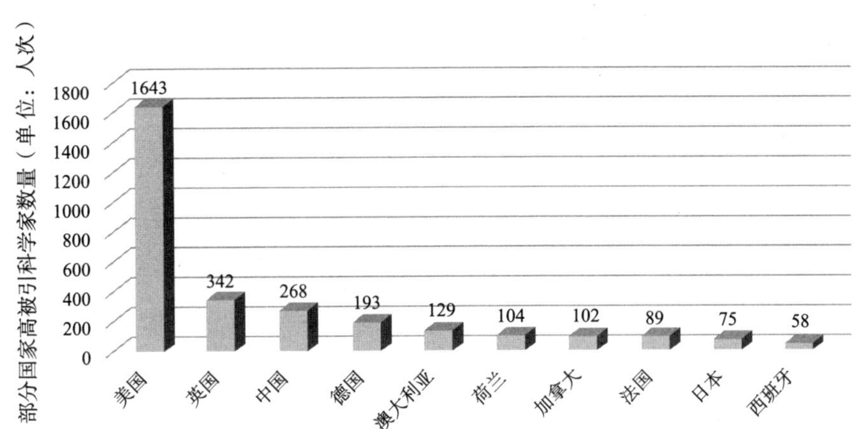

图 13-18　2017 年全球高被引科学家前 10 位的国家

（四）留学人员：美国接受留学的人数是中国的 5.2 倍

2017 年，中国各类出国留学人员总数达 60.84 万人，同比增长 11.74%；留学回国人员达 48.09 万人，同比增长 14.9%。留学回国人员增长率超过出国留学人员，高出 3.2 个百分点。

《2017 年美国门户开放报告》统计数据显示，美国是最受留学生青睐的国家，2017 年全球留学生总数为 460 万人，其中赴美留学人数超 110 万人，预计 24% 的国际留学生把美国选为留学的目的国。2016 年至 2017 年学年间，就读于美国高校的中国留学生人数为 35 万人，占美国总留学生人数的 32%，中国赴美留学人数也在所有留美生源国中连续第 8 年位居榜首。根据中国教育部公布的留学人员数据，2016 年，在华学历生人数为 21 万人，留学生规模为 44 万人。按学历人员计算，美国接受留学人数是中国接受留学人数的 5.2 倍，而按留学生规模计算，则美国留学生人数为中国留学生人数的 2.5 倍；但在中国攻读硕士、博士学位的人员仅 6.4 万人。可见，中国留学生数量、质量与美国比均有巨大差距。此外，中国接受教育的年限虽然与前些年相比有所延长，2016 年中国受教育年限为 9.02 年，但相比美国 2010 年的数据仍有 3 年的差距。

（五）高校入学率：美国高校入学率是中国的 2 倍

中国教育部发布的《2016 年全国教育事业发展统计公报》显示，2016 年中国高等教育毛入学率已达 42.7%，比 2012 年增长 12.7%。截至 2015 年，美国的高等教育入学率为 87%，是中国高校入学率的 2 倍。此外，美国的教育支出占 GDP 的比重显著高于中国，中美在教育水平上差距明显。

第 5 节　综合判断

（一）综合国力：发展中国家与发达国家的差距

中国与美国的差距本质上是最大发展中国家与世界最大发达国家的差距，美国经济、科技、教育、国防等主要指标全面领先中国，中国只有部分指标比美国有优势。从经济、科技、外交、教育、国防、文化等方面的 40 个主要指标分析，美国处于领先地位的共 27 个指标，即 70% 的指标美国领先中国。其中，美国是中国 1 — 5 倍的指标主要有：人均能耗、宗教数量、军费开支、第三产业增加值、世界 500 强企业数量、论文总量、PCT 专利数量、R&D 人员数量、R&D 经费、接受留学生人数、高校入学率、知识产权进口等 12 项指标；美国是中国 6 —10 倍的指标主要有：人均耕地面积、图书馆数量、劳动生产率、人均 GDP 、全球 100 强大学数量、人均教育经费、顶尖科学家数量等 7 项指标。

虽然中国很多指标远远落后于美国，但中国在很多领域也进步飞速，关于中美差距的研究是世界关注的热点问题，也是很难定性、定量分析的科学问题。总结国内外研究结果，无非三类观点：

第一类是乐观派，认为中国综合实力已经超越美国。2017 年 4 月，清华大学国情研究院院长胡鞍钢在“中信大讲堂 · 中国道路系列讲座第 24 期”的报告中提出，中国在经济实力（2013 年）、科技实力（2015 年）、综合国力（2012 年）上已经完成对美国的超越。到 2016 年，经济实力、科技实力、综合国力分别相当于美国的 1.15 倍、1.31 倍和 1.36 倍，居世界第一，中国在国防实力、国际影响力、文化软实力上加速赶超。国防实力明显提高，进入世界第二阵营；国际影响力居世界第二位；文化软实力相对美国差距明显缩小[3]。这是迄今为止对中国与美国差距判断最为乐观的观点，但其主要观点与本书定量研究的结论相差较大。

原外经贸部副部长、中国入世首席谈判代表龙永图认为乐观派的观点将“在国内起误导作用，在国外起更大的误导作用”，他认为，“中国不管是发展实力、个人素质还是综合国力和美国相比都还有很大的距离，我们需要紧迫感和危机感来不断赶超世界先进水平，而不是沾沾自喜”[4]。著名经济学家樊纲也对乐观派的观点提出了不同的看法，他认为，现在有人说中国在多项指标上超越美国，这太耸人听闻了，2017 年中国人均 GDP 是 9500 美元，美国人均 GDP 是 5.7 万美元，怎么能说中国是世界第一？“中美真正的差距在于，中国的科研能力、教育能力、创新体制以及方方面面都有差距，而且是最根本的”[5]。

第二类是悲观派，认为中国永远无法超越美国。国外媒体或学者多次抛出“中国经济崩溃论”，较集中的有 1997 年“亚洲金融危机”、2008 年“全球金融海啸”和 2015 年的“中国金融崩溃论”，其中最极端的代表是美籍华人章家敦在 2001 年出版的《中国即将崩溃》中预言中国经济将在 2008 年崩溃。美国学者沈大伟于 2015 年《华尔街日报》发表题为“即将到来的中国崩溃”的文章，认为中国股市将会崩溃并导致全球经济危机。也有国内外很多学者认为由于中国存在结构性、体制和机制性等内在问题，如果不改革，则经济不会持续增长，但改革也将面临失业等经济衰退问题，最终中国经济必将落后于美国。还有学者认为中国经济存在房地产泡沫、影子金融、人口老化等一系列问题，必然导致中国经济危机和经济下行。

第三类是客观派，我们认为中国一些指标已经超越美国，一些指标即将超越美国，一些指标短期内难以超越美国。胡艺、陈继勇认为中国在效率、能耗、环境压力、平衡性等四个方面与美国存在巨大差距，但各方面的差距正在快速缩小，增长的稳定性优于美国[6]。王健、李晓裴、祥宇等学者认为中美两国经济联系不断增强，但是两国 GDP 增长率的反向变化并不意味着相互间经济脱钩[7,8]。林毅夫则认为内部问题确实影响到中国经济的绩效，但仅是一方面[9]。

我们认为应该清醒地认识到中美之间仍然存在巨大差距，有些差距中短期内是难以超越的，需要对中美差距进行客观、定量、具体的分析，不可盲目自大，但也不能妄自菲薄。一些学者认为中国创新能力、经济实力等 6 个方面已经全面超越美国是缺乏数字支撑的，过于乐观，也容易误导公众；还有一些观点认为中国永远无法超越美国，甚至认为 100 年也无法超越美国更是非常荒谬和缺乏依据的。

（二）经济差距：中国总量将超越美国，但人均量难以超越

中国 GDP 总量已居世界第 2 位，但是 2017 年美国人均 GDP 仍是中国人均 GDP 的 6.8 倍。即便中国 GDP 以 6.9% 的速度持续增长，中国经济总量将在 2029 年超越美国，但是中国人均 GDP 仍将与美国差距较大。在 2008 —2017 年间，中国人均 GDP 自第 111 名上升到第 70 名。人均 GDP 是真正反映一个国家或地区是否发达的重要指标，所以，作为发展中国家，中

国要迈入发达国家行列仍需一段时间。我们应意识到人均 GDP 的重要性，戒骄戒躁，理性清醒地认识中国的经济发展状况。

（三）创新能力：中国数量指标仅次于美国，创新质量短期难超

在国内外 5 类创新能力排名中，中国均落后于美国，并且差距十分明显，短期内不会超过美国。但是近些年，中国高技术产品出口量和科技人才存量快速增长，2016 年中国高技术产品出口值是美国高技术产品出口值的 3.2 倍。所以，以美国为代表的一些国家将中国的创新发展视为威胁，制定了多种阻碍中国企业对外投资和国际贸易的政策，例如美国于 2017 年对中国发起“301 调查”，并宣称将对从中国进口的商品大规模征收关税，并限制中国企业对美投资并购。

（四）教育人才：顶尖人才是中美之间最大的差距，短期内难以超越

美国顶尖科学家数量是中国顶尖科学家数量的近 9 倍，其中美国诺贝尔奖得主是中国诺贝尔奖得主的 172.5 倍，在人才方面，中国短期内难以超越美国。首先，两国的人才培养理念和方式有较大不同，杨振宁教授曾经指出，中国教育过于传统、崇尚权威，填鸭式的教学方法阻碍年轻人思考、怀疑和考证的能力[10]，而美国的鼓励式教育，使美国学生普遍敢于怀疑、提问，敢于向权威挑战，具有很好的独立性和创造性。其次，在人才经费方面，美国人均教育经费是中国人均教育经费的 8 倍，提高教育经费也是未来中国人均教育经费提高人才水平的重要措施。

（五）文化理念：人类命运共同体兴起，炮舰战略早已过时

近年来中国经济迅速崛起，引起美国对华心态与政策的调整，担心中国

的日益强大会出现传统意义上的军事、领土扩张，挑战现有国际秩序，然而炮舰战略早已过时，中国一直秉持和平发展战略，并无扩张和称霸之意。

2013 年，习近平总书记在出访俄罗斯时首次正式提出人类命运共同体的概念。众所周知，人类只有一个地球，经济全球化已经使得国际社会成为一个相互依存的命运共同体，面对世界经济的复杂形势，任何国家都不可能独善其身。只有各国协同合作，才能实现双赢或多赢，共同造福人类。

（六）经济体制："两只手"总比"一只手"好

2017 年中国 GDP 是美国的 63.2%，中美经济水平的差距除科技、教育、产业结构、资源与土地、消费等影响因素外，还包括经济体制的不同。

美国采取高度自由的市场经济体制，但 2008 年全球金融危机突显了美国经济体制的缺陷，也有一些学者批评美国在产业发展上是"短视的美国"。而中国则是采取市场与政府的双重作用方式，"看不见的手"和"看得见的手"有机、高效协调，推动经济社会可持续发展，应努力形成市场作用和政府作用的有机统一、相互补充、相互协调和相互促进的格局。

（七）发展趋势：中国经济总量有望 14 年后超越美国

纵观世界经济发展历程，在农业时代，中国始终处于领先地位；到了工业时代，欧洲率先开展工业革命，使得欧洲经济曾经处于世界第一位；进入信息时代，美国处于领先地位。随着生物时代的来临，美国是否能够继续保持第一的位置？中国能否超越美国再次成为世界第一？

关于中国 GDP 超越美国的时间，世界多个组织和研究机构对此进行了研究，美国情报委员会认为中国经济超过美国经济的时间为 2050 年，彼得森国际金融研究所认为中国经济将在 2030 年超越美国经济。诺贝尔经济学奖得主、美国芝加哥大学福格尔教授在美国《外交政策》（*Foreign Policy Journal*）杂志上发表了《123 万亿美元：为何中国经济规模 2040 年将增至

123 万亿美元》的封面文章，预测“2040 年，中国的经济总量将达到 123 万亿美元，是 2000 年全球经济总量的近三倍。中国人均国民收入将达到 85000 美元，是欧盟届时预期人均收入的两倍，比印度和日本也要高出许多”[11]，并提出了中国成为超级大国的主要理由是，中国正在快速转型为资本主义消费经济，中国目前的政治体系资本主义化更甚于美国，中国最近对教育的大手笔投入、中国政府的数据其实是低报了中国的经济发展等。

2017 年中美 GDP 分别为 12.25 万亿美元和 19.39 万亿美元，中美 GDP 增长率分别为 6.9% 和 2.3%。我们分别以高、中、低三种速度综合计算，预测中国 GDP 超过美国 GDP 的时间为 14 年（表 13–14）。

表 13–14　中国经济超越美国经济的时间预测

	中国	美国	中国 / 美国	时间（年）
GDP（2017 年）	12.25 万亿美元	19.39 万亿美元	63.2%	—
GDP 增长率（2017 年）	6.9%	2.3%	300.0%	—
高速度	6.7%	2.30%	100%	11
		2.50%	102%	12
		2.80%	103%	13
中速度	6%	2.30%	100%	13
		2.50%	101%	14
		2.80%	100%	15
低速度	5.5%	2.30%	100%	15
		2.50%	100%	16
		2.80%	101%	18
平均值	6%	2.5%	100%	14

（八）分歧管控：中国政策稳定，美国往往反复无常

由于地缘政治、民粹主义、宗教文化等各种因素的影响，世界不同国

家在意识形态、经济发展模式、国家治理模式、宗教信仰等方面存在诸多差异。因此，在大国关系合作与竞争中，管控分歧、求同存异、和平共处、互惠互利是国家发展、世界稳定的根本途径。2016 年中美两国 GDP 已经占世界 39.3%，中美两个大国的分歧管控能力直接影响、制约世界经济的发展和世界的和平与稳定。

中国改革开放以来，中国一直奉行和平共处五项原则，坚持国家无论大小一律平等，特别是习近平总书记提出构建“人类命运共同体”，中国坚持和平崛起的发展道路，使中国管控分歧的能力大幅提高，得到了世界许多国家的广泛赞同和支持。相反，美国政府坚持“美国优先”原则，不顾其他国家的利益，甚至破坏自己主导制定的国际规则，并不断改变政策，否定承诺，退出国际公约，反复无常，以此实现美国的利益最大化，使美国的国家形象遭到破坏，也使运行几十年的国际贸易规则面临着崩溃的危险。

（九）“五力”角逐：美国时代没有结束，中国正在迅速崛起

国际上通常用硬实力、软实力、巧实力、锐实力、潜实力等“五力”来衡量和比较国家之间的竞争力与发展潜力。我们对中美“五力”角逐的研究结果是：美国实力较强，但中国追赶很快。

1. 中国的硬实力为美国硬实力的 63%

硬实力（hard power），是指一个国家的支配性实力，包括基本资源（如土地面积、人口、自然资源）、军事实力、经济实力和科技实力等。2017 年中国 GDP 达到美国 GDP 的 63%；2012 年，中国科技部组织近一万名科学家进行技术预测与评价，对 1300 项技术进行了科学的评估，有 17% 的技术处于世界“领跑”水平，31% 的技术处于“并跑”状态，52% 的技术则处于“跟跑”状态。如果美国的科技创新能力为 100 分，中国科技创新能力则为 63 分。此外，中国国土面积是美国国土面积的 1.1 倍，美国军费

支出是中国军费支出的近 4 倍，中国的经济实力、科技创新实力均为美国的 63%，因此，中国硬实力为美国硬实力的 63%。

2. 美国的软实力稍强于中国

软实力（soft power）这一概念由著名国际问题专家、美国前助理国务卿约瑟夫·奈于 1990 年首次提出，他认为一个国家的软实力主要来自三种资源：文化（在其能发挥魅力的领域）、政治理念或政治价值观（无论在国内外都能付诸实践）和外交政策（当其被视为合法，具有道德权威）[12]。约瑟夫·奈认为软实力是一种通过吸引而非强迫或收买达到目的的能力。

我们认为，软实力的核心是文化的吸引力、外交的感召力和政治的影响力。

从文化来看，中华民族拥有五千年的文明史，时间远远长于美国，文化理念优于美国。在几千年没有完善法律的情况下，中国靠什么维持了国家、社会的长治久安？许多朝代都超过了 200 年，比美国历史还长，靠的就是传统伦理与道德。中国传统文化的本质是伦理道德，核心理念是“中庸”，“不偏之谓中，不易之为庸”讲的是“中庸”。“重义轻利”“贵义贱利”“先天下忧而忧，后天下乐而乐”，则倡导“忘我”。而美国文化理念的核心是“自由、民主”，突出“公平竞争、自私、自我”。中国政府重视“扶贫”，美国政府注重给富人减税；中国人认为财富是人创造的，美国则认为财富是资本创造的；《三字经》讲“人之初，性本善”，而西方文化则认为“人都是自私的”等，从这一点上讲，中国文化明显不同于美国文化。

从外交上讲，中国经济长期落后于美国，通常讲弱国无外交，国家之间没有永恒的友谊，只有永远的利益。与美国建立外交关系的国家，特别是结盟的国家多于中国，所以当前美国的外交实力强于中国，但中国的外交实力增速快于美国。中国政府一直坚持通过联合国来解决国际事务，主张政治解决、和平解决，坚决反对对一些国家实行武装打击。在国际事务中，中国坚持双赢、多赢，树立了公正、和平、温和的形象，美国的形象则完全相反，霸道、霸权，到处惹事“树敌”。尽管美国的军事实力、经济实力、科技实力都强于中国，但中国的软实力正在迅速崛起。“美国优先”过于“自我”，特别是美国总统特朗普发动的新一轮贸易战，使美国外交、贸易、政治影响迅速下滑。此外，美国发动战争，得罪了伊拉克、阿富汗、叙利亚、利比亚等国家的几十亿人民，美国的软实力下降是必然的。

妥善地运用软实力，一个国家就能够以平等、公正、温和、迂回的方式达成预期的结果，吸引他国欣赏并认同其价值观，从而愿意在国际事务中协同共进。美国指责中国用协商的“买”解决问题，而实际上，“买”远远好于美国用“打”来解决问题。

3. 美国的巧实力强于中国

巧实力是指结合硬实力和软实力的综合制胜能力，牵涉外交、游说、斡旋、示威、影响等有效率又合于情、理、法的策略运用。2004 年，美国安全与和平研究所高级研究员苏珊尼 · 诺瑟在《外交》杂志上首次提出“巧实力”（smart power）的概念。2007 年，“软实力”的提出者约瑟夫 · 奈与美国前副国务卿阿米蒂奇共同主持编写了《一个更灵巧更安全的美国》研究报告，主张将巧实力战略上升为一种提升美国国际地位的大战略来实施[13]。

换句话说，巧实力实质上是对军事能力——“打”的能力的美化。西方学者认为巧实力是运用军事和外交手段双管齐下、软硬兼施的能力，我们理解，“软实力 + 军事实力 = 巧实力”。美国善于运用军事手段，中国则反对运用军事手段，而是善于运用外交、和平手段解决国际事务，所以美国的巧实力强于中国。巧实力是在美国软实力逐步衰落、影响力逐步下降、外部挑战日益增加、新兴国家日益崛起的背景下提出来的，目的就是缓解美国所面临的优势不足的危机，可谓“对症下药”，具有较强的针对性和现实性[14]。

4. 中国的锐实力强于美国

锐实力（sharp power）是西方学者为丑化中国和俄罗斯而发明的新词，其概念核心是运用购买力和行政权力的能力。由于中国政府的动员力、号召力强，外汇储备多，所以中国的锐实力明显强于美国。中国运用“无形之手”与“有形之手”有机结合发展经济，取得了举世瞩目的经济成就。美国的“一只手”竞争不过中国：一方面，让中国政府收手，停止或放缓“中国制造 2025”；另一方面，美国政府的手却伸向全世界，不干涉本国企业，却干涉别国企业，如找各种借口对中国中兴、华为等公司进行打压。

锐实力实质上是运用购买力、宣传力形成的综合能力。美国国家民主基金会（National Endowment for Democracy, NED）在 2017 年的一份报告中首次提出“锐实力”，指出中国和俄罗斯这两个“专制政体”不惜重金在国际上推展文化活动、学术与教育计划、投放媒体广告等，以影响国际社会对这两国的印象。《经济学人》杂志在 2017 年 12 月 16 日发表《锐实力——中国正在操纵西方民主国家的言论。中国人要做什么？》，认为中国正在利用锐实力帮助威权政权绑架和操纵国外的观点，澳大利亚、德国、加拿大、新西兰都对中国影响力的扩大方式表现出不满、警觉和反弹[15]。文章还认为利用锐实力的国家，一般都具有相似的意识形态模式，包括国家权力重于个体权利，对自由表达、公开讨论、独立思想持有根本性的敌视。通过锐实力的渗透，独裁或威权政治的某些价值观念，比如权力垄断、由上到下式的控制、媒体审查、胁迫收买等，也会随之渗透到目标国家之中。

与软实力不同，锐实力是“中国威胁论”的另一种表述，警告西方国家不能对中国日益扩大的影响力和渗透力掉以轻心。锐实力反映了西方国家对自身和中国、俄罗斯的双重标准，同样的行为，对美国等西方国家来说就是展现其软实力，而对中国、俄罗斯则认为在使用锐实力。我们认为，中国的锐实力就是“软实力 + 购”，是协商、公平、双赢的，而西方的巧实力则是“软实力 + 打”，软的不行就来硬的。锐实力是对中国的丑化，而巧实力实质是对美国军事霸权的美化。但不管怎样，锐实力比巧实力要更文明、更持久。

5. 中国的潜实力大于美国

潜实力（potential power）是我们提出的新概念，潜实力就是潜在的、尚未完全展现的硬实力与软实力的总和。中国刚刚进入工业化后期、城市化中期，人口众多、消费能力强，经济发展蕴藏着巨大的潜力，美国已经完成工业化、城市化过程，加之人口少，经济发展则完全依赖经济扩张或者新的科技革命。因此，美国经济增长的空间明显小于中国；军事方面，中美都是核大国，基本进入了“谁也不敢打谁”的阶段，局部军事摩擦不会避免，大的冲突不会发生，除非美国鹰派“疯了”；科技创新方面，虽然中国创新进步快，但美国创新基础雄厚，中国短期内难以超越美国。

总之，美国时代没有结束，中国正在迅速崛起，世界多极化、多元化的格局正在逐步形成。约瑟夫·奈在《美国世纪结束了吗？》一书中明确写道：“中国的政治体制至今已经显示了强大的、针对具体目标的实力转化能力，例如受人举世瞩目的新城市建设项目和高铁项目。”[16]我们预测，如果短期内不发生新一轮科技革命和产业变革，世界经济按照目前的秩序、模式发展，则中国潜实力将超过美国，中国经济总量也会超过美国，虽然综合国力与美国相比还有明显差距，但中美硬实力、软实力的差距必将大大缩小。不过，如果中国科技创新受阻，美国独占未来新科技革命、产业革命的硕大成果，则美国的潜实力将超过中国。

未来世界，只要中国不犯颠覆性的错误，美国不独占新科技革命、产业革命的成果，中国经济总量超过美国只是时间问题，但是中美差距不仅仅是经济总量的差距，在经济效率、教育、科技创新、综合国力等方面还存在许多短期内难以缩小的差距。美国不必担心中国会全面超过美国，更不用担心中国挑战美国的传统发展理念，即使中国经济总量超过美国，也不应认为中国在科技、教育、文化、军事、综合国力等方面已经全面超过美国，更不应该盲目自大夸大中国的成就与实力，否则会造成对中美两国的误判，导致难以预料的后果。

第14章

中美贸易战的真相与走向

中美贸易摩擦的真相是什么？走向又将如何？已经成为全世界关注的热点问题，是学术研究的难点，更是政治家关注的焦点，中美是世界上最大的两个经济体，贸易摩擦何去何从，必将波及全球。

中国在贸易方面有着极其辉煌的历史，也有悲惨遭遇。举世闻名的丝绸之路，展示了中国产品，传播了中华文化，流传千古，支撑过去，影响今天，启迪未来；震惊世界的鸦片战争，帝国主义列强的入侵使中国失去了尊严、市场甚至主权，中断了中华民族的文明进程，一个文明古国自此变成半殖民地半封建的弱国，占世界经济总量的比重由32%下降到4%，在中华民族发展史上留下了百年屈辱，而彻底雪耻又需要百年。

为了寻求公正、平等的国际贸易环境，中国打开了关闭数十年的大门，历经十余年的艰苦谈判加入了WTO。许多国家企图再次瓜分中国市场，而中国人民凭借聪明、勤劳、善良的民族特征，保住了自己的市场，开拓了国际市场，发展了中国经济，支援了世界经济，取得民族发展史上的辉煌成就，创造了人类经济发展的中国奇迹。

然而，当中国加入 WTO 满 15 年即将自动成为市场经济国家之时，一些国家为了在贸易中继续给中国施加不平等待遇，公然违背承诺，破坏国际契约，拒绝承认中国的市场经济地位。面对残酷的现实，我们的选择只能是要求发达国家遵守国际公约，开始为争取市场经济地位而进行新一轮“长征”式的谈判，甚至还有专家建议中国主动退出 WTO，分别与不同国家谈判确定贸易规则。

美国总统特朗普上台以来，用更加猛烈的手段破坏业已运行几十年的中美贸易框架与规则，用发动新一轮贸易战向中国施加压力。为了积极、稳妥、有效地应对已经爆发的贸易战，迫切需要对贸易战趋势进行分析与判断。

第 1 节　美国挑起贸易战的三大目标与真相

特朗普自上台以来不断制造种种贸易摩擦，挑起贸易战的真实目的至少有三个，其真相是制造新的“第二经济大国陷阱”，遏制中国崛起或超越。

（一）小目标：服务中期选举

美国议会中期选举将在 2018 年 5 月开始，并持续到 11 月，特朗普一改美国历任总统攻击中国人权等问题获得选票的做法，企图通过发动贸易战力争美国民众的支持。

提升特朗普上任以来难看的民调数据是美国发动贸易战的小目标，当特朗普看到自从发动贸易战以来，其民调满意度几次超越同期奥巴马[1]，兴奋地在网上公布自己的民调数据，表明特朗普发动贸易战的目标之一就是提高其民调支持率，为即将到来的中期选举，也为谋求 2020 年的连任做前期准备。当然，美国许多人也批评特朗普为了自己的民调与连任不顾美国的国家利益而发动贸易战。特朗普是美国总统上任一年来民调支持率最低的总统之一，但是发动对中国的新一轮贸易战之后，民调支持率有所提升，达到了提升民调支持率的目标，基本完成了发动贸易战的短期目标。但是，美国知识阶层、上层社会、新闻媒体对特朗普的个性风格、工作方式、领导能力均不看好，中下阶层则认为就业改善不明显，减税给富人带来的好处多于穷人，长期下去，特朗普能否保住中下阶层的票仓还是未知数。

（二）中目标：争取贸易平衡

争取贸易平衡是特朗普政府以贸易为名，达到抬高自己、遏制中国目标的幌子。特朗普多次讲美国是吃亏的一方，中国对美国贸易顺差达 5000 亿美元[2]，这不公平，需要贸易平衡。2018 年 5 月 3 日至 4 日，美国总统特使、财长姆努钦率团访华期间，明确提出缩小贸易逆差 2000 亿美元的过分要求。

中美贸易顺差究竟是多少，各方面的数据相差悬殊，如何达到贸易平衡？特朗普说美中逆差是 5000 亿美元，美国商务部公布是 3572 亿美元，中国商务部公布中美商品贸易顺差是 2758 亿美元，如果加上 700 亿美元的服务贸易，美中贸易逆差仅有 2000 亿美元。德意志银行测算，如果扣除美国在华企业的当地销售金额，中美贸易顺差可能只有 300 亿元。可见，要想实现贸易平衡，先需要认真研究平衡点在哪里。此外，美国高科技产品对中国封锁，又不生产低技术产品，如果实现平衡？

为了实现所谓的贸易平衡，美国绕开国际贸易组织，直接采用国内法对中国开展所谓的“232 调查”“301 调查”等，并根据这些调查结果，向中国提要求并处罚中国企业。这种公然违背国际贸易规则、转移国内矛盾的做法，已经引发四十多个国家政府或企业的强烈反对，彻底撕毁了美国维护多年的“世界警察”的遮羞布，暴露了“世界超级商霸”的本来面目，也招来美国民主党及民众的强烈反对。很多经济学家都给特朗普写信反对美国发动贸易战，认为特朗普政府破坏了美国作为世界大国的形象，不仅损害了美国利益，反而帮助中国走上领导世界的舞台。因此，特朗普发动贸易战的目标能否实现只能拭目以待。美国绝大多数人，特别是众多议员、政府高层官员、大学教授等都没有访问过中国，只是从美国长期抹黑式的宣传中了解中国，对中国持有许多偏见与成见，这为特朗普针对中国的贸易战创造了条件。

（三）大目标：制造“第二经济大国陷阱”

新一轮贸易战是特朗普“美国优先”、印太战略的重要组成部分，不仅仅是为了寻求所谓的贸易平衡，其最终目标，也就是贸易战的真相，是像当年遏制日本、苏联等国一样，制造新的“第二经济大国陷阱”，全面遏制中国经济超过美国，长期保持美国世界经济中心、科技中心、军事中心的霸权地位。

特朗普上台以来就增加军费，大量重用鹰派人物。白宫贸易委员会主席纳瓦罗（Peter Navarro）就是一个典型的代表，他撰写的《致命中国》（*Death by China*）[3]、《即将到来的中国战争》（*The Coming China Wars*）[4]、《中国军国主义对世界意味着什么》（*Crouching Tiger, What CHINA'S MILITARISM Means for the World*）[5]等遏制和反对中国的书，“呼吁全球一致行动来对抗中国龙”，得到许多鹰派人士的喝彩，更深得特朗普的赞赏。他曾经评价“《致命中国》一针见血，它用事实、数字和洞察力描述了我们与中国的问题”。特朗普关于重振美国制造业和对华贸易的观点，多来自纳瓦罗书中的观点。

自中美产生贸易摩擦以来，一些媒体认为美国对中国的看法正在发生变化，无论是共和党还是民主党，无论是鹰派还是鸽派，似乎都赞同遏制中国的发展，尽管他们各自有不同的打算与目标，然而对于正在崛起的中国，美国似乎已经难以接受，其对华的政策和态度必然会发生变化。过去想遏制，但认为时机还不到，而当中国 GDP 接近美国的 70% 并持续保持增长势头时，美国阻止中国赶上美国几乎成为共识，这就是美国发起新一轮贸易战的大目标。

美国建国仅仅两百四十多年，经济、科技实力强，但文化底蕴薄弱，还没有形成自己独特的文化基因，不注重国家形象与国家行为，推行贸易保护主义、“美国优先”，对联盟也增加关税，使 2018 年在加拿大举行的 G7 峰会成为盟友对美国的批判会，使美国多年树立的良好形象荡然无存。加之美国倡导的人权高于主权，不断制造国际事端，欺强凌弱，必然会导致非盟友敬而远之。与美国相反，习近平总书记倡导的“构建人类命运共同体”的理念得到许多国家的高度认同，特朗普政府担心中国的软实力进一步提高，因而发动新一轮贸易战的最终目标就是遏制中国崛起，这是美国超级大国的真实面目。

第 2 节　中美贸易“谁吃亏”的三种观点

关于“中美贸易中谁占了便宜”，至少有三种截然不同的观点：特朗普说美国吃亏了；中国有民众则说中国出口的商品只换来“废纸”，肯定是中国人吃亏了；多数学者及第三方中间机构则认为中美贸易逆差被高估，贸易的本质是商品交换、互通有无、优势互补、利益互惠、合作共赢，不存在谁吃亏、谁占便宜的问题。

（一）美国总统特朗普认为“美国已是吃亏的一方”

特朗普认为“美国已是吃亏的一方”，主要理由是依据美国商务部的数据，2017 年美国对中国的贸易逆差高达 3752 亿美元，比 2016 年增长了 9%，使其竞选时提出缩小逆差的诺言成谎话。特朗普政府在《国家安全战略》报告中指出，中国修正、挑战“美国传统理念”，自由的市场经济没有把美国经济搞上去，反倒中国特色的社会主义市场经济使中国成为第二大经济体，并保持强劲的增长势头，这是对美国所谓的自由、民主、人权传统理念的挑战。

此外，特朗普还认为中国“经济侵略”，声称中国政府故意操纵市场，从美国窃取技术和知识产权。他还认为贸易逆差就是中国人在抢占美国人的就业岗位，而实质上是大量工业机器人替代了美国人的工作岗位。美国印第安纳州波尔州立大学的研究显示，美国有超过 88% 的就业岗位被机械化所替代[6]。美国企业大量采取代工策略，降低产品成本，使美国失业人口增加，然而美国政府却把就业岗位减少的责任推到中国人头上。

为不可告人的目标寻找借口是美国历来的做法，以伊拉克拥有大规模化学武器为由，公然绕开联合国对一个主权国家发动战争；以人权等为由对南斯拉夫发动战争，并以采用旧地图为由轰炸了中国驻南斯拉夫大使馆。当前，美国夸大贸易逆差的数额，仍然是为了在贸易谈判中逼迫中国做出更多的让步。

买卖是双方自愿、各取所需，很难说“谁占了谁的便宜”。美国人需要价廉物美的生活用品，希望买到价廉物美的中国产品，中国人则需要购买飞机、芯片、大豆等急需产品，这种合作双赢的局面持续了几十年，相信未来还会持续数十年。当前特朗普发动的贸易战只是历史的一个小插曲，美国人需要大量中国产品，即使不从中国进口，为了正常生活，美国也需要从日本、德国、墨西哥、越南、泰国等国进口，但是德国、日本的产品价格高，而越南、泰国等其他发展中国家的产品质量较差。我们在美国纽约 H&M 商场调研，相同款式的一件男士衬衫，德国产品 110 美元，中国产品 39.9 美元，土耳其产品 29.9 美元，孟加拉国产品 19.9 美元，中国产品的价格虽然高于土耳其及孟加拉国的产品，但其质量明显高于后两者；与德国产品相比，中国产品的质量差距不大，但价格却只有德国的1/3。

从经济学的角度分析，技术大国需要市场大国才能使其技术变成更多财富，市场大国只有依赖先进技术才能不断挖掘市场潜力，否则技术不成为财富就等于没有技术，同样，市场潜力不挖掘也不能成为经济实力。中美两国合作则双赢，争斗则两败俱伤。美国总统特朗普发动贸易战，只会让他国得益，让世人笑话。

（二）中国有民众认为“商品换来的竟是废纸”

除了飞机、芯片、大豆、电影等外，美国几乎没有东西可卖，高科技产品又不卖给中国，中国出口的商品换回来的美元购买不到合适的美国产品就变成“废纸”。中国出口美国的廉价的、低成本的劳动密集型产品，是40年来农民工省下大量医疗费、住房费、养老金等换来的，是他们牺牲了福利保障、降低了产品的成本，为美国及其他许多国家提供了价廉物美的产品，却反遭“颠倒黑白”，说中国占了美国的便宜。例如一部500美元的手机留给中国的利润只有1%，却被计算了100%的出口额，顺差记在中国账上，利润却进入了美国在华企业的账户中。

中美贸易顺差是全球产业链细分的必然结果。2016年，美国的三次产业占比分别为第一产业占1%、第二产业占17%、第三产业占82%（图14-1）。可以明显看出，作为去工业化的发达国家，美国的服务业占比超过80%。当前的中美贸易逆差与两国经济发展阶段密切相关，是两国发挥比较优势和要素禀赋的结果，是当前国际产业分工、产业结构、全球价值链的必然结果。

为了避免贸易战，中国已作出巨大让步：一是2017年特朗普访华时签订了2535亿美元的超级订单；二是博鳌论坛上中国政府宣布允许金融部分领域外方股权超过51%，并在五年后不受限制，打开多年没有打开的“金融大

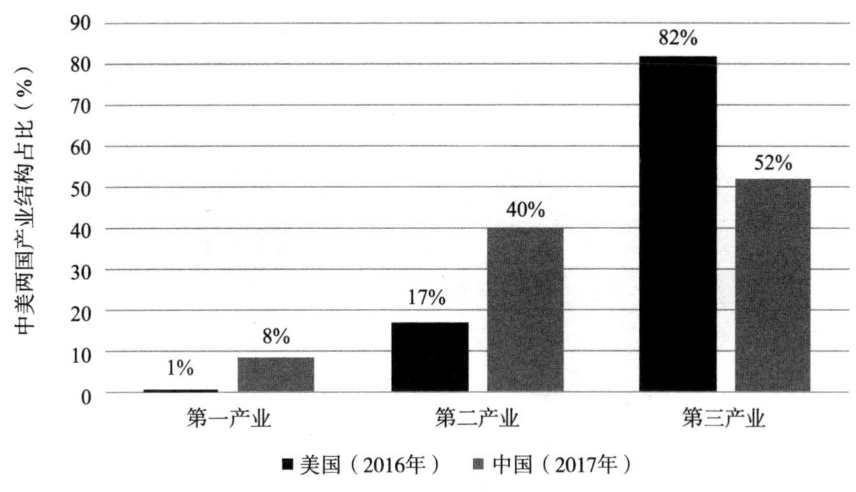

图 14-1　中美两国产业结构对比

数据来源：中国国家统计局、美国经济分析局。

门”；三是主动降低汽车、药品等产品关税。中国反制美国贸易战也有理有节，美国人开出 500 亿美元大单，中国展现出“先礼后兵”的大国风范，被迫反击。7 月 11 日，美国宣布追加对 2000 亿美元的中国产品征收关税，中国再次表现出十分克制、理性的态度，防止贸易战再次升级，防止对世界经济造成不利影响。

从 2016 年中国对美国出口企业百强榜中可以看出，中国的出口结构比例为外资企业占 70%，大陆企业仅占 30%（图 14-2）。外资在华企业大多为加工贸易企业，属于典型的“两头在外”的贸易方式，美国在华的 6.7 万家企业，利用中国廉价的土地、廉价的劳动力、优惠的税收政策，生产出的产品又返回美国，创造的利润属于美国企业，但顺差却记在了中国贸易账上。

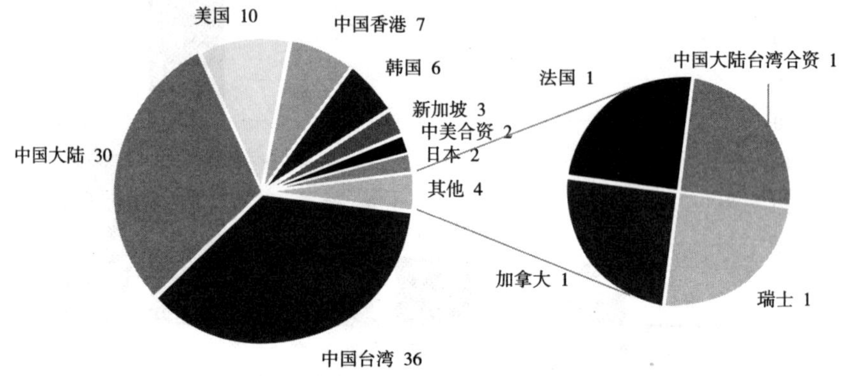

图 14-2　2016 年中国对美国出口企业百强榜（单位：家）

数据来源：进出口信息网。

（三）贸易顺差被夸大了 50%

中美贸易顺差达到 3700 亿美元，是美国政府发起贸易争端的主要原因。实际上，中美贸易顺差被严重夸大了，不同来源的数据相差 10 倍左右。特朗普曾经多次说过商品贸易逆差 3700 亿美元，中国山寨美国知识产权价值 3000 亿美元，贸易顺差达 5000 亿美元以上。而国际中介机构按照两国出口数据分析，中美贸易顺差实际上只有 300 亿美元左右，贸易顺差在中国，利润顺差则在美国，美国在贸易中得到了大便宜，而不是吃亏的一方。

1. 中美两国政府公布的贸易逆差数据相差近 1000 亿美元

根据中国商务部的数据，2017 年中国对美国的货物贸易顺差为 2758 亿美元，而美国商务部公布的 2017 年对华货物贸易逆差为 3752 亿美元，双方数据相差 994 亿美元。按中方公布的数据计算，贸易逆差被夸大了 36%；而根据中美联合统计组的测算，美方统计的对华贸易逆差每年都明显被高估 20%[7]，实际上只有 2600 亿元。

无论是美国商务部公布的3752亿美元，还是中国商务部公布的2758亿美元，都不是中美贸易顺差的最终数据，因为这只是商品贸易的数据，并没有把服务贸易算进去。根据美国经济分析局的统计，2017年中美货物贸易顺差为3757亿美元，服务贸易逆差为385亿美元，美国对中国的贸易逆差为3372亿美元[8]。但是，中国商务部提供的服务贸易逆差数据远远高于美国的数据，2016年中国游客在美国的旅游支出高达352.2亿美元，中国在美国的留学生为美国贡献了159亿美元的收入[9]。有媒体报道，美国对中国服务贸易的顺差为556.9亿美元[10]。中国商务部新闻发言人高峰在例行新闻发布会上表示，美国是中国服务贸易逆差的最大来源国，2006年至2016年，两国服务贸易逆差的增加到33.7倍[11]。另外，加上中国购买美国知识产权、进口美国电影，以及美国兰德、麦肯锡等公司对中国的咨询服务等，还有中国公民赴美国就医等费用，美国对中国服务贸易的顺差应该在600亿美元以上。如果加上服务贸易，2017年中美贸易顺差应该在2000亿美元，这仅为美国商务部公布数据的53%。

2. 统计美国分公司的在华销售额则顺差在美国

当前，世贸组织和顺差计算，只统计商品贸易，不计算服务贸易，更不计算外企在其所在国的销售额，不计算中间产品，只统计最终产品。这种统计规则不能客观反映国际贸易的真实情况，对中国等以“代工为主”的发展中国家十分不利。早在2012年，时任世界贸易组织总干事的帕斯卡尔·拉米就说过，“现行贸易统计方法只适合于过去出口产品完全产自同一个国家的时代，而在生产全球化时代，这一统计方法的漏洞直接导致了美中贸易逆差被夸大”[12]。美国南加州大学跨国法律贸易中心主任布莱恩·派克认为，美国政府引用的贸易数据只包括货物贸易，并没有反映服务贸易，事实上，服务业的生产总值占美国国内生产总值的70%以上[13]。

2018年4月6日美国耶鲁大学杰克逊全球事务研究所高级研究员斯蒂

芬·罗奇在彭博新闻社网站发表的文章中表示，特朗普说中美贸易顺差达到5000亿美元，这个数字比美国商务部公布的数字多出了1/3。按照经济合作与发展组织和世界贸易组织的数字计算，中美双边贸易失衡中至少有40%是中国生产链中组装了其他国家的零件，也就是说，中国产品的实际附加值只有60%，美国对华贸易逆差占美国贸易逆差的份额应该从47%减少到28%[14]。

2018年3月27日德意志银行发布的关于中美贸易报告称，2015年美国通用、苹果等公司在华的分支机构在华销售额为2230亿美元，这一数字没有被计入中美贸易数据。同时该报告还指出，美国企业对华出口额共计3730亿美元，同年中国企业在美国销售总额为4030亿美元，美方的贸易逆差仅300亿美元。这与美国商务部公布的2015年贸易逆差3600亿美元相差了整整12倍。中美贸易中顺差实际在美国，而不是中国，只是美国主导制定的国际贸易规则、统计方法对美国有利，才造成了贸易顺差在中国的假象。

此外，据美国经济局的统计数据，2015年美国跨国公司中国分公司在华的销售收入为3558亿美元，而中国企业分公司在美国的销售收入仅为221亿美元，两者相差3337亿美元，加上美国对中国服务贸易顺差556.9亿元，美国企业在华销售额为3893.9亿美元，实际贸易顺差在美国。

按照当前的统计方法，美国通用、苹果等公司把产品运回美国，统计贸易顺差在中国，而利润却在美国企业。也就是说，贸易顺差在中国，利润顺差则在美国，中美贸易中，美国才是真正的得益方。

3. 中美贸易顺差是美国产业政策造成的

多年来美国的产业政策注重产品研发与销售，把利润率不高的产品制造环节转移到国外，出现了制造业“空心化”，这是由美国自身的产业政策造成的。从中美贸易的产品结构来分析，中国机电产品出口额占出口总额的一半以上，其中许多产品是美国企业在中国代工的产品，这些产品被运回美国就形成了中美贸易顺差的虚高。据中国海关统计，2017 年上半年，中美机电产品贸易额为 1533.6 亿美元，占中美贸易总额的 57.2%（2016 年全年占比为 58.9%），其中对美国出口机电产品的贸易额为 1177.0 亿美元，自美国进口的机电产品贸易额 356.6 亿美元。中国自美国进口的重点商品包括汽车及其关键零部件、航空航天器及其零件、电子元器件、仪器仪表和电工器材，分别占自美国总进口比重的 22.1%、19.0%、14.6%、11.4% 和 4.4%。同期，中国对美国出口的重点商品有自动数据处理设备及其部件零附件、通信设备及其零件、电工器材、日用机械、汽车及其关键零部件，分别占对美国总出口比重的 22.1%、15.5%、6.8%、6.6% 和 6.5%[15]，其中自动数据处理设备、通信设备及其零件两项总额达 445.52 亿美元（表 14-1），这部分产品出口中的绝大多数是苹果等美国公司把产品运回美国所造成的。因此，中美的贸易逆差实际上在 2000 亿美元以下，说明中美的贸易逆差至少被扩大了 50%。

表 14-1　中美主要机电产品进出口情况

自美国进口产品	金额（亿美元）	占比（%）	对美国出口产品	金额（亿美元）	占比（%）
汽车及其关键件、零附件	79	22.1	自动数据处理设备及其部件零附件	261.68	22.1
航空航天器及其零件	67.9	19	通信设备及其零件	183.84	15.5
电子元器件	52.1	14.6	电工器材	80.16	6.8
仪器仪表	40.1	11.4	日用机械	78.21	6.6
电工器材	15.7	4.4	汽车及其关键零附件	77.03	6.5

数据来源：中国海关。

退一步讲，即使美中贸易逆差是 3752 亿美元，但造成逆差的责任完全在美方。一是美国对中国实行高技术封锁，许多高科技产品、技术都不卖给中国，除了飞机、计算机芯片、软件、农产品等外，美国不生产低技术含量的产品，所以没有什么产品可卖给中国，导致逆差；二是美国企业重视研发与销售，把效益低的生产环节外包，这是导致美国产业“空心化”的根本原因。美国经济“生病”却让中国“吃药”，即使中国“吃药”也治不好美国的“病”。美国“生病”需要自己吃药，奥巴马政府早已发现美国“病”得不轻，因而制订了“制造业回归美国”的计划，但收效甚微；特朗普政府通过关税等多种办法，吸引苹果等美国公司把生产环节搬回美国，但是美国产业工人工资水平高，又没有中国工人勤奋、耐劳。公司苹果能不能把生产环节搬回去是个未知数，但如果搬回去，必定会效益下降、利润下滑，好在苹果公司利润率高，还有一定下降空间，但对多数制造业来说，搬回美国之日，可能就是破产之时。全球化已经形成完整的国际产业链，政府扭曲市场规律必然惨败。奇怪的现象是，号称提倡自由市场经济的美国，对内实行市场经济，对外是彻底的政府干预。而中国则采用市场机制，用商量的办法同世界各国做生意，不断创造双赢、多赢的局面。

由于美国将制造业生产环节向外转移，自 2004 年起，中国已连续 13 年成为美国机电产品进口的第一大来源地，占美国市场份额从 2004 年的 16.1% 上升到 2016 年的 26.5%[16]。2010 —2016 年期间，美国自中国进口的机电产品年均增速为 4.9%，逐步呈现增速放缓的波动态势，年均增速已从 2011 年的 10.96% 降至 2016 年的 −3.24%。随着中美贸易战的进一步开展，中国向美国出口机电产品的速度会逐步下降。如果有一天中美贸易顺差没有了，美国人的生活质量下降了，不知道美国人民、美国政府，特别是那些热衷于发动贸易战的高官，会有何感想。

第 3 节　贸易战近期对中国不利

美国挑起贸易战近期肯定对中国经济不利，各种观点可分为乐观派、悲观派、客观派。

（一）乐观派：GDP 增长率降低 0.1 个百分点

乐观派一般认为，美国已丧失了遏制中国的能力，贸易战对中国经济的影响为 0.1%—0.6%。持这种观点的专家和机构认为中美贸易额对中国经济的影响非常有限，完全在中国的承受范围以内。其主要理由是：中国目前是典型的内需型经济，2017 年进出口贸易对中国经济的贡献率为 9.1% 左右，也就是说，按照 6.9% 的增速来算，进出口贸易对中国经济增长的贡献率只有 0.6% 左右。如果美国只对公布的 500 亿美元的中国商品加征关税，那么按照 6.5 的汇率来算，相当于 3900 亿元，仅相当于 2017 年中国贸易出口额 16.87 万亿元的 2.1%；同时，这 600 亿美元仅相当于美国从中国进口的商品总额 5056 亿美元的 11.87%，相当于中国出口总额的 2.6%。高盛公司预判了四种可能出现的场景，对中国具有最大打击的情景是所有国家都对他国征收 5% 的关税，而当股市下跌 10% 或者中国、欧盟贸易伙伴实行反制手段时，美国将受到最大的打击。总的来说，高盛公司认为贸易战对美国的 GDP 损失为 4%，对中国的 GDP 损失为 0.25%[17]。此外，牛津大学认为此轮贸易战对中国经济增速的影响在 0.1%，上投摩根和招商基金也持同样观点，中欧基金认为贸易战对中国宏观经济的影响为 0.3% 左右。

（二）悲观派：可能中断中国经济中高速发展的进程

悲观派认为，中美经济、科技、人才差距大，中国不具备参与贸易战的实力。一些学者认为中国科技、经济发展高度依赖美国，支持经济发展的信息产业、健康产业、先进制造业的核心技术绝大多数来自美国，一旦美国进一步对中国实行技术封锁，中国信息化、工业化进程将会出现停滞甚至倒退。

中国从美国进口的主要产品包括中间产品及其零部件、大豆、飞机、汽车、集成电路和塑料制品等（图 14–3、图 14–4），有学者认为中国的高端

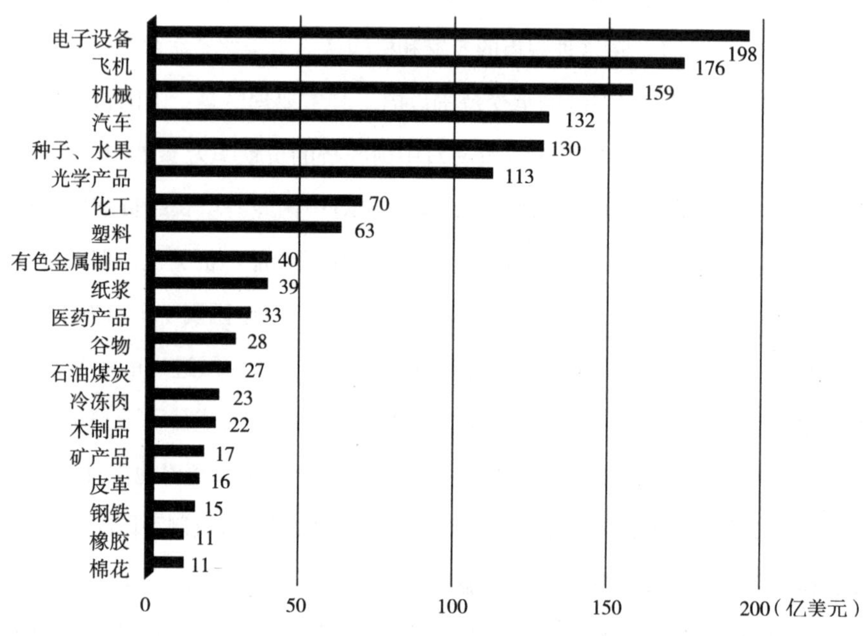

图 14–3　中国从美国分行业进口额

数据来源：中国商务部、美国商务部。

制造业受美国控制严重，如果贸易战升级，将会对中国高端制造业的发展和经济增长产生负面影响；美国制裁中兴公司、华为公司，必然会导致 5G 通信商业化止步，失去来之不易的领先地位；美国关闭网络根服务器，则可能导致互联网络中断；美国停止出售飞机及其零部件，则两年之后，许多飞机不能继续飞行等。也有专家认为，美国停止出售高端科研仪器，中国科研的水平也会下降；美国停止招收人工智能等高科技领域的留学生，中国尖端领域面临顶尖人才后继乏人等。

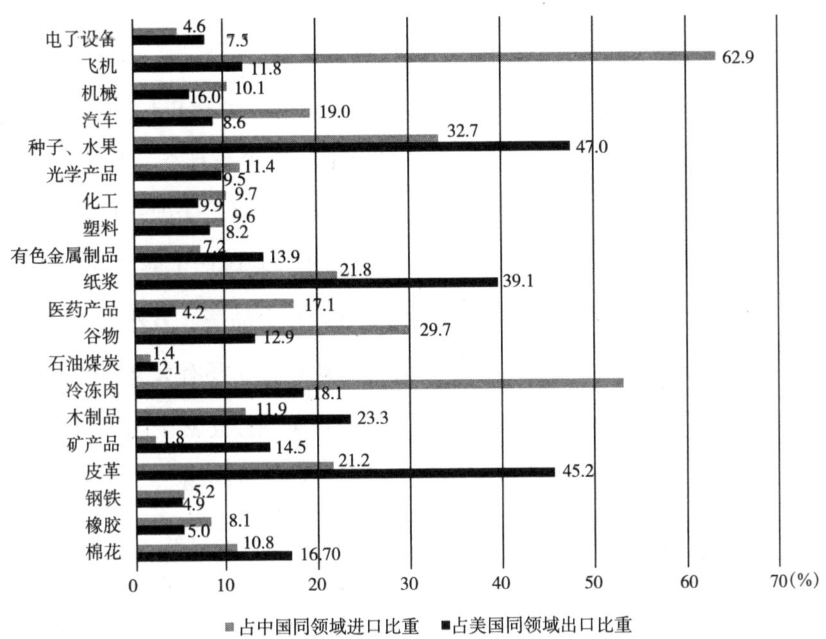

图 14-4　美国对中国贸易逆差行业占比

数据来源：中国商务部、美国商务部。

（三）客观派：可忧不可怕，近期有忧，长期可控

我们研究认为，不能仅仅从贸易总额等角度分析贸易战对中国经济、科技发展的影响，还要分析技术战、人才战等对经济、社会发展的影响，更要从经济、科技、外交、国家安全等方面进行全面分析。美国“301 调查”建议加征关税包含自中国进口产品清单中的 1300 个独立关税项目，涉及《中国制造 2025》的所有行业，包括航空航天、信息和通信技术、机器人和机械制造等。我们研究的总体结论是，贸易战可忧不可怕，近期有忧，长期可控，倒逼创新，利弊转换。

从科技、经济的角度分析，贸易战对中国不同行业可能产生的影响大致可以分为颠覆性冲击、滑坡式影响、激发创新、影响不大等四大类。

第一，可能遭到“颠覆性冲击”的行业主要有：互联网、银行、通信、电子商务、共享经济等。首当其冲的是互联网领域。全球共有 13 个根服务器在支撑全球互联网的运行，其中 10 个在美国，1 个在日本，2 个在欧洲，理论上中国互联网上所有的数据运行都要通过根服务器，美国一旦切断根服务器，会对中国互联网、通信、银行、电子商务等领域产生颠覆性的冲击，甚至会出现由于银行数据缺失而导致金融混乱和社会动荡。另外，中国计算机操作系统，以及文件、数据、图像处理等系统软件，还有大型服务器等都依赖美国，缺乏自主知识产权的替代产品，一旦美国停止对中国供应，那么将会出现计算机操作软件无法更新甚至无法正常运行等问题。

此外，计算机与通信设备制造业是中国 41 个工业行业中增加值最大的行业，但长期处于“空芯化”状态，2017 年主营业收入达 99629.48 亿元，进口芯片 2587.7 亿美元，出口机电产品 14200 亿美元，其中出口美国 2566.26 亿美元，占中国对美总出口额的 50.8%。如此巨大的产业，一旦美国停止商业芯片出口，中国自主知识产权的芯片短期内无法填补中高端芯片的空白，计算机通信行业将受到颠覆性冲击。

目前，中国芯片研制已有一定的基础，但总体水平与美国还差两三代。中国中微公司的设计能力达到 5 纳米，已进入国际前列，但只能制造 28 纳米芯片，与美国相差两代。浪潮的“龙芯 3”等产品已经能够部分替代进口产品，并能基本满足互联网的需求。经过两三年的努力，中国有望制造 14 纳米芯片，届时仍将比美国落后三年。

中国在 5G 通信标准等方面已经走在世界前列，但高端芯片、路由器、接收器等产品仍然依赖高通等国外企业，5G 仍然存在“空芯化”的问题。华为虽然已设计出国际先进的麒麟芯片，但芯片制造仍然要依赖台积电。

第二，可能遭到“滑坡式影响”的行业主要有：纺织业、航空工业、高端食品制造业等。纺织品、家具、玩具等产品出口美国仅次于机电产品。纺织业技术含量相对较低，美国一旦使用墨西哥等国的产品替代，将会导致中国纺织业滑坡；中国航空发动机，特别是商用飞机的发动机，对美依赖度高；中国高端食品添加剂等食品制造技术与装备，也大多依赖美国。

第三，一些行业会出现“倒逼创新、先滑后升”的局面。中国在智能手机芯片、商用芯片、高端医疗器械、生物医药、电动汽车等行业已经形成比较完善的技术体系和产业体系，但目前顶尖人才、技术水平与美国仍有差距。美国的技术封锁必将倒逼中国创新、加强自主创新，这可能会迎来“先滑后升”的新局面。比如华为已拥有自主知识产权的芯片，要通过政策鼓励国内其他手机商使用华为产品替代高通等国外芯片。

第四，贸易战对多数行业冲击不明显。中美产业互补性强，加之美国本来就限制高科技产品向中国出口，技术封锁对中国第一、二产业的多数行业影响不明显，可通过在欧盟或其他国家找到替代品来降低影响。

总的来说，技术封锁必然影响中国信息产业科技的发展：一方面，中国90%的高端科研仪器设备依赖美国，自主开发能力不强，美国若封锁高端设备，必将制约中国科技水平的提高；另一方面，从科技论文、专利产出、政府科技投入、企业与风险投资数量以及市场需求等方面分析来看，生物技术将引领信息技术革命之后的新科技革命。目前美国的生物技术在若干领域全面领先，许多核心技术掌握在美籍华人科学家手中，美国若加强对科技人员管控、逮捕华人科学家，那么发动“人才战”，将会严重制约中美科技合作与交流，必然影响中国科技强国的建设。

第4节　贸易战远期对美国不利

中国的崛起之路不可能一帆风顺，和平崛起也不可能如想象般那样容易，如果不能很好地管控分歧，那么人类历史上资金规模空前的贸易战就在眼前，这不仅对中国不利，而且对美国、对世界都不利。但仔细分析可以看出，贸易战近期对中国不利，长远则对美国不利。

（一）外交形象损失

英国广播公司（BBC）曾面向全球 27 个国家 28000 人做公众意见调查，结果显示美国的国际形象持续恶化，对美国持负面看法的占 51%，持正面看法的仅占 30%。而 20 世纪 90 年代，美国在六成多的世人心中是积极形象，而转折点则出现在美国发动伊拉克战争，但也不止于此。就美国对中国发起的贸易战而言，特朗普政府是以国家安全和贸易公平正义为由，指责在中美贸易中，美国受到不公正待遇。然而，美国是世界上最富有、最安全的国家之一，贸易的本质又是在平等自愿的前提下进行的货品或服务交易，而不是物品或服务的对等交换。所以，特朗普政府发动贸易战的理由十分牵强，特别是对多年支持和跟随美国的欧盟、日本、加拿大等国加征产品税，为了小钱忘了大义，加拿大总理特鲁多说使盟国有被“羞辱”的感觉。2018 年 6 月中旬，在加拿大召开的 G7 首脑会第一次成为“6+1”，六国联合反对美国的贸易保护政策，明确指出美国这种做法只能让美国损失大国形象，失去外交上的行动力和影响力。

（二）政治票源损失

美国发布对 500 亿美元中国进口产品征收 25% 的关税之后，中国提出了反制清单，公布了包括大豆、汽车等产品在内的同等规模、同等强度、同等力度的清单，仅大豆一项就涉及美国大豆生产、加工流通领域的人数将超过 100 万人，长期下去，必然会引发 300 多万农民对美国政府发动贸易战的反感，直接打击特朗普的票仓。特朗普在贸易摩擦升级、大豆期货价格和出口数量下降时，急忙表态农民是“爱国的”，会给农民补贴。自贸易摩擦以来，硅谷科技股惨遭抛售，瞬间蒸发4000多亿美元，苹果股票近几天更是快速下跌7.1%，市值三个交易日蒸发639亿美元。一些大企业因贸易战而受损，对政府的支持率出现下降。政府政策多变，失信于国际社会，也会导致社会精英层及民众对政府的不信任，特朗普的票仓会受到影响。当然，并不能排除票仓和支持率在短期内上升的情况，民众受短期眼前利益的影响使支持率暂时上升是正常的事。近期，由于减税政策的作用，美国GDP增速明显提升，股市也有所回暖，与此同时，美国政府的债务负担也在增加。里根政府的减税政策也实现了短期的经济增长，但随着债务负担的增长，这一政策的作用必然受到限制。特朗普政府减税对经济的刺激作用短期有效，长期作用有限。

（三）美元地位损失

自20世纪70年代以来，美国一直保持其美元体系霸权地位。然而2008年美国发生的次贷危机虽然没有摧毁美元的霸权地位，但是极大地重创了美元体系的信誉并削弱了其地位。特朗普政府是在一定程度上看到了美国金融霸权的脆弱性，因而想通过贸易保护主义的方式缩小贸易逆差，维护美元体系的霸权地位。而且由于中国经济实力不断提升和人民币在国际货币的崭露头角，且长时间对美国巨额贸易顺差，所以人民币成为继欧元之后美国首先要打压的对象。

自中美贸易摩擦以来，金融市场就对中美贸易战相关走势的信息高度敏感，价格波动频繁，经济下行也导致原来打算进入美国的投资转向欧洲市场。而且中国作为美国最大的债权国，除了使用关税措施进行回击以外，更具杀伤力的一个反击措施是减持美国国债。如果中国政府不断减持美国国债，加上经济下行对美国的双重打击，那么将导致美国股市和美元汇率的下跌。近期又有不少国家要求将黄金从美国运回国内，还有专家再次提议美元与黄金挂钩。这些问题必将重创美元体系的霸权地位。

贸易战进一步加剧可能会导致美元主导的国际货币体系重构。如果中美贸易战进一步加剧，将导致美国经济衰退、美元贬值，欧美等国家可能会要回黄金，甚至会要求美元与黄金重新挂钩，从而导致国际货币体系重构，美国将会损失惨重。要重新构筑以美元为主体的体系已经十分困难，或者几乎不可能，美国多年来成功打压日元、欧元的成果将会毁于一旦，这进一步动摇了美国的金融体系，使美国可能会失去最赚钱的工具。如果有那么一天的话，那么美国必将会对今天发起贸易战而后悔莫及。美元作为国际货币主体的地位若产生动摇，进而美国经济赖以生存的根基就会动摇，这将会对美国经济基础造成致命打击，这是美国根本无法接受的结果。

（四）遏制手段损失

美国发动的贸易战让中国意识到，核心技术必须掌握在自己手中，贸易战必将倒逼中国科技创新升级，逐步摆脱核心技术依赖进口的被动局面。美国遏制中国的手段很多，但最切实可行、不伤自身利益的手段，一个是技术战、人才战，另一个是金融战。但如果美国倒逼中国技术创新升级，美国将会失去最有效的遏制中国的手段。

贸易战揭去了美国“世界警察”的面纱，暴露了“世界商霸”的真面目。特朗普发动贸易战使美国人在世界人民面前丢掉了“遮羞布”，彻底暴露了“美国优先”“世界商霸”的真实面目就是唯利是图，不惜破坏国际贸易规则、撕毁国际协定。因此，美国的损失实质是形象的损失、文化的损失、道德的损失，是很难弥补的损失。贸易战打痛了中国，更打醒了中国，尖端技术是买不来的，自由贸易是靠不住的，中国只有自主创新，才能不受制于人。

贸易战可能使美国失去遏制中国的“最后一个筹码”。2018年4月16日美国商务部对中国中兴通讯公司的禁令，使中兴通讯公司进入休克状态，随着贸易战向技术封锁的转化，中美持续四十多年正常的科技交流与合作已经出现障碍。中兴通讯公司面临破产，中国信息产业的持续发展将受到巨大冲击，逼迫中国自主研发高端芯片与系统软件，同时也会引发其他国家研发自主知识产权的硬件与软件。与此同时，随着中国进口美国芯片的减少，美国相关企业的利润也会减少，进而导致研发费用下降，创新能力下降，美国长期垄断世界信息产业的格局可能会很快被打破。如果美国失去对信息技术硬件和软件的绝对垄断地位，也就失去了遏制中国的最后一张牌，甚至可能会失去唯一超级大国的地位。

从这一点上讲，特朗普“美国优先”的外交将使美国在国际社会的信誉直线下降。在美国的无理要求下，连多年顺从美国的日本也放弃坚持六年的政策，开始与中国合作，并有意占领美国可能留出的市场空间。中国一些战略专家甚至希望特朗普继续加大贸易战的力度，继续连任，这样美国人多年树立的“世界警察”的国际形象将荡然无存，美国一旦失去国际社会的信任，以美国信誉为基础的美元体系就会出现动摇，这是美国最不愿意看到的。

中兴通讯公司的危机虽然解除了，但这让中国政府、企业、科技界产生了危机感，看到了不足。从长远来看，贸易战、技术封锁必将倒逼中国加速自主创新的步伐与力度，走出一条创新驱动的新道路。一旦中国补上技术创新，特别是基础研究的短板，美国就失去了遏制中国的“最后一个筹码”，中国的崛起只是时间问题。所以，贸易战短期对中国不利，但从长远看，中国肯定会把坏事变成好事。而贸易战对美国的影响，正好与中国相反，近期谋小利、丢脸面，远期则失去创新优势与综合竞争力。

总之，特朗普发动贸易战，正如当年胡佛总统发动贸易战给所有进口产品加征50%的关税一样，让世人笑话，让美国人倒霉，最后以失败而告终。

第5节　中国应对贸易战的六大优势

中国加入WTO时，人们普遍担心“引狼入室”，认为中国大量没有竞争力的企业会被淘汰，外国企业会迅速占领中国市场，比如著名的熊猫洗衣粉、活力28洗衣粉已经消失，北京吉普、上海牌汽车也成为历史。但是实践证明，有所失更有所得，中国加入WTO取得了预料之外的成功，中国的经济实力跃居世界第二位，中国人的生活水平取得了翻天覆地的变化。目前应对贸易战，与当年应对加入WTO相比，中国具有几个明显的优势。

（一）市场潜力优势

据世界银行数据，2017年中国人均GDP已经达到8836美元，中产阶级人口已达到2.3亿人，毫无疑问中国是世界上最大的潜在消费市场，具有巨大的市场吸引力，因此中国已经成为许多国家最大的贸易伙伴。英特尔、微软、高通、苹果等高科技企业已对美国政策具有很强的影响力，它们不会甘心把如此巨大的市场拱手让给其他国家的企业，这些大企业必须说服美国政府放弃贸易战。

（二）产业体系优势

中国拥有世界上体系最全、系统最完善的产业体系。中国第一产业增加值是美国第一产业增加值的5.4倍，中国第二产业增加值是美国第二产业增加值的1.4倍，中国第三产业增加值则是美国第三产业增加值的38.3%，中美经济的差距主要体现为第三产业的差距。而第三产业对高科技依赖相对较少，美国通过技术封锁对中国经济发展产生的副作用，可以通过大力发展第三产业进行有效对冲。也就是说，贸易战对中国经济总体上不会产生“滑坡式”的影响。

（三）社会制度优势

毫无疑问，中国政府的社会动员能力是世界一流的。中国社会主义市场经济体制及其运行机制更加完善，借鉴了西方市场经济的一些做法，创造了一个适合中国国情的市场调节与政府调控高效协调的经济体制及运行机制，社会稳定、政府动员能力强等具有明显优势。美国政党交替的社会制度决定了美国许多政策是短期行为，甚至会走向反面、前后冲突，总统的最高目标是保持连任，并不是把美国经济搞上去，搞好经济只是总统为连任而争取选票的手段，而非最高目标。因此，只要采取“非对称战略”，影响其连任，就能够取得事半功倍的效果。

（四）外汇储备优势

中国外汇储备丰富，只要加强管控，金融领域不出现系统性风险，完全可以从容有效地应对可能发生的货币战。同时，作为美国第一债权国，中国对美元汇率有一定影响力，因而美国不会随意发动货币战。退一万步讲，只要能够争取中国和平发展的环境与时间，即使每年多购买 1000 亿美元的美国产品，既能丰富人民生活，保障经济平稳运行，又能创造稳定的国际环境，是完全值得的。

（五）劳动力素质优势

中国中等专业学校以上的毕业生高达 1 亿多人，比许多国家的总人口还多，世界上很少有国家有如此宏大的高素质劳动力。虽然近年来中国劳动力成本逐年上升，一定程度上影响了企业效益，甚至有人认为，中国劳动力成本已经过高，开始阻碍经济发展。但是，2018 年 3 月发布的《中国居民收入分配年度报告（2017年）》指出，通过国际比较发现，尽管中国制造业中的劳动力成本与发达国家的差距有所缩小，而相比部分东南亚国家，中国绝对劳动力成本水平较高，但中国劳动力成本的创利水平仍然较高，劳动生产率仍具有比较优势。因此，中国平均工资水平仍有一定上涨空间，中国劳动力成本仍具有明显的比较优势。

（六）技术创新优势

中国已成为具有国际影响力的创新大国，第一产业技术基本能够做到不受制于人，虽然第二产业许多核心技术还依赖进口，但制造业技术主要受制于德国、日本，而非美国。因此，只要德国、日本不与美国联手遏制中国，那么美国单独发起的贸易战不会对中国第二产业产生“滑坡式”的冲击。中国技术创新的主要数量指标均居世界前三位，创新能力还在迅速地提升，只要进一步提高创新质量，中国有望在未来的10—15年内补上主要的技术短板，并逐步成为世界创新中心、制造业中心甚至人才中心。

第6节　贸易战的四种结局与走向

2016年年底，彼得森国际经济研究所（PIIE）对特朗普竞选纲领中贸易政策取向可能引起的结果做了仿真研究[18]，考虑了全面贸易战、不对称贸易战、夭折贸易战共三种场景，最后判断美国不可能进行全面贸易战，否则将承受衰退的压力。我们研究认为，中美贸易战将会出现四种结局。

（一）贸易战：争而不破，边征边谈

特朗普使用了近年来美国历任总统在选举前期的习惯运作，发动各种针对中国的遏制行动，争取不明真相的选民的选票，迎合一些反华、仇华

势力，从而争取更多的支持。特朗普获得了多数工薪阶层选民的选票才成为美国总统，为了成功赢得中期选举，为了兑现其在竞选时提出的贸易保护措施，因此先后提出了30亿、500亿、2000亿、5000亿美元的征税产品“长名单”，在对华贸易谈判中“先发制人”。在欧盟等40多个国家在世界贸易组织联合批评美国发起贸易战，特别是美国国内1000多名经济专家联名写信反对贸易战之后，美国总统特朗普提出的最后结果可能是“皆大欢喜”，但不久又变卦了。

作为共和党的代表人，特朗普代表了华尔街金融“巨鳄”们的利益，除了选举的“政治作秀”外，启动贸易战无非为了促使中国扩大金融市场开放的程度，为将来发动金融战做前期铺垫。实际上中国政府已经在特朗普2017年访华期间就在金融上作了一些让步，但美国政府还不满意。但中国不会像当年日本一样对美国的漫天要价全盘接受，本轮贸易战很可能像过去的贸易谈判一样，双方让步，适可而止，争而不破。

2018年5月20日，国务院副总理刘鹤访美取得重大成果，中美就经贸磋商发表联合声明，双方达成共识：不打贸易战，停止加征关税[19]。国内外媒体与公众都认为这是两国共同的胜利，两国人民获得感最强，也是世界经济发展的福音。

然而仅仅9天之后，美国白宫又称将推进对500亿美元的进口中国商品加征关税，并遏制中国在敏感技术领域投资的计划，最终清单将于6月15日前发布，关税将在“此后不久”施行，并将在6月30日前宣布对中国投资的新限制措施和强化出口管制的措施[20]。由此可见，美国政府的政策是如此混乱与不稳定，给未来中美经贸谈判与中美关系，乃至世界经济与贸易都带来巨大的变数。世界唯一的超级大国如此出尔反尔，令人费解。中国商务部发言人对此事的评价十分巧妙：“出乎意料，但也在意料之中。”美国政策的不稳定与混乱，会给未来中美贸易谈判成功埋下巨大的隐患。

6月2日至3日，刘鹤副总理与美国商务部部长罗斯带领的美方团队在北京再次进行了磋商，两国代表就落实在华盛顿的共识，以及在农业、能源等多个领域进行了良好沟通，取得了积极的、具体的进展。但是，中方就中美经贸磋商发表声明，明确指出："中美之间达成的成果，都应基于双方相向而行、不打贸易战这一前提。如果美方出台包括加征关税在内的贸易制裁措施，双方谈判达成的所有经贸成果将不会生效。"[21]

中方声明的最后一句十分有力，是对美国出尔反尔的政策的有效防止，表明了中方的态度，可见谈判的未知数还是很多，美国对华的政策随时有可能变化。

2018年7月6日，美国对中国出口美国的340亿美元的产品征收25%的关税，同日，中国政府被迫出台反制措施，对340亿美元美国出口中国的产品也征收25%的关税。但这并不表明，中美贸易谈判的大门从此关上，边征税边谈判恐成常态。

（二）科技战：争的是当前，谋的是长远

当前，贸易战的本质是科技战，争的是当前的经济利益，而谋的是远期的综合国力。贸易摩擦不断反复，技术战、人才战愈演愈烈，可能是本轮贸易战的核心内容。美国政府曾经封杀博通收购高通，阻止私募基金收购莱迪思半导体，禁止蚂蚁金服收购速汇金，同时还阻止中国国家核电技术公司投资英国核电厂，等等。自2018年3月28日美国公布对华"301调查"报告以来，4月18日激活对中国中兴通讯公司的封锁令，将禁止美国公司向中兴通讯公司销售零部件、商品、软件和技术7年。虽然这一禁令经艰苦谈判最终解除，但中兴通讯公司以支付10亿美元罚款、4亿美元保证金，30天内更换董事会和管理层，以及美国挑选人员进入中兴通讯公司的合规团队10年为代价。从对中兴通讯公司痛下杀手开始，美国政府已经踏上对中国

科技公司的打压之路，以期阻止“中国制造 2025”目标的顺利完成。可见，美国政府以打贸易战为由，已经拉开了科技战、人才战的序幕。

美国总统特朗普 7 月 20 日提出准备对 5000 亿美元的中国产品征收关税，如果美国一意孤行，贸易战还将进一步升级，使中美经济及世界经济受损。从目前来看，特朗普在工薪阶层的支持率正不断上升，同时也获得了国内部分精英阶层的支持。这两个阶层都在支持特朗普“即使牺牲掉一些短期利益，也要遏制中国的上升势头”的主张，再加上近来美国失业率下降，股票指数上升，美联储 7 月 20 日预测美国第二季度 GDP 增速或为 5.3%，超过了第一季度增长率 2% 的 2 倍。这些因素都会增强美国对贸易战的“底气”，美国可能会将贸易战全面升级到其他领域。

（三）持久战：美国不会容忍超越，中国不会放弃发展

中美贸易摩擦乃至综合国力竞争中有两个基本判断：一是美国不会轻易容忍中国的崛起与超越，中国也绝不放弃发展的权利与机遇。中美贸易竞争、科技竞争乃至综合国力的竞争，必将是持久战。贸易摩擦进入常态，贸易战成为持久战，科技战、人才战将逐步取代贸易战成为中美竞争的核心，知识产权谈判将成为贸易谈判的核心，这是由两国的国情决定的。二是美国发展离不开中国市场，中国发展需要引进技术。中国是当今世界最大的潜在消费市场，美国绝对不会把中国市场拱手让给欧盟及日本。相反，中国经济正处在转型升级阶段，迫切需要先进技术，需要推动、引领一次新的科技革命，中国需要学习、引进美国的先进技术。因此，中美两国综合国力竞争是持久战，不会是冷战。除非世界文明出现奇迹，美国能够理解、接受中国作为一个发展中国家发展经济、持续改善人民生活的权利。中国政府已经多次明确表示中国既不输入制度、也不输出制度，由于美国强大的科技创新能力、教育基础，中国经济总量可能超过美国，但中国在经济效益、人均

GDP、科技、教育等方面与美国还有相当大的差距，更不会挑战美国的传统发展理念，也不会取代美国领导世界的大国地位。

19世纪60年代，当美国经济超过英国时，英国采取多种措施遏制美国经济超过英国，但遏制措施并没有取得效果，英国只能接受被美国超越的现实。当今世界，美国是唯一的超级大国，在科技、经济、军事、人才等方面拥有绝对优势，美国不会接受中国经济成为世界第一大经济体的现实，千方百计遏制中国经济发展是美国当前乃至未来一个时期的核心任务之一，因此中美贸易战将是一场持久战。

（四）走向：制造大国陷阱，遏制中国崛起

从长期趋势分析看，如果美国经济先增后降，那么最终将导致美国贸易战失败，并且还可能引发贸易之外的摩擦或冲突。特朗普提出了“美国优先”、GDP增长达到4%、每年减少贸易逆差1000亿美元、通过减税吸引资本回流等目标，但许多目标显然是难以完成的。即使中国每年减少1000亿美元的贸易顺差，这对美国19万亿美元的巨大经济体的推动作用也十分有限。因此，遏制中国某种程度上是为了转移美国国内的各种矛盾。如果美国失业率下来了，经济增速上去了，那么选举结束了，中国贸易摩擦的强度就会减轻；反之，贸易战不但是持久战，而且会引发其他问题，如台海问题、南海问题等。美国一些鹰牌人物已经在台湾问题上大做文章了，不仅出售武器、高层交往，还可能派驻警卫队。

贸易战必然是两败俱伤，美国国家经济、人民生活受损是必然的。历史多次证明，战争的发起者往往是那些自以为是的“吃亏者”，如果美国在主动发起的贸易战中没有占到便宜，那么将会发生什么？不按规则出牌的特朗普政府是否会接受这一现实？答案应该是否定的，他很可能在外交、知识产权、金融、货币、粮食、能源、军事等领域制造更多的摩擦与冲

突，引发更多的麻烦。例如，进一步利用中国台湾、中国南海以及朝鲜等问题对中国发难，也可能发起粮食战、能源战、货币战，以及一定范围的军事冲突等。著名智库兰德公司 2016 年发布了长达 4.6 万字的《与中国开战——想不敢想之事》，明确提出美国正在推演与中国战争的各种可能性，这绝对不仅仅是危言耸听。

第四篇

战略篇

填平“第二经济大国陷阱”的根本标志是经济总量长期保持世界第二位或者跃居世界第一位，只要中国不犯颠覆性的错误、美国不独享新科技革命的成果，那么中国经济总量超过美国只是时间问题。强化六大优势、“新三步”建成世界经济强国，补上第三产业短板“跃居第一”，发展新兴产业“巩固第一”，建设科技强国“保持第一”；坚持七个自信，防范六大误区，不犯颠覆性错误；拆除十大贸易壁垒，打赢十场非常规战争，防止逆全球化；跨越五大陷阱，中华民族必将以崭新的姿态重回世界先进民族之林，实现民族伟大复兴的中国梦。

第 15 章

强化六大优势，“新三步”建成经济强国

跨越“第二经济大国陷阱”的根本性标志就是长期保持世界第二大经济体地位，或者跃居成为世界第一大经济体。中国社会稳定，市场潜力巨大，经济体制独特，工业体系完善，人才数量丰富，创新增长迅速，成为世界第一大经济体是完全有可能的。我们研究认为，只要美国不独享下一轮科技革命、产业变革的成果，中国经济发展不犯颠覆性的错误，中国经济总量超过美国、成为世界第一大经济体，只是时间早晚的问题。

但是必须指出，中国经济总量超过美国，绝对不等于中国综合国力超过美国，经济大国还不是经济强国，要实现经济强国的目标还有很长的路要走。中国部分经济社会指标，特别是数量类指标可能会超过美国，但多数指标，特别是质量与效率类指标、人均指标，在短期内甚至很长时间内也不会超过美国，这是由两国的不同国情所决定的。但是，中国长期保持世界第二大经济体地位，或成为世界第一大经济体，并成为经济强国，才能真正跨越“第二经济大国陷阱”，这需要采取“新三步”战略：发展第三产业“跃居第一”；发展新兴产业“巩固第一”；建设世界科技强国“保持第一”。

第1节　当前中国经济社会发展面临的主要问题

中国经济社会发展的主要矛盾是不平衡、不协调，进入了工业化中后期、信息化中中期、城镇化中前期、新科技革命前期、乡村振兴加速期、美国遏制加速期的“六期重叠”的新时代，面临着新形势、新问题和新矛盾。

（一）第一产业亮起“五盏黄灯”

第一，食品安全问题尚未得到根本解决，13亿多人口的食品安全受到不同程度的影响。种植业大量使用化肥、农药，养殖业大量使用抗生素，食品加工中大量使用添加剂，食品安全从田间到餐桌的技术体系、产业体系、监管体系尚不完善，食品污染、食物中毒、动物耐药性增加、病原微生物污染严重等食品安全问题仍然严重影响着人民的健康、损害国家形象。

第二，粮食安全问题重新出现，进口粮食相当于8.9亿亩农田的产量。1998年中国宣布基本解决了粮食数量不足的问题，而2017年中国粮食进口量相当于8.9亿亩农田的产量，粮食安全问题再次出现。虽然中国口粮自给率已高达97%，但粮食隐性自给率只有65%。

第三，农村生态与资源问题任务艰巨，近1亿亩土地需要整治。1亿亩污染农田、5000万亩严重污染农田已不适宜耕种，土地沙化、灌溉农田盐碱化、草原退化、农村地下水位下降等农业生态问题还未从根本上得到解决。此外，2亿农民进城导致宅基地闲置、耕地撂荒，造成大量珍贵土地资源浪费，亟待开展土地整治活动。

第四，乡村振兴，解决5亿农民收入持续增长难度巨大。中国有40%的人口住在农村，农村教育、医疗、文化、饮水、厕所等方面严重滞后于城市，影响农民生产、生活，制约城乡协调、同步发展，如果乡村振兴跟不上去，城乡差距有可能进一步拉大。

第五，农业劳动力后续乏人，亟待创新农业经营模式。目前，农村劳动力以 50 后、60 后为主，70 后已很少务农，80 后基本不参与农业劳动，农村劳动力缺乏问题突出，不少土地出现撂荒，全国复种指数明显下降，从根本上动摇了家庭承包制的全面实施。需要进一步创新农业经营模式，加快农业规模化、合作化进程，壮大农村经济，确保“饭碗端在自己手中”。

（二）第二产业面临“五大瓶颈”

第一，工业效率低，发展遭遇瓶颈。2017 年中国工业利润率为 6.46%，一半以上行业利润率低于 6%，企业投资工业利润低，金融脱实向虚，实体经济发展面临投资瓶颈。没有投资就难以推动工业快速发展，但投资过度又会导致产能过剩、效率下降，工业遭遇发展瓶颈。第二产业占 GDP 比重已由 46% 降至 40%，且仍在继续下降。如何振兴工业，促进实体经济发展，迫切需要破题，在产业结构优化中，第二产业占 GDP 的比重多大时适合中国国情，亟待深入研究。

第二，扩大出口遭遇瓶颈，产能过剩问题突出。中国 500 多种主要工业品产量已居世界第一位，自 2008 年爆发全球金融危机以来，出口对经济增长的贡献明显下降，41 个工业行业中有 2/3 的行业接近产业拐点，产能过剩问题短期内难以解决，且目前已由中低端产品过剩转向中高端产品过剩。

第三，缺乏核心技术，工业高质量发展遭遇瓶颈。一是钢材等基础材料质量差，高端基础材料从钢材到芯片生产都严重依赖进口；二是高端数控机床等制造设备缺乏，五轴数控机床、7 纳米芯片生产线等高端制造装备缺乏，严重制约着高端产品的生产；三是发动机、燃气汽轮机、高端芯片等核心产品或零部件严重依赖进口。

第四，遭遇技术封锁，部分信息产业发展遭遇瓶颈。计算机与通信制造业已连续 17 年成为工业增加值最高的行业，但仍面临“缺芯少魂乏力”的困难局面，这直接制约主营业收入 10.69 万亿元的计算机与通信行业及相关服务业的发展。另外，全世界 13 个根服务器没有一个在中国，严重威胁着中国网络安全。

第五，商业模式落后，企业小而散，提高国际竞争力遭遇瓶颈。医药、农业、软件等行业的企业“散、乱、重”等问题突出。中国有 6000 多家医药企业生产药品，却没有一家 500 亿美元的大型医药企业。生产要素浪费十分突出，企业商业模式创新、兼并重组、效率不高的问题始终没有得到有效解决。

（三）第三产业缺乏“两大支柱”

第三产业是当前的经济增长点，但是第三产业持续发展缺乏两个支柱：一是第三产业科技创新能力弱，缺乏强有力的科技支柱；二是第三产业标准体系不完善，缺乏行业标准支柱，许多服务业缺乏国家标准、行业规范，鱼目混珠、滥竽充数、劣币驱逐良币等问题还很突出。

第一，缺乏科技支柱。中国长期重视农业科技、工业科技与产业的发展，第三产业科技相对薄弱，金融科技、现代物流、健康服务、养老等方面缺乏现代科技支撑，市场潜力没有被充分挖掘。虽然国家制定了《“十三五”现代服务业科技创新专项规划》，但由于支持经费少，不论与服务业发展需求比，还是与第一、二产业的科技创新能力比，特别是与发达国家比，第三产业科技创新都处于相对薄弱的状态。

第二，缺乏行业标准支柱。缺乏国家标准、行业规范，行业自律明显不足。中国服务业领域标准体系不完善，许多服务行业缺乏行业标准引导。咨询服务业、家政服务业、旅游服务业、健康产业、共享经济、电子商务等仍然面临着国家标准、行业自律不够、市场潜力未能充分挖掘等问题，严重影响第三产业的健康发展。

另外，第三产业持续发展还面临着两大泡沫风险：

第一，金融泡沫。2017年中国金融业占GDP比重为8.6%，高于美国、日本、德国等发达国家，日本在金融业占GDP的9.3%时出现金融危机，是导致日本经济持续30年低迷的重要原因之一。中国金融业占GDP比例明显偏高，加强金融监管仍面临许多新问题，保障金融安全已成为国家经济安全的重中之重。2018年3月，中国银行公布中国货币供应量（M2）已达27.67万亿美元，超过了美元与欧元的总和。防止通货膨胀、防范金融危机已是一项繁重而长期的任务。

第二，房地产泡沫。中国房地产价格调控面临“涨不得、更降不得”的双重困境，房价继续攀升会造成更大泡沫，影响低收入百姓生活和社会稳定，房价下跌则会导致地方财政困难、银行债务等一系列问题。如何管控房价、增收房产税是一个棘手的经济问题，也是一个重大的社会问题。

（四）社会发展面临“四大难题”

第一，精准扶贫之后，区域差距上升为主要矛盾。西部落后10个省的经济总量不足一个经济大省的经济总量，亟待开展新一轮西部大开发。工业化加速了经济发展的不平衡，财富向富国、富省区、富人聚集的效应日益明显，国家之间、区域之间的信息鸿沟正在被填平，而人才鸿沟却越来越深，导致财富鸿沟越来越深。比如，将甘肃省与江苏省作比较，1980年江苏省GDP是甘肃省的3.4倍，2016年江苏省GDP是甘肃省的10.6倍。1978年到2016年的38年间，江苏省GDP从249.24亿元增加到76086.2亿元，增加了304.3倍，甘肃省GDP由64.73亿元增加到7152.4亿元，增加了109.5倍，而甘肃省GDP增量仅为江苏省的1/3。2016年，江苏省GDP的增长率为7.8%，甘肃省的为7.6%，两省经济差距仍在拉大。区域经济发展不平衡、不协调正在成为社会发展中的一个重要问题。

第二，穷病、富病并存，既有发展中国家因生活条件差导致的感染性疾病和癌症高发多发的问题，又有发达国家心脑血管疾病、糖尿病、高血压等富贵病，严重危害人民的健康。医疗健康事业、产业欠债很多，突出地表现为三个“90%”：90% 的化学药是仿制药；三甲医院 90% 的高端医疗器械依赖进口；90% 的高端医疗资源在城市。

第三，科技创新重数量、轻质量，重论文、轻产品，重单干、轻合作，顶尖人才缺乏的局面尚未得到根本扭转。教育体系“千校一律”、死记硬背、考记忆力不考能力等问题没有得到根本解决。

第四，未富先老，养老难成为继上学难、看病难之后的又一难题。2017 年中国 60 岁及以上老年人口已达 2.4 亿，成为全世界老年人口最多的国家，占全球老年人口总量的 1/5。中国人口老龄化发展迅速，人口自然增长率为 5.32‰，每年人口老化速度为 3.2%，大大高于人口增长速度。

第 2 节　强化六大优势，营造一流发展环境

经济体制机制和发展环境是吸引投资、人才、技术等现代经济要素的重要因素，世界各国都把改善发展环境作为推动经济发展的重要内容来抓。

中国改革开放初期，为引进外资、人才，对外企、外资、国外人士提供了“超国民待遇”，例如，在税收减免、土地使用等方面，政策远远优于国内企业，汽车牌照都不同于国内企业，但随着加入 WTO，逐步实行国民待遇，对外企的优惠政策相对减少，但对高端人才的优惠政策则明显增多。

美国具有国际一流的营商环境，特别是拥有绝对技术优势、教育优势和货币体系优势，以及拥有巨大的市场优势，特朗普政府又通过减少税收、发

动贸易战进一步优化营商环境优势。2017 年 12 月 2 日，美国参议院通过了特朗普的税改法案，2018 年 3 月，又发动针对多国的贸易战，旨在进一步优化发展营商环境，强化经济竞争力。与此同时，中国中央政府、地方政府也在采取一系列措施强化营商环境，重点是减少行政审批、减少企业税赋、吸引顶尖人才、建设科技园区。中国要成为经济大国、经济强国，不仅需要对冲美国减税压力、贸易战对中国的负面影响，而且需要不断强化自身优势，推动经济高质量发展。当前要特别强化六大优势，创造国际一流的营商环境。

（一）保持社会稳定

中华人民共和国成立 69 年的经济发展经验表明，造成经济巨大波动或滑坡的主要因素：一是社会稳定，二是金融危机。社会稳定是经济发展的前提，金融不出现系统性风险是经济稳定的保障。社会稳定、治安良好是经济持续发展的前提，是吸引资本、技术、人才等现代经济要素的根本保障，没有稳定的发展环境，就不可能吸引大量投资和高端人才。2016 年中国犯罪率为万分之六，远远低于许多国家，社会稳定、治安环境好，为企业和人才创新创业提供了十分优越的大环境，这是世界上许多国家望尘莫及的，必须进一步强化社会稳定、经济安全、财产安全和人身安全的巨大优势。

（二）深化改革开放

中国经济连续 40 年保持持续中高速增长，动力来源于改革开放，未来保持增长势头，希望在改革，出路在改革。中国充分发挥市场与政府“两只手”的功能，发挥市场在资源配置中的决定性作用，同时更好发挥政府作用，成功探索了一条适合中国国情的、符合经济发展规律的经济制度与机制。实践证明，有形、无形“两只手”配合总比“任何一只手”好，熨平经济波动，实现了协调、高效、持续发展的目标。

（三）强化工业体系

中国已经建成了世界上门类最全、集成创新能力较强的宏大的工业体系，“中国制造”的产品遍及全球，为人类物质文明作出巨大贡献。中国工程技术论文数量已经超过美国，长期保持世界第一位，“中国智造”正在蓬勃兴起，门类全、功能多、质量好、性价比高、规模大，正在成为“中国智造”的新特征。虽然一些发达国家正在推进制造业回归，一些发展中国家通过成本优势吸引产业转移，但是建立起像中国这样门类齐全、创新能力强、规模巨大的制造业体系，短期内是不可能的。

（四）找准市场潜力

2017 年中国人均 GDP 为 8836 美元，即使翻一番，达到 17672 美元，也只排在世界第 39 位，可见中国人均消费额仍处于较低水平，消费市场至少拥有一倍的潜力。以健康消费为例，2015 年美国人均医疗支出达到 9535.9 美元，中国仅为 425.6 美元，人均医疗支出相差 9110.3 美元，按 13.75 亿人口估算，仅此一项的潜力就达 12.5 万亿美元，相当于 2016 年 GDP 的 1.1 倍。加上旅游、教育、文化、体育等领域巨大的潜在消费市场，毫无疑问，中国消费市场的潜力是世界上最大的，这是世界上任何国家难以比拟的，也是外商云集中国的最根本的原因。

（五）造就高端人才

中国拥有全球最大的人才队伍。2016 年研究生、本科生、中专毕业生分别为 56 万人、704 万人和 534 万人，回国留学人员 43 万人，合计为 1337 万人；全时研发人员达 400 万人，居全球第一位；科技人力资源数量已接近一亿人，超过了许多国家的总人口。巨大的人力资源储备将为经济社会发展提供强有力的人才保障。

国际科技竞争、经济竞争、军事竞争乃至综合国力的竞争，最根本、最核心的因素是人才的竞争，特别是顶尖人才的竞争。谁拥有顶尖人才，谁就掌握了竞争的主动权，谁就能引领未来新科技革命、产业变革。中国建设科技强国必须培养造就一大批具有国际水平的战略科技人才、科技领军人才、青年科技人才和高水平创新团队。改革开放 40 年以“引资为重点”，未来 30 年则要以“引智为重点”。

中国要成为并长期保持世界第一经济大国、强国地位，必须引领或共同引领一次新的科技革命，而引领新科技革命，我们最需要的是世界顶尖人才。顶尖人才的差距是中美最大的差距，也是最难缩小的差距，顶尖人才短板不仅影响当前经济持续发展，更重要的是制约未来社会主义现代化强国目标的全面实现。差距就是潜力，切实实施好“人才强国战略”，吸引国际顶尖人才，就能够奠定未来国家发展的基础。

（六）丰富国际合作经验

改革开放以来，特别是加入 WTO 以来，中国在参与国际经济合作与交流方面，在形成巨大的产业基础的同时，培养了大量的国际合作专门人才，积累了丰富的国际合作经验，为进一步拓展合作渠道、创新合作文化、改进合作方式方法，进一步开创共商共享共赢的国际经济合作新局面奠定了重要基础。

第 3 节　“新三步”建成世界经济强国

改革开放以来，中国经济保持了 40 年的中高速增长，创造了人类经济发展的奇迹，中国经济增量长期保持在每年净增 4 万亿—5 万亿元，占世界经济增量的 30% 以上。中国经济能否保持持续中高速增长？能否成为世界第一大经济体？何时成为世界第一大经济体？靠什么产业？靠什么省区？靠什么战略？基本路径又是什么？国际上许多机构都对 2020 年中国经济潜力进行了预测分析，最低值为摩根士丹利低增速方案的 74.4 万亿元，最高值为中国国务院发展研究中心高增速方案预测的 132 万亿元，我们与成都电子科技大学共同预测的结果为 94 万亿元（图 15-1）。

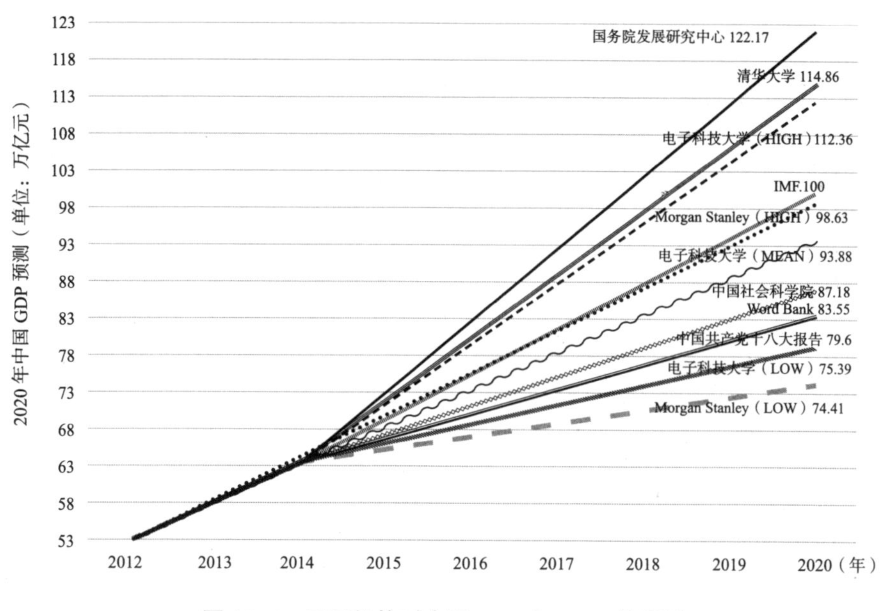

图 15-1　不同机构对中国 2020 年 GDP 的预测

我们对中美经济发展趋势进行了预测分析，按照最保守的方案估计，即按照中国 GDP 增速逐年下降、美国 GDP 增速逐年上升的趋势分析，中国经济总量也能够超过美国。

2017 年中国 GDP 增速为 6.9%，是美国 GDP 增速 2.3% 的 3 倍。我们分 2020 年、2025 年、2035 年三个时间段，对中美两国的 GDP 增长各用高、中、低三个方案测算，中国 GDP 增长率按照下降趋势预测，2020 年、2025 年、2035 年 GDP 增长率分别为 6.7%、6.0% 和 5.5%，美国 GDP 增长率按照增长趋势分析，2020 年、2025 年、2035 年 GDP 增长率分别为 2.3%、2.5% 和 2.8%。测算结果表明，只要美国不独享新科技革命、产业革命的巨额经济效益，中国经济发展不出现颠覆性的失误，中国挖掘第三产业的增长潜力，GDP 有望在 2030 年前后超过美国，成为世界第一大经济体（图 15-2）。实际上，美国 GDP 增长率要达到 2.8% 是很困难的，因此这一预测是一个比较保守的方案。

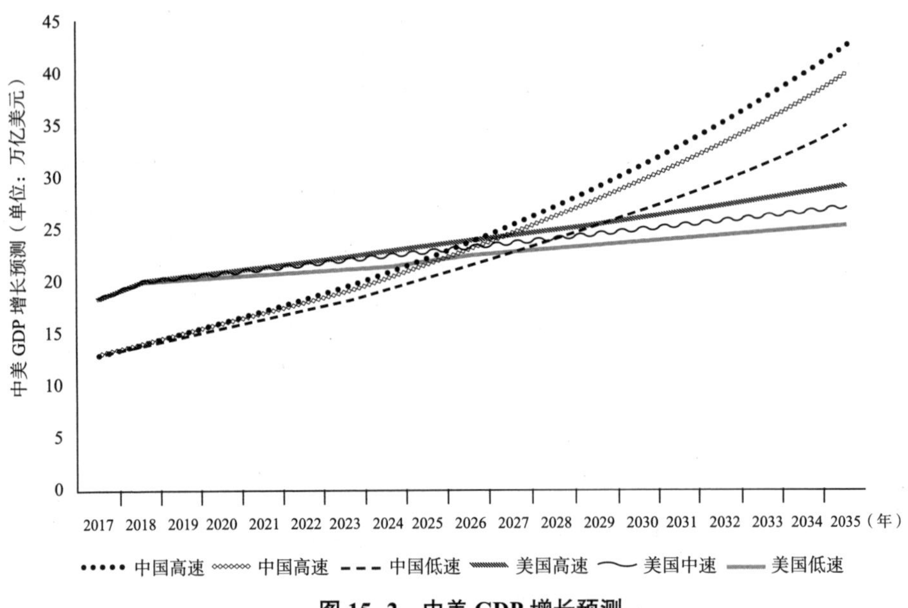

图 15-2　中美 GDP 增长预测

与此同时，我们对中国 2030 年、2035 年的 GDP 增长也进行了预测。由于中国工业化初期、中期的高速增长期已基本结束，进入工业化后期，经济增速会明显下降，而且还可能进一步下降。根据发达国家工业化后期经济增长率变化的趋势，以及发达国家人均 GDP 达到 9000 美元以后经济增长的趋势，我们假设 2020 年 GDP 增速为 6.5%，2025 年 GDP 增速按 6.3%、6.0%、5.5% 三个增速进行测算，2035 年则按 5%、4.5%、4% 三个方案进行测算，得出2035年中国GDP增长的9个方案，最高值为226.2万亿元，也就是说到2030年，GDP再翻一番，最低值为207.6万亿元，是2017年GDP的2.5倍（表15-1）。

中国要填平“第二经济大国陷阱”，必须长期保持第二大经济体地位，或跃居世界第一大经济体，并建成经济强国，采取“新三步”战略，即发展第三产业“跃居第一”，发展新兴产业“巩固第一”，建设科技强国长期“保持第一”。

第一步，大力发展第三产业，跃居世界第一大经济体。力争用13年左右的时间，到2030年前后，经济总量跃居世界第一位。中美经济总量的差距主要是第三产业增加值的差距，只要补上第三产业的短板，中国GDP就能够超过美国并成为世界第一位。按照中国国家统计局和美国经济局公布的数据，2017年美国GDP为19.39万亿美元，中国GDP为12.25万亿美元，相差7.14万亿美元，按美元兑换人民币汇率6.7518计算，中美GDP相差482079亿元。从不同产业分析，2017年中国第一、二产业增加值分别为美国第一、二产业增加值的5.4倍和1.4倍，而第三产业增加值仅为美国的38.3%。只要中国第三产业翻一番，中国经济总量就能够跃居世界第一位。

第二步，发展新兴产业，巩固世界第一大经济体。到2035年加速实现高科技创新与产业化，实现经济由数量增长向质量飞跃的根本性转变，大力发展战略性新兴产业，使高科技产业占GDP的比重在现在的基础上翻一番左右，新兴产业总体规模达到70万亿元以上。

第三步，建成科技强国，永保世界第一大经济体。到2050年，实现科技强国的目标，使科技创新的主要数量指标、质量指标均跃居世界前三位，用科技强国支撑经济强国建设，保持世界第一经济大国地位。

表 15-1　2020、2030、2035 年中国经济增长潜力预测

指标		2017 年	2020 年	2025 年			2035 年								
GDP 增长率	（%）	6.9	6.5	6.3	6.0	5.5	5			4.5			4		
GDP 总量	（万亿元）	82.7	100.0	135.6	133.7	130.6	226.2	220.3	217.8	220.8	217.7	212.7	215.6	212.6	207.6
GDP 构成法	一产占比（%）	7.9	7	7	7	7	5	5	5	5	5	5	5	5	5
	一产增加值（万亿元）	6.5	7.4	9.0	8.8	8.6	11.4	11.2	10.9	11.1	10.9	10.7	10.8	10.7	10.4
	一产潜力（万亿元）	—	0.9	2.5	2.3	2.1	4.9	4.7	4.4	4.6	4.4	4.2	4.3	4.2	3.9
	二产占比（%）	40.5	38	33	33	34	27	27	27	27	27	27	27	27	27
	二产增加值（万亿元）	33.5	37.9	45.6	44.9	43.9	61.1	60.2	58.8	59.6	58.8	57.4	58.2	57.4	56.1
	二产潜力（万亿元）	—	4.4	12.1	11.4	10.4	27.6	26.7	25.3	26.1	25.3	23.9	24.7	23.9	22.6
	三产占比（%）	51.6	55	60	60	60	68	68	68	68	68	68	68	68	68
	三产增加值（万亿元）	42.7	54.6	81.0	79.9	78	153.8	151.6	148.1	150.2	148.1	144.6	146.6	144.6	141.2
	三产潜力（万亿元）	—	11.9	38.3	37.2	35.3	111.1	108.9	105.4	107.5	105.4	101.9	103.9	101.9	98.5
人均 GDP	（万元）	6	7.2	9.8	9.6	9.4	16.3	16.0	15.7	15.9	15.7	15.3	15.5	15.3	14.9
人均 GDP 潜力	（元）	—	1.2	3.8	3.6	3.4	10.3	10	9.7	9.9	9.7	9.3	9.5	9.3	8.9

第 16 章

发展第三产业，跃居世界经济第一

第三产业是中国当前占 GDP 比重最大、增长速度最快、市场潜力最大的产业。第三产业有多大潜力？能支撑经济中高速发展多久？2014 年我们曾预测，到 2020 年中国第三产业将拥有 20 万亿元的潜力[1]。2018 年进一步预测研究表明，到 2030 年，第三产业的潜力将在 2020 年的基础上再翻一番半，在第三产业占 GDP 比重超过 65% 之前，第三产业占 GDP 的比重能够保持每年增长 1 个百分点，也就是说，在 2030 年前，第三产业将一直是中国经济增长主要推动力。

2013 —2017 年间，中国第三产业增加值由 27.79 万亿元增加到 42.7 万亿元，增加了 14.91 万亿元，年增长率为 11.33%，按此速度，到 2020 年第三产业增加值将达到 58.9 万亿元，比我们 2014 年的预测数据高 23%。但如果按物价年上涨 3% 计算，则与我们的预测数据仅相差 4%。与此同时，第三产业占 GDP 的比重由 46.1% 增加到 51.6%，增加了 5.5 个百分点，平均每年增加 1.38 个百分点，也高于我们 2014 年预测的每年 1 个百分点的增长速度，表明 2014 年我们预测第三产业拥有 20 万亿元的潜力，是比较准确的预测。

我们预测，到2030年，即使第三产业年增长率比过去10年的平均增速下降2个百分点，第三产业仍然拥有70万亿元的潜力，到2035年将有90万亿元的潜力。大力发展第三产业，中国经济不但能够保持未来15年的中高速增长，而且经济总量有望跃居世界第一位。但是必须指出的是，主要依靠人口多、消费量大来支撑的第一大经济体，是经济大国，还不是经济强国，不能认为经济总量超过美国就是综合国力超过美国。

第1节　第三产业是当前经济增长点

自从2013年第三产业占GDP比重超过第二产业以来，第三产业成为占GDP比重最大的产业、增长速度最快的产业，也是对经济增长贡献最大的产业。

（一）第三产业是增长速度最快的产业

据中国国家统计局数据，2017年中国GDP为82.71万亿元，比上年增加8.35万亿元，按可比价格计算，比上年增加6.9%，提高0.2个百分点。其中，第一产业增加值为65468亿元，比上年增加3.9%，提高0.6个百分点；第二产业增加值为334623亿元，比上年增加6.1%，回落0.2个百分点；第三产业增加值为427032亿元，比上年增加8.0%，提高0.3个百分点。第三产业增长速度是第一产业增长速度的2.05倍，是第二产业增长速度的1.3倍，是增长速度最快的产业。

（二）第三产业是占GDP比重最大的产业

2013年是中国产业结构变化的转折点，第三产业占GDP的比例达到

46.1%，第一次超过第二产业成为第一大产业（图 16–1）。根据中国国家统计局公布的数据，2017 年三次产业增加值占 GDP 的比重分别为 7.9%、40.5% 和 51.6%。从对经济增长的贡献率来看，2017 年三次产业的贡献率分别为 4.9%、36.3% 和 58.8%，三次产业分别拉动经济增长 0.4、2.5 和 4.0 个百分点。第三产业对经济增长的贡献率比第二产业高 22.5 个百分点，比 2016 年提高 1.3 个百分点。

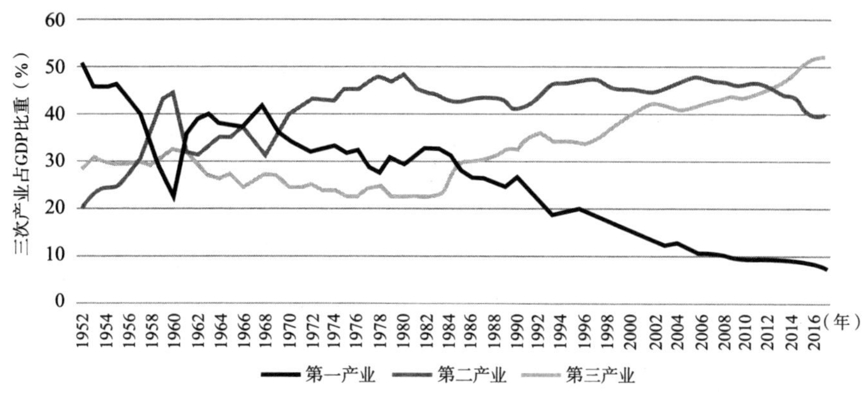

图 16–1　1952 —2017 年间中国三次产业增加值占 GDP 的比重

数据来源：中国国家统计局。

（三）第三产业是最受关注的产业

无论是从政府、企业的角度分析，还是从亿万民众需求的角度分析，当前，第三产业都是最受关注的产业。为了调整产业结构，促进经济持续发展，许多省、自治区、直辖市把发展第三产业作为调整经济结构的重点领域来抓。第三产业已经成为政府高度重视、民众真心期盼、企业争相投资的热点产业，健康、金融、保险、电子商务、旅游、休闲、养老等已成为民间投资的重点领域。

根据中国政府网站，2014 年国务院共发文 59 个，其中涉及第三产业的有 11 个，在同一年内为一个产业连续发 11 个文件是不多见的。主要有：《国务院关于建立统一的城乡居民基本养老保险制度的意见》（国发〔2014〕8 号），《国务院关于推进文化创意和设计服务与相关产业融合发展的若干意见》（国发〔2014〕10 号），《国务院关于加快发展对外文化贸易的意见》（国发〔2014〕13 号），《国务院关于进一步促进资本市场健康发展的若干意见》（国发〔2014〕17 号），《国务院关于加快发展现代职业教育的决定》（国发〔2014〕19 号），《国务院关于加快发展生产性服务业促进产业结构调整升级的指导意见》（国发〔2014〕26 号），《国务院关于促进旅游业改革发展的若干意见》（国发〔2014〕31 号），《国务院关于加快发展体育产业促进体育消费的若干意见》（国发〔2014〕46 号），《国务院关于加快科技服务业发展的若干意见》（国发〔2014〕49 号），《国务院办公厅关于加快发展商业健康保险的若干意见》（国办发〔2014〕50 号），《国务院办公厅关于促进内贸流通健康发展的若干意见》（国办发〔2014〕51 号），《国务院关于创新重点领域投融资机制鼓励社会投资的指导意见》（国发〔2014〕60 号），等等。

这些文件涉及旅游、体育、科技服务、养老、保险、文化、职业教育、贸易流通、投融资等十多个领域。针对第三产业的产业政策的密集出台，为第三产业发展指明了方向与重点，建立了更加良好的发展环境与政策保障，更重要的是增强了民间资本投资第三产业的信心。在政府加大对第三产业支持的同时，健康旅游、共享经济、现代物流已经成为民间投资最多的领域，极大地促进了第三产业的快速增长。

第2节　第三产业拥有90万亿元的潜力

国内外有关估算、预测产业发展潜力的方法很多，结果也有所不同。2014年，我们采取GDP增长法、国际类比法、人均消费法等进行预测与分析，通过对全国60个行业、7个战略性新兴产业、31个省（区）、市，以及美国等10个国家的经济发展趋势的研究表明，到2020年，中国第三产业拥有20万亿元的潜力。2018年，我们用同样的方法进行预测，到2030年、2035年，中国第三产业的市场潜力分别为70万亿元和90万亿元。

（一）按产业趋势外推法计算第三产业潜力达95万亿元

按照中国国家统计局的数据，2017年GDP为827122亿元，增长率为6.9%，其中，第三产业增加值为427032亿元，增长8%。第三产业增加值比2013年的277959亿元增加了149073亿元，年增长率为11.3%。按此速度计算，到2035年第三产业增加值将达到293.3万亿元，比2017年增长了250.6万亿元。

由于GDP基数不断增大，GDP与第三产业的增长速度必然是逐年下降的趋势，特别是经济政策更加注重高质量增长，而不是片面追求经济增长速度，因此在预测中第三产业增长率不是按11.3%，而是明显下调，按照2018—2025年间第三产业增长速度为7%、2026—2035年间第三产业增长速度为6.5%计算，2035年第三产业增加值将达到137.7万亿元，比2017年增加95万亿元。

（二）按GDP构成法测算第三产业拥有100万亿元潜力

我们综合国内外14个主要经济预测机构或研究小组对未来中国经济的预测，提出不同时期中国GDP的增长率（表15-1）。

按 GDP 高增速方案计算，即 2020 年、2025 年、2035 年 GDP 增速分别为 6.5%、6.3% 和 5%，到 2035 年，中国 GDP 为 226.2 万亿元，第三产业增加值为 153.8 万亿元，在 2017 年的基础上第三产业潜力为 111.1 万亿元。

若按照 GDP 中速增长方案计算，即 2020 年、2025 年、2035 年 GDP 增速分别为 6.5%、6.0% 和 4.5%，到 2035 年，中国 GDP 为 217.7 万亿元，第三产业增加值为 148.1 万亿元，第三产业潜力为 105.4 万亿元。

若按照 GDP 低增速方案计算，即 2020 年、2025 年、2035 年 GDP 增速分别为 6.5%、5.5% 和 4%，到 2035 年，中国 GDP 为 207.6 万亿元，第三产业增加值为 141.2 万亿元，第三产业潜力为 98.5 万亿元。

若按第三产业占 GDP 的比重每年增加 1 个百分点计算，到 2035 年第三产业占 GDP 的比重将由 2017 年的 51.6% 上升到 69%，按此推算，到 2035 年，GDP 增速高、中、低三个方案时，以 2017 年为基数，第三产业潜力分别为 113.4 万亿元、107.5 万亿元和 100.5 万亿元。

（三）按人均消费类比法估算第三产业潜力为 99 万亿元

中国人均 GDP 为美国的 14.7%。按 2017 年全年人民币平均汇率为 1 美元兑 6.7518 元人民币折算，2017 年中国人均 GDP 为 8836 美元，美国人均 GDP 为 60014.9 美元，中国人均 GDP 为美国的 14.7%。同年，中国第三产业占 GDP 为 51.6%，美国第三产业占 GDP 为 80.3%，比中国高 28.7 个百分点。也就是说，按照第三产业每年增加 1 个百分点计算，中国第三产业占比要达到美国 2017 年的水平，至少需要 28 年。换句话说，中国第三产业能够支持中国经济中高速发展达 28 年。

中国人均第三产业支出仅为美国的 9.03%。2016 年，美国第三产业增加值为 149917 亿美元，人均第三产业增加值为 46413.9 美元，中国第三产业增加值为 57787.6 亿美元，人均第三产业增加值为 4190.5 美元，中国人均第三产业增加值仅是美国的 9.03%。从第三产业不同行业分析，按照 2012 —2015 年间 4 年平均值对比，在第三产业的 13 个行业中，中国有 9 个行业的人均支出不足美国的 10%，其中文化、体育和娱乐业为美国的 2.4%，水利、环境和公共设施管理业为 2.4%，科学研究和技术服务业为 3.6%，卫生和社会工作为 3.7%，公共管理、社会保障和社会组织为 3.8%，房地产业、租赁及商务服务为 6.6%，信息传输、软件和信息技术服务为 7.1%，住宿和餐饮业为 8.4%，其他非政府服务业为 9.3%。只有 4 个行业的人均支出超过了美国的 10%，其中批发和零售业为 10.9%，金融业和保险为 13.9%，交通运输、仓储和邮政业为 20.2%，教育为 39.9%（图 16-2、图 16-3）。

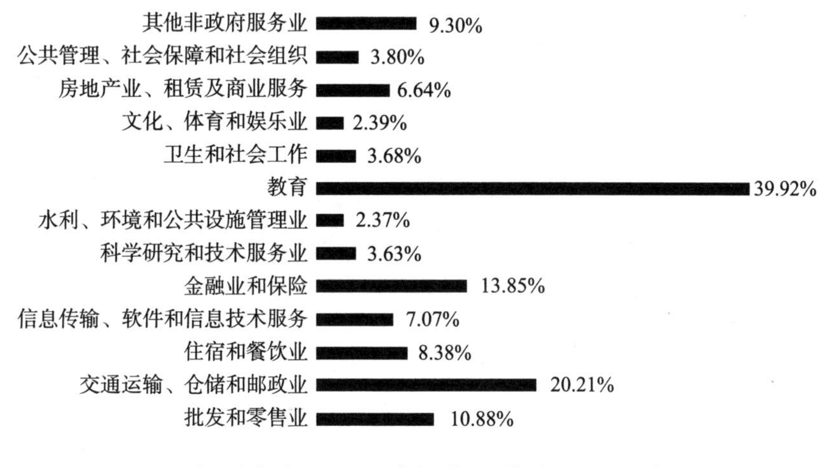

图 16-2　中国第三产业人均消费额占美国的比重

数据来源：中国国家统计局、美国经济分析局。

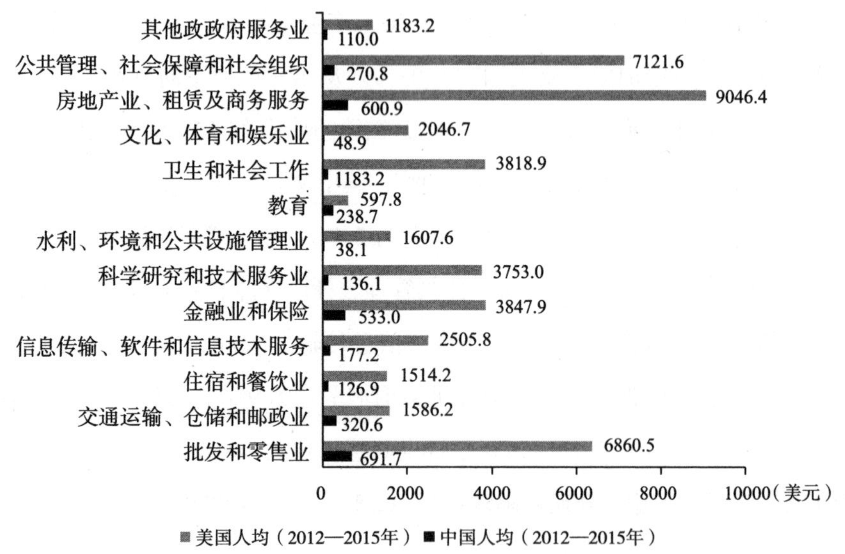

图 16-3 中国第三产业人均消费额与美国对比

数据来源：中国国家统计局、美国经济分析局。

中国第三产业人均支出若能够达到美国的 10%，第三产业将拥有 990000 亿元的潜力。中国长期重视农业、工业发展，对第三产业重视不够，第三产业如文化、体育和娱乐业，水利、环境和公共设施管理业，科学研究和技术服务业，卫生和社会工作，公共管理、社会保障和社会组织等 4 个行业人均支出还不到美国的 4%。

若中国补上第三产业主要行业的短板，13 个行业的人均第三产业增加值均达到美国的 10%（仍低于人均 GDP 水平），仅 2017 年的潜力就是 2.69 万亿元，若按照 2018—2025 年间第三产业增长速度为 7%，2026—2035 年间为 6.5% 进行估算，到 2035 年第三产业潜力为 99 万亿元，按美元兑换人民币汇率 6.7 计算，相当于 14.78 万亿美元。若中国人均第三产业增加值达到美国的 14.7%（与人均 GDP 相当），则第三产业拥有 185.6 万亿元的潜力。

（四）按产业结构类比法估算第三产业潜力为 103.6 万亿元

2017 年中国人均 GDP 为 8836 美元，略高于美国 1976 年（8611 美元）的水平，相当于美国 40 年前的水平。同年，中国第三产业占 GDP 比重为 51.6%，相当于美国 70 年前的水平（据美国商务部的数据，1944 —1946 年间，美国第三产业占 GDP 比重超过了 52%，1976 年美国第三产业占 GDP 比重为 67.4%）。也就是说，人均 GDP 同为 8800 美元时，中国第三产业占 GDP 比重比美国少 15.8 个百分点。

按照中国当前人均 GDP 水平与消费结构分析，无论是趋势外推法、产业结构法，还是国际类比法，在尚不计算新科技革命和产业变革的作用的前提下，保守地估算，中国经济仍然会保持高质量、中速发展，2018 —2025 年间 GDP 保持年增速 6%，2026 —2035 年间为 5.5%。若第三产业占 GDP 比重年增长 1%，当第三产业占 GDP 比重超过 65% 时，第三产业占 GDP 比重年增长 0.5%，按此估算，到 2030 年中国第三产业占 GDP 比重将达到 65%，2035 年达到 67%，相当于美国 1976 年的水平，第三产业占 GDP 的水平仍然比美国晚五十多年。可见，挖掘第三产业巨大潜力，至少推动中国经济增长 15 年以上。初步测算，到 2035 年第三产业增加值有望达到 146.3 万亿元，以 2017 年为基数，第三产业潜力为 103.6 万亿元。

研究还发现，美国第三产业占 GDP 比重在 60% 以上时，第三产业占 GDP 的比重仍然保持了四十多年的持续增长，但增长速度为平均每年增加 0.5 个百分点，1970 —1990 年间第三产业占 GDP 比重增加了 8.9 个百分点，1991 —2010 年间增加了 7.6 个百分点。随着人均 GDP 的增加，中国第三产业占 GDP 的比重还会进一步增加，如果将来达到美国 2017 年第三产业占 GDP 比重 82% 的水平，中国第三产业将在未来 30 年内都拥有巨大发展潜力。当然，美国经济已经出现产业“空心化”的问题，中国需要保持实体经济的比重，及早防止出现产业“空心化”的问题。

第3节　第三产业市场潜力较大的重点行业

当前，世界经济尚未摆脱2008年全球金融危机的影响，一些高端制造业向发达国家回流，劳动密集型产业继续向发展中国家转移，中国经济持续发展面临新困难、新挑战，正处于由快速增长向中速增长的“换档期”，正在进入由投资驱动向创新驱动转变的“转型期”，排名世界第17位的创新体系要支撑世界第二大经济体保持快速增长，处于“小马拉大车”的状态。在农业占GDP比重不断下降，工业产能过剩、增速普遍下行的情况下，保持经济持续增长的难度不断加大，但工业化之后，要补上城市化的短板，就要大力发展第三产业。

第三产业潜力较大的行业是什么？国务院有关文件已经明确了2020年第三产业主要行业的市场潜力，为未来第三产业的发展指明了方向。其中，2020年健康服务业为8万亿元，科技服务业8万亿元，体育产业为5万亿元（2025年），旅游为5.5万亿元，信息服务业3.2万亿元等（表16-1）。国内外不少机构研究提出了不同的结果。我们预测研究表明，到2035年前后，中国第三产业占GDP的比重将达到69.5%，第三产业将会迎来快速发展的“机遇期”，市场潜力较大的行业主要有健康产业、科技科技服务业、信息服务业、金融业、养老产业、房地产业等。

表 16–1　2020 年中国三产主要行业市场潜力

行业	潜力（亿元）	来源
健康产业	80000	国发〔2013〕40 号
信息服务业	32000（2015）	国发〔2013〕32 号
科技服务业	80000	国发〔2014〕49 号
体育服务业	50000（2025）	国发〔2014〕46 号
旅游产业	55000	国发〔2014〕31 号
养老产业	10000	作者估算

（一）健康服务业规模将达 16 万亿元

2015 年美国人均医疗支出达到 9535.9 美元，中国仅为 425.6 美元，相差 9110.3 美元（图 16–4），按 13.75 亿人口估算，仅此一项的潜力就达 12.5 万亿美元，相当于 2016 年 GDP 的 1.1 倍。可见，中国人不能采取美国的医疗健康模式，不可能把这么多钱用于健康，但另一个方面也表明中国健康产业拥有巨大的市场空间。

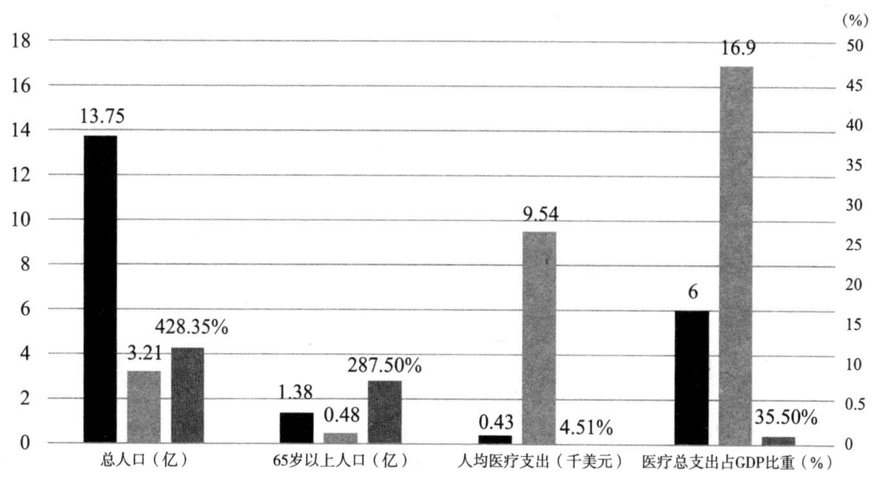

图 16–4　2015 年中美健康服务业对比

数据来源：中国国家统计局、美国经济分析局。

《国务院关于促进健康服务业发展的若干意见》明确提出健康产业市场规模达到 8 万亿元，《健康中国 2030》则提出健康产业的规模达到 16 万亿元。

2016 年中国各类医疗卫生机构诊疗已达 79.32 亿人次，医院诊疗达到 32.7 亿人次，医院入院人数达到 17528 万人；卫生人员 1117.29 万人，各类医疗卫生机构达 983394 家，中国拥有世界上最丰富的医疗资源。据世界卫生组织数据，2015 年中国人均医疗卫生总费用仅为美国的 4.5%，中国医疗卫生总支出占 GDP 的百分比仅为 6.0%，若中国医疗卫生总支出占 GDP 比重由 2015 年的 6.0% 达到 2020 年的 10%，也就是说，相当于美国 1990 年、法国及英国 2003 年的水平，中国健康服务业的市场规模将达到 8 万亿元以上。

（二）信息服务业潜力达 10 万亿元以上

《国务院关于促进信息消费扩大内需的若干意见》（国发〔2013〕32 号）指出，到 2015 年，信息消费规模超过 3.2 万亿元，带动相关行业新增产出超过 1.2 万亿元，电子商务交易额超过 18 万亿元，网络零售交易额突破 3 万亿元。2017 年中国信息消费规模已达 4.5 万亿元，占最终消费支出比重达到 10%；全国电子商务交易额达 29.16 万亿元，纳入统计范围内的合约类电商交易额已达 7.33 万亿元。按照 2015 年信息消费规模 3.2 万亿元估算，到 2025 年信息消费规模至少再翻一番，达到 6 万亿元，再用十年时间，到 2035 年再翻一番，即信息消费规模将达到 10 万亿元以上。

截至 2018 年 3 月末，中国三家基础电信企业的移动电话用户总数达到 14.7 亿户；截至 2017 年底，中国网民规模达 7.72 亿，是美国人口总数 3.23 亿的 2.39 倍，手机网民规模达 7.53 亿，是美国人口总数的 2.33 倍。运用新一代宽带技术、大数据、云计算、人工智能、区块链等现代技术，将能够进一步提升信息服务业的规模与水平。

（三）科技服务业潜力 16 万亿元

《国务院关于加快科技服务业发展的若干意见》（国发〔2014〕49 号）明确提出，力争到 2020 年，科技服务业产业规模达到 8 万亿元，并提出了健全市场机制、强化基础支撑、加大财税支持、拓宽资金渠道、加强人才培养、深化开放合作、推动示范应用等 7 项政策措施，科技服务业将成为促进科技经济结合的关键环节和经济提质增效升级的重要引擎。如果在 2020 年基础上，未来 15 年，科技服务业产业规模再翻一番，就能够达到 16 万亿元，按照当前科技创新的发展速度与质量，完成这一目标是完全可能的。

2017 年中国全时研发人员为 400 万人，全社会研发投入 1.75 万亿元。按过去 5 年中国科技服务业年均增长 17.31% 推算，到 2020 年科技服务业增加值将达到 2.93 万亿元（图 16-5）。若到 2020 年中国研发投入占 GDP 比重达 2.2%，全社会研发投入达 2 万亿元以上，按科技服务业与科技投入之比达 4 ：1 计算，科技服务业潜力将达 8 万亿元。按照 GDP 低增长

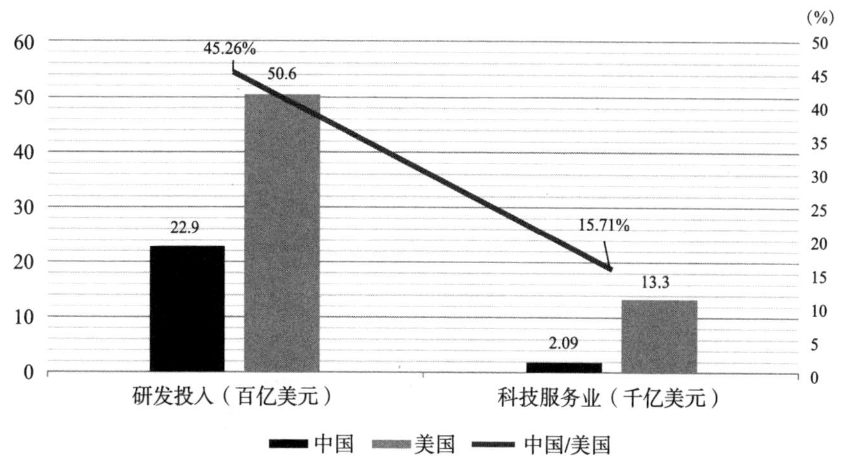

图 16-5　2016 年中美科技服务业对比

数据来源：中国国家统计局、美国经济分析局。

方案估算，到 2035 年中国 GDP 将达到 212.6 万亿元，按 R&D 经费占 GDP 比重为 2.5% 计算，中国 R&D 经费将达 5.3 万亿元，是 2017 年的 3 倍，按照科技服务业与科技投入 4 ：1 计算，科技服务业规模将达到 21.2 万亿元，考虑到 2030 年以后，中国基础研究经费的占比将大幅度提高，开发性研究经费比重下降，科技产投比可能小于 4 ：1，因此，到 2035 年科技服务业规模将在 16 万亿元左右。

（四）房地产服务业潜力尚未充分挖掘

2016 年，中国人均住房面积已达 40.8 平方米，是美国人均住房面积（2015 年）90.2 平方米的 45.2%[2]。按人口总数测算，中国住房总面积为 563.0 亿平方米，是美国房产总面积 290.0 亿平方米的 1.94 倍。2016 年中国房地产服务业的增加值占 GDP 比重为 6.5%[3]，也就是 48333.0 亿元，相当于 7276.5 亿美元，仅为美国房地产服务业增加值 24788 亿美元的 29.4%（图 16–6）。用 2008 —2011 年 4 年间的平均数计算，美国每平方米房地产服

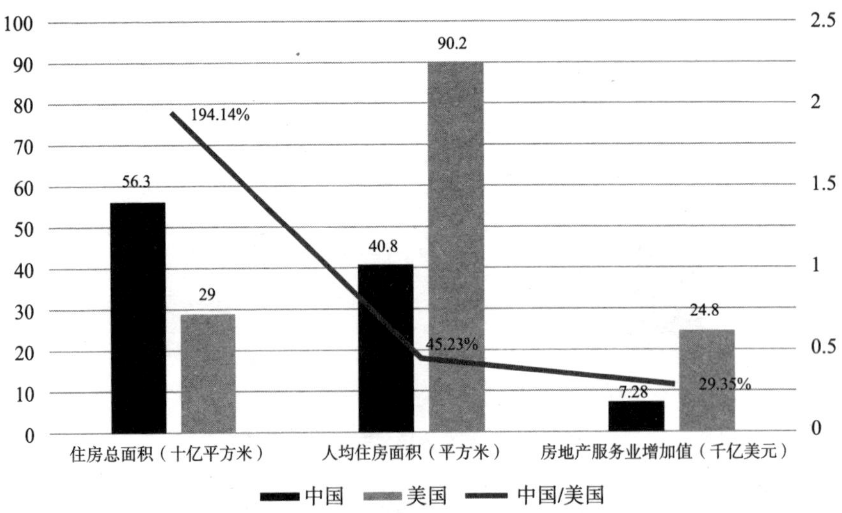

图 16–6　2016 年中美房地产服务业对比

数据来源：中国国家统计局、美国经济分析局。

务业增加值为93美元，中国是9.5美元，为美国的10.2%。2016年中国房地产服务业人均值为美国的6.9%，考虑到中国农村房地产商品化率低等因素，到2020年，中国房地产人均消费若达到美国2016年的10%，房产服务业的增加值将达到1.06万亿美元，按2017年人民币平均汇率为1美元兑6.7518元折算，相当于7.2万亿元。大力发展房屋租赁产业、农村休闲旅游产业，提高城市空置房产的利用率，提高农村房产的商品化率，形成巨大的房地产业。2018年全国人大已讨论通过征收房地产税，随着房地产税的调节，将加大房产资源的出租与利用率，房地产业的潜力将进一步释放。此外，若进一步创新住房文化，提倡更多的人租房，提倡迁移式、流动式、季节性租房，房地产业的潜力将进一步提升。

（五）金融业潜力尚未完全挖掘出来

根据2016年的数据，中国金融、保险、租赁业总量为17415.7亿美元，仅为美国金融保险业38838亿美元的44.8%（图16–7）。美国金融业占GDP的比重为6.64%（2012年），英国为9.26%（2008年），日本5.81%（2009年），加拿大为6.74%（2010年），中国2012年为5.53%，2016年迅速增长为8.3%，2017年降为7.9%，中国金融业增长过快，迫切需要防范金融风险。中央银行公布，2018年3月底，中国M2已达到26.67万亿美元，超过了美国与欧元区M2（26.66万亿美元）的总和，充分利用好货币资金，加上外汇储备，金融业将释放出巨大潜力，当然防范金融风险的任务也十分艰巨。

（六）养老产业蕴藏着8万亿元的潜力

2012年，当我们研究提出养老产业是尚未开发的巨大产业时，遇到不少反对意见，不少专家、企业家认为现在许多人连自己的父母都不养，谁

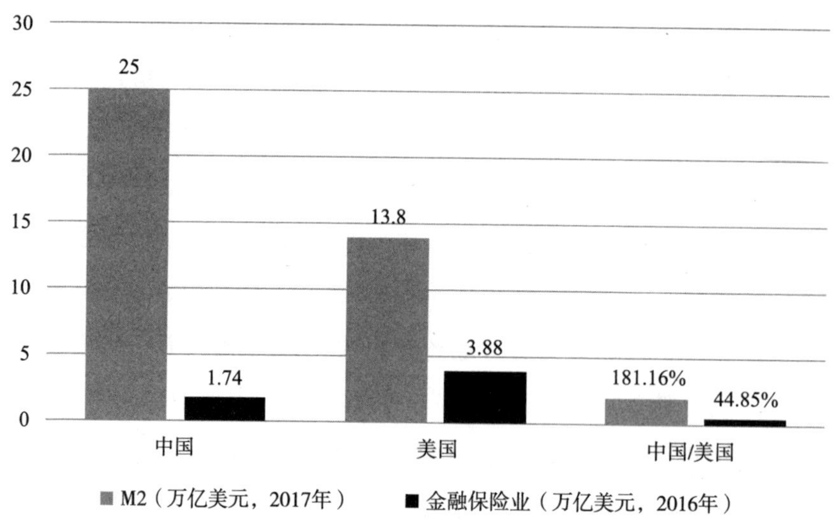

图 16-7　中美金融服务业对比

数据来源：中国国家统计局、美国经济分析局。

还把别人的父母接过来养？但仅仅 5 年过去，养老产业已经是政府、企业家关心和投资的热点。当前，如果没有技术还想赚钱，没有比养老产业更好的选择了。

2017 年末，中国 60 周岁及以上人口为 2.4 亿人，其中 65 周岁及以上人口为 1.58 亿人。随着独生子女的父母进入老龄阶段，养老问题将成为家庭、社会的一个难题，养老产业将迅速崛起。据不完全统计，2014 年，中国各地正在建设的大型健康、养老园区达四十多个，总投资超过 1200 亿元。关于养老产业潜力的估算有许多不同的数据，2016 年，全国各类养老服务机构和设施 14.0 万个，比上年增长 20.7%；各类养老床位合计 730.2 万张，比上年增长 8.6%（每千名老年人拥有养老床位 31.6 张，比上年增长 4.3%）；收养老人 282.9 万人，占全国老人的 1.23%，低于发达国家 5%—7% 的水平，也低于发展中国家 2%—3% 的水平。保守地估算，考虑到中国养老主要以居家养老为主，消费水平较低，人均每年按2万元计算，到2035年养老产业将拥有8万亿元左右的潜力。

另外，随着经济发展、民生改善和生态建设，环境治理、公共服务、家居及非政府服务、文化、体育、娱乐、教育培训等方面蕴藏的发展潜力将会逐步释放出来。

第4节　挖掘第三产业潜力的战略与对策

中国第三产业发展处于“落后与滞后并存”的局面：一是不仅远远落后于美国等发达国家，而且落后于印度、南非等发展中国家。发达国家第三产业占GDP的比重都在70%以上，一些发达国家占比已达75%以上，印度2012年第三产业占GDP比重就达到53%，高于中国2017年的水平；二是生产性服务业滞后于第一、二产业的发展，生产性服务业的潜力远远没有被挖掘出来；三是生活性服务业滞后于人民生活和生态环境改善的需求。

而造成第三产业发展相对滞后的原因是多方面的：一是长期以来发展第一、第二产业任务重，对第三产业重视不够、支持力度不够；二是恩格尔系数偏高，贫富差距大，多数人消费能力较低，特别是农村居民养老、医疗、就业保障水平低，要存钱防老、防病，不敢消费，生活性服务潜力没有充分释放出来。与此同时，中国储蓄率高，老百姓都有存钱的习惯，现代消费意识还没有调整过来；三是工业利润率低，多数工业企业小而全，难以形成与工业规模相适应的生产性服务业；四是统计工作中存在遗漏，一些第三产业的增加值没有被纳入统计范围。因此，大力加快第三产业发展，需要对症下药。

（一）把第三产业作为未来经济增长点来抓

像重视第一、第二产业一样，重视第三产业发展。长期以来，中国每年召开中央经济工作会议、中央农村工作会议，对农业、工业的持续、平衡发展起了决定性的作用。第三产业的发展同样离不开政府的支持与引导，建议在未来经济工作会议与文件中更加重视第三产业，或者像农村工作一样，每年召开第三产业工作会议，为第三产业确定大政方针，创造良好的发展环境。

（二）制订第三产业中长期规划，吸引民间投资

发达国家服务业占 GDP 的比重都超过了 70%，美国第三产业占 GDP 的比重超过 80%，出现了产业空心化的问题。中国服务业占 GDP 多大比重比较适合中国的国情？这是一个需要认真研究的问题。建议在《居民生活服务业发展“十三五”规划》的基础上，研究制定《国家第三产业中长期发展规划纲要》，明确更长远时期的发展方针、目标、重点、政策与措施，引导第三产业健康发展，增强民间资本和外资长期投资第三产业的信心。第三产业投资周期短、见效快、市场潜力大，对吸引民间投资十分有利，政府在做好规划引导的同时，积极调动民间资本投向第三产业。

（三）大力发展生产性服务业，优化经济结构

借鉴国外第三产业发展的做法与经验可以发现，中国生产性服务业发展滞后十分明显，必须大幅度提高生产性服务业的水平与规模，优化经济结构，提高经济发展的效率与质量。迅速提高生产性服务业的科技创新能力与支撑力，运用新一代宽带技术、大数据、云计算、人工智能等现代信息技术，大幅度提高生产性服务业的科技水平与能力。以生产性服务业为突破口，加速经济结构的根本性转变，提高科学生产、科学生活、科学决策的水

平，大幅度提升生产性服务业的规模与水平。

（四）大力发展生活性服务业，改善人民生活

在吃、穿、住、行问题被基本解决之后，人民的需求重点已经转向医疗、旅游、养老、文化、娱乐等领域，要不断创造新产品、新服务、新业态，满足人民不断增长的美好生活需要，这是未来经济发展的主动力。加速制定生活性服务业的标准与规范，把改善民生、缩小贫富差距作为发展生活性服务业的战略措施来抓。建议把健康、信息、科技服务、养老等与民生相关的行业作为第三产业发展的重点，建议像补贴家电消费一样，适当加大对大病救治、养老、低收入人口住房等方面的补贴，既有利于改善民生，又能推动经济发展。同时，切实降低恩格尔系数，缩小贫富差距，释放消费能力。

（五）大力挖掘16万亿元科技服务业的潜力

到2020年，科技服务业与健康产业的市场潜力都达到8万亿元，是当前中国市场潜力最大的两个行业，到2035年，科技服务业潜力有望再翻一番，达到16万亿元。迫切需要加速挖掘科技服务业的潜力。一是盘活海内外“两个科技资源”，大幅度提高科技服务业水平与规模。建议实施“新产品战略”，将400万研发人员保留100万人从事基础研究，调动其余300万人直接为经济发展、民生改善服务，不再考核论文与专利数量，只考核开发新产品的数量及质量；建议实施“洋千人计划”，千方百计吸引一批洋人来华创新创业，缓解中国顶尖人才不足的问题；建议试行“岗位管理”，改革人事制度，加速人才流动，允许科技人员“一人多岗”，按岗取酬；建议试行“弹性工资制”，借鉴美国一些大学对从事应用研究的教授只保证9个月工资的做法，鼓励事业单位科研人员兼职兼薪，通过技术服务在外单位获得工资，并不受工资总额限制。

（六）挖掘500多亿平方米房地产资源的潜力

改革开放以来，中国用13亿亩土地发展建筑业及城市化，1981—2016年间，累积住宅房屋竣工面积达459.4亿平方米，加上1981年前的房产，总面积超过500亿平方米。用活用好房产资源，不仅能满足人民对住房的要求，而且能够通过房产的出租与转让，形成巨大的房地产服务业，特别是要改变住房理念，不求所有，但求所用。“房子是用来住的，不是用来炒的”。通过一系列政策创新，使房源逐步变成税源，形成稳定、持续的税源，减轻企业税收压力，增加经济整体竞争力，解决地方政府税收稳定的来源。

盘活“城乡两大房产资源”，大幅度提高房地产业的规模与质量。一要提高城市空置房屋利用率，以解决农民工住房为突破口，通过征收房地产税、设立农民工住房专项基金、征收空置房产稀缺资源占用税、对低收入无房家庭增加租房补贴等方式，盘活城市房地产资源；二要充分利用农村房产资源，鼓励城市人口到农村租房、购房，短期休闲、长期养老，提高农村房产商品化率，在减少城市人口压力、养老压力的同时，增加农民收入；三要盘活进城2亿农民的住宅，包括房产与地产，大幅提高房地产服务业的规模与水平。

（七）挖掘27万亿美元货币的金融潜力

进一步提高资金利用效率，中国将有望建成与世界第二大经济体相适应的、世界一流的金融服务业，为经济社会发展注入巨大动力。中国货币流通量大，近年来大量金融专业的留学人才回国，大量企业期待融资，金融业发展具备“天时、地利、人和”的条件，建议大力支持民间金融业发展，鼓励民间设立各类“专业基金”；进一步加大上市企业逐步由“审批制”转为“注册制”的比重，大幅提高资金利用效率，在保障金融安全的同时，挖掘金融业的巨大潜力。

（八）建设生态文明，弘扬天地人文化

在发达国家，环境修复与治理是第三产业的重要内容。中国生态环境问题突出，建议在政府加大环境修复、治理投入的同时，引导民间资本投入环境修复，如参与严重污染土壤修复、生态环境恢复的企业，可以优先取得开发利用的权利，调动社会资本投入生态建设。

（九）加强对第三产业的政策、资金支持力度

在政策、技术、人才、资金等方面进一步加大对第三产业的支持。政府要发挥“营改增”等税收政策的作用，鼓励民间资本投资，比如，教育部门要针对第三产业对人才的需要，调整学科设置、培养专门人才，同时支持社会力量创办各类职业培训机构；科技部门可以增列“第三产业科技专项”，重点支持第三产业急需技术、行业标准、产品与设备的研发；建立健全相关行业协会，完善行业标准，加速第三产业管理的规范化、标准化、国际化；改进第三产业的统计工作，尽量减少遗漏，借鉴国际经验，完善第三产业统计指标、规范统计方法，提高数据质量，同时做好现代商务、金融、文化、体育、养老等新兴服务业的统计工作。

第 17 章

发展新兴产业，巩固世界经济第一

依靠补上第三产业的短板，中国将有望成为世界第一大经济体，但是依靠人口多、消费多而形成的经济大国，还不是经济强国，必须依靠大力发展战略性新兴产业，力争到 2035 年使新兴产业占 GDP 的比重达到 20% 以上，才能真正巩固世界第一经济大国的地位，并逐步向经济强国迈进。中国政府早就对发展新兴产业作出了部署，1986 年开始实施国家“863”高科技计划、火炬计划（高科技产业计划）等重大科技与产业计划，目标是发展高科技，实现产业化，提高经济竞争力与综合国力。2010 年，国务院又发布《关于加快培育和发展战略性新兴产业的决定》（国发〔2010〕32 号），进一步加大发展战略性新兴产业的力度，并出台了“十二五”“十三五”战略性新兴产业规划，从财政、税收、金融等诸多方面大力引导和支持，极大推进了中国战略性新兴产业的发展。

第1节　新兴产业是国家兴旺发达的基石

当今世界，富国有三类，而强国只有一类。三类富国：一是资源丰富的国家，依靠卖资源就能富国，如中东许多国家通过出售石油成为富国；二是劳动力丰富的国家，中国和印度都是通过人口众多，劳动力、产品成本低，虽然人均经济水平低，但能够成为经济大国；三是技术创新能力强的国家，如韩国明确提出“资源有限、创造无限”，在只有石灰石的国土上，依靠技术创新走出了一条富裕的道路，以色列更是创新的国度；新加坡、中国香港则依靠商业模式、发展方式的创新，成为高收入、高竞争力的经济体。而世界上经济强国只有一类，那就是科技强才能经济强，经济强才能国家强。

回顾经济发展史，支撑经济发展的要素正在从传统的劳动、资源、资本，转向技术、体制、资本等，绝大多数国家或地区的经济发展在经历劳动红利、资源红利、人口红利之后，转向技术红利、人才红利、制度红利等。但当经济体制、运行机制基本完善之后，对未来经济增长起决定性作用的是技术创新，而人才是技术创新的根本。未来国家竞争的核心是综合国力的竞争，而综合国力竞争的核心是经济实力的竞争，经济实力竞争的核心是技术竞争，技术竞争的核心则是人才的竞争，是顶尖人才的竞争，不认识到这一点就不能找到把握竞争主动权的着力点。

人才，特别是新兴产业相关的顶尖人才，是国家未来兴旺发达的基础。新兴产业是世界经济竞争的主战场，哪个国家或地区占领了新兴产业的制高点，必将在未来经济竞争乃至综合国力的竞争中占据主导地位。当前，信息技术引领的科技革命、产业变革方兴未艾，美国在信息硬件、软件核心技术方面占有绝对优势，尽管中国已经在信息技术的应用与产品制造方面占有重要地位，但中国仍基本属于信息技术的应用者、开发者，还远远不是引领者。

第2节　战略性新兴产业已有良好基础

2010年，中国国务院发布《关于加快培育和发展战略性新兴产业的决定》（国发〔2010〕32号），明确提出把战略性新兴产业培育成为先导产业和支柱产业，到2015年，战略性新兴产业增加值占国内生产总值的比重达到8%；到2020年，战略性新兴产业增加值占国内生产总值的比重力争达到15%；再经过十年左右的努力，即到2030年战略性新兴产业的整体创新能力和产业发展水平达到世界先进水平。

为了落实《关于加快培育和发展战略性新兴产业的决定》的有关部署，国家分别发布了“十二五”“十三五”两个专项规划，对战略性新兴产业的发展提出了明确指标。《“十二五”国家战略性新兴产业发展规划》（国发〔2012〕28号）提出：到2020年，力争使战略性新兴产业成为国民经济和社会发展的重要推动力量，部分产业和关键技术跻身国际先进水平，节能环保、新一代信息技术、生物、高端装备制造产业成为国民经济支柱产业，新能源、新材料、新能源汽车产业成为国民经济先导产业。《“十三五”国家战略性新兴产业发展规划》（国发〔2016〕67号）提出：到2020年，战略性新兴产业增加值占国内生产总值比重达到15%，形成新一代信息技术、高端制造、生物、绿色低碳、数字创意5个产值规模10万亿元级的新支柱；到2030年，战略性新兴产业发展成为推动中国经济持续健康发展的主导力量。在这两个专项规划的指导下，中国积极推出了财政、税收、金融等配套政策，极大促进了战略性新兴产业的发展。

（一）新兴产业发展迅速

行业整体发展迅速。“十二五”期间，中国战略性新兴产业增加值占GDP比重达到8%，2017年战略性新兴产业增加值占国内生产总值的比重为 10%[1]。国家信息中心数据显示，2010—2015 年间，战略性新兴产业重点行业规模以上企业收入年均增长 18%；2015 年，重点行业规模以上企业收入达 16.9 万亿元，占工业总体收入的比重达 15.3%，较 2010 年提升 3.4 个百分点。进入"十三五"后，战略性新兴产业发展更为迅速，《2017 年国民经济和社会发展统计公报》显示，中国 2017 年全年规模以上工业战略性新兴产业增加值比 2016 年增长 11.0%，增速高于规模以上工业 4.4 个百分点；规模以上战略性新兴服务业营业收入为 4.1 万亿元，比 2016 年增长 17.3%。

重点企业呈现高速发展态势。从上市公司情况来看，2010 年以来，战略性新兴产业上市公司（A 股）保持了良好发展态势，增速持续高于上市公司总体，2015 年战略性新兴产业上市公司营收总额达 2.6 万亿元，占上市公司总体的 21.1%，2010—2015 年间的年均增速达到了 19.5%[2]。国家信息中心数据显示，2016 年前三季度，战略性新兴产业上市公司营收增速达 18.2%，高于上市公司总体 13.3 个百分点。

（二）行业运行效益良好

国家信息中心数据显示，"十二五"期间，战略性新兴产业上市公司利润率始终高于大部分传统产业，2015 年达到 9.1%，高于上市公司总体（扣除金融业）3.3 个百分点。

分行业来看，"十二五"期间，战略性新兴产业主营业务收入都有大幅度增加。中国国家发改委统计数据显示[3]，2015 年中国电子信息产业销售收入达 15.4 万亿元，较 2010 年翻了一番；2015 年中国生物产业总产值达 3.6 万亿元，是 2010 年的 2.4 倍；2015 年中国先进制造业中的航空航天器及其器械制造业收入规模是 2010 年的 1.7 倍；2015 年中国铁路运输设备制造业主营业务收入是 2010 年的 1.9 倍；2015 年中国电子信息制造业销售收入是2010年的1.6倍；2015年中国工业机器人销量收入是2010年工业机器人销量收入的4.4倍；2015年中国自动控制系统装置制造业主营业务收入是2010年自动控制系统装置制造业主营业务收入2.1倍；新材料产业"十二五"期间市场规模实现20%以上的高速增长；环保产业规模持续扩大，全国环保行业营业收入较2011年提升1.4亿元，环保专用装备制造业利润总额为2010年的2.7倍；节能服务业总产值从2010年的836亿元增长到2015年的3127亿元，年均增幅为30.2%，2015年底，中国新能源（太阳能光伏、风能、核电、生物质能）装机容量达208.6GW，占发电装机容量总量的13.8%，比2010年提升8.9个百分点，年均增长34.7%。

第3节　新兴产业潜力达115万亿元

按照国务院发布的《"十三五"国家战略性新兴产业发展规划》，到2020年，中国战略性新兴产业的市场规模将达到48万亿元，按照中低速度增长计算，每10年翻一番，到2030年，战略性新兴产业的总体规模将达到96万亿元，到2035年战略性新兴产业的总体规模将达到115万亿元，占GDP比重达到27%。中国战略性新兴产业已进入增速全面回升、结构不断优化、投资不断增加、创新不断涌现的新阶段，未来发展潜力巨大，将会成为拉动中国宏观经济平稳运行的重要力量。

《"十三五"国家战略性新兴产业发展规划》指出，中国将在2020年形成新一代信息技术、高端制造、生物、绿色低碳、数字创意5个产值规模10万亿元级的新支柱[4]（表17-1）。

表 17-1 “十三五”新兴产业发展目标与预测

产业领域	2020 年目标与重点任务	2035 年目标与重点
信息产业（数字经济）	总规模为 12 万亿元，重点是网络基础设施、“互联网 +”、大数据战略、信息核心产业、人工智能、网络管理	规模达到 30 万亿元，重点发展数字经济、物联网、人工智能 + 等
生物产业（生物经济）	规模 8 万—10 万亿元，重点是生物医药、生物医学工程、生物农业、生物制造、生物服务、生物能源	规模达到 30 万亿元，重点是生物医药、医疗器械、生物农业、生物制造、生物能源、生物服务、生物安全等
高端装备与新材料产业	规模超过 12 万亿元，重点是智能制造高端品牌、航空产业、卫星产业、轨道交通装备、海洋工程装备、新材料	规模达到 25 万亿元：重点是航空航天产业、卫星产业、轨道交通装备、海洋工程、新材料
绿色低碳产业（新能源汽车、新能源和环保产业）	规模达到 10 万亿元以上，重点是新能源汽车、新能源产业、节能产业、环保产业、能源循环利用	规模达到 20 万亿元，重点是新能源汽车、新能源、节能产业、环保产业、能源循环利用
数字创意产业	规模达到 8 万亿元，重点是文化创意、设计、产业融合	规模达到 15 万亿元，重点是文化、设计、产业融合等

数据来源：在《“十三五”国家战略性新兴产业发展规划》的基础上预测。

我们选择战略性新兴产业中的重点行业进行了研究，并对这些重点行业的未来潜力进行了分析。

第 4 节 数字经济的潜力达 30 万亿元

信息产业，也被称为数字经济，是国民经济和社会发展的战略性、基础性、先导性支柱产业。改革开放以来，中国紧紧抓住了信息产业高速发展的战略机遇期，迅速实现了信息产业由小到大、由弱到强、由国民经济新兴产业到重要支柱产业的历史性跨越，信息产业正日益成为驱动中国经济持续增长的新引擎，成为引领产业转型和融合创新的新动力。

当前，信息产业的发展面临巨大变革，中国应该紧抓这一历史机遇，加快构建现代信息产业体系，推动制造强国和网络强国的发展，必将会给中国经济竞争力带来巨大提升，也将带来信息产业的新飞跃。

（一）计算机等制造业方兴未艾

第一，电子信息产业保持着较快增长。2017 年，中国规模以上电子信息制造业增加值增长 13.8%，高于全国工业平均水平 7.2 个百分点，占规模以上工业增加值的比重达到 7.7%，电子信息制造业实现收入超过 14 万亿元，同比增长高于 10%。

第二，在继续保持传统规模优势的同时，新业态不断涌现。2017 年，中国手机、计算机和彩电产量分别达到 19.2 亿部、3.1 亿台和 1.7 亿台，稳居全球第一；自主品牌智能手机、通信设备和服务器国内市场占有率分别超过 70%、70% 和 50%。虽然有数据显示，中国手机、计算机和彩电的销量增速在下降，但考虑到这些传统行业的高端化、智能化发展，以及智能可穿戴设备、智能家居产品、虚拟现实设备等新兴产品种类的不断丰富，虚拟现实、无人驾驶、人工智能、无人机、智慧健康养老等新兴产业不断涌现，仍将会给中国信息产业的发展带来强劲动力。

中国电子信息制造业的销售收入从 2010 年的 6.39 万亿元稳步增长至 2015 年的 11.13 万亿元，年均增长率为 13.8%。虽然受到国内外宏观经济，以及产业自身发展规律的影响，电子信息制造业增速已由“十一五”末期的 24.1% 下降至“十二五”末期的 8.1%，但考虑到更新换代的需要，以及新产业、新业态的不断带动，采取新的模式，中国电子信息制造业的增速将不会低于工业平均值增长率。若按 2020 年电子信息制造业销售收入增速为 7%、2020 —2030 年间增速为 5% 计算，2020 年中国电子信息制造业销售收入将达到 15.6 万亿，2030 年将达到 25.4 万亿元。

（二）通信产业增长迅速

第一，中国已全面建成全球规模最大的宽带网络基础设施。2016 年国内光缆线路长度达到 3042 万公里，城市新建楼宇积极贯彻光纤到户国家标准，全部实现光纤到户，全国主导运营企业光纤入户网络覆盖家庭合计超过 3.1 亿户。随着 4K 电视等高带宽应用的推广普及，百兆接入的需求迅速增长，加上中西部和乡村的需求，未来通信产业基础设施仍具有很大的发展潜力。

第二，中国移动通信产业发展仍具有很大空间。“十二五”期间，中国移动宽带基础设施建设水平大幅提升，已实现从 3G 向 4G 的升级，4G 基站规模达到 177 万，建成了全球最大的 4G 网络。基础设施的升级换代，带来了 4G 用户的爆发式增长。2017 年中国 4G 用户总数达到 9.97 亿户，占移动电话用户的 70.2%，仅从这些数据判断，移动通信增长空间受限。但从技术变革拉动来看，随着 5G 网络的推出，不但会带来新基础设施投入的增加，还将带动相关制造产业的增加，最大的业务仍将是 5G 带来的新的业务和消费模式的变化。据此判断，移动通信产业发展将会出现爆发式增长。

第三，信息消费产业发展较快。随着信息技术与经济社会各领域融合的不断加深，数字经济、平台经济和共享经济的影响越来越深入和广泛，如“新四大发明”中的三大发明移动支付、网络购物和共享单车都和信息消费密切相关，正在改变着全球的经济和产业格局；内容分发网络带来了视频、云计算的高速增长，信息消费已经成为信息领域增长最迅猛的产业，预计到 2020 年信息消费规模将达 6 万亿元，拉动相关领域产出达 15 万亿元。

（三）软件和信息技术服务业有望持续增长

近年来，中国软件和信息技术服务业的规模、质量、效益实现了全面跃升，产业规模迅速壮大。数据显示，2015 年，中国软件和信息技术服务业业务收入占信息产业收入的比重达到了 25.1%，比 2010 年的 16% 增加了 9

个百分点；软件和信息技术服务业业务收入从 2012 年的 2.5 万亿元增长到 2016 年的 4.9 万亿元，年均增速高达 18%。

随着移动互联网、大数据、云计算、数字经济、物联网、虚拟现实、人工智能等带来的新产业、新业态、新模式的不断涌现，以及国内信息消费市场持续升级、电子商务增势迅猛、各省市积极推进智慧城市建设等，将释放出更多的信息技术服务需求，发展电子商务带动的电子支付、数据挖掘、云服务、资格认证等信息技术服务行业，软件和信息技术服务业的发展将会得到迅速提高。《软件和信息技术服务业发展规划（2016—2020 年）》提出，到 2020 年，软件和信息技术服务业业务收入年均增长率将会达到 13%，突破 8 万亿元。若按照 2020 年后，软件和信息技术服务业增长速度减半计算，到 2030 年中国软件和信息技术服务业收入将超过 15 万亿元。

（四）人工智能产业有望形成万亿产业

在数字化、网络化之后，数字经济正在进入智能化的新阶段。经过 60 多年三起两落的发展历程，在互联网、大数据、云计算、传感网、脑机接口等新技术的推动下，新一代人工智能正在崛起，深度学习、人机协同、程序控制机器、意识控制机器等新技术不断涌现。新一代人工智能将影响工业、农业、医疗、教育、环境、军事等方方面面，人工智能的研发已经成为国际竞争的新焦点、经济发展的新动力、社会进步的新标志。

人工智能发展在经历决策辅助系统（1.0 阶段）、程序控制机器（2.0 阶段）、机器学习（3.0 阶段）三个阶段后，正在进入意识控制机器（4.0 阶段）的新阶段，面临着许多新问题、新挑战、新机遇。人工智能不仅会改变就业结构、经济结构、经济格局，而且会冲击法律、伦理、道德、文化，将对经济社会发展和人类自身的发展产生深远影响。

中国新一代人工智能已有良好的基础，突破了一批核心技术，开发了一批新产品，培育了一批企业，建立了一些高科技产业园区。中国人工智能相关国际科技论文数、发明专利授权量均已居世界第二；在中文信息处理、动态监控、生物特征识别、工业机器人、服务机器人、无人驾驶等方面已经进入实用阶段，拥有良好的技术基础与产业基础，形成了一定的优势。但在基础理论、核心算法、高端芯片、核心基础材料等方面，特别是在人工智能4.0阶段，即意识控制机器的研究（表17–2）开发方面，还远远落后于美国等发达国家。此外，与人工智能产业发展相关的基础设施、政策法规、标准体系等也亟待完善。

表17–2　人工智能发展的四个阶段

人工智能：代	发展阶段	核心技术	主要产品
1.0	专家辅助决策支持	数据、决策	决策辅助系统
2.0	程序控制机器	算法	洗衣机
2.1	固定程序控制机器	算法	洗衣机
2.2	非固定程序控制机器	算法	无人机
3.0	机器学习、深度学习	大数据、算法	阿尔法狗
4.0	意念控制机器	脑科学、算法	智能机器人
4.1	视觉、语言、意念	语言、视觉重建	假肢
4.2	脑机接口	脑机接口	智能机器人

2017年，国务院发布《关于印发新一代人工智能发展规划的通知》（国发〔2017〕35号），明确了“科技引领、系统布局、市场主导、开源开放”的基本原则，提出了人工智能发展分三步走的战略目标：第一步，到2020年人工智能总体技术和应用与世界先进水平同步，人工智能产业竞争力进入国际第一方阵，人工智能核心产业规模超过1500亿元，带动相关产业规模超过1万亿元；第二步，到2025年部分技术与应用达到世界领先水

平，人工智能产业进入全球价值链高端，核心产业规模超过4000亿元，带动相关产业规模超过5万亿元；第三步，到2030年成为世界主要人工智能创新中心，相关产业竞争力达到国际领先水平，人工智能核心产业规模超过1万亿元，带动相关产业规模超过10万亿元。

第5节　生物经济潜力将达30万亿元

越来越多的国家政府和科学家认为，生物技术将引领信息技术革命之后的新科技革命。中国生物技术及其产业发展的战略目标是：抓住新科技革命机遇，实现生物技术的跨越发展，推进新的科技革命，使生物技术率先跃居世界先进水平，使中国成为生物技术强国；加速科技成果产业化，培育生物新产业，使中国成为生物产业大国，使生物产业成为国民经济支柱产业之一；大幅度加速经济发展，大幅提高人民健康水平，大幅改善生态环境，大幅度增强国家安全保障能力。

2017年，中国GDP占世界经济的比重为14.8%，却消耗了世界30%—50%的钢铁、水泥、煤等资源，转变经济增长方式已经刻不容缓。而转变经济增长方式必须发展新兴产业，生物产业是中国市场潜力最大、与国外技术差距最小、对人民健康影响最大的新兴产业。我们测算，到2020年中国生物产业规模将达到10万亿元，到2030年达到30万亿元左右。

2001年以来，我们跟踪研究了美国、日本、英国、法国、德国、加拿大、古巴、韩国、新加坡等20多个国家的生物与医药相关发展规划与政策，系统研究了基础生物学、生物医药、生物农业、生物能源、生物制造、生物材料、生物环保、生物安全等10个领域的重大进展，重点研究了药品、医疗器械、诊断试剂、转基因生物、生物肥料、生长激素、燃料乙醇、保健食品等五十多个重点产品的技术与市场动态，重点对中国相关领域和领域重点产品科技创新能力与产业竞争力进行了系统比较研究，并与有关专家共同撰写了《中国的生物经济》《中国医药科技创新能力与产业竞争力国际比较》《中国现代医学创新能力国际比较》《中国医疗器械科技创新能力与产业竞争力国际比较》等系列图书。在此基础上，我们预测，到2020年，中国有望形成10万亿元的大生物产业，到2030年有望达到30万亿元。

（一）生物医药潜力将达15万亿元

中国乙型肝炎病毒感染者超过1.4亿人，高血压患者超过2.7亿人，糖尿病患者有1.09亿人，结核病患者人数为499万人。每年新增癌症患者307万人，同时许多新的传染病不断出现，这些疾病的诊断、治疗与康复对生物与医药产业产生巨大的需求。2016年中国医疗卫生机构门急诊诊疗人数达76亿次，住院病人达2.3亿人次，是世界上最大的医药潜在市场。

中国是世界第二大医药生产国，我们测算，到2020年、2030年医药工业产值将分别达到4万亿元和10万亿元。近年来，医药工业产值增长率在11%，生物医药产业发展正在进入黄金时期。截至2016年底，医药制造业规模以上工业企业个数为7541家，医药工业总产值达3.17万亿元，是2000年医药工业总产值的13.6倍，与我们8年前的预测数据十分接近。全国医疗器械的生产企业超过了1.3万家，可生产47大类、3000多个品种、四万多种规格的产品，2016年中国医疗器械市场总规模为3700亿元，年复合增长率达到19.67%，按此速度到2020年将达到9000亿元，稍低于我们预测2020年达1万亿元的水平。

中国大型医院90%以上的医疗器械都是国外产品，但经过多年努力，中国已成功开发出核磁、X光、彩色超声仪、自动生化检测仪等高端医疗设备。加速国产医疗设备开发与产业化，并首先在中小医院、基层医院推广使用，采取“农村包围城市”的办法，有望逐步夺回已经失去的医疗器械市场；与此同时，积极开发家用小型医疗器械、健康器械，初步测算，医疗器械市场潜力将达 3 万亿元。

综上分析，到 2035 年，中国生物医药工业产值将超过 15 万亿元，其中药品 10 万亿元，医疗器械 3 万亿元，医疗保健品 2 万亿元。从国际经验看：美国 1990 年、法国 2000 年医疗支出已经占本国 GDP 的 10% 以上，中国若 2035 年达到此水平，医疗支出将超过 17 万亿元，因此生物医药产业销售额达 15 万亿元是相对保守的估计。

（二）生物农业潜力超过 2.5 万亿元

中国是世界第一农业大国，保守估计，开发保健食品、转基因动植物、生物肥料、生物农药、生长激素与生长调节剂、新型食品及饲料添加剂等的市场空间将在 2 万亿元以上。由于担心转基因安全等原因，生物农业的潜力远远没有释放出来。

——中国种业市场为 5000 亿元，大量采用生物技术改良品种，在大幅度提高农产品产量的同时，改善品质。中国蔬菜大棚种植技术已彻底改变了北方数亿人口冬季缺乏新鲜蔬菜的状况，而大棚蔬菜的品种都来自组织培养等现代生物技术；中国自主研发的兽药有效地控制了动物的疫病，利用动物胚胎移植技术已对传统肉牛、奶牛品种进行了全面改良，为提高畜产品的产量与品质作出了重要贡献。综合植物组织培养、动物胚胎移植、转基因植物等技术形成的产值，加上生物肥料、生物农药、兽药的产值，保守估算，生物农业产值将超过 2 万亿元。需要说明的是，农业生物的潜力能否实现，主要取决于对转基因植物产业化的政策导向。

——保健食品具有 1.5 万亿元的市场。截至 2016 年底，中国共批准 16000 余种保健食品，保健食品生产企业达 2500 多家，从业人员超过 600 万人，2016 年产值达到 2621.1 亿元，2012—2016 年期间保健品行业产值规模5年的年复合增长率为22.6%，按国外保健品销售额为药品1/3的趋势推算，中国保健品市场应为4万亿元。但考虑到中国保健品产业基础差、缺乏市场认可的好品牌等问题需要逐步克服，初步估算，中国有望形成1.5万亿元的保健品产业。国外保健品产业发展的趋势表明，当人均GDP达到3000美元后，保健品的市场会出现跳跃式增长。近20年来，美国保健品销量增加了36倍，日本增加了32倍，中国保健品消费正在由高收入人群向普通人群扩展，由老人、病人、儿童向青壮年人群扩展，由补品变为日用消费品。过去30年，中国保健品销量增加了49倍，如果未来15年再增加10倍，保健品产值将超过1.5万亿元。

——发展转基因植物，每年至少能够产生2000亿元的产值。中国有10亿亩旱地、5亿亩盐碱地、南方10亿亩草山草坡，种植抗旱、耐盐、耐寒植物，每年至少新增2000亿元的收入。目前，仅种植转基因抗虫棉花一项，每年就为农民增收200多亿元。而转基因玉米、大豆、水稻、草类、树木品种已经成熟，完全具备种植条件，美国人已经种植近20年，没有出现任何安全问题。

——生物肥料、生物农药的产值为1500亿元。2012年，中国生物农药产量为14.4万吨，到2016年增长到28.2万吨，年增长速度基本维持在14.4%以上。统计数据显示，2017年全国有300多家生物农药生产企业，可生产Bt杀虫剂等90多种生物农药。保守测算，到2030年生物肥料、生物农药产值达1500亿元。

——生物种业的产值为1500亿元。全国拥有18亿亩耕地，播种面积在24亿亩以上，拥有种子公司近万家。2015年，中国种子市场规模为780亿元，是全球第二大种子市场。从2007年300亿元的市场规模增长至2015年的780亿元，中国农作物种子复合增长速度为13%，估计2035年将达到1500亿元。

另外，植物组织培养技术已经为全国500万亩日光温室、1000多万亩塑料大棚提供了优良种苗，其产值并没有被估算在内；动植物生长激素与生长调节剂、新型食品及饲料添加剂，还将形成新产品、新产值。

中国生物沼气用户达4000多万家，年产沼气190万立方米；燃料乙醇已在部分省市得到推广。《世界能源》杂志提出，预计到2030年，中国天然气需求量将从现在不到2000亿立方米达到4000亿立方米。除国内生产和进口外，天然气缺口仍将达到2000亿立方米。科学技术部原部长万钢曾提出，其中1500亿立方米的需求量可以通过煤制气来解决，剩下500亿立方米将由生物燃气弥补[5]。

（三）生物制造潜力将达2万亿元

生物制造是指运用发酵工程、酶工程技术，以及以生物质为原料的制造业，主要包括四大类：一是发酵工业产品，如酒类、酱油、醋、味精等；二是生物化工产品，如醇、酸、酯等生物基有机化工原材料；三是生物材料，如生物塑料、生物纤维、生物可降解产品等；四是酶工程产品，在化工、制浆、印染、制革领域运用生物催化替代化学催化，降低成本，减少污染。2016年中国酒类、酱油、醋、味精等发酵产品产量均居世界第一，加上维生素、有机酸、生物材料等，发酵工业产品的产值接近1.2万亿元。保守估算，到2035年，中国酒类、酱油、醋、味精、维生素、有机酸等大宗发酵产品规模继续居全球第一，生物制造的产值将达到2万亿元。

（四）生物能源潜力将超1万亿元

生物能源包括燃料乙醇、生物柴油、生物燃气、生物质发电等。中国用粮食生产燃料乙醇的第一代生物能源技术已经成熟，2017年燃料乙醇产量已达260万吨。2016年中国汽油表观消费量为1.12亿吨，按10%计算，燃料乙醇每年的潜在需求量为1120万吨。同时，中国国家能源局印发了《生物质能发展“十三五”规划》，提出到2020年中国燃料乙醇产量达到400万吨，目前中国燃料乙醇年产量距潜在需求量还有很大增长空间。利用植物秸秆生产乙醇的第二代技术正在研制之中，若利用十多亿亩荒山、荒坡种植能源植物，以及利用畜禽排泄物，中国生物能源的潜力将大大提升，并且可做到“不与人争粮、不与畜争料、不与粮争地”。截至2017年，全国沼气年生产能力达到207亿立方米，每年可替代化石能源1100万吨标准煤，减少二氧化碳排放6300万吨。综上分析，到2035年，中国生物能源至少能够形成1万亿元的产值。

（五）生物资源开发将达8000亿元

2015年，中国人参鲜参产量为3.18万吨，较2014年同期增长28.6%，占世界70%以上。中国有12000多种植物资源可开发形成食品、保健品、药品、燃料、油料、纤维、环境指标植物、观赏植物、芳香植物等不同类型的新产品，扣除药品、食品、生物能源等重复计算的因素，开发特种植物、动物资源，预计到2035年，有望形成8000亿元的产值。

（六）生物环保产业潜力超过6000亿元

生物技术在生态建设中具有不可替代的作用。大面积恢复植被、防沙治沙，需要抗旱、耐盐碱的树木或草的品种；有机废物的分解要靠生物降解；植物吸收二氧化碳释放氧气是改善空气质量的重要途径；生物技术对废水的处理也具有独特的作用；花卉等观赏植物、麻类等纤维植物，以及一些油用植物、环境指示植物等都可以开发利用。初步测算，生物资源环保产业潜力为6000亿元。

（七）生物服务业潜力达 6000 亿元

随着生物技术的不断突破与广泛应用，会产生一些新的产品与用途，开辟新的消费领域。生物服务将开拓生物研究开发仪器与试剂、药物研发外包服务（CRO）、生物检测服务等新领域；为了保障生物安全，将研究开发一些预测生物恐怖的设施、设备、疫苗等。

上述七个方面将形成 22.5 万亿元的大生物产业，考虑到生物医药、生物农业、养生养老产业中存在一定重复计算，综合分析，到 2035 年，中国生物经济将拥有 30 万亿元潜力。

（八）健康服务业潜力将超 10 万亿元

中共中央、国务院发布的《“健康中国 2030”规划纲要》提出到 2030 年中国健康产业规模将达到 16 万亿元，比 2020 年翻一番，扣除药品、医疗器械、保健品制造业、医疗服务、健康管理等领域，拥有 10 万亿元以上的市场潜力。

第一，医疗服务业由 4.6 万亿元增加到 10 万亿元。截至 2016 年底，中国有医院 2.9 万家，基层卫生组织 92.6 万家，拥有床位 741 万个、医生 319.1 万人、护士 350.7 万人，门诊病人 79.32 亿人次、住院病人 2.3 亿人次，医疗总费用为 46344.9 亿元。保守估算，到 2030 年中国医疗服务业收入将超过 10 万亿元。发展医疗事业，具有提高人民健康水平、增加货币回笼量、防止高收入人群医疗费用流向国外的三重作用。

第二，健康管理产业潜力为 1.5 万亿元。中国以健康体检为重点的健康管理产业正在迅速发展，目前全国已建成一万多家健康体检机构。据统计，2015 年中国体检行业以超过 25% 的增速增长至 940 亿元，相对于 2010 年的 295 亿元有了两倍多的增长，2011 —2015 年间这 5 年的行业复合增速达 21%，行业增速高于整个医疗服务行业。随着人民生活水平的提高，健康管理产业有 1.5 万亿元的市场空间。

第三，休闲养生养老产业为 4 万亿元。随着人民生活水平的提高，休闲旅游、医疗旅游等新业态、新服务不断涌现，人们的消费理念已经发生变化。休闲旅游、医疗旅游业的潜力将达到 4 万亿元。

第 6 节 电动汽车换道超车有望形成 2 万亿元产业

中国汽车工业的发动机技术不具有优势，高端汽车市场几乎被国外品牌垄断，但智能电动汽车有望使中国汽车工业实现换道超车。2010 年，国务院将电动汽车产业列为中国战略性新兴产业之一，几年来电动汽车产业发展实现了由研发阶段向产业化阶段的跨越，结束了“从无到有”的产业导入期，开始了“从产品到产业”的新阶段，电动汽车产量、销量均跃居世界第一位。电动汽车产业发展既有难得的历史机遇，也有空前的国际挑战，切实需要把握大趋势、避免大起伏、迎接大发展。

（一）技术基本成熟，进入国际“准一流”

智能电动汽车技术包括电池、电机、电控和智能控制四部分，其中电机和电控技术基本成熟，智能技术是未来发展的重点，动力电池技术是制约当前电动汽车产业发展的瓶颈。

第一，电动汽车百公里直接费用已低于燃油汽车或持平。目前，电动汽车百公里耗电量一般为 15 —19 度，每度电平均成本为 0.5 —2 元（在家慢充电费为 0.5 元），百公里消费 7.5 —38 元。燃油汽车百公里耗油量按 7 升计算，汽油价格按 5.56 元 / 升计算，百公里消费 38.92 元。

第二，电动汽车百公里电池折旧的间接费用为 10.0 元，总费用仍然高于燃油汽车。以比亚迪为例，E6 车型电池综合成本为（按照政策总价 40%

计算）12 万元，电池可充放电 4000 次，按每次完成最大续航里程 400 公里计算，理论上可运行 160 万公里，考虑到电池衰减因素，按运行 120 万公里计算，百公里电池折旧间接费用为 10.0 元。加上电池折旧，电动汽车百公里总费用仍然比燃料汽车高 20%。专家估算，随着技术进步，5 年内电动汽车百公里总费用将低于燃油汽车。随着技术水平的不断提高，百公里电池的成本还会不断下降。

第三，充电时间长（一长）、续驶里程短（一短）是当前制约电动汽车产业发展的瓶颈因素。目前，上市电动汽车每次充电需 10 小时，续驶里程最多 300 公里，是消费者不愿使用电动车的重要原因。国内外电池技术已出现革命性的变化，有望解决这些问题。

第四，电动汽车整体水平达到国际“准一流”。我们选择中国、美国、日本、德国四国技术水平较高的 4 个车型，对 9 个主要指标进行比较，比亚迪 E6 与日产聆风比较，电机最大输出功率、电池容量、续驶里程 3 项指标有一定优势，百公里加速时间、能量密度基本相近，而慢充时间、除百公里耗电等指标相对落后；比亚迪 E6 与美国特斯拉 MODEL S 比较，除百公里耗电、能量密度、慢充时间 3 个指标基本接近外，其余指标相对落后（表 17-3）。

表 17-3　中、美、日、德电动汽车代表车型性能指标

国家	中国	美国	日本	德国
代表车型	比亚迪 E6 2016 款 400 豪华版	特斯拉 MODELS2015 款 85D	日产聆风 2016 款 SV 车型	宝马 i3
百公里加速时间（秒）	10	4.6	11.5	7.2
最高车速（公里 / 小时）	140	250	144	150
电机最大输出功率（千瓦）	90	314.7	80	125
电池容量（千瓦时）	82	85	30	22

续表

国家	中国	美国	日本	德国
续驶里程（公里）	400	560	280	160
能量密度（瓦时 / 公斤）	140	170	140	125
整备质量（公斤）	2380	2108	1546	1270
百公里耗电（千瓦时）	19.5	13.5	17.4	12.9
慢充时间（小时）	8	10.5	6	5.5

（二）生产能力跃居世界第一

据中国汽车工业行业协会的数据，2017 年中国汽车产量为 2901.5 万辆，同比增长 3.19%，销售量为 2887.9 万辆，同比增长 3.04%[6]。同年，新能源汽车产量达 79.4 万辆，销量为 77.7 万辆；纯电动汽车销量为 44.88 万辆[7]，中国电动汽车生产量、销售量均居世界第一位。

比亚迪已建成年产 8GWh 电池的世界最大的生产基地，实现了全程计算机控制，标志着中国自主知识产权电池生产规模世界第一，自动化生产达到国际一流水平。2017 年，无论是电动汽车的产能，还是销售量，中国均居世界第一位。全球纯电动乘用车销售量前 20 的企业有 7 家是中国企业，占总销售量的 30.6%。在技术不断进步的基础上，中国电动汽车产能有望保持世界第一。

（三）正在迎来“产业拐点”

1991 年原国家科委启动“电动汽车”科技攻关计划；2000 年将“电动汽车”列入 12 个重大专项；2009 年科技部推动的“十城万辆”活动，使电动汽车结束了“从无到有”的研发阶段，进入了“从产品到产业”的产业崛起阶段。2010 年《国务院关于加快培育和发展战略性新兴产业的决定》（国发〔2010〕32 号）把电动汽车列入七大战略性新兴产业之一。

（四）市场潜力稳居国际前列

截至2017年年底，全国汽车保有量达2.17亿辆，仅次于美国，居世界第二位，汽车、电动汽车的销售量均居世界第一位；汽车驾驶人3.42亿人，超过美国的总人口数。2020年中国汽车保有量有望达到2.0—2.6亿辆，增长22%—51%。保守估算，到2030年电动汽车保有量有望达到3000万辆。

第一，用趋势外推法，汽车保有量达2.6亿辆。2017年，中国汽车保有量比上年增加2304万辆，增长11.85%。2011年至2015年，汽车保有量以年均16.4%的速度稳步增长。采用趋势外推法对未来5年进行推算，到2020汽车保有量将达2.6亿辆。

第二，用人均GDP与汽车保有量函数推算，汽车保有量达2.6亿辆。千人汽车保有量与国家经济发展阶段密切相关。从图17-1可以看到，各国千人汽车保有量与人均GDP存在较为显著的正相关关系。若按6.3%的经济

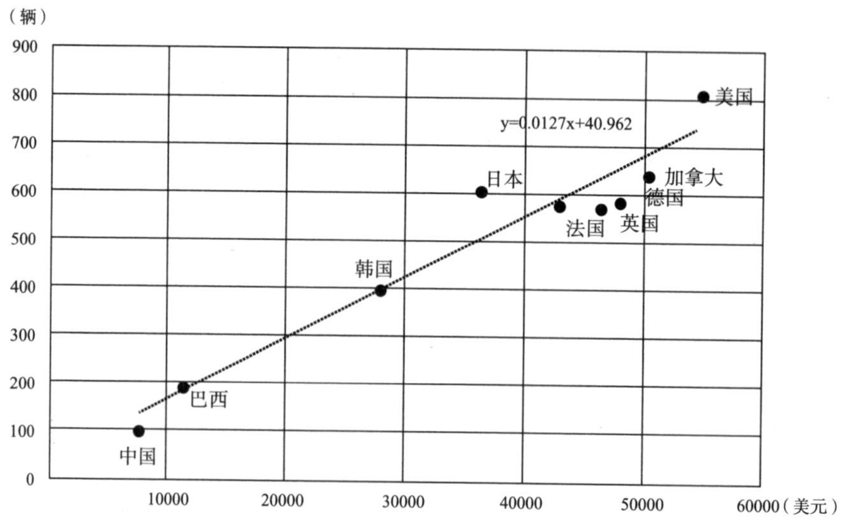

图17-1　2014年部分国家人均GDP与千人汽车保有量

增速测算，到2020年，中国人均GDP将超过1万美元。据此测算，2020年中国千人汽车保有量将达到174.4辆，即使人口总数保持不变，届时也将达到2.6亿的汽车保有量。

第三，按每百户汽车拥有量计算，汽车保有量可达2.2亿辆。2015年全国每百户汽车拥有31辆，北京、深圳、成都则超过60辆，按2020年每百户汽车拥有量为40辆计算，汽车拥有量将达到2.2亿辆。

第四，按中产阶级人口数测算，汽车保有量可达2.0亿辆。据估算，2020年中国中产阶级人口将超过7亿，按每户3.5人、每户一辆汽车计算，到2030年汽车保有量为2亿辆。

第五，综合推算，到2030年中国电动汽车保有量将达3000万辆。若全国每百户汽车拥有量达2015年北京、深圳、成都的水平，全国汽车拥有量将达到3亿辆，相当于每千人汽车拥有量219辆。若中国电动汽车占汽车保有量的10%，则2030年电动汽车拥有量为3000万辆。

从国际市场分析，中国电动汽车市场潜力最大。当前，美国、日本、德国等发达国家汽车保有量已接近饱和，加之人口数量少，电动汽车市场潜力明显低于中国。印度、巴西等发展中国家虽然有人口优势，但受收入水平的制约，电动汽车市场潜力也小于中国。

（五）政府支持力度全球最大

许多国家都采取不同政策措施推动电动汽车产业发展，我们整理了中国、美国、德国、日本4国支持电动汽车产业的政策，共17条，其中中国采用了13条，德国和日本各有11条，美国有10条（表17-4）。2015年中国政府补贴400亿元，不论是从采用政策的数量还是政策力度看，中国都是对电动汽车支持力度最大的国家，已经使中国电动汽车销量跃居世界第一位，正在催生一个有国际竞争力的新兴产业。

表 17-4　中、美、德、日电动汽车相关政策措施比较

序号	中国	美国	德国	日本
产业规划	●	●	●	●
研发专项	●	●	●	●
产业化支持	● （技术创新工程）	● （能源部贷款）		
购买补贴	●	●		●
减免购置税	●			●
减免使用中的税费	● （免车船税）	● 车道税收减免	● 免征保有税	● 减免重量税
示范工程	●	●	●	●
政府采购	●	●	●	●
充电价格优惠	●			
不限行 / 不限购	●		●	
充电设施补贴	●	●	●	●
充电设施比例要求	●			●
燃油经济性限制	●	●	●	●
排放积分交易		●		
道路权优惠			● 优先用公交道	● 高速费补贴
特殊牌照政策			●	
保险费用优惠			●	

注："●"表明该国实施该项政策。

第 7 节　体育正在由事业转变为 3 万亿元的新产业

长期以来，体育对中国人来讲是事业，政府拿钱、运动员拿奖牌、全国人民高兴，体育事业直接经济效益并不显著。但是，体育产业是发达国家第三产业的重要组成部分，一些国家体育产业已占 GDP 的 2%—3%，美国、

英国体育产业的产值甚至超过了汽车制造业的产值。体育活动已成为发达国家人民日常生活中不可缺少的部分，一些国家居民日常支出的3%以上用于体育消费。

中国体育事业成就辉煌，群众体育正在蓬勃兴起，体育产业迅速崛起。据国家体育总局统计，常年参与体育锻炼的人口达4亿人。我们在北京、上海、江苏、福建、陕西、甘肃等地调研时发现，群众性体育活动已蔚然成风，体育锻炼已成为退休老人日常生活的一部分，健美、健身正成为中青年的时尚活动。许多家庭、个人支出的3%已经用于体育消费，体育产业快速发展的产业基础正在形成。

与此同时，中国体育产业发展还面临着许多问题与困难，“体育是民生、体育是经济”等理念在许多地方尚未形成共识，对群众体育支持不力、对体育产业重视不够；运动促健康、锻炼强体质的生活方式还未成为广大民众的自觉行动，近14亿人口的大国尚未支撑起一个宏大的体育产业。

（一）体育事业蓬勃发展，产业正在起步

第一，常年参与体育锻炼的人口占比少，体育产业规模小。据中国国家体育总局统计，全国常年参加锻炼的人口占总人口的23.7%，肥胖、高血压、糖尿病等慢性病人高达4.5亿人，占总人口的33.3%。有研究报告认为，加上失眠、抑郁、残疾等人口，中国亚健康状态人口超过50%。美国健身俱乐部的会员占总人口的17%，而在中国健身俱乐部会员占总人口的比重仅为0.4%，相差42.5倍，这与中国经济大国的地位极不相称。

第二，体育事业与产业发展不协调，产业明显滞后。目前，中国体育经费面临总量不足、比例不合理的双重压力，有限经费只能用于竞技体育事业，群众体育经费明显不足。与此同时，相关数据显示，在中国体育事业蒸蒸日上之际，体育产业却出现下降态势，体育消费总体规模在GDP中所占

的比例连续下降了十余年，2014 年达到了最低点，直到 2015 年才停止了下降[8]。据我们调研，财政支持群众体育的费用，上海杨浦区为人均 47 元，江苏省无锡市为人均 55 元，中西部地区还不足 10 元。

第三，大多数群众体育消费意识尚未形成，人均体育消费低。我们在上海杨浦区殷行街道调研发现，政府投资建设“365 百姓健身房”，每人每天只交 1 元，该健身房会员人数为 1500 人，只占小区居住人口 20 万人的 0.75%，而经常参加锻炼的会员不足小区总人口的 0.08%。北京、上海等大中城市商业性健身场所的消费者主要是中高收入的白领阶层，广大低收入民众的体育消费意识尚未形成。

第四，体育企业规模小，科技创新能力低。李宁体育用品公司是中国最大的体育企业之一，2016 年销售额为 12.1 亿美元，仅为美国耐克公司 2016 年销售额 324 亿美元的 3.7%。中国多数体育企业基本上没有科研活动，一些有科研活动的企业，距国际先进水平尚有很大差距。不仅大量竞技体育器械、中高档健身器材依赖进口，连体育服装、鞋帽的中高端市场也被国外品牌占领。同样功能的产品，中国产品的价格通常只有进口产品的 1/10，利润仅为 1/20。

第五，体育产业政策体系亟待完善。长期以来，各级政府十分重视体育事业，相对而言对体育产业重视不够，在税收、金融、人才、行业标准、研发、市场培育等方面，尚未形成完善的体育产业政策体系。

（二）体育产业拥有 3 万亿元的潜力

国际体育产业发展的经验表明，当人均 GDP 超过 5000 美元时，人民消费结构将会转型，健康、体育等服务业消费大幅度提升。中国人均 GDP 超过 8800 美元，完全有条件形成一个巨大的体育产业。

第一，按年增长率算，体育产业潜力为 13484 亿元。近五年全球体育产业增长速度为20%，国家《体育产业"十二五"规划》提出，"十二五"期间，体育产业年增长率为15%，2006—2008年平均增长率为19.5%。到2020年，如果国家重视体育产业发展，体育产业年增长率有望达到20%，按此速度测算，在2012年体育产业增加值3136亿元的基础上，2020年体育产业增加值将达到13484亿元。

第二，按占GDP比例算，潜力为14800亿元。党的十八大提出到2020年中国GDP比2010年翻一番，按照浙江省体育产业占GDP的0.75%的一倍及美国体育产业占GDP的3.0%的一半测算，中国体育产业潜力将在14800亿元。

第三，按人均体育消费水平算，潜力为12600亿元。按2020年中国人均收入比2010年翻一番的目标，按当前一些中高收入国家、中国中高收入人群人均体育消费占个人支出3%测算，到2020年，中国群众体育消费将达到12600亿元，加上竞争体育的产值，体育产业潜力也将达到15000亿元。

第四，按人均GDP比较算，潜力为16276亿元。2017年，中国人均GDP为8836美元，美国为60014.9美元，中国人均GDP为美国的14.7%。2015年，美国体育产业产值达4984亿美元，人均体育产业产值为1544.2美元，中国的体育产业产值为2701.8亿美元，人均产业产值为192.2美元。到2020年，中国人均体育消费从相当于美国的2.7%，提高到相当于美国14%的水平，中国体育产业产值将增加5.19倍，达到16276亿元。

综上四种方法估算，到2020年中国体育产业市场规模将在1.5万亿元以上，按2030年比2020年翻一番计算，2030年体育产业市场规模有望达到3万亿元以上。

第 18 章

建设科技强国，保持世界经济第一

2017 年，中国 GDP 已达到美国的 63%，中国 GDP 增速是美国增速的 3 倍，中国经济总量，依靠第三产业能够达到世界第一，依靠新兴产业巩固世界第一。而中国经济要长期保持世界第一，并成为世界经济强国，必须率先成为人才强国、科技强国，必然引领或共同引领新科技革命，绝不能再次与下次科技革命失之交臂。

第 1 节　经济强国必然是科技强国、人才强国

人类两千多年的发展历史表明，世界经济中心、文化中心、外交中心乃至军事中心，总是随着科技中心的转移而转移，而科技中心则随着人才中心的转移而转移。谁拥有一流人才，谁就引领未来世界发展。过去如此，未来还将如此。经济强国必然是科技强国、人才强国。人才，特别是顶尖人才将推动科技进步、科技革命，科技革命必然引发产业革命、驱动军事变革，产业革命必然引发世界利益格局的变化，进而引发社会发展、文明

进步。

农业经济时代的中国、工业经济时代的欧洲、数字经济时代的美国都是如此。谁引领信息科技革命之后的新科技革命，谁就将引领未来世界经济的发展，这是经济发展的大趋势、人类发展的大逻辑。

美国的人才政策奠定了美国科技与经济中心地位。二战期间，美国动员了几个师的兵力，到欧洲抢夺优秀人才，成立国家自然科学基金会，建立大量赠地大学，迅速成为世界人才中心，使一个只有两百多年历史的移民国家，迅速成为世界科技中心、经济中心。美国尝到了争夺人才的甜头，就进一步加大对全球人才的争夺，大量吸收留学人才和访问学者，根据美国国际教育协会 IIE 的数据，美国 2015 至 2016 学年间吸引了 100 万名留学生，其中中国留学生占 32%[1]。据美国商务部的数据，2015 年至 2016 年，国际留学生为美国经济贡献了 358 亿美元，其中中国留学生为美国贡献了 114.3 亿美元，占 31.9%[2]。源源不断的优秀人才涌向美国，使美国长期保持世界人才中心、科技中心的地位，并不断强化世界经济中心、军事中心的地位。

第 2 节　建设科技强国，支撑经济强国

农业经济时代，中国由于农业技术领先曾领跑世界经济 1800 多年，曾占世界经济总量的 33%，但由于与两次工业科技革命失之交臂，由经济大国沦为半殖民地半封建国家，1949 年仅占世界经济总量的 4%。中华人民共和国成立后，毛泽东主席号召“向科学进军”，“两弹一星”等大批科技成就震惊世界，奠定了和平的基础；改革开放以来，贯彻“科学技术是第一生产力”指导思想，实施科教兴国战略，建设创新型国家，正在夯实中国发展的基础。

（一）国家强起来，科技必须率先强起来

从1820年到1949年，中国GDP仅仅增长7.1%，而中华人民共和国成立后的68年，GDP增加了1774倍，创造人类经济发展的奇迹，中国人实现了“站起来、富起来”的两大历史性跨越。

展望未来，中国要强起来，科技必须率先强起来。随着经济进入新常态，需求侧推动经济增长的方式已不能持续，迫切需要从供给侧发力，推动新一轮经济增长。供给侧改革的核心是创新，包括理论创新、发展方式创新、科技创新、体制机制创新、文化创新等，而科技创新将处在“核心地位”，发挥“引领作用”。我们比历史上任何时候都接近实现中华民族伟大复兴的目标，比任何时候都需要科技创新的支撑与引领，比任何时候都需要成为世界科技强国，比任何时候都接近世界科技强国的目标。

2017年5月，《国家创新驱动发展战略纲要》明确提出建设“世界科技强国”，这是中国科技史上前所未有的宏伟目标，是从经济大国变成经济强国、实现中华民族伟大复兴的战略举措，也是民族进步、国家发展的里程碑，是发展的要求、历史的必然。

（二）科技强起来首先要保障科技安全

2018年4月16日，美国商务部下令禁止美国高通公司向中兴通讯公司出口电讯零部件产品，4天之后，中兴通讯公司董事长殷一民在发布会上宣布中兴通讯公司将进入休克状态。一个曾经7年专利申请量居全球第一、专利保有量达6.9万件的高科技企业，为什么会因为一个禁令而进入休克状态？中国发明专利申请量、授权量均居世界第一位，为何一个禁令会引发举国上下关注“空芯化”问题？“中兴危机”不是企业危机，也不是行业危机，实质上是科技安全问题。科技能否保障经济社会持续发展？能否保障国家安全的需要？

什么是科技安全？国内外还没有统一、公认的概念，相关研究也较少。当前关于科技安全的研究与工作部署，一般主要是指科技保密工作，而科技保密是科技安全的部分内容，不是最重要的内容。科技安全最重要的内容是技术供给能否满足技术需求的问题。

国际上通常将科技安全归属于非传统安全范畴。1972 年罗马俱乐部发布《增长的极限》，讨论了技术供给不足会导致经济增长极限，给人类带来毁灭性灾难，但并没有提出科技安全的概念。1991 年英国学者 Barry Busan 首次将安全扩展到经济、环境、社会等领域[3]。美国国际安全专家 Terry Tariff 在《当代安全研究》中也花了大量篇幅讨论非传统安全问题[4]。国际上关于科技安全的研究最早产生于 1919 年，进入 20 世纪中期，随着技术事件复杂程度的加深，人们对大规模复杂系统安全问题的关注更加强烈。

2000 年以来，国内科学界开始研究非传统安全与科技安全问题。马维野和连燕华等认为在知识经济时代，国家科技安全是国家安全的重要组成部分。狭义的科技安全局限于科技系统本身的安全，而广义的科技安全是指以科技作为手段保障国家安全[5,6]。刘跃进认为科技安全是当代国家安全的关键，包括科技成果安全、科技人员安全、科技产品安全、科技设施安全、科技活动安全和科技应用安全，最核心的是科技保密[7]。

我们研究认为，科技安全是指一个国家或地区在任何时候，其核心技术供给都能够满足经济安全、人民安全、生态安全、国防安全等国家安全问题对技术的基本需求，不仅包括科技自身的保密与安全问题，更重要的是科技能够支撑和保障国家经济、民生、生态、国防等安全对技术的需求。科技安全有四个基本特征：“创得出、买得到、保得住、用得好”。

第一，“创得出”，创新体系完善、高效，能够不断创造出新技术、新产品，基本满足核心技术的需求；

第二，“买得到”，技术供给体系完善、可靠，任何时候都能够买得到、买得起所需要的技术与装备，不会出现因受技术封锁而影响经济发展、国家安全的问题；

第三，“保得住”，拥有完善、高效的知识产权保护体系与科技保密体系，确保知识产权安全；

第四，“用得好”，拥有完善、高新的科技成果转化体系，包括技术市场体系、投融资体系、产业体系、政策体系等。

由此可见，科技安全的主要内容包括四个方面：科技创新能力、技术保障体系、知识产权保护、科技成果转化。

（三）保障科技安全的战略与对策

贯彻落实习近平总书记提出的总体国家安全观，针对政治安全、国土安全、军事安全、经济安全、文化安全、社会安全、科技安全、信息安全、生态安全、资源安全、核安全等国家安全体系对科技的需求，研究部署科技创新与技术供给工作，是当前及未来一个时期保障科技安全的核心任务。

第一，遴选国家安全急需技术，形成核心技术需求清单。按照科技创新面向经济主战场、面向国家重大需求、面向世界科技前沿的要求，根据经济发展对技术的巨大需求，遴选一、二、三产业及战略性新兴产业对技术的重大需求，如 14 纳米高端通用芯片、时速 600 公里高速列车、600Wh/Kg 高密度电池、亩产 600 公斤高产大豆品种、1800MPa 超级钢，以及数字经济、生物经济、共享经济、现代物流等新业态、新模式对技术的重大需求；遴选国家重大需求的技术重点，如网络安全、能源安全、核安全等 11 个安全对技术的重大需求；遴选世界科技前沿，如脑科学、量子通信与量子计算机、人类长寿、暗物质、引力波等。

第二，针对每个国家安全问题组建一个“国家实验室”。改变国家重点实验室按学科、甚至按著名专家设置的传统做法，针对国家重大安全问题，每个安全问题建立一个国际一流的“国家实验室”，集成国内外一切科技要素，切实做到人才、设备、成果、机制“四个国际一流”，保障国家安全对核心技术的需求。

第三，建立健全科技供给保障体系，完善替代技术清单。吸取“中兴危机”的教训，建立健全国家、区域以及企业的技术供给保障体系（链）。对于仍然依赖进口的核心技术，绝对不能只从一个国家甚至一个企业进口，要有替代国、替代企业、替代产品，形成完善、可靠的技术供给体系或供给链，对中国尚没有掌握的核心技术或产品，要能保障任何时候都能买得到、买得起。与此同时，针对中国尚不能够自主开发的核心技术，采取市场经济条件下的“新型举国体制”，政府牵头、市场主体，统一规划、分别实施，尽快消除制约国家安全的技术瓶颈。

第四，加强军民科技融合，激发创新潜力。建立健全军民科技融合的科技体制机制，是中国科技体制改革的第三个里程碑，必将释放出巨大的能量。建议对国家重大科技需求，以“揭皇榜”的形式向全社会公布，动员全社会力量，特别是军队力量，参与科技攻关，促进部分军用技术民用化。

第五，提高技术创新质量与效率。中国专利申请量、授权量已经居世界第一，专利保有量居世界第三，但是许多核心技术仍然依赖于人，如信息领域高端芯片、系统软件等几乎全部依赖美国等国家，科技安全问题十分突出，“中兴危机”就是典型案例。建议应用性研究，由企业出题、出资，技术创新以解决实际问题为目标，切实提高创新质量。

第六，列出国际顶尖人才与国家急需人才清单。中国创新质量不高有科研选题与生产需求脱节、科技经费不足、实验设备不良、科技评价论文导向等多种原因，但最主要的原因是缺乏国际顶尖人才，没有一流的人才，就很难有一流的科研成果。因此，建议将引进、培养国际顶尖人才作为提高创新质量、保障科技安全的突破口，针对不同的技术需求，进行人才预测，列出不同领域的国际顶尖人才清单，采取一系列的政策与措施，引进国际顶尖人才。

第七，加强知识产权保护与科技保密工作。落实《中华人民共和国国家安全法》，加强知识产权保护与应用，加强科技保密能力建设，保障重大技术、工程、基地以及顶尖人才的绝对安全。

第 3 节　中国科技发展已经进入新阶段

自从公元 1100 年发明指南针以来，中国接近九百年出现了重大创新的空白，错失了机械化、电气化两次工业科技革命，国力下降、外敌入侵，中国经济占世界经济的比重由 32.8% 下降到 4%。中华人民共和国成立以来，科技发展已经取得了巨大的进步，科技创新的主要数量指标已跃居世界前 3 位，科技创新成果数量不多的问题基本解决，质量不高的问题成为科技创新的主要矛盾。

（一）创新数量指标已进入国际前列

中国已成为有影响力的创新大国，科技创新的人员、经费、论文、发明专利等 10 项指标的国际排名已经全部进入世界前 3 位，其中研发人员、科技期刊论文、发明专利申请量、发明专利授权量、高技术产品出口额等 6 项指标均居世界第 1 位，论文被引数、研发经费等 3 项指标居世界第 2 位，发明专利保有量居世界第 3 位。2017 年数据显示，中国科研人员 400 万人，研究开发费用 17500 亿元，居世界第 2 位，为美国的 42%；SCI 论文 35.42 万篇，居世界第 2 位，国际论文被引指数第一次跃居世界第 2 位[①]。按美国自然

① 此处指的是 2007–2017 年 10 年间科技论文被引用的数量。

科学基金会的统计数据，中国科学论文数量已经超过美国，主要原因是为争取更多经费，美国基金会将中国一些中文刊物论文计入国际论文，2016 年中国科技期刊 42.6 万篇，居世界第 1 位，高于美国的 40.9 万篇；2016 年中国工程技术论文（EI）22.2 万篇，也居世界第 1 位；2017 年中国发明专利申请量、授权量分别为 124.6 万件和 32.7 万件，均居世界第 1 位，发明专利保有量居世界第 3 位；2017 年中国高技术产品出口额达 4960 亿美元，居世界第 1 位，是美国高技术产品出口额的 3.2 倍（表 18–1）。表明中国科技创新进入新阶段，创新数量问题基本解决，创新质量成为主要矛盾。

表 18–1　中国科技创新主要指标及国际地位 *

序号	指　标	中国	全球	中国占比（%）	国际地位
1	人员（万人）	375.9	1061.4	24.1	1
2	科技期刊论文（万篇）	42.6	229.6	18.6	1
3	SCI（万篇）	32.4	189.6	17.1	2
4	EI（万篇）	22.6	68.31	33.2	1
5	经费（亿美元）	2285. 5	16679.8	13.7	2
6	论文被引（万次）	1934.9	–	–	2
7	专利申请（万件）	124.6	294.6	42.3	1
8	PCT 专利（万件）	4.9	24.4	20	2
9	高科技出口（亿美元）	4960（2016）	21460（2014）	25.8	1
10	国家创新指数	69.8	–	–	17
11	世界 500 强企业①	115	500	23	2
12	世界 500 强品牌②	37	500	7.4	5

① 此处数据是《财富》2017 年排行榜。

② 2017 年 12 月 21 日，世界品牌实验室 (World Brand Lab) 在美国纽约揭晓 2017 年度(第十四届)《世界品牌 500 强》排行榜。

续表

序号	指标	中国	全球	中国占比（%）	国际地位
13	世界100强大学[①]	5	100	2	–

* 人员（指R&D人员）、论文（指科技期刊论文）、专利申请量、高技术出口采用了世界银行数据，SCI、EI数据来自中国科学技术信息研究所2017年发布的数据，PCT数据来自世界知识产权组织。

（二）创新质量不高已成为主要矛盾

中国科技进步贡献率已从2012年的52.2%上升到2017年的57.5%，每年提高一个百分点，科技发展取得了超出预期的成就。但是与经济社会发展对科技的需求相比、与发达国家相比，中国创新质量不高、技术供非所需的问题仍十分突出。中国创新质量与效益不高，主要表现在三个方面。

第一，基础科学、科学前沿领域缺乏国际公认的重大科技成就、科学大师和世界著名的科学家。中国在数学、物理、化学等基础科学领域，以及信息、生物、材料、新能源、先进制造等高科技领域缺乏国际公认的重大科技突破，缺乏诺贝尔奖级的科学大师、顶尖人才。许多国内顶尖科学家在国际同行中还没有被认同，研究工作采用、跟踪别人方法等重复性工作多，科学原理、理论、方法等原始性创新性少。

第二，经济领域不能保障科技安全，许多核心技术仍然受制于人。

农业科技能够基本自给，但创新质量不高问题仍然很突出。中国农业科技除个别品种外，总体上能够实现自给、不受国外制约，但农业科技创新质量不高、供非所需的问题仍然突出。比如，中国是大豆的起源国，大豆传入美国后，美国进行技术改造，大豆亩产达214公斤，中国大豆亩产仅为130公斤，为美国的61%，大豆比较优势低。2017年中国进口大豆9553万吨，针对杂交大豆已攻关二十多年，至今仍不能进入应用阶段。中国的农产品加

① 2018Times世界大学排名，含香港大学、香港科技大学、香港中文大学。

工技术落后，巨大经济潜力未能充分挖掘出来，农民增收困难；此外，影响中国人口的食品安全问题还没有得到解决。保障农产品安全的生产技术体系还没有建成；快速、准确的食品安全监测技术、设备、产品还明显不足；适合百姓检测食品安全的快速监测试剂供给明显不够。可见，农业科技需要迫切提高创新质量，推动第二次绿色革命。

工业领域许多核心技术仍然受制于人。虽然中国工程技术论文世界第一、发明专利世界第一，但工业领域许多核心技术仍然受制于人。我们对22个工业行业中中国专利申请重点与发达国家进行比较，发现专利申请量最多的前10项技术的重合率不到10%，说明中国研发重点与竞争对手明显不同，也就是说，没有和竞争对手在同一个跑道上赛跑。如在纺织业方面，中国专利申请重点是纺织原料与机械相关技术，而发达国家申请重点则为纺织品后整理相关技术；又如墨水专利申请重点，中国侧重研究如何着色，发达国家则研究如何不掉色。中兴公司专利申请数量曾多年保持世界第一，但美国商务部一个禁令就使其进入休克状态。2017年美国苹果公司营业收入达2156.4亿美元，利润为484亿美元，利润率为21.2%，这几项指标分别是华为公司的2.3倍、6.4倍和3.0倍，分别是中兴公司的13.1倍、69.9倍和5.4倍。技术创新质量不高是中国工业效益不高的根本原因。

第三产业虽科技进步快，但商业模式创新多、核心技术创新少，与国外差距明显。中国在电子商务、金融科技、现代物流、共享经济等一些领域已经实现世界领先，但这些领域的技术大多是网络技术，根技术或源头技术基本多数来自美国。尽管中国在商业模式创新、技术应用等方面超前一步，但容易被追赶、被封锁。

新兴产业方面，总体上处于跟跑为主、少数领跑的状态。信息产业的硬件、软件技术等技术多数来自美国。英特尔、台积电的7纳米芯片已经进入投产阶段，中国14纳米芯片、22纳米芯片仍未突破，基本上相差2—3代；

数据、图像、音频处理等基础软件基本都源自国外，受制约严重，将影响网络安全、经济安全、国家安全；生物产业的生物医药、生物农业、生物制造、生物服务等核心技术与标准，基因、蛋白、细胞、代谢、遗传等方面的基础原理与方法等，基本上都来自美国。如不采取重大举措，美国将继续引领信息技术之后的新科技革命，中美业已缩小的经济差距、科技差距将有进一步拉大的可能。

另外，中国在网络安全、能源安全、核安全、粮食安全、食品安全、水安全、生物安全等方面都亟须大量先进、适用的技术与产品，科技供不应求、供非所需的问题相当突出。

第三，创新能力国际排名在第 13 位到第 27 位。从国内外不同机构对中国技术创新的综合评价来看，不同国家、机构对中国科技创新的综合评价在第 13 位到第 27 位。中国科学技术发展战略研究院估算中国“国家创新指数”2017 年为第 17 位；在瑞士洛桑学院《2017 年 IMD 世界竞争力年鉴》、彭博社《彭博创新指数 2017》、世界知识产权组织《2017 年全球创新指数》和世界经济论坛《2017 —2018 年全球竞争力报告》等 4 份研究报告中，中国创新国际排名分别为第 18 位、第 21 位、第 22 位和第 27 位（表 18–2）。但是 2018 年 5 月，瑞士洛桑学院《2018 年 IMD 世界竞争力年鉴》已将中国的世界竞争力排序提升到第 13 位，比 2017 年上升了 5 位，这也从侧面反映了西方国家对中国创新能力的认可。

表 18–2　不同机构对中国创新能力的评价

排名	《国家创新指数（2017 年）》（科技部战略院）	《全球创新指数（2017 年）》（世界知识产权组织）	《IMD 世界竞争力年鉴（2017 年）》（洛桑学院）	《全球竞争力报告（2017—2018 年）》（世界经济论坛）	《彭博创新指数（2017 年）》（彭博社）
1	美国	瑞士	中国香港	瑞士	韩国
2	日本	瑞典	瑞士	美国	瑞典

续表

排名	《国家创新指数（2017年）》（科技部战略院）	《全球创新指数（2017年）》（世界知识产权组织）	《IMD世界竞争力年鉴2017》（洛桑学院）	《全球竞争力报告（2017—2018年）》（世界经济论坛）	《彭博创新指数（2017年）》（彭博社）
3	瑞士	荷兰	新加坡	新加坡	德国
4	韩国	美国	美国	荷兰	瑞士
5	丹麦	英国	荷兰	德国	芬兰
6	瑞典	丹麦	爱尔兰	中国香港	新加坡
7	德国	新加坡	丹麦	瑞典	日本
8	荷兰	芬兰	卢森堡	英国	丹麦
9	新加坡	德国	瑞典	日本	美国
10	英国	爱尔兰	阿联酋	芬兰	以色列
11	芬兰	韩国	挪威	挪威	法国
12	法国	卢森堡	加拿大	丹麦	奥地利
13	以色列	冰岛	德国	新西兰	比利时
14	奥地利	日本	中国台湾	加拿大	挪威
15	挪威	法国	芬兰	中国台湾	荷兰
16	爱尔兰	中国香港	新西兰	以色列	爱尔兰
17	中国	以色列	卡塔尔	阿联酋	英国
18	比利时	加拿大	中国	奥地利	澳大利亚
19	澳大利亚	挪威	英国	卢森堡	新西兰
20	卢森堡	奥地利	冰岛	比利时	加拿大
		中国（第22位）		中国（第27位）	中国（第21位）

（三）技术创新质量不高的主要原因

导致技术创新出现质量不高的原因是多方面的，有科学积累不够、科技投入低、尖子人才少等，但主要原因有四个。

第一，基础研究经费投入少，顶尖人才少，创新能力弱。作为发展中国家，中国的基础研究缺乏足够的资金支持，导致基础研究跟踪、模仿多，重大突破少。

第二，政府财政科技经费多头管理，机构重复设立、项目重复设置、设备重复购置，有限经费浪费比较严重，导致效率低下。科技机构按行政区设置，不按经济区设置，机构重复设置浪费了巨额科技经费。如吉林省四平市有 3 个玉米研究所，青岛市有 3 个海洋研究所，北京市仅有 600 多万亩农田，却建立了 2 所农业大学、2 个农业科学院。

第三，企业研发经费占全社会研发经费的 78.5%，但由于企业之间科技项目相互保密，重复研究在所难免，经费浪费问题十分突出。加之，许多中小企业没有高端人才，科研工作实质上属于重复性活动，难以取得真正的科研成果。

第四，顶尖人才缺乏是中国创新效率不高的最主要原因。2000 年之前，中国创新效率不高的主要原因是缺乏创新经费，但在 2006 年以后，创新质量不高的主要原因则是缺乏顶尖人才。根据汤森路透数据，中国有 2/3 的学科缺乏顶尖人才。没有国际一流的人才就难以做出国际一流的创新性成果，这是技术创新效率不高的重要原因之一。

（四）“小马拉大车”的局面需要尽快改变

1997 年到 2017 年，中国 GDP 由 7.88 万亿元增加到 82.71 万亿元，增加了 9.5 倍，而固定资产投资额由 2491.1 亿元增加到 64.12 万亿元，增加了 25 倍，M2 由 9.1 万亿元增长到 167.7 万亿元，增加了 17.4 倍，依靠投入推动经济增长的方式必须转变。但依靠创新驱动，中国处于世界第 17 位的创新体系要支撑世界第二大经济体发展，属于“小马拉大车”，很难支撑 GDP 增速长期保持美国的 3 倍以上。提高创新质量、扭转“小马拉大车”局面迫在眉睫。

第一，改革立项制度，提高立项质量。建立严格的立项标准，对于没有科学价值、经济价值的项目以及重复性项目一律不能立项；应用研究问题，一律面向经济主战场、面向国家重大需求选题，坚持“课题从生产中来，成果到生产中去”。彻底打破“专家出题、专家评审、专家解题、专家验收”的科技小循环，进入“企业出题、企业出钱、专家解题、政府引导”的经济大循环，彻底改变“会什么、做什么”的旧模式，建立“需要什么、研究什么”的新模式。

第二，造就顶尖人才队伍，提高课题主持人质量。中国顶尖人才数量仅为美国的 1/9，世界百强大学数量为美国的 1/9，如果不改变顶尖人才格局，很难改变中国创新能力差、创新质量低的局面。建议制订“顶尖人才规划”，把改变顶尖人才格局作为提高创新质量的突破口，通过顶尖人才格局的改变推动世界科技格局和经济格局的改变。

第三，强化企业技术创新主体作用，力争做到“六个主体”。应用性研究必须以企业为主体，加速企业成为应用研究项目提出的主体、执行的主体、投入的主体、成果转化的主体、利益分享的主体、风险承担的主体。政府要为企业创造公正、公平、公开的科技竞争环境，要使“引导大专家、进入大企业、攻克大技术、开发大产品、占领大市场、发展大产业”成为新时代科技应用研究的主导模式。

第四，加强基础研究，抢占新科技革命制高点。人类历史上的经济强国都引领或共同引领过科技革命、产业革命，信息技术引领的科技革命和产业变革已进入中期的中期，要抓紧研究信息技术革命之后的新科技革命，力争基础研究取得重大突破，抢占新科技革命的制高点，成为新科技革命的引领者，或者共同引领者，奠定实现中国梦的科技基础。

（五）新阶段的核心目标是建设科技强国

习近平总书记明确指出科技发展“正处于从量的积累向质的飞跃、点的突破向系统能力提升的重要时期”“正处在跨越发展的关键时期”。“重要时期”“关键时期”标志着科技发展已经进入新阶段，其主要特征如下：

第一，建设世界科技强国，科技发展的宏伟目标前所未有。建设世界科技强国是多少年来科技界梦寐以求的目标，如今成为国家发展的目标，这是以习近平同志为核心的党中央高瞻远瞩、审时度势，为实现中华民族伟大复兴做出的重大战略决策，更是科技发展前所未有的伟大目标。

第二，“摆在国家发展全局的核心位置”，科技创新的重要地位前所未有。党的十八大报告指出，“科技创新是提高社会生产力和综合国力的战略支撑，必须摆在国家发展全局的核心位置”，科技创新在国家发展全局中的地位达到了前所未有的高度。

第三，“把论文写在祖国的大地上”，国家发展对科技创新需求的紧迫程度前所未有。中国经济发展进入新常态，依靠土地、资金、廉价劳动力等要素的增长方式已不能持续，迫切需要重大科技创新的支撑与引领。习近平总书记明确指出，“要把论文写在祖国的大地上”，这是科技新阶段的重要特征。科技发展必须实现由提高科技创新能力为主，向驱动经济社会发展为主的战略性转变，科技创新迫切需要从需求侧为主转向供给侧为主，也就是要从“会什么做什么”，转变到“要什么创什么”，开展精准创新，作出更大贡献。

第四，大众创业、万众创新，全社会协同实施创新驱动战略的良好局面前所未有。改革开放以来，科技、经济两个轮子都在高速运转，但没有很好“挂挡”。科技论文、著作、专利数量迅速攀升，但支撑经济发展的核心技术与重大装备长期依赖进口，科技经济“两张皮”的问题始终没有很好解决。随着科技体制改革的不断深化，企业已经成为研发投入的主体、创新活动执行的主体、成果转化的主体、利益分享与风险承担的主体。

第4节 建设科技强国的战略与对策

（一）绘制建设科技强国的路线图

《国家创新驱动发展战略纲要》提出了“2020年进入创新型国家行列”“2030年跻身创新型国家前列”“2050年建成世界科技创新强国”的目标，为了建成科技强国，我们研究并绘制了建设科技强国的路线图，测算了科技强国、经济强国在不同发展阶段的国家目标、经济指标、科技指标（表18–3），同时对科技体制、机制、创新文化进行了规划与设计（表18–4）。

表 18–3　中国建设世界科技强国的主要经济、科技指标

内容	指标	2017 年	2020 年	2035 年	2050 年
国家		发展中国家	创新型国家	基本现代化	现代化强国
经济	GDP	82.71 万亿元	100 万亿元	220 万亿元	400 万亿元
	国际排名	第二位	第二位	第一位	第一位
	人均 GDP	8836 美元	10700 美元	22000 美元	40000 美元
科技目标	总目标	三跑并存	创新型国家行列	创新型国家前列	世界科技强国
	论文占世界	15.7%；第二	18%；第二	23%；第二	25%；第一或第二
	专利占世界	20.3%；第一	21%；第一	22%；第一	25%；第一
	技术自给率	<50%	60%	65%	70%
	R&D/GDP	2.12%	3.0%	3.5%	3.5%
	科技贡献率	57.5%	60%	65%	75%
	创新指数	第 17 位	第 12 位	第 5 位	第 3 位
创新要素	人员	400 万人；第一	400 万人；第一	450 万人；第一	500 万人；第一
	经费	1.75 万亿元；第二	2.3 万亿元；第二	5.6 万亿元；第二	14 万亿元；第一或第二
	论文	49.8 万篇；第二	80 万篇；第二	150 万篇；第二	200 万篇；第一或第二
	专利	32.7 万件（授权）；第二	40 万件；第二	80 万件；转化第一	160 万件；转化第一
	产品	中等	中上	第九位	第一或第二
	高新企业	33.6 万家	15 万家	25 万家	35 万家
	高新区	156 家，26 万亿元	200 家，30 万亿元	250 家，65 万亿元	300 家，120 万亿元

第一，需要进一步完善创新型国家的指标体系。2006 年发布的《国家中长期科学与技术发展规划纲要（2006 —2020 年）》提出了研究开发投入占国内生产总值的比重、科技进步贡献率、对外技术依存度、发明专利年度授权量和论文被引用数 5 个创新型国家的指标。10 年来的实践表明，对外

技术依存度这一指标不便统计，专利和论文指标已提前完成，5 项指标中有 3 项需要完善。

我们研究认为，创新型国家是一个跨越“中等收入陷阱”的富裕国家，是依靠创新驱动、自主创新实现富裕的国家，其基本特征是：国家富裕、创新驱动、自主创新、人才济济。据此，建议将创新型国家的指标调整为新 5 项：人均 GDP 达到 12000 美元以上，科技进步贡献率达到 65% 以上，本国人发明专利占国内全部专利的 85%，研发投入占 GDP 比重为 2.5%，顶尖科技人才拥有量居世界前 3 位。

第二，制定科技强国的指标体系。科技强国应该是世界顶尖科技人才聚集中心、科学发现与技术发明中心、新产品开发中心、技术转移与转化中心、创新方法与文化传播中心，是科技革命、产业变革的发源地或引领者。世界科技强国的基本特征是：国家富强、科技领先、文化繁荣、人才辈出。据此，建议科技强国的主要指标为 5 类 13 项：人均 GDP 达到 20000 美元以上；科技进步贡献率达 75% 以上；本国公民发明专利占国内全部专利的 85% 以上；顶尖人才、研发经费、大型研发设施、高科技园区、世界 100 强大学数量 5 项科技要素数量居世界前 3 位；国际论文篇均被引次数、发明专利年度授权量、品牌产品数、新产品产值占 GDP 比重、颠覆性技术发明数 5 项科技产出指标，居世界前 3 位。

第三，构建与科技强国相适应的科技体制与机制。建立健全高效协调的国家创新体系，包括知识创新体系、行业创新体系、企业创新体系、区域创新体系、国防创新体系、创新保障体系与创新管理体系；进一步改革、完善科技运行机制，包括经济体系制度、教育体系制度、知识产权制度、奖励制度、职称制度、人才制度、经费制度、金融制度、就业制度、考试制度等，形成相互配套、协同、高效的运行机制，避免不同政策之间相互制衡；弘扬中华民族重视人才、崇尚科技的创新文化（表 18–4）。

表 18-4　中国建设世界科技强国的体制与机制

内容	指标	2016 年	2020 年	2035 年	2050 年
国家		发展中国家	创新型国家	基本现代化	现代化强国
创新体系	知识创新	院校为主，个别领先	院所为主，部分领先	院所为主，多数领先	院所为主，国际领先
	行业创新	自成体系，协同不够	统分结合，部分领先	协同创新，整体先进	协同创新，国际领先
	企业创新	未成主体，依赖进口	部分主体，减少进口	企业主体，创新驱动	企业主体，国际领先
	区域创新	自成体系，重复建设	区域协同，部分领先	区域协同，多数领先	布局科学，国际领先
	国防创新	军民分设，难免重复	军民结合，提高效率	寓军于民，科学高效	寓军于民，国际领先
	创新服务	政府为主，中介较弱	政府引导，中介为主	中介主体，政府引领	中介主体，国际一流
	管理体系	管理分散，效率欠佳	举国体制、协同创新	市场主导，协同高效	科学引领，国际一流
制度保障	经济体系	要素驱动	创新驱动为主	创新驱动	创新驱动
	教育体系	应试教育	应试 + 素质	素质教育、国际教育	国际教育
	知识产权	数量第一	质量为主	质量较高	质量一流
	奖励制度	政府鼓励为主	股权激励、政府鼓励	股权激励、政府鼓励	股权激励
	职称制度	注重论文、专利	分类考核；产品战略	产品、论文	产品、论文
	人才制度	流动少、重留学人员	重流动，引外籍人才	国际化队伍	国际领先队伍
	经费制度	企业 + 政府 + 金融	企业 + 政府 + 金融	企业 + 金融 + 政府	金融 + 企业 + 政府
	金融制度	创业板数少、质差	数量、质量同步	创新成为投资重点	引国际资金支持创新
	就业制度	靠机遇、能力	靠能力为主	靠能力	靠能力
	考试制度	试点“现代科举”	扩大试点	全面推行	全面推行
创新文化	科技系统	跟踪国际、崇尚权威	宽容失败、尊重尖子	国际竞争、崇尚团队	引领未来、打造平台
	公众素养	重视思想创新	行动重视	能力提升	高科学素养

（二）调动科技主力量进入经济主战场

走中国特色自主创新道路，科技创新要坚持“三个面向”，即面向世界科技前沿、面向经济主战场、面向国家重大需求。

按照国家公布的经济社会、科技发展、国家安全有关规划与目标对技术的需求，需要遴选一批急需支持的核心技术与重大产品，保障技术的基本供给、保障科技安全。特别要从经济建设、生态建设、国防建设、民生改善、科技前沿等方面遴选重大产品与核心技术。

面向经济主战场、国家重大需求、世界科技前沿，遴选国家急需解决的重大核心技术的基本思路是：国家急需增补的重大核心技术是指国家迫切需求、无法引进替代、重大科技项目中尚未部署的重大技术或科学问题。也就是说，急需重大需求 =（经济 + 民生 + 安全需求）－ 可引进替代技术 － 已有科技项目。

遴选重大核心技术原则是重大、关键、前沿、科学。重大是指效益巨大、涉及人口多；关键是指国家安全急需、受国外限制；前沿是指国际科学竞争的前沿问题；科学是指国家有需求、努力能解决的重大科学问题，不涉及政策、外交问题。

按照上述原则，对不同领域的技术要有严格的遴选标准。经济领域：直接效益超过 500 亿元，或涉及万亿元产业的核心技术；民生领域：直接影响 1000 万人，涉及 5000 万人的重大技术或技术体系；国家安全：涉及国安安全的核心技术与科学问题；科学前沿：当前国际科学前沿的热点、技术竞争的热点、未来科技革命的重点。

面向经济主战场，支撑引领经济社会发展；面向国家重大需求，为保障能源安全、粮食安全、网络安全、生态安全、生物安全、国防安全提供技术支撑；面向世界科技前沿，“掌握新一轮全球科技竞争的战略主动”，这是科技新阶段的三大使命。

第一，面向经济主战场，支撑经济持续发展。

第一产业科技领域，要为粮食安全、食品安全、农村生态安全提供技术支撑与保障。

（1）在粮食安全方面，2017 年中国进口粮食的数量已经相当于 8.9 亿亩农田的产量，粮食安全问题再次出现。习近平总书记明确指出："解决好吃饭问题始终是治国理政的头等大事。中国人的饭碗任何时候都要牢牢端在自己手上""一个国家只有立足粮食基本自给，才能掌握粮食安全主动权，进而才能掌握经济社会发展这个大局。"应对粮食安全问题，科技必须超前部署，比如重点支持亩产 1200 公斤超级稻、1600 公斤超级玉米、850 公斤高产小麦等新品种培育，切实保障中国粮食安全。

（2）在食品安全方面，习近平总书记明确指出，"能不能在食品安全上给老百姓一个满意的交代，是对我们执政能力的重大考验"，切实加强从田间到餐桌的农产品安全技术体系，形成从农产品生产、加工、流通、储藏、监测等一系列技术体系和相关设备的开发。

（3）在农产品替代进口方面，针对中国进口大豆 9553 万吨的现实，可采用"揭皇榜"的形式调动全社会力量主攻"亩产 600 公斤大豆品种培育"。

（4）在乡村振兴战略方面，中国近一半的人口生活在农村，必须下决心提高农业经济的质量和效益，确保农民收入不断增加，应该加大力度推进"农业高新园区建设和农业高科技企业培育"工作。

（5）在农业生态环境和资源方面，一是要解决 2 亿农民进城之后宅基地的土地整理和新增耕地问题，二是解决 5000 万亩被污染农田恢复农业使用的问题。

第二产业科技领域，要长期支撑制造业大国、强国地位的保持。制造业是中国的经济支柱，目前已经进入了产能过剩、多数产业进入拐点的关键时期，依靠科技促进工业高质量增长的任务非常繁重。加大高档数控机床及基础制造设备重大专项的实施力度，突破五轴高档数控机床的研究；力争航空发动机、燃气轮机达到国际并跑的水平；研发每小时 600 — 900 公里的高速列车，保持中国在高速列车领域的领跑地位；力争电动汽车换道超车，欧洲国家已经提出在 2040 —2050 年间不再销售燃油汽车，中国电动汽车产销量已经达到世界第一位，只要在电池密度和自动驾驶上取得重大突破，中国汽车工业有可能实现换道超车，比如重点研发 600-1000Wh/Kg 的高密度电池，攻克自动驾驶技术；发展高端医疗器械，实现核磁、PET-CT 、数字 X 光、大型生化设备、穿戴设备的国产化，替代国外进口；发展智能机器人，加强智能机器人研究，使中国达到国际领跑水平，开发智商相当于 3 — 5 岁人类的智能机器人；开发一批新型材料，比如 3 层以下石墨烯的制备与应用、1600MPa 超级钢和 70 年长寿水泥；在核心零部件和基础工艺方面取得突破。

第三产业科技领域，在科技金融、电子商务、共享经济和现代物流等新业态、新模式急需的关键芯片、专用软件以及相应的网络体系等方面，突破一批核心技术，使中国在共享汽车、共享房产、共享医院等稀缺资源的共享方面走在世界的前列，在现代物流、物流相关机器人、物流专用软件等方面走在世界的前列。

新兴产业科技领域，在数字经济、生物经济、航空航天、海洋等领域，攻克一批核心技术，培育新产业、新业态。

数字经济领域，要重点研发高端通用芯片、工业芯片和专业芯片，使其逐步替代国外产品；突破集成电路、系统软件、物联网技术与产业化、人工智能、量子通信技术等。

生物经济领域，力争在新药开发、重大疾病防治、加速推进中医药现代化，以及基因组、干细胞、代谢组方面取得重大突破，2015 年中国人均医疗支出与美国相差 9110.3 美元，很显然我们不能走美国高投入的健康模式，必须创出一条中西医结合、中国特色的健康模式，建议推动以“中医理念、现代技术、未来医学”为核心的中医药现代工程。另外，大力发展生物农业、生物制造、生物能源、生物资源、生物服务等。

此外，力争航空航天领域高分辨率对地观测系统、实施天地一体化信息网络系统、大飞机制造、加强航空航天与探月工程、实现载人登月、空间站部署等方面进入世界前列。针对中国保护和开发300平方公里海洋资源对科技的需求，重点开发海洋检测与探测技术及设备、海洋开发相关机械设备，以及海洋资源开发设备。

第二，保障国家安全的重大科技需求。中央国家安全委员会有关报告指出，“构建集政治安全、国土安全、军事安全、经济安全、文化安全、社会安全、科技安全、信息安全、生态安全、资源安全、核安全等于一体的国家安全体系”，另外人口安全、食品安全、水安全、金融安全等问题也严重影响经济发展与社会稳定。可结合“国家实验室建设规划”，根据每一类安全问题，建立健全一个“国家实验室”，创新体制机制、营造国际一流创新环境，集成全球可用科技资源，特别是聚集全球顶尖人才开展联合攻关，保障国家安全对技术的需求。当前特别要针对网络安全、金融安全、能源安全、环境安全、生物安全等安全问题，遴选重大核心技术。

在网络安全方面，在加大实施新一代宽带移动通信、国家空间安全等两个项目的基础上，进一步加强无线、高速、安全的新一代网络的开发，特别是在网络加密方面力争取得重大突破。

在金融安全方面，针对数字银行、移动支付、金融专用服务器与数据库、专用软件、区块链、金融监控系统、人工智能、智能金融等方面，保障金融安全。

在能源安全方面，重点加强五类研究，一是大型油气田的开发，力争使中国油气田探测技术进入国际领跑地位，发现一批大型油气田，并在可燃冰的利用上取得重大突破；二是在核电方面，研制开发第五代核能，使中国在核能技术研究与应用方面达到国际领先水平；三是在太阳能方面，太阳能是未来世界能源发展的主要方向，目前华人科学家在太阳能的利用方面已经走在了国际前列，抓住这一优势，力争使中国太阳能电池和太阳能硅片达到世界领先水平；四是在水电方面，水电是中国最主要的能源之一，中国水电发电机组的技术水平和大型水电工程的综合建设水平已经进入国际前列，继续支撑中国发电技术和工程技术；五是煤炭高效利用，重点支持煤炭液化利用技术和装置的开发；六是进一步开发智能低耗电网。

在环境安全方面，重点做好两项工作：一是防治水体污染，二是京津冀环境综合治理。

在生物安全方面，针对一百五十多种有可能成为生物战剂的病原菌，开发相应的疫苗、药品和防护设备，确实保障国家生物安全。

第三，把握世界科学前沿，力争达到国际领先水平。世界科技前沿在哪里？中国在哪些领域能够跻身世界前列？哪类技术将引领新科技革命？中国能否引领或共同引领新科技革命？准确回答科技前沿在哪里本身就是一个科学难题。不同国家、不同时期、不同学科，甚至不同专家都有不同的观点。一种观点认为重大科学问题就是科技前沿，如暗物质、宇宙演化、生命起源、意识本质等；另一种观点认为颠覆性技术是科技前沿，如量子计算、延长寿命、干细胞、癌症疫苗、合成生物、基因编辑、微纳制造、人工智能、石墨烯等；还有观点认为当前竞争激烈的重大技术是科技前沿，如新一代互联网、核聚变、3D 打印、大数据、云计算等。

关于科技前沿问题，有关规划、文件都有明确表述，学术界也有不少研究。汤森路透与中国科学院科技信息中心联合，运用科学文献分析等方法提出了 100 个科学热点问题和 49 个新兴热点问题。我们联合天津大学从 2006 —2015 年间发表的 1566.1 万篇论文中，检索得到被引次数前 10 位的科学前沿技术或方向是基因组、石墨烯、生物计算、癌症诊疗技术、算法与软件、干细胞、计算化学、太阳能电池、心脏病与中风、蛋白质技术等。

我们认为，科技前沿包括热点前沿、潜在前沿两大类。热点前沿是指当前国际上高度关注、竞争激烈的科学或技术问题，可用相关论文的被引次数、发明专利数量来定量分析；潜在前沿是指有可能成为热点的科学或技术。建议进一步加强文献分析、专利分析，加强技术预测、人才预测，准确把握世界科技前沿。

在此基础上，可重点抓好以下四点：一是脑科学与类脑研究，这是欧美竞争最激烈的领域，中国要加强这方面的研究；二是细胞凋亡与抗衰老研究，中国已经走在国际前列，要继续加强对以细胞凋亡、衰老机制相关的研究；三是生命科学研究，重点包括合成生物、基因编辑、表观遗传等；四是暗物质与引力波、宇宙起源、基本粒子和物理理论等。

（三）走好信息技术革命产业变革后半程

当前，信息科技革命与产业变革方兴未艾，大大增强了人类的脑力，数字化、网络化、智能化是信息科技革命、产业变革的三个阶段，人类正在迎来物联网、智能化的新阶段。信息技术革命与产业变革，呈现出信息更全、应用更广、传播更快、存贮更大、计算更准、安全问题更突出等新特点，继计算机、互联网之后，正在向物联网、万能网、智能网的方向发展。

第一，信息更全面。信息渠道多元化、信息传播全球化、信息分析个性化已经成为信息传播的新趋势，人类长期面临的信息不对称、信息“鸿沟”问题正在被消除或减小。政府、媒体、学术机构、企业与中介组织、个人等多元化的信息渠道已经形成，一条新闻能够在一分钟之内被传遍全球，对同一事件、问题往往有不同观点甚至相反的观点，使信息更加全面、准确，信息不对称的问题将有效缓解。

第二，应用范围更广。各行各业、家家户户、随时随地使用互联网已经成为大趋势。全球手机用户达到 51 亿个，中国手机用户超过 14 亿个，网民 7.72 达到亿人。“互联网 +”或者“+ 互联网”正在加速农业、工业、服务业等不同行业的信息化。据我们初步统计，在中国一、二、三产业共 60 个行业，几乎所有的行业都在应用互联网，互联网已经使部分行业的生产、流通、消费，乃至发展模式、商业模式发生了变革甚至颠覆性变化。继电子邮件、电子商务、网络教育、网络社交等新业态出现之后，互联网金融、移动支付、移动医疗、滴滴医生、智慧城市、虚拟世界等新业态正在加速形成，将加速金融、医疗、教育、文化等产业的变革，比如，大数据、云计算等技术将促进管理决策更加科学化、精准化；移动医疗将可能改变“病人找医院”的传统医学模式，“医生找病人”会成为一个现代医疗模式的重要内容，看病难的问题将会得到有效缓解。

第三，传输速度更快。信息计算与传输的速度已经提高了一万倍，仍然有上万倍的增长空间。科学家在实验室已经使信息传输与计算速度跨越了 K（1000 个字节）、M（100 万字节）、G（10 亿字节）、T（10000 亿字节）4 个台阶。2017 年中国科学家让信息计算与传播已突破 400T 的传输速度，处于世界领先水平。解放军通信学院的专家实现了用灯光传输信息的重大突破，为实现“有灯光就有网络”的目标奠定了技术基础。

第四，存储量更大信息。存储技术同样实现了 K、M、G、T 等 4 个台阶的跨越。目前，市场上一个 500T 的贮存硬盘为 500 —700 元，对普通百姓来讲，信息贮存难的问题已经基本解决，“云存储”将有效解决普通百姓的存储问题。

第五，计算更准确。云计算已经带来传统计算技术的变革，使人类对一些尚未搞清楚机理与过程的事物有了全新的认识方式，即认识“大数据反映的大趋势”，使“知其然不知其所以然”成为一种认识事物的新方式、新思维，找到了一个在人类搞清楚事物机理、过程之前，把握事物发展规律或趋势的新方法。

第六，信息安全更难。网络安全问题是一个世界性难题，不仅发展中国家面临网络安全问题，而且占据信息技术硬件、软件技术统治地位的美国同样也存在网络安全问题。13 个根服务器控制了全球的信息网络，其中 10 个在美国、2 个在欧洲、1 个在日本，广大的第三世界国家网络信息几乎没有保密的技术基础。理论上政府和军事相关信息的安全可以通过独立的网络体系保障，但由于计算机芯片或系统软件被美国等国家垄断，特别是无处不能的窃听技术、无处不见的卫星技术，使信息乃至人身隐私与安全不断受到威胁。

第七，物联网、人工智能正在迅速崛起。我们正处于信息化中期的中期，正处于网络化的后半段，物联网正在崛起，智能化正处于研发阶段。互联网开始向物联网发展，从心心相通到物物相连。由于信息传播速度的提升，“地球变成了一个村”。信息技术已经对整个人类社会的发展产生了不可逆转的深远影响，不仅对农业、工业、服务业等经济领域的生产、流通、消费产生了巨大的影响，而且正在对人类教育、文化、伦理、社会管理等产生深刻的变革。

（四）抓住机遇引领新科技革命、产业革命

通过连续 20 年对生物经济、新科技革命的跟踪研究，特别是近期对全球 29 个国家和地区生物技术、生物经济发展的比较研究，结合生物技术领域的技术预测、产业预测与人才预测，我们认为，生物技术引领、多项技术共同推动的新科技革命正在加速形成，已经呈现出前所未有的新趋势、新特征：生物技术已经成为许多国家研发的重点；生物产业已经成为国际高科技竞争的焦点；生物经济正在成为新的经济增长点；生物安全将是国家安全的关键点。“生物化”正在成为机械化、电气化、信息化、智能化之后的又一个科技革命的里程碑，生物经济正在催生继农业经济、工业经济、数字经济

之后的第四次产业浪潮，必将催生第四代经济大国的诞生，中华民族迎来千载难逢的历史机遇。

第一，新科技革命、生物经济发展呈现四大趋势[8]。进入21世纪以来，一些国家将政府研发经费的50%、风险投资的30%用于生物与医药领域的研究，这一领域发表了60%的论文，申请了40%的专利，贡献了GDP的19%，生物技术引领的科技革命、产业变革实际上已经来临。

（1）生物技术已成为研发重点，颠覆性创新不断涌现。20世纪80年代以来，生物技术与医药已成为全球科学家研究的重点，也是许多国家政府研发经费支持的重点。

近十年《科学》重大技术突破生物领域占55%。自沃森1953年发现生物DNA双螺旋以来，特别是进入21世纪以来，颠覆性创新不断涌现，继基因工程、蛋白工程、细胞工程、组织工程、发酵工程五大工程技术之后，基因组学、蛋白组学、脂类组学、代谢组学、系统组学等十多种组学迅速崛起，DNA克隆、合成胰岛素、试管婴儿、转基因生物、克隆羊、人类基因组、多功能干细胞、癌症疫苗、器官再生、精准医学、人类长寿、生物合成、基因编辑、脑科学、人机接口等颠覆性技术不断涌现。据我们对《科学》杂志近十年公布的年度十大科学突破统计，生命科学领域技术突破占55%，近五年占60%，2017年占比高达70%。

26个国家生物与医学论文数量占本国自然科学论文总数的50%以上。从不同国家生物与医药论文数量占自然科学论文总数的比重分析，2016年生物与医药论文数量占全球自然科学论文总数的比例达到了50.8%，生物与医药领域论文数量占本国自然科学论文总数的比例，美国为61.6%，有5个国家超过60%，26个国家超过了50%（表18-5）。

表 18-5 生物与医药论文占自然科学论文比例（2016 年）

序号	国家或地区	占比（%）	序号	国家或地区	占比（%）
1	荷兰	64.7	20	泰国	52.7
2	丹麦	64.4	21	欧盟	52.6
3	土耳其	62.5	22	韩国	52.1
4	美国	61.6	23	埃及	52
5	澳大利亚	60.7	24	巴基斯坦	50.8
6	瑞典	59.8	25	德国	50.6
7	英国	59.4	26	芬兰	50.2
8	加拿大	57.9	27	法国	49.7
9	新西兰	57.4	28	比利时	49.3
10	瑞士	56.7	29	匈牙利	48.4
11	巴西	56.4	30	伊朗	47.7
12	冰岛	55.8	31	希腊	46.9
13	阿根廷	54.3	32	中国台湾	46.3
14	意大利	54	33	捷克	44
15	南非	54	34	波兰	42.5
16	挪威	53.6	35	新加坡	41.3
17	日本	53.5	36	印度	41.1
18	西班牙	53	37	中国	39.2
19	以色列	52.8	38	俄罗斯	24.3

数据来源：《美国科学与工程指标 2018》。

连续 10 年被引次数最高的论文中生物与医药占 58%。我们采用了 Web of Science 科学引文数据库自 2006 年到 2015 年的每年 1500 多万篇科学论文，检索出每年被引次数最高的 20 篇论文，共 200 篇高被引论文。从论文被引次数来看，200 篇高被引论文的总被引数为 588784 次，其中生物学科为 236615 次，占 40.2%；医药学科为 106501 次，占 18.1%；生物与医药学科合计被引数占总被引数的 58.3%（图 18-1）。

从高被引论文数量来看，位居前 4 位的学科分别是生物、医药、材料、新能源。在 200 篇高被引论文中，生物为 62 篇，占 31.0%；医药为 54 篇，占 27.0%；新材料、新能源分别为 26 篇、22 篇，分别占 13.0% 和 11.0%；信息、物理分别为 11 篇和 8 篇，化学和天文均为 6 篇，数学和地理分别为 2 篇和 1 篇。生物与医药领域高被引论文数占总数的 58.0%（图 18-2）。

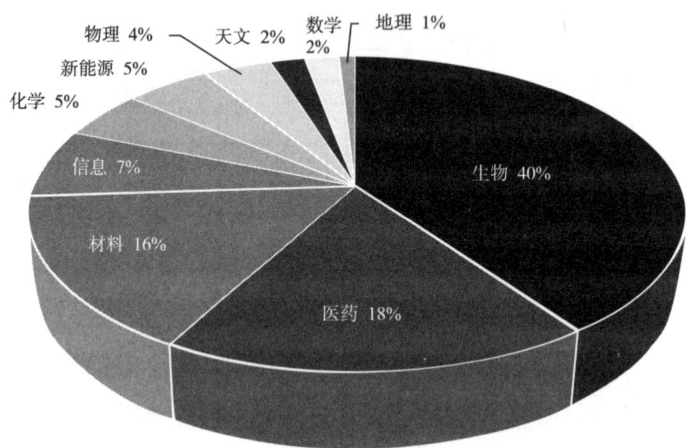

图 18-1　2006—2015 年间不同学科国际论文被引数占比

数据来源：天津大学图书馆与作者根据文献整理。

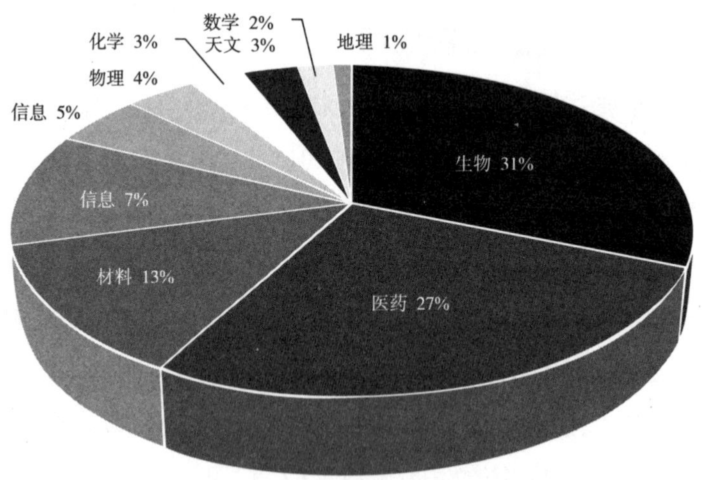

图 18-2　2006—2015 年间不同学科国际论文数量占比

数据来源：天津大学图书馆与作者根据文献整理。

一些国家生物与医药专利占全部专利的 30% 以上。据 OECD 知识产权指标统计，2017 年全球生物技术相关专利申请量占专利申请总量的 18.7%，在 35 个细分子领域中，医药行业的 PCT 专利数量位居第 5 位，从 1996 年到 2014 年，数量增加了 2.2 倍。瑞士生物技术申请量在该国所有领域占比高达 40.2%，医药专利申请量占比全球最高，在该国所有领域中达到 11.5%。英国医疗技术和医药专利申请量位居该国所有领域第一位。荷兰的医疗技术专利申请量占比全球最高，在该国所有领域中占 10.3%（表 18-6）。根据美国专利商标局的统计数据，2013 年美国生物经济相关的专利在该国所有专利中比例达到 26.3%。

表 18-6　部分国家生物技术专利申请量本国占比（2013—2015 年）（%）

类别	瑞士	俄罗斯	荷兰	英国	法国	中国	德国
生物材料分析	1.5	2.1	0.8	1.4	0.9	0.4	0.6
医疗技术	7	6.4	10.3	6.4	3.8	2.1	4.9
生物技术	5.7	1.8	3.8	3.9	2.9	1.8	1.7
制药	11.5	4.3	3.4	6.4	4.4	4.3	2.7
有机化学	8	1.6	3.6	4.7	5.2	2.3	3.5
食品	4	13.2	3.5	1.3	0.9	4.5	0.5
化学工程	2.5	3.2	2.8	3	2.4	3	2.7
合计	40.2	32.6	28.2	27.1	20.5	18.4	16.6

数据来源：OECD，《世界知识产权指标 2017》。

部分国家政府研发经费支出生物与医药占 50% 左右。自 1976 年以来，美国健康部门的研发经费已占联邦民用研发经费的 40%，21 世纪以来已上升到 50% 以上（表 18-7）；在欧盟地平线 2020 计划中生物与医药研发经费占比 28%；英国医学理事会（MRC）、生物技术和生物科学研究理事会（BBSRC）研发经费占 2010 年七大理事会研发总经费的 39%；以色列 1/4 以上的政府经费预算用于支持生物医药行业；中国台湾地区政府研发经费的

49% 投向了生物医药。

表 18-7　美国联邦政府各部门科研经费支出占民用联邦经费的比例（%）

部门	2005年	2006年	2007年	2008年	2009年	2010年	2011年	2012年	2013年	2014年
卫生部	55.8	56.7	56.1	56.0	55.4	57.3	57.4	55.6	54.8	54.5
科学基金	12.1	11.9	11.7	12.1	12.1	12.5	12.5	13.0	13.5	13.3
国防部	8.9	9.2	9.1	9.8	10.4	12.1	12.0	12.4	13.0	13.2
能源部	3.6	3.7	3.7	3.6	3.8	4.2	4.7	5.0	4.9	4.9
NASA	3.9	3.5	3.5	3.4	3.4	4.0	3.6	3.4	3.4	3.6
农业部	2.8	2.9	3.0	2.9	2.8	2.6	2.5	2.8	2.8	2.8

数据来源：《美国科学与工程指标 2016》。

美国风险投资最多的领域是生物与医药。我们对 2014 年美国风险投资主要领域分析后发现，生物与医药是风险投资投入最多的领域。从风险投资企业数量方面分析，生物与医药领域占 27.0%，是占比最高的领域；从投资金额方面分析，生物与医药领域占 22.9%，也是占比最大的领域。

表 18-8　2014 年美国风险投资重点行业

行业	金额（亿美元）	公司数量（家）	投资占比（%）	企业占比（%）
商业与金融	113	388	17.5	17.4
城市交通与汽车	91	121	14.1	5.4
生物与医药	148	603	22.9	27.0
广告与传媒	87	344	13.5	15.4
大数据	64	231	9.9	10.3
能源与工业	60	221	9.39	2.7
通信与安全	53	214	8.2	9.6
学习与娱乐	28	121	4.3	5.4
总计	645	2233	100	100

（2）生物产业是高科技竞争的焦点，政府首脑亲自挂帅。许多国家领导人兼任生物技术相关机构负责人。为加速生物技术、生物经济发展，培育新经济增长点，许多国家领导人、政府首脑亲自担任生物有关技术研发与产业化机构的负责人。2004 年中国成立“国家生物技术研究开发与促进产业化领导小组”，国务委员兼任负责人。美国总统特朗普之前的几位总统都十分重视生物技术；克林顿亲自参加全球生物产业大会；小布什明确提出，“美国要领导未来世界，必须依靠生物技术”，任期内把国家健康研究院的研发经费增加了 50%；奥巴马把总统科技顾问委员会主席由物理专家主导，变为由生物专家主导。日本政府提出“生物技术产业立国”战略，前首相小泉纯一郎在任时兼任“生物技术产业战略研究会主任”。德国政府在西方国家中率先发布“国家生物经济战略政策报告”。韩国总统提出要“举全国之力发展生物技术”。马来西亚成立“生物技术与生物多样性保护委员会”，总理亲自担任主任。泰国成立“国家生物技术政策委员会”，前总理担任“国家生物技术政策委员会主任”。新加坡已退休国防部长曾兼任生物技术相关机构负责人。古巴政治局委员曾担任国家生物技术研究所所长[9]。印度早在 1983 年就已成立生物技术局。中国台湾地区在 1996 年就专门成立了生技医药产业发展推动小组。

许多国家政府发布生物经济蓝图或规划。“生物产业”在《国民经济和社会发展第十二个五年规划纲要》中首次被写入政府文件，2017 年中央经济工作会议有关文件第一次明确提出培育“生物经济”新模式、新业态；2012 年欧盟出台《生物经济 2030》；2012 年 4 月美国政府出台《国家生物经济蓝图》，加速生物技术向产业转化；2010 年英国政府发布《生物科学时代：2010 —2015 战略计划》；2012 年德国政府推出“国家生物经济研发战略 2030”；日本发布“延续国民健康生命”战略，这是《日本复兴战略》的四大核心战略之一；俄罗斯政府推出《俄罗斯联邦生物技术发展工作计划

2012—2020》；2014年印度政府颁布《国家生物技术发展战略》；以色列、巴西、南非等国也纷纷推出相关发展战略。

（3）生物经济正在成为新经济增长点，市场潜力为信息产业的10倍。生物经济是建立在生物资源、生物技术基础之上，以生物技术产品、服务的生产、流通、使用为基础的经济，主要包括生物医药、生物农业、生物制造、生物能源、生物材料、生物资源、生物安全、生物服务等子领域。生物经济的显著特点是发展速度快、潜力大、持久性强。

国内外生物相关产业增速都是GDP增速的一倍以上。2016年全球医药市场规模（不含医疗器械）已达到11100亿美元，2011—2016年复合增长率高达6%[10]，比全球经济增速高一倍。2016年中国医药工业规模以上企业主营业收入为29635.9亿元，同比增长9.9%[11]，比2008年的8666亿元增加2.4倍。2016年中国医疗总费用为46344.9亿元，比2008年的14353亿元增加了2.2倍，而同期中国GDP由31.4万亿元增加到74.4万亿元[12]，只增加了1.4倍，医药工业、医疗总费用增长速度分别是同期GDP增长速度的1.8倍和1.6倍。

生物经济的市场潜力将是信息产业市场潜力的10倍。生物产业是朝阳产业，2006年我们就预测生物经济的市场潜力是信息产业市场潜力的10倍，这一预测已得到许多部门与专家的认同。

美国是生物经济最发达的国家，2016年，医疗卫生支出占GDP的17%，转基因玉米、大豆等生物农业占GDP的1.2%，生物能源、食品添加剂等生物产业占GDP的0.4%，生物经济总量占GDP达到18.6%，生物产业已经成为美国的支柱产业，也是经久不衰的朝阳产业。

2015年，中国医疗卫生支出仅占GDP的6.0%，人均医疗支出为425.6美元，美国人均医疗支出为9535.9美元，中美人均医疗支出相差9110.3美元。

（4）生物安全将成为国家安全的关键，生物武器威胁巨大。生物安全主要是指现代生物技术从研发到产业化过程中的安全性问题。当前转基因生物安全、生物多样性下降等问题已引起国际社会的广泛争论，但是对人类发展潜在的、最大的安全问题是生物武器或生物战争。期间，日本灭绝人性的“731”部队研发生物战剂，炭疽病菌使人的死亡率高达 100%。近年来又出现了埃博拉病毒、SARS、寨卡等高致病性病菌，甚至还有国家研究曾经导致欧盟人口减少 1/3 的“西班牙流感病毒”或研究人工合成各种生物战剂。与核武器、化学武器相比，生物武器不易检测与防控、容易传染与扩散，能在不破坏城市建筑物的情况下消灭敌人。所以，生物武器可能成为未来战争的主要武器，防御生物战争、保障生物安全已经成为未来国家安全的关键。美国在“9・11”事件之后提出了“生物盾牌计划”[13]，并斥资 56 亿美元研究生物战剂及疫苗。

第二，新科技革命与前几次科技革命明显不同。生物技术引领，材料、能源等技术共同推动的新科技革命与机械化、电气化、信息化等工业科技革命有明显不同，生物经济与工业经济、数字经济也有明显不同。

（1）推动科技革命的基础学科不同，生命科学成为主导学科。推动科技革命的核心学科将由物理学转向生命科学，这是新科技革命最根本、最本质的特征。推动机械化、电气化、信息化，以及未来智能化的基础性、引领性学科是物理学、数学、化学等学科，而生物技术引领的新科技革命的基础学科是生命科学，材料、数学、信息等科学仍将发挥重要的支撑作用。推动前几次科技革命的技术基本上是单一技术，而生物技术引领的新科技革命可能是多项技术，是一次综合性的科技革命。

（2）推动社会经济发展的方式不同，替代体力劳动、脑力劳动转为延长寿命。机械化、电气化、自动化推动人类社会与经济发展的主要方式是通过机械替代部分人类体力劳动，减轻体力劳动强度，进而提高劳动生产率；信息化、智能化的主要方式是通过增强人类脑力，替代部分脑力劳动，提高资源配置效率，进而提高劳动生产率；而生物技术引领的新科技革命将是通过延长人类生命、延迟退休，进而大幅度提高劳动生产率，改善人类生命质量，促进人类自身与人类社会的共同进步。

（3）研究重点与对象不同，从死的物质转向活的生物。前几次科技革命，特别是工业技术革命的研究重点是死的物质，而新科技革命的研究重点将转向活的生物。也就是说，未来科学研究重点将由研究物质运动规律，转向研究生命运动规律，研究生物生长、发育规律与调控机理。工业科技革命以来，科学研究的主要对象是没有生命的，如钢铁、机器、飞机等，即研究“死的东西”（机器）多了，研究“活的东西”（生物）少了，研究人类身体之外的东西多了、研究人类自身少了。

（4）研究目标不同，从改变认识自然转向认识人类自身。前几次科技革命的研究目标主要是认识物质世界、改造物质世界，而新科技革命的研究目标主要是认识生命规律、调控生物世界，服务人类健康。也就是说，研究目标由认识世界、改变世界，转向认识生命规律与改变人类自身。前几次科技革命的主要目标是推动工业化、城市化，新科技革命对人类自身、生态改善、社会伦理、国家安全等的影响将远远超过前几次科技革命，不但会改变自然世界，更重要的是将改变人类自身，人类长寿将成为新科技革命最显著的特征和最大贡献。

（5）市场潜力不同，生物经济的潜力可能是信息产业潜力的 10 倍。生物经济涉及健康、农业、生物制造、能源、环境、生物资源、生物安全、生物服务等 10 个领域，初步测算，生物经济的市场潜力将是信息产业潜力的 10 倍，必将催生继农业强国、工业强国、信息强国之后的第四代科技强国、经济强国。

（6）商业模式不同，“赢者通吃”的商业规则有所改变。生物经济与工业经济、数字经济比较，具有几个明显的特点，一是资源依赖性强，生物能源、生物农业、生物资源开发、生物制造等领域都依赖于生物资源、功能基因，这就为生物资源丰富的国家提供了机遇；二是技术垄断性强、市场垄断性差，“赢者通吃”的商业规则将有所改变。信息产业的商业规则是“赢者通吃”，芯片等硬件被英特尔、高通等公司高度垄断，系统操作软件等基础软件则被微软垄断。一台电脑只能用一种芯片、一类操作系统，而一种疾病则可采用不同的临床方案和药品。生物经济一定程度上会改变“赢者通吃”的商业规则，为技术落后的后发国家留有一定的市场空间。

第三，新科技革命将改变人类自身，人活 90 岁成常态。无论是学术研究报告、大型咨询机构的预测报告，还是各国的政府文件，都认为科技进步明显加快，颠覆性技术将不断涌现，新的科技革命正在孕育之中。我们在 2001 年就研究得出“生物技术将引领新的科技革命，生物经济将是网络经济之后的下一个经济增长点”，已得到越来越多的国家、国际机构和专家的赞同。生物技术引领的新科技革命正呈现十大趋势。

（1）推动第四次医学科技革命，人活 90 成常态。生命科学的发展将大幅延长人的寿命，中华民族有句古语叫“人生七十古来稀”，我们现在讲“人活 90 成常态”。疾病诊断技术、药物结构、器官再生、癌症疫苗应用等等，都会使未来医学产生重大变化。

（2）推动农业第二次绿色革命，全球近十亿人口告别饥饿。农业生物技术发展，比如转基因植物新品种、生物肥料、生物农药、新型食品添加剂等有望使全球近十亿人口告别饥饿问题，保障食品安全与粮食安全。

（3）推进化学工业第三次革命，枯枝落叶变成化工原料。现代生物技术将有效改造传统化工产业，提高经济效益，减少环境污染。比如，利用生物质替代石油，利用生物催化替代化学催化，利用先进发酵工艺有效降低生产成本等。

（4）发展生物能源，缓解能源压力。利用燃料酒精、生物柴油、生物沼气等，大力发展生物能源。比如利用大量荒地、盐碱地发展生物质能，利用高粱等生产燃料酒精替代石油，利用农作物秸秆生产燃料酒精等。

（5）改善生态环境，再造山川秀美。环境治理包括污水治理、废物治理和废气治理等，这都有赖于生物技术的发展。比如通过微生物能够有效降解有毒有害污染物。生物处理方法已经成为城市污水和工业污水处理的主要方法之一。

（6）开发生物资源，变生物资源为巨大财富。利用生物技术将生物资源转为生物经济，比如中国中药里面一万两千多种中药材，就可以创造出万亿元产业；生物活性物质可以研制抗肿瘤药物等；海洋生物产业亟待开发。

（7）防御生物恐怖，防止生物战争。生物武器易传播、难控制、易生产、难监测，全世界有数十种生物战剂和危险生物，必须依靠现代生物技术防御生物恐怖，保障生物安全。

（8）挑战伦理观念，管控生物隐私。生物技术是一把双刃剑，基因编辑技术、克隆技术、合成生物技术等技术的不正当应用，会违反人类道德，冲击人类伦理观念。

（9）认知生命规律，改善生物世界。基因组学、蛋白组学、代谢组学等学科的发展，将进一步揭示生命规律，人类对自身的了解和对自我的调控能力正在迅速提升。

（10）形成交叉学科，引发下一个科技革命。生命科学技术与信息、材料、高端制造等技术融合，将会促进交叉学科的发展。如生物技术与信息技术结合的脑机接口技术，生物技术与制造业技术结合的机器人等等。这些交叉学科的产生将加速新科技革命的形成。

（五）把打造顶尖人才队伍作为突破口

美国是当今世界的科学中心，在生物技术领域同样具有绝对优势地位，但他们许多核心技术，特别是生物技术已掌握在华人科学家手中，聚天下英才而用之，吸收华人科学家及外籍顶尖科学家，就能够改变生物科技领域的人才格局，吸引顶尖人才回国已成为中国能否引领信息技术之后的新科技革命的关键。

1956 年，毛泽东主席在《论十大关系》中，曾对原子弹研制做了明确指示："我们要不受人家欺负，就不能没有这个东西。"为此引进钱学森、邓稼先等一批顶尖科学家，取得"两弹一星"等举世瞩目的成就，奠定了中国和平的基础。2016 年，习近平总书记发出"建设科技强国"的号召，亟须一批新时代的"钱学森"创造新奇迹，奠定世界科技强国的人才基础，奠定国家发展的基础。

2017 泰晤士世界百强大学排名中，中国仅有五所，要在短期内培养出一大批国际顶尖人才相当困难，但中国完全可以发挥社会主义集中力量办大事的制度优势，加速引进、聘用一批新时代的"钱学森"，打造国际顶尖团队，奠定国家发展基础。引进国际顶尖人才、建设科技强国，中国具有社会制度优越、创新基础较好、市场潜力巨大、资金储备四大优势。"北京生命科学研究所"仅用了 12 年时间，通过引进海外顶尖人才，成功创办了国际一流研究机构的事实表明，国际顶尖人才"引得进、留得住、用得好、潜力大"。召回留学顶尖人才、聘用外籍顶尖人才，中国完全能够引领新的科技革命，建成世界科技强国。

第一，"面向世界科技前沿"，加强科技预测，选准引进、培育顶尖人才的重点技术领域。中国曾经与几次科技革命失之交臂，实现"中国梦"绝不能再错过下一次科技革命的机遇，因此迫切需要建立健全国家技术预测机制，准确把握国际科技最新动态，特别是新科技革命、产业变革的趋势，选准技术突破口、抢占颠覆性技术的制高点，确保中国能够走在新科技革命的最前沿。

第二，“面向经济主战场”，开展产业预测，遴选引进、培育顶尖人才的产业与行业。中国经济已经进入新常态，迫切需要对不同产业、重点产品进行“发展拐点”的系统、长期跟踪研究，针对不同行业与产品，研判竞争对手是哪个国家？哪个企业？哪个产品？哪个技术？哪个专家？有针对性地发现人才、引进人才。

第三，“面向国家重大需求”，开展人才预测，评估人才科学价值、经济价值，为人才引进、培育工作奠定基础。面向经济发展、国家重大需求和新科技革命、产业变革的趋势，特别是颠覆性技术发展的重点方向，开展人才预测，提出不同行业、学科国家顶尖人才的分布与发展趋势，研究重点学科、领域战略科技人才、顶尖科学人才、技术人才、企业人才、高技能人才与国外的差距，为国家制定人才、科技政策提供科学依据，为企业、事业单位引进人才提供精准支持，服务世界科技强国建设。

第四，建立健全一批顶尖人才创新、创业基地。结合北京、上海、雄安等创新基地，依托大型企业与企业集团，营造全球最好的创新创业环境，打造一批国际化、多元化的国际顶尖人才“创新创业高地”，使之成为国际顶尖人才的聚集中心、学术交流中心、技术交易中心，新产品、新经济的发祥地。

第五，建立“政府引导、企业主体、社会参与、市场动作”的新机制。建议采用与千人计划、百人计划、长江学者等人才引进工作不同的机制与做法，人才引进工作以企业为主体，动员社会力量参与。坚持“谁引进、谁出资，谁聘用、谁受益”的原则。

第六，制订顶尖人才发展规划。根据建设世界科技强国，支撑、引领世界第二大经济体持续发展的总体目标，预测不同行业、不同学科发展对技术、人才的需求，制订培养与引进顶尖人才规划与计划。在全球 70 亿人中找人才，针对科技、经济发展的重大需求，不分国籍、千方百计吸引国际顶尖人才来华创新创业。针对材料学、化学、工程学、生物学大类、计算机科学、地球科学、数学、物理学等15个重点学科对人才的迫切需求，重点吸引那些在世界主要学科中论文、发明专利数量处于全球前列的国际著名专家，以及拥有巨大市场潜力的新产品知识产权的实用人才或团队。

第七，营造吸引国际顶尖人才的创新环境与创新文化。创造国际上最优越的创新环境，为顶尖人才创造国际一流的工作与生活条件，营造国际一流的创新氛围与创新文化。顶尖人才是国际争夺最激烈的宝贵资源，要采取特殊政策措施，保障其必需的工作与生活条件。比如，在工作上，在研究设施、研发经费、研发团队配置等方面，“按需分配”；在生活上，在工资待遇、社会医疗保证、住房配套等方面，采取一系列综合性措施，更好地保障顶尖人才的工作与生活条件。

（六）构建与科技强国相适应的科技体制

科技发展决定着未来，科技体制的未来则一定程度上决定着科技发展的未来。改革开放40年来，中国采取了一系列重大政策与措施加速科技体制改革，为科技事业的发展创造了良好的政策环境，极大地解放并发展了科学技术这个第一生产力。中国科技创新主要指标已跃居世界前列，中国已经成为具有国际影响的创新型大国，正在加速迈进全球科技创新第一方阵。为加速建设世界科技强国，还将进一步改革与完善科技体制，世界一流的科技强国需要一个符合科技发展规律、具有中国特色的科技体制与机制。

科技体制改革的最终目标是加速科技与经济的紧密结合，建设创新型国家，建设世界科技强国，支撑经济强国建设。新一轮科技体制改革，核心是加速企业成为技术创新的主体，前提是深化科研院所体制分类改革，关键是解决好科技领域“五大闲”问题，提高科技工作效率。科技体制改革主要包括管理体制、组织结构、项目管理、经费管理、评价与奖励制度、人事制度、技术创新体系、知识创新体系、创新文化建设等方面内容。

第一，改革科技管理体制，构建新时代的举国体制，推动政府管理创新，形成多元参与、协同高效的创新治理格局。要合理确定中央各部门的功能性分工，加强中央和地方的科技管理机构的协同，中央政府职能侧重全局性、基础性、长远性工作，地方政府职能侧重推动技术开发和成果转化应用。要强化科技主管部门职责，加强部门之间、地方之间、部门与地方之间、军民之间的统筹协调，改变管理政出多门、课题重复、经费浪费的状况，建立健全“职责明确、高效协调、公正廉洁”的科技管理体系，完善举国体制。要加强科技决策机制改革，建立国家高层次创新决策咨询机制，充分发挥国家科技专家咨询委员会的作用。既要避免政府盲目决策的行为，也要防止以专家评审代替政府决策的现象，建立政府决策、专业化管理机构执行、社会力量监督相结合，决策、执行、评价相对分开的运行机制。

第二，建立新体制、新机制，“推倒一堵墙、构建五条链、消除五大闲”。

“推倒一堵墙”就是要推倒隔离科技与经济的“墙”，科技体制、经济体制同步改革，让更多科技力量走出高校与科研院所，进入经济主战场，让更多的企业进入大学、院所，开展创新合作。改革科技体制，打破课题、论文、专利、奖励、再课题的“科技小循环”，进入论文、专利、产品、企业、产业的“经济大循环”，把提高科技对经济增长的贡献率作为科技工作新导向。

“构建五条链”就是要紧紧围绕产业链，构建技术链、价值链、人才链、利益链。“围绕市场选产业、围绕产业选产品、围绕产品选技术、围绕技术选人才”，认真遴选对国计民生具有战略作用的产业及相关企业，加速科技与经济结合、融合。

“消除五大闲”就是要果断终止一些重复研究、难以取得有效成果的

"闲项目"；分流从事"闲项目"研究的"闲人"；实现大量重复购置、闲置科研仪器的共享共用，提高"闲仪器"的利用率；杜绝重复建设的"闲设施或机构"；加速推广应用一些没有产业化的"闲成果"。

第三，推进军民创新融合，建立科技体制改革的第三个里程碑。针对不同行业发展对技术的需求，建立健全以企业为主体的行业技术创新体系；瞄准新科技革命的需求，重点办好一批研究机构与大学，建立国际一流的知识创新体系；建立"机构多元化、人员专业化、机制市场化、形式多样化"的宏大高效的技术推广体系；完善保护与转化相结合的知识产权保护与交易体系；建立健全多元化、国际化的科技投融资体系。

1985 年发布的《中共中央关于科学技术体制改革的决定》，从科技运行机制、组织结构、人事管理等方面，出台了一系列重大措施，改革拨款制度，改变研究、设计、教育、生产脱节，军民分割、部门分割、地区分割的状况，鼓励科技人员进入经济主战场作贡献。这一阶段科技体制改革的主要特点是，通过"断粮断奶"鼓励、引导科学人员投入经济主战场，为经济建设作贡献，这是科技体制改革的第一个里程碑。

1999 年中共中央、国务院召开了全国技术创新大会，发布了《关于加强技术创新，发展高科技，实现产业化的决定》，加速企业成为创新的主体，同时推进科研院所分类改革，应用型科研机构和设计单位向企业化转制，社会公益类科研机构继续由政府支持，但也要实行分类改革。加速企业成为技术创新的主体、科技投入的主体、科技成果转化的主体、科技项目提出和研发的主体，科技效益与风险承担的主体，极大地推动了企业科技活动，提升了企业的科技创新能力。这是科技体制改革的第二个里程碑。2016 年，全国共投入研究与试验发展（R&D）经费 1.57 万亿元，其中企业研发经费支出 1.2 万亿元，占全社会科技投入的 77.5%。

科技体制改革的第三个里程碑将是建立军民融合、寓军于民的创新体系。

按照军民融合发展战略的总体要求，发挥国防科技创新的重要作用，加快建立健全军民融合的创新体系，形成全要素、多领域、高效益的军民科技深度融合发展新格局。遵循经济建设和国防建设的规律，构建统一领导、需求对接、资源共享的军民融合管理体制；开展军民协同创新，建立军民融合重大科研任务形成机制，推进军民科技基础要素融合，促进军民技术双向转移转化。

第四，加速使企业成为技术创新的主体，是新一轮科技体制改革最重要的目标。要从体制上保障科技与经济长期、有机的结合，把经济发展、民生改善建立在创新驱动的基础上，必须使企业成为技术创新的主体。支持企业成为技术创新主体的主要途径如下：

（1）完善企业技术创新体系，激发企业创新活力。通过政策引导使企业产生强烈的创新意愿，让企业通过企业创新体系建设形成强大创新能力，这是新一轮科技体制改革的突破口。培育世界一流的创新型企业，鼓励企业创建高水平研发机构，形成完善的研发组织体系，集聚高端创新人才。企业创新体系建设要力争做到“七有”：有研发机构、有研发队伍、有科技规划、有研发经费、有产品知识产权、有储备新产品、有国际竞争力。对于事关国计民生的大型企业、事关国家竞争力的战略性新兴产业，政府应通过建立技术工程中心、重点实验室、博士后流动站等方式支持企业完善创新体系，通过政府采购、科技项目、财税、金融等多种方式，为企业技术创新提供服务。

（2）建立健全一批产学研战略联盟，努力打造一批国际一流的大型高科技企业或高新技术园区。在无硝烟的经济战争中，企业是“野战军”，科技是“后勤部”，要调动一切可以调动的后勤力量为“野战军”服务，这是争取经济战争胜利的必然选择。政府“搭台”，企业“唱戏”，按照“技术水平世界一流、产品市场规模世界第一”的长远目标，建立一批由企业牵头、支撑企业参与国际竞争的产学研战略联盟，支撑一批技术国际一流、主导产品市场占有率世界第一的大型企业，建好一批高科技园区，这是科技工作的根本任务，也是经济发展的战略措施。

（3）实现技术开发类院所转型，从体制上解决应用性科技要素游离企业之外的问题。坚持分类改革的方针，应用性研究院所要进入企业、转化为企业，除从体制上解决项目、人才、资金、设备、基地等应用性科技要素游离企业之外的问题，还需要进一步加速技术、项目、人才、资金等科技要素向企业聚集。比如，参照荷兰国家应用科学院 (TNO) 和中国台湾工业研究院的做法，组建“中国战略性新兴产业技术研究院”，为战略性新兴产业发展提供技术支撑。

第五，深化科技计划管理改革，要提高科技创新效率，建立国家科技管理基础制度。要再造科技计划管理体系，改进和优化国家科技计划管理流程，建设国家科技计划管理信息系统，构建覆盖全过程的监督和评估制度。完善国家科技报告制度，建立国家重大科研基础设施和科技基础条件平台开放共享制度，推动科技资源向各类创新主体开放。建立国家创新调查制度，引导各地树立创新发展导向。科技计划之间要相互协同、突出重点、防止重复，实现重大需求由政府出题，技术需求由企业出题，科学探索由专家出题。建议将科技计划分为项目类、基地类、人才类三类，分类支持，重点支持国际一流人才、国家急需的关键技术及国际一流的创新基地。统筹部署行业科技计划、协调地方与企业的科技活动，切实改变部门、地方、企业科技计划相互脱节的现状，形成全国一盘棋，减少浪费，提高效率。

第六，实施新产品战略，改革科技评价导向，调动全社会科技力量进入经济主战场。根据不同创新活动的规律和特点，建立健全科学分类的创新评价制度体系。果断调整应用性研究工作的评价导向，取消当前应用性研究以论文、奖励为主要评价指标的传统做法。实施“新产品战略”，对从事应用研究的机构、人员和科技项目，必须以开发新产品的数量、质量作为最终考核指标，引导400万研发人员中的300万进入经济主战场。建立健全以“新产品开发数量、产品销售额”为主要评价指标的新机制。一是引导国内更多科技人员以开发新产品为研究目标，二是制定新产品转化优惠政策，吸引世界各地的专家、企业带着有产权的新产品来中国产业化。如新产品开发利润或股权最高90%可归技术发明人或团队；新产品增值税和相关研发人员个人所得税免征三到五年或降低二到三个百分点等。力争用15年的努力，使中国成为新产品开发强国、成为世界技术创新中心之一。

第七，改革科技奖励制度，逐步取消申报，重奖对科技工作作出重大贡献的公民。改革国家科技奖励制度，优化结构、减少数量、提高质量，逐步由申报制改为提名制，强化对人的激励。发展具有品牌和公信力的社会奖项，努力营造“崇尚科学、尊重人才、鼓励创新、激励贡献、全民参与”的良好氛围。调整奖励导向，加大对在经济建设、民生改善、国防巩固中作出重大贡献的公民与组织的奖励力度；扩大奖励范围，建议增设“创新型企业奖”“创新型标兵奖”“创新机构奖”，奖励在专利、新产品开发、论文等方面走在全国前列的机构、企业与个人；增设“创新型产品奖”，重点奖励“中国独创”、市场潜力大的新产品；改进奖励方式，在政府奖励的基础上，允许企业按技术创造的价值的一定比例、在一定时期内给予奖励补贴。

第八，科技人事管理制度改革，着力解决顶尖人才少、企业人才少、人才流动难等三大问题。完善人才评价制度，进一步改革完善职称评审制度，增加用人单位评价自主权。深化岗位聘任制度，加大流动岗位比例，加快科研人员流动；改革职称评审指标，实行分类评定；改革工资制度，强化实际贡献与工资挂钩。出台“高端人才引进计划”，抓住当前世界金融危机、优秀人才流动性加快的机会，吸引一批国际一流的外籍优秀人才。

第九，科技经费管理改革，着力解决经费总量不足、效率不高的双重问题。建立多元、强大的科技投入体系，在中央财政科技投入逐年增加的同时，鼓励地方政府增加科技投入。强化企业科技投入的主体地位；建立中央、地方、企业科技投入的协同机制；建立国家科技信息平台，尽力避免科技项目重复、仪器重复购置、设施重复建设等问题。建立科技创业企业发展的金融服务模式，鼓励银行业金融机构创新金融产品，积极发展天使投资，壮大创业投资规模，运用互联网金融支持创新。

第十，优化科技要素配置，切实解决好科技“五大闲”的问题。当年农村经济体制改革有效解决了农村“闲人”吃大锅饭的问题，加速中国成为农业大国；国有企业体制改革有效解决了企业“闲人”的问题，促进中国成为制造业大国。新一轮科技体制改革同样需要有效解决“闲人”等“五大闲”问题，有效解决科技资源分散重复、封闭低效等问题，才能成为世界科技强国。当前院所体制改革的难点：一是如何终止一些科学价值、应用价值都不高，甚至重复的“闲项目”；二是如何分流从事重复研究的“闲人”；三是如何实现闲置科研仪器的共享共用，提高“闲仪器”的利用率；四是如何杜绝重复建设的“闲设施”；五是如何加速推广没有产业化的“闲成果”。因此，终止“闲项目”、用好“闲人才”、利用“闲仪器”、不建“闲设施”、推广“闲成果”，已经成为深化改革、提高效率的关键。

第十一，深化知识产权领域改革，加强知识产权保护。提高知识产权的创造、运用、保护和管理能力，以知识产权利益分享机制为纽带，促进创新成果知识产权化。充分发挥知识产权司法保护的主导作用，增强全民知识产权保护意识，强化知识产权制度对创新的基本保障作用。健全防止滥用知识产权的反垄断审查制度，建立知识产权侵权国际调查和海外维权机制。

总之，中国的科技创新能力与发达国家还有很大差距，科技实力与支撑、引领世界第二大经济体的持续发展的能力仍有很大差距，与世界科技强国对科技体制机制的需求还有很大差距，迫切需要大幅度提高科技创新能力，迫切需要加速科技与经济紧密结合，迫切需要站在国家发展的高度进一步深化科技体制改革。

（七）建设若干国际科技创新中心

世界科技强国必然要有几个国际一流的创新基地或中心。国务院已经批准上海建设具有全球影响力科技创新中心、北京建设世界科技创新中心。在此基础上，可以在哈尔滨科学城与俄罗斯等国家共同建设“中俄科技创新城”，在苏州建立以吸引海外顶尖人才为重点的“苏州国际创新创业园”，在海南省建立综合性的“海南国际创新中心”。通过国际创新中心的建设，吸引一大批海外顶尖人才来华创新创业。同时，加大力度支持企业在海外建立研发基地或中心，吸引外籍顶尖人才为我服务。

第 19 章

防范六大误区，不犯颠覆性错误

改革开放 40 年来，中国已经成功地探索了中国特色社会主义市场经济体制与机制，实践证明是成功的、是正确的，是完全符合中国国情的。当今世界，几乎没有人怀疑中国改革开放的巨大经济成就，但一些学者、政府对中国的经济体制有不同的看法，更令人费解的是，西方经济学界和西方政府只承认中国经济成就，却不认同中国支撑经济增长的体制与机制，不承认中国的市场经济地位，争论的核心问题是中国政府干预太多、国有企业比重太大，影响了市场公平性。毫无疑问，发挥政府作用改革国有企业已经被推向了经济体制的最中央。

第 1 节　国有企业改革已成为经济体制改革的重点

客观地讲，经过 40 年的经济体制改革，中国的经济发展取得了巨大成就，中国的经济体制创新也取得了巨大成就，创造并不断完善社会主义市场经济体制，对社会主义市场经济体制的内涵与外延，已由“政府调控、市场调节”，转变为“市场在资源配置中起决定性作用，加强政府领导”，改革在不断深化，市场的作用逐步得到加强，方向上是正确的，步子也是适当的。西方市场经济的工具箱中能够借鉴、采用的工具，中国基本上都吸纳、借鉴了，中国的经济体制日益完善，并显示出其独特的优势，政府的作用已减少了一些不必要的市场剧烈波动，减少了生产要素的巨大浪费。但还是有一些人认为“改革过头了”，甚至把贫穷差距太大、腐败问题蔓延说成改革的副作用。事实胜于雄辩，改革的巨大成绩举世瞩目，当然，一些不当的政府干预、政绩工程降低了生产效率，需要在深化体制改革时加以解决。而国有企业改革、政府干预问题已经成为新时代深化经济体制改革的堵点、重点、难点与焦点。

中国防止经济发展中出现颠覆性错误，一是要防止贫富差距过大、官员腐败、政府诚信下降、物价上涨等问题导致社会动荡；二是要防止改革停滞、防止经济政策失误，进一步完善中国特色社会主义市场经济体制，防止金融出现系统性危机、通货膨胀、政府债务过高等问题，防止出现经济“硬着陆”；三是要防止处理国际关系失当，如发生贸易战、科技战、货币战、人才战等，失去巨大的国际市场与技术源泉。近年来，中国已在消除腐败、防止贫富差距过大方面取得了突出的成就，通过构建人类命运共同体、“一带一路”倡议、亚洲基础设施投资银行等，国际关系已经得到明显改善，中国文化正在得到更多国家与民族的认可与支持，中国最薄弱的环节之一是金融领域，另一个则是在经济体制改革中如何搞好国有企业，如何减少政府不当的干预。

第2节 发展混合所有制是国有企业改革的焦点

国有企业如何改革是一个多年的老大难问题。学术界、产业界有不同的观点与争论，有体制机制的问题，有信心与决心的问题，有做大做强与“卖掉”的争论，有管资本不管企业的观点，也有目标与方向的争论，更有苏联国有企业垮了、政权也垮了的忧虑。如何搞好国有企业迫切需要从理论、实践中破题，理论上有科学依据，实践中有可操作的办法。

2012 年以来，中国政府果断放弃大量增加投资推动经济增长的传统方式，采取了简政放权、降低税赋、创新驱动等一系列重大政策与措施，在国际经济低迷的情况下，创造了中国经济的奇迹，在经济增长率连续跌破 8%、7% 之后，仍然保持了较高的就业率，特别是精准扶贫使几亿人摆脱贫困，养老金保险基金中央调剂制度等，有效、长久地解决了贫困、低收入人群的后顾之忧，增加了他们的消费信心与能力，必将释放出巨大的消费能力，拉动经济的进一步增长。涉及国计民生的国有企业也迎来了新的发展机遇，但国有企业发展仍然面临着体制机制创新、技术创新、人才创新、理论创新等许多新情况、新任务、新使命。

当前，中国国有企业在经济与社会中的四大作用仍然不能替代，一是保障重大民生与国家安全的需求；二是参与重大科技、经济国际竞争，保障经济安全、科技安全；三是保障近四千万名公务员与事业单位工作人员的退休金和保障金，毋庸置疑，国有企业对保障这些人员在工资水平不高时的队伍稳定十分重要；四是保障公有制为主体的社会主义经济制度的全面落实。因此，国有企业无论有多大困难与阻力，都只能搞好、必须搞好。这也是国际惯例，任何一个国家，包括资本主义国家，都有一定数量的国有企业，除美国以外，其他 8 个发达国家的国有企业占 GDP 的比重都在 12% 以上。中国作为社会主义国家更不能例外。

习近平总书记在学习贯彻党的十九大精神研讨班开班式上的讲话中明确指出：“当前，中国正处于一个大有可为的历史机遇期，发展形势总的是好的，但前进道路不可能一帆风顺，越是取得成绩的时候，越是要有如履薄冰的谨慎，越是要有居安思危的忧患，绝不能犯战略性、颠覆性错误。”[1] 习近平总书记考察烟台工业园时明确指出："正像屈原讲的'路漫漫其修远兮，吾将上下而求索'。谁说国企搞不好？要搞好就一定要改革，抱残守缺不行，改革能成功，就能变成现代企业。"

如何搞好国有企业，经过多年的探索，出路与突破口越来越清晰了，就是发展混合所有制等多种所有制，建立现代企业制度，有成分不唯成分论，所有企业一律依法经营、公平竞争、按章缴税。习近平总书记强调发展混合所有制经济是"新形势下坚持公有制主体地位，增强国有经济活力、控制力、影响力的一个有效途径和必然选择"，为发展混合所有制经济确立了目标、指明了方向，迫切需要在实践中认真、全面、彻底地落实，"发展混合所有制经济"是国有企业改革的出路、方向与突破口。

第3节　混合所有制如何"混"是经济改革的难点

发展混合所有制，深化经济体制、国有企业改革的方向已经明确，但是，随之而来是如何"混合"，股份制度肯定是不可争辩的方式，但是如何取得股份，"按钱分"，谁有钱谁购买是天经地义的做法，但结果会怎样？可能会出现国有企业变成了有钱人的企业，有钱人用钱能生钱，导致贫穷差距进一步拉大。可能会导致经济发展了，贫穷差距扩大了，社会不稳定因素反而增加了。如果不"按钱分"，改为"按人分"，每个人都有一份，苏联国企改革就是发放国有企业券，人人有份，结果穷人的券让富人收购，最终70年积累的国有资产很快变了富人的囊中之物。苏联的做法前车可鉴，我们的出路在哪里？能不能够走出第三条路？这无疑是经济体制的难点，也是突破口。

看一看全国省区市混合所有制的路子怎么走。

我们对全国31个省区市公布的推动新一轮国有体制改革、发展混合所有制的相关文件或草案研究发现，许多省区市都提出了混合所有制改革的“目标清单”和“时间表”，比较研究还发现，各地基本上都是走“按钱分”路子。

（一）将 70% 的国有企业改为混合所有制企业

在各地公布的国有企业改革相关文件与草案中，许多地方提出将 70% 以上的国有企业改为混合所有制企业。比如，上海提出除了国家政策明确必须国有独资的，其余国有企业全部实现股权多元化；安徽省提出竞争性国有企业基本实行混合所有制；广东、河南等七个省市提出国有经济中混合所有制比重达到 70%—80%。整体来看，西北、西南和东北地区提出改为混合所有制企业的比例相对较低。

（二）将国有资本的 80% 集中在公共服务等重点领域

多数省区市提出国有企业退出竞争性行业，将国有资本的 80%—90% 集中在重点行业或领域。天津、浙江提出国有资本集中度达到 90%，北京、江苏、河南、辽宁、黑龙江、江西等地提出达到 80% 以上。各地提出的国有资本集中的行业与领域主要有公共服务、民生、基础建设、资源环境、新兴产业、金融等。辽宁、上海、浙江、山东、广西以及重庆、宁夏等地把先进装备制造列入了重点领域，其余省区市尚未提及制造业。

（三）将国有资本证券化率提高到 50%—80%

全国有 11 省区市明确提出了国有资本证券化率补充数据的目标。重庆提出 80% 以上的竞争类国有企业国有资本实现证券化，湖南计划企业国有资本证券化率达到 80%，浙江计划企业国有资产证券化率达到 75%，河南和江西的目标为 60%，北京、湖北、黑龙江、甘肃等地的目标为 50%，天津和福建的目标为 40%。

（四）通过两个方面发展混合所有制经济

通过对各省区市提出降低国有企业比重、发展混合所有制经济的途径进行比较分析，课题组认为，各省区市主要通过两个方面、七个途径发展混合所有制经济。

第一，通过国有资产存量产权多元化发展混合所有制经济。主要途径有股份制改造、企业上市、产权交易、引进战略投资、公司拍卖等。24个省区市均把国资减持、股份改制、引进投资、企业改组作为主要措施；24个省市区把“企业上市”作为主要措施；13个省市还提出了员工持股等措施。

第二，通过新增企业产权多元化发展混合所有制经济。第一个途径是新设国有企业除规定的特殊行业或领域外，鼓励、吸引非公有制经济参股、员工参股；第二个途径是政府新投资项目允许非公有制经济参股。

（五）25个省（区）、市提出改建或组建“国有资本管理公司”

除安徽、河北、海南、甘肃、内蒙古、西藏6个省（区）外，另有25个省（区）、市明确提出新建或改建“国有资本管理公司”，以管理资本为主管理国有资产。江苏提出“所有权和经营权分离”，构建国有资本投资运营平台；浙江提出“向以管资本转变为方向”；黑龙江提出“立足于管资本为主”；辽宁、山西提出组建具有不同功能的国有资本投资运营公司或主体；天津、重庆等地改组或完善国有资本运营主体。

第4节　推进国企体制改革要防范六大误区

对各地出台的国有企业改革、发展混合所有制经济的方针、目标、内容、政策与措施进行比较研究，不难发现部分地区的部分措施可能会出现偏差或陷入误区。

（一）认为21世纪以来“国进民退”是误区

不少学者认为2002年后的10年，中国不同所有制经济发展是“国进民退”。我们对2000年以来不同所有制工业企业的比较研究表明，无论是从行业数量、企业数量、企业资产、就业人口，还是主营业收入、利润总额、上缴税收等分析，都不是“国进民退”，而是“国速退、民快进”。一些专家和机构还认为民营企业占工业资产20%，创造主营业收入的60%，上缴税收占70%，安排就业占80%，创造新就业岗位占90%，统计数据表明，这些提法也不够准确。

按企业单位数分，2000年全部国有及规模以上非国有工业企业为16.3万家。其中，国有企业法人单位为5.3万家，占全国数量的32.8%。2016年中国规模以上工业企业单位达到37.9万家。其中，国有企业法人单位为1.9万家，仅占5.0%，下降了27.8个百分点。

按分行业企业单位数分，2000年39个工业行业中，国有控股工业企业资产为主（占全国总数50%以上）的行业为24个，私营工业企业资产为主的行业为0个；2016年统计显示，41个工业行业中，国有控股工业企业资产为主的行业降至12个，减少了7.7%，而私营工业企业资产为主的行业增加到2个。

按企业资产总计看，2000年全部国有及规模以上非国有资产合计为12.6万亿元。其中，国有及国有控股企业资产总计为8.4万亿元，占比为66.7%；私营工业企业资产总计为3800亿元，占比为3.0%。国有及国有控股企业资产为私营工业企业资产的22.1倍。2016年规模以上工业企业资产总计为108.6万亿元。其中，国有控股工业企业资产总计为41.8万亿元，占比下降至38.5%；私营工业企业资产总计为24万亿元，占比上升到22.1%，国有控股工业企业资产为私营工业企业资产的1.74倍。国有工业企业资产与私营工业企业资产之比从 22.1 倍，下降到 1.74 倍，数据表明“国速退、民快进”。

从主营业务收入来看，2000 年全部国有及规模以上非国有工业企业产品销售收入为 8.4 万亿元。其中，国有及国有控股企业主营业务收入为 4.2 万亿元，占比为 50.2%；私营工业企业主营业务收入为 4800 亿元，占比为 5.7%。国有及国有控股企业主营业务收入是私营工业企业主营业务收入的 8.8 倍。2016 年规模以上工业企业主营业务收入为 115.9 万亿元。其中，国有控股工业企业收入为 23.9 万亿元，占比降至 20.6%；私营工业企业主营业务收入为 41 万亿元，占比上升至 35.4%。国有控股工业企业主营业务收入是私营工业企业主营业务收入的 0.58 倍。

从利润总额看，2000 年国有及规模以上非国有工业企业利润总额为 4393.5 亿元。其中，国有及国有控股工业企业利润总额为 2408.3 亿元，占比为 54.8%；私营工业企业利润总额为 189.7 亿元，占比为 4.3%。国有及国有控股工业企业利润总额是私营工业企业利润总额的 12.7 倍。2016 年规模以上工业企业利润总额为 71921.4 亿元。其中，国有控股工业企业利润总额为 12324.3 亿元，占比降至 17.1%；私营工业企业利润总额为 25494.9 亿元，占比上升至 35.5%。国有控股工业企业利润总额为私营工业企业利润总额的 0.5 倍。

从上缴增值税看，2000 年全部国有及规模以上非国有工业企业主要指标上缴增值税总计为 3685.2 亿元，其中国有工业上缴增值税为 1255.7 亿元，占比为 34.1%；国有及国有控股工业企业上缴增值税为 2320.4 亿元，占比高达 63.0%；私营工业企业上缴增值税为 143.6 亿元，占比仅为 3.9%。2016 年国有企业上缴税款占 31.1%，比利润总额 28.6% 高了 2.5 个百分点，私人企业上缴税款占 29.7%，而利润总额占比为 36.8%，上缴税款占比低于利润总额占比 7.1 个百分点。数据说明，国有工业企业上缴税款与利润总额的比例高于私人企业。一些学者认为国有企业上缴税款少的观点值得商榷。

表 19-1　全部国有及规模以上非国有工业企业主要指标（2000 年）

	本年应缴增值税（亿元）
全国总计	3685.20
国有及国有控股企业	2320.36
国有工业企业	2591.21
集体工业企业	341.22
股份有限公司	524.05
外商投资企业	435.15
港澳台商投资企业	303.73
私营企业投资	143.6

数据来源：国家统计数据库，《中国统计年鉴（2001 年）》。

（二）"管资本不管企业是唯一方式"是误区

《中共中央关于全面深化改革若干重大问题的决定》明确指出："完善国有资产管理体制，以管资本为主加强国有资产监管。"但一些专家提出新一轮国有企业改革的方向是"只管资本，不管企业"。虽然目前还没有一个地方明确提出"只管资本，不管企业"，但已有 24 个省区市提出以管理资产为主，组建或改建国有资产管理公司。为此，需要防止国有企业，特别是效益好的国有企业大量消失。西部地区一些县曾将国有企业全部卖掉，有的县财政收入还不如一个小型私人公司，此类问题需要引起重视。

（三）退到哪儿？国有资本无底线退出是误区

中国的基本经济制度是公有制为主体，多种所有制经济共同发展。2016 年国有控股工业企业占规模以上企业仅为 5.0%；规模以上国有控股工业企业占主导的行业为 12 个，国有控股工业企业资产占比已下降到 38.5%，主营业务收入占比降至 20.6%，利润总额占比也已降至 17.1%。

即使将混合所有制企业计入公有制，2016 年公有制工业企业占 29.4%，工业企业资产占 57.7%，固定资产投资占 61.9%，主营业务收入占 42.8%，利润总额占 30.1%，上缴税款占 47.6%（2014 年）。可见，以工业资产、投资计算，公有制目前仍然是主体，而按主营业务收入、利润计算，公有制也不是主体。当然，公有制是不是主体不能只看数据，还要看控制力、影响力。

发展混合所有制经济是“新形势下坚持公有制主体地位，增强国有经济活力、控制力、影响力的一个有效途径和必然选择”，但一些地方发展混合所有制的相关文件没有把“增强国有经济活力、控制力、影响力”作为目标，搞好国有经济的政策与措施不够有力，有可能陷入“一卖了之”“卖了就是混合”的误区。

（四）怎么退？“一卖就灵，一买了之”是误区

比较各地出台的混合所有制改革的相关文件，各省区市都提出了国有企业退出竞争领域的目标或指标，而且“退的方式”也基本相同，就是通过股份合作或“卖掉”，也就是“按钱退”。需要认真研究的问题是国有资本如何退，“按人退”，还是“按钱退”？

“按人退”是苏联曾经用过的办法，把国有资产“按人”平均发券，穷人的券被富人收购，短短几年时间，苏联积累了七十多年的国有资本很快落入了极少数富人手中。所以没有一个省区市提出“按人退”，都是“按钱退”。国家统计局公布的中国 2016 年基尼系数为 0.465，超过贫富差距警戒线 16.25 个百分点。因此，需要认真研究“按钱退”是不是唯一方式，会不会引发“以钱生钱”，钱少的公民是否少了一次缩小差距的机遇？“按钱退”会不会扩大贫富差距？

（五）退什么？好企业也卖掉是误区

关于退什么行业，各地的政策明显不同。上海、安徽提出除国家政策明确要求控股的行业以外，其余行业将转变为实行混合所有制；北京、天津等地区明确提出将国有资本的80%~90%集中到公共服务、新兴产业、基础设施、资源环境等行业。许多省区市提出国有资本退出竞争性领域，一些学者则提出除涉及国家安全以外的行业，国有资本全部退出，一些专家建议"管资本，不管企业"。我们研究认为，国有资本不应该退出经济效益好的行业或企业，只要能够保证公平竞争，私人、外资可以经营，国有企业同样有权利经营，绝不能只让国有企业经营低效益、公益性甚至赔钱的行业，去啃别人剩下的"硬骨头"。例如，高铁为低票价惠民，交给市场就必然会提价。保持一定比重的国有企业不但能够稳定经济，更重要的是能够稳定人心、稳定社会，这是由中国的国情决定的。因此，"退什么、留什么"，需要认真遴选。

（六）资本混合是目标？以资本混合替代体制改革是误区

发展混合所有制经济"是增强国有经济活力、控制力、影响力的一个有效途径和必然选择。"因此，资本混合是手段、是起点，而提高国有经济的活力、控制力、影响力才是目标、是终点。不少地方都提出了国有企业混合化率、资本证券化率等指标，但缺乏提高国有经济的活力、控制力、影响力、利润率的具体指标与措施。国有企业改革应以资本混合为起点，推进综合改革，加速公司治理的现代化，防止陷入"以资本混合替代体制改革"的误区。

第5节　国有资本退出的"底线"在哪里？

（一）"退到哪儿"——科学设定退的"底线"

二战以后，发达国家私人财富急剧增长，除美国、日本外，德国、法国、英国、意大利、加拿大等国家国有资本占 GDP 的比重一般在 12%—18% 之间。法国科学家托马斯·皮凯蒂在《21 世纪资本论》中的研究表明，美国、日本、德国、法国、英国、意大利、加拿大、澳大利亚 8 个国家的私人资本数量是公共资本的 4—7 倍[2]。美国科学家萨瓦斯在《民营化与公私部门的伙伴关系》中指出，20 世纪 80 年代初，法国、奥地利、意大利、新西兰、土耳其、英国、联邦德国、葡萄牙、澳大利亚、丹麦、希腊、西班牙、荷兰、美国 14 个市场经济国家，国有企业在 GDP 中占比的非加权平均值为 9%。

2016 年中国 41 个工业行业中，规模以上国有控股工业企业的主营业务收入占比已降至 20.6%，国有经济“退的底线”在哪里？要不要有退的“底线”？我们研究认为，退的底线是“三不”：不影响国家安全、不影响公益事业与公共品提供、不低于市场经济国家的平均水平。

（二）“退什么”——认真遴选退的“行业”

2016 年以国有控股工业企业为主（占主营业务收入 50% 以上）的行业有烟草制品业，电力、热力生产和供应业，开采辅助活动，石油和天然气开采业，水的生产和供应业，煤炭开采和洗选业，石油加工、炼焦和核燃料加工业 7 个行业。发展混合所有制，意味着还要继续减少国营占主导行业的数量，但目前的情况显示，中国迫切需要明确退什么、保什么。我们的建议是“四个必保、一个先退”：涉及国家安全、经济命脉、民生的要保，能够搞好的行业或企业也要保，搞不好的行业与企业优先退出。各地方在遴选“退什么”的同时，也要研究提出搞好、搞活的重点行业与企业的清单，不宜“一混了之”，不能以资本混合替代体制改革。

表 19-2　各类企业主营业务收入占比（2016 年）

行业	国有控股	私营	外商及港澳台	其他
烟草制品业	99.3%	0.2%	0.1%	0.5%
电力、热力生产和供应业	92.0%	1.8%	4.8%	1.3%
开采辅助活动	83.2%	3.3%	7.1%	6.4%
石油和天然气开采业	81.2%	0.4%	6.4%	12.0%
水的生产和供应业	68.3%	7.6%	15.7%	8.4%
煤炭开采和洗选业	58.8%	20.6%	2.0%	18.6%
石油加工、炼焦和核燃料加工业	54.2%	17.6%	10.2%	18.0%
金属制品、机械和设备修理业	48.5%	14.0%	49.1%	–
燃气生产和供应业	46.4%	10.1%	34.6%	8.9%
汽车制造业	40.3%	17.7%	45.4%	–
铁路、船舶、航空航天和其他运输设备制造业	38.5%	31.4%	14.9%	15.2%
有色金属矿采选业	35.0%	31.7%	1.4%	31.9%
有色金属冶炼和压延加工业	30.4%	30.9%	11.3%	27.3%
黑色金属冶炼和压延加工业	27.0%	37.8%	10.5%	24.7%
黑色金属矿采选业	16.2%	53.4%	4.4%	25.9%
化学原料和化学制品制造业	15.0%	38.3%	21.0%	25.8%
酒、饮料和精制茶制造业	14.5%	33.0%	21.7%	30.7%
其他制造业	13.5%	48.1%	20.9%	17.5%
专用设备制造业	10.8%	47.6%	16.5%	25.1%
非金属矿采选业	10.4%	58.5%	2.0%	29.1%
化学纤维制造业	10.0%	41.6%	23.8%	24.6%
通用设备制造业	9.7%	45.1%	22.6%	22.6%
仪器仪表制造业	9.4%	40.2%	27.5%	22.9%
计算机、通信和其他电子设备制造业	8.7%	16.5%	56.9%	18.0%
医药制造业	8.7%	28.9%	19.6%	42.9%
非金属矿物制品业	7.8%	52.9%	8.5%	30.7%

续表

行业	国有控股	私营	外商及港澳台	其他
电气机械和器材制造业	7.8%	36.0%	23.3%	32.9%
印刷和记录媒介复制业	6.0%	51.7%	15.9%	26.4%
农副食品加工业	5.4%	49.3%	14.5%	30.8%
金属制品业	5.0%	57.2%	15.5%	22.2%
食品制造业	4.9%	35.3%	24.9%	34.8%
造纸和纸制品业	4.9%	40.4%	24.9%	29.8%
废弃资源综合利用业	4.5%	47.2%	9.6%	38.8%
文教、工美、体育和娱乐用品制造业	3.4%	47.6%	28.0%	21.0%
橡胶和塑料制品业	2.7%	51.9%	20.1%	25.3%
纺织业	2.1%	54.2%	13.8%	29.8%
木材加工和木、竹、藤、棕、草制品业	1.4%	69.3%	6.9%	22.5%
家具制造业	1.3%	54.6%	21.0%	23.0%
纺织服装、服饰业	0.8%	46.9%	26.3%	26.0%
皮革、毛皮、羽毛及其制品和制鞋业	0.8%	45.5%	31.8%	22.0%
其他采矿	0.0%	68.0%	0.0%	32.0%

数据来源：国家统计数据库，《中国统计年鉴（2017年）》。其他是指将分行业主营业务收入减去国有控股、私营和港澳台后的数据。

（三）“怎么退”——正确选择退的“方式”

各地出台的国有资本退的方式基本都是“按钱退”，即通过增资、上市、转让等途径“出让国有股权”。我们研究认为，在“按钱退”的同时，研究“按能退”（经理人持股）、“按技退”（技术入股）、“按人退”（补上社会保障短板）等方式的有机结合，避免“按钱退”的单一方式，使“少数有钱人”接管了国有企业，使贫富差距进一步拉大，增加按知识价值分配的比重，引导全社会力量投身创新创业活动，让作出重大创新贡献的人也进入富起来的行列，充分发挥技术与人才的巨大潜能，真正把创新驱动战略落到实处。

（四）取消企业成分，依法经营按章缴税

资本混合是起点，管理混合才是关键，效益提升是核心，提高“活力、控制力、影响力”才是最终目标。通过资本混合奠定“管理混合”的基础，把国有企业、私人企业、外资企业发展经济的优势有机地“混合”起来，取长补短、相互促进、共同发展，探索逐步取消“企业成分论”，逐步取消一些企业的超国民待遇，各类企业不论“成分”一律“公平竞争、依法经营、按章纳税”，加速公司治理的现代化，大幅度提升中国企业的活力与国际竞争力。

（五）防止资产“被私有化”和“被国有化”

在混合所有制经济推进过程中，要依法保护公有、私有各类合法财产，既要防止国有资产“被私有化”，也要防止私人资产“被国有化”。国有资本投入私人企业，如果私人企业管理能力不高，则会导致国有资产流失；反之，私人资本投入国有企业，如果无法参与企业管理，则会出现私人资本被国有化的问题。因此，混合所有制企业小股东如何参与管理，如何防止资产流失的问题需要认真研究。

（六）全面推行经理人制度，培育国际一流企业

中国实行了1300多年的科举制度，遴选出最优秀的人才参与公共事业管理，是中华民族领跑世界1800多年的重要原因之一。建议全面试行、实行职业经理人制度，遴选国内外优秀企业家参与国有资本管理，为“优质企业”输送“优秀管理人才”，替换“不合格、不作为”的企业管理人员，加速培育一批技术世界一流、市场规模世界第一、具有国际竞争力的大型企业集团，这是中国成为并长期保持世界第一大经济体

地位的客观要求。

总之，国有企业改革已经成为新时代经济体制改革的重点、难点、焦点与堵点，加速国有体制改革必须以发展混合所有制为突破口，而发展混合所有制，必须防止几个误区。党的十八届三中全会审议通过《中共中央关于全面深化改革若干重大问题的决定》，明确指出，“公有制为主体、多种所有制经济共同发展的基本经济制度，是中国特色社会主义制度的重要支柱”，指明了经济体制改革，特别是混合所有制改革需要把握的重点与方向，进一步明确“公有制为主体”，把“增强国有经济活力、控制力、影响力”作为最终目标，并夯实相关政策与措施，防止“一混了之”。深化国有企业改革事关经济发展、事关社会稳定，直接制约着能够最终填平第二经济大国陷阱。

第 20 章

填平陷阱之战略：坚持七个自信

中国要应对“第二经济大国陷阱”，既要应对与当年苏联、日本面临的困难与问题，又要明确中国、日本完全不同的国情，针对美国遏制中国发展的主要途径，制定应对策略与措施。既要防范重蹈日本经济衰退的覆辙，又要预测、防御“第二经济大国陷阱”的新花招。中国国情与日本有几个明显不同之处，完全能够摆脱“第二经济大国陷阱”。

第 1 节　中国国情与日本完全不同，能够填平陷阱

中国与日本最大的共同之处就是必然面对美国不断强化的遏制，最大的不同则是日本主权、外交实际上不独立，日本与美国是盟友，中国则被美国列为“战略竞争对手”。

（一）日本主权不独立，国防必须依赖美国

二战之后，美国对日本军事保护的本质是军事占领，国土依靠别国军队

保护是日本民族内心忍痛又不得不接受的现实。二战结束时，美国为了战后利益，在领土分割中有意埋下了许多“定时炸弹”，美国利用钓鱼岛激化中日矛盾，迫使日本产生领土安全的危机感，逼迫日本心理上接受美国驻军，军事上依赖美国，行动上顺从美国，不断寻求美国利益最大化。美军在日本多次违法乱纪，日本只能一次次在忍让与抗议中作出妥协。进入 21 世纪，随着中国经济的崛起，美国开始拉拢日本，遏制中国发展，日本也想借美国之力重回亚洲第一经济大国的地位。

（二）日本国土不辽阔，发展只能依赖扩张

日本国土总面积为 37.8 万平方公里，相当于中国云南省（39.4 万平方公里）的面积。2017 年，日本人口为 1.27 亿，不足中国的十分之一。国土小、人口少，当国内需求不足、资源短缺时，要保持经济持续发展，只能依赖经济扩张和国土扩展。二战期间，日本为了实现扩张野心，只能走西方列强军事掠夺的老路，实行炮艇战略，对亚洲大部分国家发动军事入侵，甚至偷袭美国珍珠港，把战争扩大到整个太平洋地区[1]。当然，依靠先进技术、优质产品开拓国际市场，同样能够保持经济持续发展，这是当今日本被迫的、唯一的选择与出路。

（三）日本政治不开明，官位高度家族垄断

在“政府主导型”的体制下，日本形成了政、官、财的“铁三角”，三者相互勾结、互相利用，形成了“金权政治”和寻租行为的土壤。政治家和官僚向财界、企业界索要钱财，谋取自身利益，获得巨额政治资金；财界依仗政治家和官僚的庇护，获得各种优惠和关照，谋取超额利润。这种体制不仅使寻租活动日益猖獗，而且使官厅总揽一切，法律形同虚设，政界世袭现象和裙带关系日益突出，往往是一个政客出了丑闻，则换另外一个家族成员

出面，日本政治家依靠各种花言巧语争取权位，行政管理层则相对稳定，以不变应万变，形成了政治娱乐化、行政专业化、官员家族化的基本格局。

（四）日本经济不自主，受美国牵制与遏制

美国对日本的经济政策已经由20世纪的支持加遏制，调整为牵制加遏制。日本的经济体制、运行机制，特别是贸易规则、金融体制、货币汇率，实际上不同程度地受美国操控，许多规则是由美国制定，或在美国主导下制定的，拖垮日本的《广场协议》等三大协议就是如此，也就是说日本经济发展的主动权基本掌握在美国手中。

政治民主、经济自由是美国倡导的核心价值观，更是给许多国家发展开的“万能药方”，但其实质是美国主导下的民主、美国规则下的自由。为遏制中国经济持续快速发展，奥巴马政府牵头制定的TPP，特朗普政府先说退出、后要加入，日本始终难有真正的自主权。日本想成为独立大国的期望不灭，美国对日本的经济遏制就不会停止，没有永远的盟友，只有美国优先的利益。领土被控制的日本，只能接受美国通过威逼、打压、诱导、渗透等手段对日本经济的牵制加遏制。

（五）日本外交不真诚，日美联盟难成朋友

二战后，虽然日本在经济上援助过中国等受害国，但在外交上一直否认二战时期对亚洲国家发动战争的侵略性质，并拒绝向各国人民认罪、赔偿。安倍政府以来，日本民族主义明显抬头，特别是推动修改宪法第九条，给亚洲及许多国家带来巨大不安，反日情绪进一步增强。日本不改变强硬、虚伪的外交政策，与中国、俄国、韩国等邻国就不会成为真正的战略伙伴，而对美国的依赖会进一步加强。从日美长远利益分析，日本做梦都想独立自主，想报广岛和长崎的“两弹之仇”，而美国绝不会容忍军国主义再次抬头。为

了各自利益，日美能成盟友，但难成朋友，会相互利用，但不会相互信任，这是日美长远的外交格局。特朗普政府发动的贸易战，已经使日本卷入，日本不得不采取反制措施，长期下去，盟友的裂缝必然加大。

（六）日本文化不包容，掠夺之心难移难死

6世纪日本“大化改新”，全面向中国学习，儒家文化的包容、礼让、中庸思想使日本民族变得“彬彬有礼”。但明治维新使日本全盘西化，工业推动了经济崛起，深受西方列强的炮艇战略、弱肉强食的“丛林法则”的影响，日本发动侵略战争的结果是葬送了国家的独立与民族的自尊。日本至今不采取德国式认罪、赎罪的方式，求得世界认同与支持，而是军国主义思想暗流涌动，掠夺之心不死，与现代文明背道而驰，其根源是日本缺少哲学思想的文化根基，先学中、后学西，“泛宗教意识”，表面上像东方人一样彬彬有礼，内心则是像西方列强一样，谋求弱肉强食，导致日本社会价值观的混乱[2]，引发政府与民众的烦躁与不安。日本在钓鱼岛、南海的行为，是军国主义复活的表现，安倍政府积极推动修改宪法，再次证明日本军国主义的复活具有社会土壤、指导思想、政策保障、强大势力和现实行动[3]。

第2节　填平“第二经济大国陷阱”的基本战略

特朗普政府改变了奥巴马政府“防范、遏制、接触、合作”的对华政策，“接触、对抗、遏制”正在成为新的政策，外交商业化、不按规矩出牌、不惜破坏国际规则，成为美国对华政策的新特点。特朗普明确提出将用一切手段减少美中贸易逆差，以缩小贸易逆差为由公然发动了贸易战，实际上保持贸易平衡只是美国的借口，遏制中国崛起才是最终目的。因此，填平“第二经济大国陷阱”已是中国的被迫选择、战略抉择。

填平“第二经济大国陷阱”就是长期保持世界经济第二位或者跃居世界第一位。填平“第二经济大国陷阱”的基本策略是坚持“七个自信”、不犯颠覆性错误。坚持道路自信、防止和平演变，坚持制度自信、不输入也不输出制度，坚持理论自信、切实贯彻习近平新时代中国特色社会主义思想，坚持文化自信、包容共赢共享，坚持外交自信、构建人类命运共同体，坚持经济体制自信、“两只手无缝融合”，坚持创新自信、建设世界科技强国，坚持军事自信、用一流军队保障和平崛起。

（一）坚持道路自信，政治上相互尊重

坚持道路自信，政治制度不接轨、防止和平演变。习近平总书记在澳门大学与学生们交流时说：“五千多年文明史，源远流长。而且我们是没有断流的文化。要建立制度自信、理论自信、道路自信，还有文化自信。”坚持制度自信就是要坚持社会主义道路，只要中国不犯颠覆性错误、美国不独享新科技革命成果，中国经济总量超过美国只是时间问题。

改革开放以来，世界人口最多的国家成为经济增长最快的国家，中国共产党是近四十年对人类贡献最大的党。中国的政治制度是符合中国国情的唯一正确选择，坚持制度自信，制度不接轨，坚持党的领导，保持社会稳定是填平“第二经济大国陷阱”的前提与制度保障。

（二）坚持理论自信，理论上继承创新

坚持理论自信，贯彻习近平新时代中国特色社会主义思想。中国共产党领导中国人民革命、建设与改革，探索人类发展规律、经济发展规律、治国理政理论，进行了一系列的理论探索与实践创新，取得了一个又一个胜利。习近平新时代中国特色社会主义思想的提出是中国理论创新的又一个里程碑。坚持四个全面建设、五个发展理念，构建人类命运共同体，坚持以人民

为中心，必将实现中华民族伟大复兴的中国梦。

中国经济持续40年的发展，执政党自我革命的能力展示出强大的生命力，已经让“中国崩溃论”崩溃。西方社会已经开始对二战以来由西方创造并向全世界推广的“选举、民主”的“处方”产生了怀疑或动摇，中国实现了发展，而很多国家采用这个“处方”后“遭遇失败”。俄罗斯外交与国防委员会名誉主席谢尔盖·卡拉加诺夫则认为“西方在二战后确立并推广至全球的自由经济体制日渐式微”，他同时认为“中国人提供的是经济安全”，俄罗斯则“提供军事战略安全”。

（三）坚持制度自信，经济上合作共赢

坚持社会主义制度自信、经济体制自信，经济半接轨、保障经济持续发展。中国成功地探索了社会主义市场经济体制，把社会主义制度优势与市场机制有机结合，开拓、完善了“无形之手”与“有形之手”高效协同的理论与模式。实践证明，“两只手总比一只手好”，这一经济体制已经体现出其优势，兼顾公平与效率，烫平经济剧烈波动，减少了生产要素的浪费，有效提升经济效率。特朗普政府认为中国挑战其传统理念，我们更要坚持制度自信、体制自信，不断改革，完善体制、机制，保障经济安全。

（四）坚持文化自信，文化上相互包容

坚持文化自信，用软实力支撑硬实力。党的十九大报告强调，“文化自信是一个国家、一个民族发展中更基本、更深沉、更持久的力量”，“没有高度的文化自信，没有文化的繁荣昌盛，就没有中华民族伟大复兴”。填平“第二经济大国陷阱”，要得到国际社会的认同与支持，就必须有强大的文化支撑，要像推销中国产品一样，传播中华文化，经济硬实力需要文化软实力的包装与支撑。中华民族勤劳、勇敢、和善、包容，与人为善的文化和包

容的理念将走向世界，代表未来。

（五）坚持外交自信，外交上相互协商

坚持外交自信，构建人类命运共同体。特朗普政府坚持的“美国优先”彻底揭开了其“世界警察”的遮羞布。习近平总书记提出的“一带一路”倡议、构建人类命运共同体的战略构想，得到国际社会的广泛认同，彰显了新时代中国外交的特色、风格和胸怀。150 多年前，美国经济要超过英国时，英国曾经采取一系列遏制措施，包括军事介入美国南北战争，但当发现美国崛起已不可避免时，英国选择了接受美国的崛起，并与美国在国际事务中长期合作。一个主要原因是英国与美国同根同祖、文化相同，而根本的原因则是英国认为得罪一个未来的强国，得不偿失。当历史和人类文明的车轮又前进了 150 年，争取美国接受中国崛起，仍然是最理想的选择。

（六）坚持创新自信，科技上创新引领

坚持创新自信，引领新科技革命。中国已成为有影响力的创新大国，9 个重要科技指标中已有 7 个居世界前两位，专利授权量、研发人员数量、高科技产品出口额等 3 个指标居世界第一位，国际论文数、世界 500 强企业数、研发经费等 3 个指标居世界第二位，世界品牌 500 强、世界 100 强大学、创新指数分别居世界第五位、第六位和第十七位。2017 年世界十大互联网公司中，美国有 6 个，中国有 4 个。2000 年，我们研究提出信息技术革命之后的新科技革命是生物技术引领的，已经得到越来越多的国家政府与学者的认同。目前，美国生物技术居全球领先地位，但是美国生命科学许多领域的核心技术掌握在华人科学家手中，吸引这些科学家回国，引进海外顶尖人才，中国完全可能引领新的科技革命。

（七）坚持军事自信，军事上相互沟通

坚持军事自信，保障和平崛起。为防御“修昔底德陷阱”，填平“第二经济大国陷阱”，中国必须打造国际一流的军队，防御外敌入侵。有了强大的军队，别人才不敢侵犯，“火烧圆明园”永远不能重演，也不会重演。

第 21 章

填平陷阱之策略：拆除十大壁垒

什么是壁垒?《六韬 · 王翼》中明确提出：“修沟壍，治壁垒，以备守御。”[1] 在古代军事中，壁垒是指军营的围墙，泛指防御工事，是围堵、沟壑的统称。在现代经济领域，壁垒则是保护自己、防制竞争对手的政策、制度、规则等政策障碍与技术屏障。

进入市场的成本越低，表明壁垒拆除得越彻底。芝加哥经济学家施蒂格勒提出，壁垒可以理解为进入一个新的产业领域所必须承担的一种额外的生产成本。壁垒的高低，反映了新进入行业所遇障碍的大小[2]。我们所说的拆除壁垒就是尽可能地降低一个国家、一个企业进入另一个市场、另一个行业所遇到的成本。

第1节　拆除十大壁垒

拆除壁垒、创造良好发展环境、构建良好的体制机制是经济社会发展的前提。填平“第二经济大国陷阱”，首先要拆除经济社会发展、国际合作与贸易中的各种壁垒，保障经济社会发展有一个公平、公正、公开、稳定的，符合国际规则、国情和经济社会发展规律的发展环境和体制机制。中国要持续保持经济增长，长期保持世界第二经济大国地位，乃至成为世界第一大经济体，必然要拆除制度、贸易、金融、技术、市场、投资、环保、安全等十大壁垒。

（一）拆除制度壁垒，抵御地缘政治

制度壁垒是针对不同社会制度、经济体制、意识形态而设定的体制性围堵或沟壑，是地缘政治在经济、贸易领域的具体体现。制度壁垒表现在多个方面，集中体现在《瓦森纳协定》等方面，西方发达国家对社会主义国家采取包括政治、外交、文化、经济、贸易乃至军事手段在内的综合方式进行遏制。还有专家将制度性壁垒定义为潜在进入者进入某一特定产业时所面临的制度约束，包括法律法规的约束和社会习俗的约束，这种制度约束显著降低了产业效率[3]。

改革开放以来，中国始终坚持中国特色社会主义市场经济体制。然而中国加入WTO近二十年，市场经济地位问题一直受到西方发达国家的拒绝和歧视。美国根据《1979年贸易协定法》和《1989年综合贸易与竞争法》，把中国作为非市场经济国家对待，日本、欧盟、美国等西方国家以各种理由违背世界贸易组织的协定，拒绝承认中国的市场经济地位[4]，是对国际法规的公然践踏。

据中国商务部统计，全球已经有80多个经济体承认中国的市场经济地位，包括俄罗斯、巴西、瑞士、澳大利亚和新西兰等国，以及英国、荷兰等欧洲国家也都支持中国获得市场经济地位。所以，拆掉制度壁垒的首要措施是维护中国的市场经济地位。

中国市场经济已经持续发展40年，但多年来，以美国为首的西方国家一直丑化中国的政治制度和经济体制。《经济学人》在党的十九大之后，改变了对中国的看法，不再一概否定中国经济体制，而是认为中国的经济体制至少是适合中国国情的。只要中国经济再持续发展10—15年，西方国家就不得不承认中国经济体制的优越性或特点。特朗普政府认为中国挑战美国发展理念，更是从反面证明美国现政府已经承认中国经济体制的优势，并担心“无形之手与有形之手高效协调”的机制会成为未来国际社会流行的经济体制之一。

中国在抵御“第二经济大国陷阱”的过程中，必须拆除制度壁垒，不断消除地缘政治的影响。

第一，把经济与社会发展搞上去，倒逼西方认同中国制度。《中华人民共和国宪法》规定中国是社会主义国家，党的十九大报告明确指出坚持社会主义市场经济地位，充分发挥市场在资源配置中的决定性作用，加强政府领导。中国在消灭贫困方面取得了举世瞩目的巨大成就，40年来，几亿人口脱贫，特别是2020年实现“全面消除绝对贫困”“脱贫路上一个都不能少”的精准扶贫的目标，得到了世界许多国家政府与专家的高度赞赏。然而，还有许多方面需要进一步深化改革和不断完善，需要进一步形成符合经济发展内在规律、符合中国国情的经济体制。

第二，突破核心技术，摆脱核心技术受制于人的局面。“中兴危机”打痛了中国，更打醒了中国，核心技术完全依赖国际市场，会成为别国的“技术殖民地”。随着信息经济时代的快速发展，全球经济一体化的形成，发达国家对落后国家的控制方式，已由旧的殖民统治，转变为借助经济的绝对主导地位来进行控制、奴役和剥削，正在转向技术控制。面对这样的残酷现实，科技和经济落后的国家，必须想尽一切办法避免经济上被殖民[5]。

（二）拆除规则壁垒，维护国际秩序

规则壁垒是指在国际活动中，规则制定者或主导者在国际规则的制定、修订过程中为保护本国利益而设定的规则性围堵或沟壑。例如，目前的国际贸易逆差、顺差计算都是以商品贸易为主，而没有将服务贸易数额统计进去，而服务业在发达国家经济结构中一般都占 70% 以上。因此，只统计商品贸易，就会对以商品出口为主的发展中国家不公平，反而有利于服务贸易顺差的发达国家。又如，在商品贸易统计中只计算总额，不计算贸易产品的增加值，对中国等以代工为主的商品出口国更不公平，中国出口的计算机、手机等高科技产品中有 40%—60% 的产值是进口别国的产品进行组装、加工，中国出口商品的增加值实际上只有出口总额的一半左右。由此可见，所谓的中美贸易不公平，源头是规则的不科学、不公平，准确地说是贸易额统计方法、指标的不科学、不公平。

目前国际上主要贸易组织的规则制定者均是以美国为首的西方发达国家，例如世界贸易组织（WTO）、21 世纪贸易协定（TPP，前身为跨太平洋伙伴关系协定）等组织。这些国际经济组织在规则制定上更有利于发达国家，不能充分体现发展中国家的利益，在自由贸易和市场开放的背后仍然存在严重的不平等和不平衡。所以，需要拆除规则壁垒，维护国际秩序的公正、公平。

第一，坚定维护全球化与国际贸易秩序，防止贸易规则被随意否定。国际贸易始终是扩大商品与服务市场，促进经济发展，最大限度地发挥新技术、新产品、新业态的作用，减少贫困和实现可持续发展的重要工具，中国始终维护在各种国际贸易组织框架下建立的规则，也始终秉持开放、透明、

非歧视、包容、公平的对外贸易原则。中国一直是多边贸易规则和体制的维护者，自 2001 年加入 WTO 以来，也全面履行了加入 WTO 的承诺。

第二，不断完善国际规则，营造公开、公正、公平的国际环境。国际经济组织的许多规则制定均偏向于发达国家，需要不断完善和补充贸易规则，修改或废止那些不合理或歧视的内容，创造有利于多数国家、有利于人民受益、有利于全球化的规则。以 TPP 的规则制定为例，美国加入 TPP 组织谈判时，提出了一系列对自己有利的提案，特别强调对本国优势领域的保护和发展，例如数字经济、知识产权等，赤裸裸地为美国的强势产业和企业进军亚太市场服务[6]。其中，劳工条款、服务和货物贸易条款明显偏向于美国，而且美国还提出监管一致性问题，建议缔约国应建立一个跨国的监管一致性委员会，可见美国主导的贸易规则已经不仅涉及经贸领域，同时逐渐触及他国的政治体制管理领域。

第三，协商制定新的规则与制度。自 2001 年加入 WTO 以来，中国实现了对外开放领域的快速扩大，在世界经济中的地位迅速上升，中国已经融入经济全球化的浪潮之中。但实践证明，中国目前仍处于全球产业链的中低端。在国际贸易中，仍存在一些发达国家不承认中国的市场经济地位、为中国的正常对外贸易设置障碍等问题，反倾销、反补贴的案件也时有发生。为适应国际经济组织的规则，中国创造和积累了许多宝贵经验。为更好地应对“第二经济大国陷阱”，中国亟须从适应和接受规则逐步走向参与和制定规则，为中国的开放型经济创建更好的外部经贸环境[7]。

（三）拆除贸易壁垒，营造公平环境

贸易壁垒就是在国际贸易中设定的保护本国、本地区贸易优势，限制竞争对手与贸易伙伴的贸易类围堵或沟壑，分为传统贸易壁垒与新贸易壁垒。

传统贸易壁垒指的是关税壁垒和传统的非关税壁垒，如高关税、配额、

许可证、反倾销和反补贴等。传统贸易壁垒正在逐渐地走向分化，其中关税、配额和许可证等壁垒在逐渐弱化，而反倾销等传统贸易壁垒则在相当长时间内存在并有升级强化的趋势。

相对于传统贸易壁垒，新贸易壁垒具有双重性、隐蔽性、复杂性和争议性等四大特点。新贸易壁垒是以技术壁垒为核心的包括绿色壁垒和社会壁垒在内的所有阻碍国际商品自由流动的新型非关税壁垒。以技术壁垒为核心的新贸易壁垒将长期存在并不断发展，将逐渐取代传统贸易壁垒成为国际贸易壁垒中的主体。

中国对外贸易量逐年增加，一些国家开始利用贸易保护、知识产权等多种理由，限制中国产品与服务输入。通过对美国“337 调查”“232 调查”“301 调查”的研究可以发现（表 21–1），贸易壁垒已经严重制约了中国对外贸易的发展，拆除贸易壁垒、营造公平环境迫在眉睫，在抵御“第二经济大国陷阱”的过程中，中国需要拆除贸易壁垒、营造公平环境。

表 21–1　美国贸易调查法案

调查名称	依据条例	调查方向
337 调查	《美国 1930 年关税法》第 1337 节	进口产品侵犯了美国的专利权、著作权、商标权等专有权。
232 调查	《1962 年贸易拓展法》第 232 条	进口产品是否威胁美国国家安全（美国国内相关产业的生产满足美国国防发展的需求；美国国内相关产业满足美国国防发展需求的能力；外国竞争对美国国内产业的影响，以及任何国内产品因过度进口该产品而导致的影响程度）。
301 调查	《1974 年贸易改革法》第 301 节	美国贸易代表办公室（USTR）及总统应申诉或自行决定就外国政府不合理或不公正的贸易做法进行调查，并采取制裁措施。

第一，维护国际贸易秩序。国际贸易秩序是各国、各经济体进行对外贸易时所遵循的规则，贸易秩序的稳定是各国、各地区能够长期进行贸易和合

作的基础。近年来，得益于加入以 WTO 为基本框架的多边贸易组织，中国经济迅猛发展。所以，中国首先应维护这一多边贸易秩序。

第二，反对用国内法律处理国际事务。在对外贸易过程中，发达国家为了阻止或抵制其他国家产品，常常依据国内法律处理国际事务。例如，2018 年 3 月以来，美国发起的贸易摩擦就是依据所谓“301 调查”报告的结果，增加对进口中国产品的关税。美国对中兴公司的出口管制，也是典型的用国内法对国外企业实施制裁。

第三，尊重各国利益。在对外贸易过程中，无论是发达国家还是发展中国家，各国国情千差万别，各国发展也各有侧重，要在贸易中实现双赢或多赢，才能保持长久的合作。因此，在贸易合作中应充分寻求共同利益，调动各方积极性和主动性，只有这样，各方才能共同获益、协同发展。

第四，严格遵守合作伙伴国相关法规。中国政府始终要求企业在开拓海外市场过程中必须依法、合规经营。对企业而言，要准确理解、坚决执行合作伙伴国和国际经济组织的法律及规则，做到合法合规，在遇到贸易摩擦时，应及时反馈给有关部门，并积极参加应诉，维护自身正当合法权益。对政府而言，应积极消除对外贸易中不正当的法律法规对正常贸易、国际合作的影响，为本国企业在对外贸易、投资过程中营造良好公平的环境。

（四）拆除金融壁垒，防止货币战争

金融壁垒就是通过金融手段设立的保护本国、本地区利益，限制竞争对手和合作伙伴的金融类围堵或沟壑，是货币战的围堵或沟壑。近二十年来，世界经济的大波动基本都是由 1998 年亚洲金融危机、2008 年全球金融危机造成的。随着人类文明的不断进步、全球化的逐步深化，军事摩擦冲突会逐步减少，金融壁垒与货币战争对未来经济贸易的影响力将越来越大。

20 世纪 90 年代，国际上对金融壁垒作出了明确规定，是指受到非自然

因素的影响，各国或地区政府及有关部门为了抵御国际贸易在本土发展而制定或采取的一系列直接或间接的金融贸易政策和措施[8]。金融壁垒多为无形壁垒，以非关税的形式为主，金融壁垒的设置主要是为了满足国家某种经济和金融政策，设置对象是金融服务的提供者。

二战以后，在美国主导下形成布雷顿森林体系，美元和黄金挂钩，其他货币和美元挂钩，将美元置于世界核心地位。美国凭借美元在全球经济中的特有地位，通过调节美元汇率，从而影响世界经济。布雷顿森林体系瓦解之后，美元与黄金脱钩，美国政府仍不惜任何代价维护美元的国际货币计价地位，从而控制美元的世界货币地位，但也同时给其他国家，尤其是发展中国家造成了金融壁垒。中国在抵御“第二经济大国陷阱”的过程中，需要拆除金融壁垒、防止货币战争。

第一，完善金融监管体系，确保金融安全。中国已成为世界最大的债权国和外汇储备国，应保持金融体系稳定，准确把握海外投资方向和重点，同时开拓国内市场，刺激国内需求。要采取一系列政策措施，特别是要汲取日本成为世界第二大经济体后发展过程中的经验和教训，优化外汇储备结构，保持人民币汇率基本稳定，进而保证经济的稳定持续发展。

第二，金融体制“半接轨”，防止“货币战”。中国长期以来重实业、轻金融，但随着经济规模的不断扩大，对外开放程度的不断提高，特别是放开金融业对外资限制之后，受到国际资本流动冲击的可能性增加。历来都是发达国家控制世界金融战略的制高点，国际银行家早在20世纪70年代就发动了一系列巩固美元、肢解发展中国家经济和打垮竞争对手的货币战争[9]。时至今日，中国仍应时刻防止“货币战”，在金融体制方面实施“半接轨”，防止出现系统性金融风险与危机。中国金融业起步晚、发展快，金融专业人才，特别是顶尖金融人才缺乏，金融监管体系与法律法规还不健全，必须加强金融法规体系、监管体系，保障金融安全。

第三，引导金融投向实业，防止金融“空转”。目前国内金融资源供需之间仍有较大错配裂口，导致货币资金在金融体系“空转”，在不同金融机构之间相互拆解、交叉代持，始终没能进入实体经济。所以，引导金融投向实体，防止金融“空转”，能够有效拆除金融壁垒。

（五）拆除技术壁垒，保护知识产权

技术壁垒或技术性壁垒就是通过制定技术标准限制、阻碍竞争对手的技术性手段或屏障，技术壁垒在国际贸易中具有隐蔽性强、易设置、难突破等特点。

技术壁垒是一些国家政府或非政府机构为了维护产品质量、保护环境或国家安全等方面的利益，采取的限制产品进口的技术性措施。例如，日本为了限制其他国家大米市场对本国大米市场的冲击，针对大米提出 150 余种技术指标，这是典型的技术壁垒。据中国国家质检总局统计，2011 年至 2015 年，中国年均 40% 的出口企业遭受过技术性贸易壁垒协定（TBT 协定）的影响，造成中国出口直接损失年均超 700 亿美元；另有数据显示，2017 年中国出口企业由于技术性贸易措施损失逾 740 亿美元。可见，技术壁垒对中国对外贸易产生十分严重的影响。

第一，协商谈判，取消不合理的技术壁垒。谈判协商是解决贸易分歧最健康的方式。如果贸易双方能够秉承互相尊重、互利共赢的合作意图，谈判协商将可以解决不合理的技术壁垒。而对于不适合谈判协商的合作对象，只能采取技术反制措施。

第二，提高创新能力，突破技术壁垒。产品技术水平的优劣是企业能否立足于国际市场的关键，国际市场客户间竞争的本质是技术水平的高低。企业在提高自身素质和保证质量的前提下，应努力提高技术水平，突破技术壁垒。与此同时，提高技术水平也有利于产品质量的提高，能够抵御低质量产

品进入中国市场。

第三，参与或主持标准制定，力争技术标准公正、公平。参与或主导国际技术标准的制定是拆除技术壁垒的最有效途径。建立技术壁垒预警机制，组织相关专家对外贸技术壁垒体系进行深入研究；建立专门信息咨询机构，搜集整理国外最新的技术壁垒动态，构建技术壁垒数据库，并实时通报最新信息；利用 WTO 规则维护企业合法权益，可借助 WTO 规则赋予的权利和争端解决机制维护自身的合法权益。

（六）拆除消费壁垒，打破商业垄断

消费壁垒就是通过政府采购、消费标准、消费政策、消费文化、消费习惯等方式而制定的消费性围堵或沟壑。主要表现为单边制定消费、购买的条件和标准，造成垄断经营，排斥他国产品或服务。

美国和其他西方国家对中国中医药的限制，既是技术壁垒，更是消费壁垒，不少国家只允许中草药以食品形式消费，不允许进入价值较高的医疗领域，这是通过西方人消费化学药品的习惯、文化，排斥对中医药的消费。排除消费壁垒的方式办法有很多。

第一，建立公开、公平、公正的政府采购协议。例如，2012 年，WTO《政府采购协议》（GPA）纳入了采购活动受政府控制或影响部分，也就是说，无论采购实体是何种形式，只要该实体的采购活动受政府控制或者受到政府影响的都应当纳入《政府采购协议》范畴[10]。在贸易过程中，许多国家政府采购条款明令禁止采购他国商品或服务，如美国、英国以国家安全为由，限制中国华为公司、中兴公司等企业的产品和服务进入本国市场。又如中国人允许西药在中国消费，而西方国家限制中医药在西方国家的消费与服务，本身就不公平。

第二，加强普及与宣传，改变消费习惯。自全球金融危机爆发之后，中国政府实施了多项补贴政策，刺激和扩大本国的消费能力，以促进经济稳步发展。特别是消费补贴政策取得了积极效果，例如，由于技术创新、消费补贴、宣传环保等多重作用，中国电动汽车在短短的几年时间内，产量、销量均达到世界第一位。

（七）拆除市场壁垒，防止逆全球化

市场壁垒是指一个国家或地区为保护自身市场而设置的阻碍其他国家或地区产品或服务市场进入本国或本地区的围堵或沟壑。市场壁垒是经济发展的天敌，极大地限制了一个产品或一项服务的市场空间，造成产品或服务潜能的巨大浪费。

理论上讲，在全球化背景下，任何一个产品或服务的市场空间都应该是国际市场的空间。而实际上，只有少数垄断产品，如电脑操作系统，充分利用了市场空间，而绝大多数产品没有充分利用市场空间，潜能远远没有被挖掘出来。造成这一问题的原因是多方面的，有同类产品竞争的因素等，而市场壁垒是最重要的原因之一。

市场壁垒会使国内统一开放的市场遭受分割，导致生产要素、商品、服务等的自由流动被人为地阻隔，会对结构优化、规模经济和科技进步效益等方面起到反作用，对经济增长、人民生活、生态改善都会起到消极影响。

市场上所发生的经济关系，不外乎是消费者、生产者和中间商的各种组合关系，以及各方之间发生的经济关系及其转换[11]。随着中国经济体量的逐渐扩大，经济结构由粗放型转向集约型，国际贸易中必然会面临诸多市场壁垒，迫切需要探索切实可行的拆除市场壁垒的政策与措施。

第一，树立对等意识。对于一个国家来说，在国际贸易中，难免会为维护自身利益而设置市场壁垒。拆除市场壁垒就是要坚持平等、互利、双赢的原则，互通有无、产品互补、优势互补、服务共享，杜绝“用行政手段搞市

场割据”的做法，抛弃封闭、狭隘、自给自足的观念，树立大局意识。

第二，扩大市场空间。市场空间本身就是资源，要充分考虑广大发展中国家的利益，鼓励发展中国家用市场换技术、换产品、换服务。市场壁垒导致产品、服务不能最大限度地满足消费者需求，造成巨大的资源浪费，必须通过市场全球化、消费网络化、贸易自由化、市场门槛低矮化，充分扩大市场空间。

（八）拆除投资壁垒，维护公平环境

投资壁垒是指通过限制投资清单等措施，限制、阻碍其他国家或地区投资活动的围堵或沟壑。许多国家和地区都出台过限制投资清单，通过多种方式设置投资壁垒。投资壁垒是保护本国、本地区未来市场的战略措施，但同时也限制了本国、本地区的经济社会发展。

中国商务部发布的数据显示，2017 年中国共对全球 174 个国家和地区的 6236 家境外企业新增非金融类直接投资，累计实现投资 1200.8 亿美元；共对“一带一路”沿线的 59 个国家新增投资，合计为 143.6 亿美元，占同期总额的 12%，比上年同期增加 3.5 个百分点。

然而，中国企业面临的投资环境却不容乐观。全球贸易保护主义抬头，越来越多的国家为保护本国产业利益，对外国企业进行封锁，出台了各类限制和保护措施[12]。与此同时，中国企业在“走出去”的过程中，因遭遇东道国投资壁垒而屡屡受挫，特别是涉及高科技和能源的并购案，并购死亡率高达 90%[13]。例如美国不但明令禁止中国企业投资美国高科技企业与产品，而且限制中国企业投资、收购欧盟等同盟国的企业。又如 2012 年中铝以 10 亿美元收购蒙古国南戈壁资源有限公司不超过 60% 的股权，因蒙古国矿业资源局的反对而告终，其理由是南戈壁公司拟进行的所有权变动属于蒙古国政府的国家安全行为[14]。

又如，加拿大政府设置了隐形投资经营壁垒，《加拿大投资法》《外国投资审查法》中规定在金融、能源、交通及文化通信四大重点敏感领域，严格限制外资进入或外资比例，并为此设立了专门的外国投资审查局[15]；澳大利亚在20世纪80年代就成立了投资审查委员会，对外资进行安全审查，主要涉及矿产、金融、媒体等敏感领域，任何购买澳大利亚企业股份比例超过15%，以及收购资产在5000万澳元以上的外资收购交易都必须申报。巴西是世界上实施投资壁垒和贸易壁垒最多的国家之一，自巴西1995年设置贸易保护局以来，约受理了104起反倾销、反补贴和要求采取贸易投资保障措施的案件[16]。

应对投资壁垒，企业首先应结合自身特点，合理选择海外投资目的地。不同国家由于文化、历史、政治、法律、经济等方面存在巨大差异，对于具有明显竞争优势、丰富海外经营经验的企业来说，可以更多地选择在发达国家投资经营，反之可以更多地选择发展中国家。一般东道国会对利润较高的行业设置高门槛，企业对外投资时可以优先选择利润水平较低的行业，分批进入，在取得一定信誉和认可后，再转向利润较高的行业；此外，企业还应当严格遵守当地的法律法规，减少对投资国或地区环境和社会的不良影响，树立良好的企业形象。

（九）拆除环保壁垒，保护生态环境

环保壁垒（又叫绿色壁垒）是指一国在国际贸易活动中，以改善生态环境、保护资源为由设立的生态围堵或沟壑。如一些国家以汽车排放量标准，限制技术水平低的产品进入本国市场；一些发达国家一方面通过环境壁垒限制其他国家的产品或服务进入本国市场，另一方面，却把大量垃圾出口到广大发展中国家，破坏他国环境、消耗他国资源。

拆除环境壁垒就是严格保护资源、防止环境污染，绝对不走“先污染后

治理”的老路。当前，全球气候变暖、臭氧层破坏、淡水资源和森林资源危机、土地荒漠化、物种灭绝、冰川融化、能源短缺等环境问题不仅破坏生态环境，而且已经开始威胁人类生存，环境问题、生态问题已成为许多国家关注的热点问题。

事实上，国际上在环保问题上已经达成不少共识，制定了许多相关文件，如《控制危险废物越境转移及其处置巴塞尔公约》《濒危野生动植物物种国际贸易公约》《生物多样性公约》《生物安全议定书》《卡特赫纳生物安全议定书》《联合国气候变化框架公约》等，一定程度上为环保壁垒提供了法律依据。

一些国家或地区也利用生态环境优越的优势制定环保壁垒，限制他国产品与服务进入本国或本地区。自 20 世纪 90 年代开始，环保壁垒在国际贸易中日渐盛行，出现了环境许可证、技术标准、贸易制裁、绿色检验检疫等诸多考核形式，例如 2004 年，欧盟正式禁止数十种的中国农药产品在欧盟销售[17]。中国如果无法攻克环保壁垒，那么很多产品会在出口时被清除，很多企业在海外市场就会被淘汰出局。例如从 1996 年开始，中国出口欧洲的服装就被指服装残留污染，不符合环保要求，导致服装出口量下降。

在应对方面，首先要充分认识、重视环保壁垒，加强环保相关认证工作，从善待和保护环境的角度进行产品结构的改善和技术水平的提高；将推进环保产业发展纳入对外贸易战略中，积极推广绿色增长方式。拆除环保壁垒不仅能够提高中国在对外贸易中的竞争力，而且对于促进中国经济持续发展也具有重大意义。

（十）拆除安全壁垒，揭穿不当借口

安全壁垒是以国家安全为由限制、阻碍与其他国家或地区正常经济合作、贸易、投资的围堵或沟壑。由于不同国家、不同时期有不同的安全标

准，而且国家安全的解释权、裁量权都掌握在各国手中，因此安全壁垒是十大壁垒中最难拆除的。

许多发达国家担心中国企业通过对外国投资，或在贸易过程中获取先进敏感技术或信息，对本国经济发展造成不利影响，因此，以保证国家安全等为由，对中国实施了一系列严格苛刻的法规标准、错综复杂的评定程序和认证制度等安全壁垒[18]。

安全壁垒表面上具有合理合法性和灵活针对性，近年来逐渐成为很多国家，特别是西方发达国家对中国使用频率较高和限制力度较大的壁垒之一。例如2011年美国政府以“国家信息安全”为由，迫使中国华为放弃对美国3Leaf公司的收购，同年澳大利亚政府以担心来自中国的网络攻击为由，禁止华为投标该国的宽带网项目。2012年美国政府认为华为和中兴有可能对美国国家通信安全造成威胁，建议禁止华为和中兴在美国的收购行为等。2018年美国、英国先后限制华为、中兴在美国的正常业务活动。

美国是世界上军事实力和科技创新能力最强的国家，却经常以国家安全为由限制其他国家或地区在美国销售产品、提供服务，限制其他国家与美国高科技企业合作，甚至限制中美科技人员的正常合作。所以应拆除安全壁垒，揭穿不当借口。

第一，通过商务谈判，消除安全壁垒。废除不当的安全借口是拆除安全壁垒的有效途径之一，也是当前中国对外贸易可持续发展的重要任务。换句话说，如果安全壁垒得不到有效防范和拆除，未来中国在对外贸易过程中将会受到越来越严重的制约。对于企业而言，应提升国际政治攻关力度和技巧，培养商业外交能力；注重提升自身的政治敏感度和商务沟通能力，善于与国外相关机构进行协商与谈判；在提高自身透明度和诚信的同时，要具有超前的判断和预测能力。

第二，坚持“对等安全原则”是拆除安全壁垒的被迫选择，即用同样的措施反制竞争对手的壁垒。例如，美国以安全为由限制华为公司手机与服务进入美国市场，中国则应该采取对等原则，以安全为由限制美国苹果手机及其他产品在中国销售与使用，迫使美国拆除不公正的安全壁垒。

第三，建立严格的国家安全屏障，切实保障国家安全。长期以来，美国一直对中国经济体制、政治制度、文化理念等存有偏见，担心中国的逐渐崛起会影响其世界霸主的地位，因此竭力遏制中国发展，以国际安全为由，设置了许多壁垒。其他国家也效仿美国，对中国设置国家安全壁垒，限制中国继续扩大全球市场份额，打着“国家安全”的幌子，行贸易和投资保护主义之实。

第 2 节　打赢十场非常规战争

我国与美国政治制度不接轨、外交相向不并轨、经济半接轨、金融半接轨、科技正在接轨、文化中升美降，两国都是核大国，美国除了在高科技、金融、顶尖人才等方面能“卡脖子”外，其余方面将逐渐失去遏制能力。只要我们防御金融风险，争取 15 年左右的“创新窗口期”，倒逼科技创新、体制创新、文化创新，突破核心技术短缺的瓶颈，贸易战会使美国近期经济得益、信誉失利，远期美国必将失去遏制我国的最后“杀手锏”，中国崛起将成为历史必然。

美国总统特朗普明确提出“采取一切手段”遏制中国崛起，“一切手段”包括什么？亟待认真及早研究应对策略。我们研究认为，“修昔底德陷阱”不适合核大国的国情，但丛林法则仍然存在，“难讲道理、只凭实力”，美国可能通过核战以外的 10 多个途径（“非常规战”）遏制我国崛起，我国绝不放弃发展的权利与机遇，必然要打赢 10 场非常规战争。

（一）打赢体制战，完善社会主义市场经济体制

坚持改革开放不动摇，总结 40 年经济发展经验与规律，不断完善社会主义市场经济体制，探索“无形”与“有形”之手高效协调的体制机制，创新市场与政府相结合的经济发展理论体系，并争取西方国家政府承认我国市场经济地位与经济模式、经济理论。

（二）打赢贸易战，确保贸易不锐减、经济不滑坡

一要坚持推进全球化，争取国际社会广泛支持，坚决维护国际贸易秩序；二要坚持深化改革，确保经济不滑坡。分领域、分行业研究贸易摩擦的影响，将不同行业分为“颠覆性冲击，滑坡式影响，倒逼创新、先滑后升，影响不大”等几类，逐一提出对策与措施；三是坚持对外开放，力争贸易不锐减。研究增加美国以外其他国家贸易的途径，使“一带一路”迈上新台阶；四是研判贸易战对汇率、股市、房市、投资、物价，以及对科技创新、人才引进、外资引进、国际合作的影响，制定应对方案，确保汇率、股市、物价、房价不出现大波动；五是研究并提出世界贸易规则不合理之处，向世贸组织提出修改建议。如“只统计商品贸易、不统计服务贸易”，美国服务业占 GDP 的 80%，贸易中不统计服务业对美国有利，对中国不公平；再如“只计算最终产品、不计算中间产品”，苹果手机在中国生产，产品增值中国只占 1.5%，但商品出口额的 100% 计入中国账户，十分不合理；又如“只统计产品出口，不统计商业存在”，美国在华企业在华直接销售达 3000 多亿美元，中国在美企业在美国直接销售几乎为零，这些商业存在不统计，贸易顺差明显被夸大。综合考虑商品贸易、服务贸易、商业存在等因素，中国对美国的贸易顺差不是美国商务部公布的 3752 亿美元，也不是中国商务部公布的 2758 亿美元，而只有 300 亿美元左右。

（三）打赢科技战，设立“国家核心技术专项”

“中兴事件”让国人意识到，核心技术不能依赖别人，一定要掌握在自己手中。一是设立“国家核心技术专项”，分行业、分学科研判美国技术封锁、顶尖人才封锁对我国高新技术产业、制造业、农业，以及科技创新、人才引进、留学生培养、国际创新合作等的影响，尽快列出影响超过“千亿元”的“卡脖子”技术清单，调动全球创新资源，限期攻克；二是实施“新产品战略”，调整科技导向、重构奖励与考核指标体系，应用研究一律只考核新产品、新服务，不再考核论文与专利，全国400万全时研究人员中，留100万人做基础研究，其余300万人才进入经济主战场、开发新产品，10年之后，我国就可能成为新产品创新大国，就能打赢科技战。

（四）打赢人才战，争夺顶尖人才，引领新科技革命

世界经济中心、军事中心、文化中心总是随着科技中心的转移而转移，而科技中心则随着人才中心而转移。第一经济大国必然要引领一次科技革命，必然要率先成为世界人才中心。经过连续18年的跟踪研究，我们认为生物技术将引领信息技术革命之后的新科技革命，美国虽然在生物技术方面处于绝对领先地位，但许多核心技术都掌握在美籍华人科学家手中，我们已经梳理了顶尖人才清单，华人顶尖生物技术人才能否回国，实际上已成为中美两国谁将引领新科技革命的“分水岭”，建议像当年引进钱学森等“两弹一星”科学家一样，引进事关未来科技格局、经济格局的顶尖人才，打赢人才战是打赢科技战、经济战的前提。

（五）打赢网络战，保障网络安全

制定中国网络标准，加速开发自主知识产权的网络软、硬件产品，形成独立的网络体系，防止、降低有关国家突然关闭网络根服务器，导致网络中

断、瘫痪对经济、社会发展的影响。

（六）打赢金融战，防止金融危机在中国重演

金融领域是当前最容易被竞争对手攻克的薄弱环节之一，要坚持“金融半接轨”，金融要放开，但要确保放得活、管得住、走得稳。社会高度稳定、产业体系齐全、消费市场巨大，只要金融上不出现系统性问题，我国经济发展只是快慢的问题，不会出现大起大落。截至 2017 年 12 月末，中国广义货币 (M2) 余额 167.68 万亿元，比美国与日本之和还多 20 万亿元，外汇储备 3.14 万亿美元，只要管理得当，我国完全有能力建成世界一流的金融体系。建立并加速完善符合中国国情的金融体系，充分运用互联网、大数据、云计算、区块链、人工智能等技术建立稳固强大、坚不可摧的现代金融体系。

（七）打赢粮食战，把饭碗牢牢端在自己手中

我国口粮自给率达 98%，但 2017 年进口粮食相当于 8.9 亿亩耕地的产量，粮食隐性自给率只有 65%，不容忽视。当年美国通过减少对苏联的玉米出口，迫使苏联饲料价格、肉类价格上升，进而抬高了物价，引发民众对政府的不满，为和平演变起到了推波助澜的作用。同样地，美国也有可能用“粮食战”来遏制我国，通过给农业补贴，减少对我大豆出口，从而影响我国人民众日常生活。美国于 2018 年 7 月 24 日宣布 120 亿美元的援助农业计划，向农民进行补贴，特朗普曾表示“将会尽一切手段，切实保障农业利益”，我国亟须及早采取应对措施。

第一，寻找新的大豆进口替代国，建设分散、长久的海外大豆生产基地。提高从巴西、阿根廷等南美洲国家以及俄罗斯等国进口大豆的比例，并长期租用海外土地自产大豆，采取承租、合作建设等多种方式再建一批海外粮食基地，减少对美国大豆的依赖。

第二，实施“乡村振兴战略”，对已经城市化的农民宅基地、弃耕地进行土地整理，力争增加5000亩可耕地面积，利用生态修复技术使已被严重污染、不宜耕种的5000万亩农田恢复农用，增加农作物播种面积，缓解粮食生产压力。

第三，推进第二次农业绿色革命，力争杂交大豆、转基因大豆技术的重大突破。培育亩产600公斤超级大豆、1200公斤超级稻、1700公斤玉米、800公斤小麦等高产优质的新品种，提高粮食产量，减少对大豆的进口依赖，保障我国13亿人民基本口粮需求。

第四，发展海洋渔业，增加动物蛋白来源，缓解大豆压力。进口大豆榨油后的豆饼可以提高饲料的蛋白含量，我国可以通过利用300万平方公里海洋资源，大力发展海洋渔业与动物产业。用鱼类减少肉产品的消费量，用海洋生物蛋白替代豆饼蛋白，减少粮食消费，减少对大豆的依赖。2015年我国海洋总捕捞量已达1310万吨，充分利用海洋渔业资源的潜力还有很大空间。

第五，扩大油菜种植面积，减少对豆油的依赖。进口大豆是食用油的重要来源，可通过提高油菜产量，用菜籽油替代大豆油。我国从长江流域一线到山海关、西部到青海都适宜种植油菜，每年可为我国提供470万吨的食用油和800万吨以上的优质蛋白饲料。与此同时，还可从欧洲国家进口高端食用油，减少对大豆油的依赖。

第六，充分利用南方草山草坡、北方草原等生产豆科牧草，增加植物蛋白产量，缓解对大豆的依赖。我国南方有10亿亩草山草坡，北方拥有60亿亩优质草原，发展草原科技、利用好草山、草坡、草原种植优质牧草，发展牲畜业，既能提高肉类产量，又能大幅减少对进口大豆的依赖。

（八）打赢石油战，防止石油封锁造成的危机

我国石油对外依存度超过65%，为保障能源安全乃至国家安全，一要

构建多元化的能源体系，减少对石油的过度依赖，大力发展新能源，防御石油战；二是充分发挥上海原油期货的作用，保障长期稳定的石油供给；三要力争智能电动汽车“换道超车”，电动汽车的核心技术是电池，华人科学家已走在国际电池研究的最前列，把国内电池生产规模与华人领先技术有机融合，我国电动汽车完全有可能像冰箱等家电一样，“打回欧洲老家去”，不仅能够减少石油依赖、净化空气，还将培育新的万亿元产业。

（九）打赢生物战，防御生物恐怖与生物战

生物武器具有针对性强、易传染、难监测、难防控，对人体杀伤力大、对建筑损伤小等特点，极有可能成为未来战争的主要武器。“9 · 11”之后，美国出台“生物盾牌计划”，投资58亿美元研发生物战剂，基因编辑、生物合成等新技术为生物战剂的研发带来新途径。美国在生物技术、生物安全实验室等研究设施、高致病性微生物资源等方面，远远领先于我国，建议设立“生物安全核心技术专项”，为防御生物战提供技术支撑与保障。

（十）打赢空间战，防止“头顶悬剑”

空间是继海洋、极地之外，又一个国际争夺的重要阵地。我国是世界上第三个能够独立建立空间站的国家，“天眼”有望使我国空间观测能力在20年内保持世界第一，但我国在空间探测、高空侦察、火星等星球探测、大推力运载火箭等方面，与美、俄还有很大差距。建议进一步加强空间技术的研发与应用，抢占更多的制空权，从而有效应对高空侦探、地震诱发、控管操纵气象等高科技战。

打赢上述十场非常战争，保障发展权利、抓住发展机遇，加上有关外交、文化、军事等领域的应对与防范策略，我国必然能够像加入WTO一样，趋利避害，化险为夷，最终填平第二经济大国陷阱。

第 22 章

美国其实可以变得更好

未来的美国是什么样？无非三种出路，一是主宰世界的霸权国家；二是引领世界发展的文明大国；三是因好斗而被孤立的衰落帝国。美国政府和人民一直在追求一个未来能继续领导或主导世界的美国。事实上，领导世界有两种形式：一是依靠霸权统治世界，使美国成为一个无人愿意打交道的霸权国家；二是依靠文明、技术去引领世界发展，与世界各国共同主张公平和正义，维持世界的和平与发展，成为一个文明富强、受世界人民尊重的强国。

第 1 节　诚信贵于生命

中国老百姓都知道两句名言："人活脸，树活皮""君子一言，驷马难追"，讲诚信是做人最基本的素质，讲信用是做事最起码的原则。可是，特朗普上台以来的美国政府"变脸比翻书还快"，一直在演中国的"川剧变脸"，世界第一大国的政策朝令夕改，给世界带来极度不安，让美国多年包装的文明形象荡然无存。

特朗普 2017 年 11 月访问中国，与中国政府签订了 2325 亿美元的人类历史上最大的一笔贸易清单，然而回国不到两个月就改变对中国的态度，不承认中国的市场经济地位。2018 年 3 月又签署所谓的“301 调查”报告，并毫无根据地说中美贸易逆差高达五千多亿美元。美国服务业占 GDP 比重达 82%，为何只统计商品贸易逆差，却不计算服务贸易顺差？

2018 年 5 月 19 日，特朗普会见中国国务院副总理刘鹤，并宣布停止中美贸易战。然而，仅仅 10 天之后，美国政府就变脸了，白宫再次宣布对中国出口的 500 亿美元商品加征 25% 的关税。6 月 15 日，美国政府宣布对中国 500 亿美元商品加征 25% 的关税，当中国政府坚决反对美国言而无信的行为，并提出对美国 500 亿美元商品也加征 25% 的关税之后，美国政府又提出将增加关税的中国商品规模追加 2000 亿美元，并扬言若中国再提出反制措施，将另外再追加 2000 亿美元，也就是说，美国可能对 4500 亿美元的中国产品增加关税。这种为了所谓的贸易平衡，为了钱不讲诚信的做法，让人费解，但也让人理解，也许这就是真正的美国？

为了省钱，美国退出了《巴黎气候协定》，不交联合国有关机构的会费，一个曾经高喊“人权高于主权”的国家，却退出了国际人权组织，退出了自己主导的 TPP 协议，美国是为了省钱而不讲诚信？

2018 年 6 月 12 日，美国总统特朗普与朝鲜领导人金正恩在新加坡实现历史性见面，并签订了联合公报，结束了美国现任总统与朝鲜领导人 70 年没有见面的历史。然而，举世瞩目的“特金会”仅仅过了 10 天，特朗普总统在 22 日签署行政命令，把 2008 年延续至今的“涉及朝鲜（威胁）的国家紧急状态”延长一年，保持对朝鲜的经济制裁。被世人称为如科幻电影般的风云突变，让世人难以置信，这从一个侧面反映了现代城市社会仍然被原始森林弱肉强食的“丛林法则”所主导，霸权必然丧失诚信，人类离文明还很远。

在现代文明社会里，许多国家讲诚信的公民都认同诚信比生命更重要，不少人为了信仰、为了诚信，甚至为了承诺，付出了宝贵的生命。

第2节　文明决定未来

美国是当今世界上经济实力、军事实力、科技实力、外交实力最强的国家。但美国并不满足于当前的霸权，还在不断地扩大其霸权、提升其经济实力，扩大与别国的差距，从这一点上讲，美国不会轻易接受中国崛起与超越，除非美国文明程度突然提高，除非中国迅速崛起，美国还来不及遏制，除非美国得罪多数国家，多数国家市场对美国高筑壁垒，未来市场和机遇留给欧盟及其他国家。

如果美国进一步提高文明程度，换一种政策取向，与世界各国和睦相处，美国就会是一个受世界人民尊重的文明强国。反之，如果美国继续推行霸权政策，美国则是一个不受欢迎、不受尊重的霸权国家，就会成为地球村上无人敢惹也无人想合作的霸权国家，其实美国人民是十分友好的，绝大多数美国官员也是善良的，客观地讲，美国许多总统还是很讲究文明的，为世界和平与发展作出了积极贡献，只有少数霸权分子把美国引向了歧途。

美国何去何从，已经不取决于美国的经济、军事、外交、科技和教育实力，因为美国经济、科技、军事实力已经足够强大，只要美国不干扰其他国家发展经济、改善人民生活，没有国家真正愿意与美国对抗。因此，未来美国会成为什么样的大国，完全取决于美国的文明程度，文明决定政策，政策决定未来。

如何学会并习惯与正在崛起的中国及新兴经济体和睦相处，已经成为美国政府的必修课，而这门必修课的核心内容，不是贸易技巧，不是经济实力，不是先进技术，也不是军事实力，而是文化，是美国倡导的“软实力”。美国的自由、民主、人权已经得到许多国家的认同，美国“世界警察”的地位、美国主导制定的国际规则也已经得到国际社会的认同，二战以后相对稳定的国际秩序正在逐步完善。然而，美国总是带头破坏这些规则与秩序，绕开联合国，不断发动军事战争，导致数十万平民无辜伤亡；不断发起贸易争端，导致数亿人的劳动成果付之东流。世界爱好和平的人民，难以把美国的崇高理念与美国的霸权行动统一起来，特朗普向世界许多国家发起贸易争端，更是把美国多年来织就的遮羞布撕了下来。加拿大总理表示，多年的友谊受到了侮辱。一向跟随美国的欧盟也发起贸易反击战，为了钱而失大义是当前美国政府自取其辱的行为，损害了美国优先、金钱优先的形象，暴露了美国优先、金钱优先的本质。

就中美贸易战或贸易摩擦而言，即使美国对中国出口美国的 500 亿美元的产品加征 25% 的关税，所增加的收入，对一个 GDP 超过 190000 亿美元的国家，完全可以忽略不计，仅仅为了政治，为了所谓的民调，为了中期选举，发动如此激烈的贸易战是否值得？事实必将证明这是一个得不偿失的愚蠢行动。美国发起对中国的贸易战，让世界人民看清了美国经济霸权的形象，与此同时，美国人民的股票一度损失了一万多亿美元，真可谓“搬起石头砸自己的脚”。

众所周知，霸权主义与现代文明是水火不容的，霸权主义根本不讲文明，如果讲文明就不会有霸权。让霸权主义讲文明更是天方夜谭，是幼稚可笑的，必然会导致误判，让善良的人们吃亏。但必须承认的是，讲诚信、讲文明是人类进步的根本标志和发展方向，是一个人成熟的标志，更是一个国家成功的标志。爱好和平的人们需要团结起来，用现代文明反对霸权主义，用文明逐步削弱、战胜霸权。尽管实现这一目标的路还很长，但这毕竟是爱好和平的人们的良好愿望。

第3节　美国其实可以变得更好

我多次踏上美国的土地，初到美国时，像许多中国人一样，对美国辽阔的国土、发达的经济、先进的科技、多元的文化、友善的百姓、优美的环境感到好奇、羡慕，用中国年轻人的话讲就是羡慕、嫉妒、恨！但是，随着年龄与知识的增长，我每次到美国总有一个想法堵在心头：其实美国可以变得更好，这得从十几年前一次中美学者的谈话说起。

2001 年，我在美国明尼苏达大学做访问学者期间，中国取得了 2008 年奥运会的举办权，该校主管国际事务的副校长金·安伦为了表示对中国的友好与祝贺，邀请我共进午餐。午餐期间，他突然问我，“你们的奥运会举办权拿到了，人权究竟怎么样？”作为中国政府机构的副司长，我对外国人问中国人权问题十分敏感，并没有正面回答他的问题。我反问了他一个问题，“如果从世界上所有政党中选择出一个过去二十多年（当时改革开放二十多年）对人类贡献最大的党，你选哪个党？”他对我的问题感到很茫然，一时回答不上来。我说：“我选中国共产党，因为她领导世界人口最多的国家，成为经济增长最快的国家，使全世界最多的人口受益，仅脱贫人口就超过了美国人口总数的两倍。”他又问我，如果你是美国总统的顾问，你会建议美国做什么？我说我从来没有想过这个问题，但是他说他想知道中国人对美国的政策建议，我们便讨论了起来。我说美国人并不比英国人、德国人、中国人聪明多少，但美国人每小时的劳动报酬却高于其他国家，这是为什么？要想长期持续下去靠什么？

我告诉他，美国完全可以变得更好，而且仅仅使用 6000 亿美元的军费，就足以把美国建设成为受人尊敬、文明强大的一流国家。一是拿出 1000 亿美元搞好外交。支援世界两百多个国家和地区的建设，每个国家或地区平均有 5 亿美元，一定能搞好外交关系，美国外交问题解决了；二是拿出 1000

亿美元搞经济。吸引各国优秀人才到美国学习、工作，高技术和高科技产品将源源不断地产生，新的经济增长点不断出现，美国的经济问题解决了；三是拿出1000亿美元搞政治。外交关系好不用签证，尖了人才多不用担心经济发展，拿出1000亿美元发给美国民众，鼓励他们去世界各地旅游，广大民众会更加拥护政府，政治问题解决了；四是拿出1000亿美元搞国防。管理好美国的军火库不要自己出问题就可以。因为美国军事强大，没有人敢打美国，又因为外交关系好，也没有人愿意打美国，只要自己的军火库不出问题，军事问题就解决了。这样只花掉4000亿美元，就已经基本解决了美国的政治、经济、外交、军事问题，剩余的2000亿美元可以用来应急。这样美国就是一个受世界人民尊敬的强大而文明的强国，而不是一个得罪了世界1/3的人口，让人感到是一个霸权、欠文明的国家。他很赞同我的想法，其实我也明白，让美国放弃霸权讲文明，其实是很幼稚的，是白日做梦、与虎谋皮，但的确是一切和平爱好者的良好愿望。

美国许多总统也曾经表达了“一个更好的美国”的理念，只是没有做、不想做而已，或者说是只有退休了才能明白如何当一个好总统，真是旁观者清，当局者迷。率先与中国合作的尼克松是一个很有国际情怀的美国总统，十分强调文明的作用，他在《1999：不战而胜》一书中写道，“自从有文明开始，对生活真谛的探索便一直不断”“我们的行动在很大程度上决定下个世纪究竟是人类最美好的世纪还是人类最后一个世纪”[1]。前总统托马斯·杰斐逊说，“我们的所作所为不仅是为了我们自己，而是为了全人类”。亚伯拉罕·林肯则想让美国成为“地球上最后的最美好的希望”。尼克松还说，“我们不是以武力而是依靠我国的理想所具有的威力登上世界舞台的，这样的大国在世界上仅此一个”“我们始终是一股正义的力量”，他还预测，“惊天动地的技术将在物质上改变世界”“和平的战略在政治上改变世界”“政界领导人应顶住贸易保护主义的冲动，因为高筑关税壁垒是虚弱和衰败国家逃世的办法”。尼克松还写道，美国的“物质水平已高度发达，如果不伴之以政治上的进步，可能会导致我们的彻底毁灭”，“动员打一场战争的全部力量来缔造更美好的和平”。

尼克松的言论似乎要唤起美国人的文明，特别是政府领导人的文明。由此看来，至少有一些美国总统还有文明的期望、文明的打算、文明的行动，为人类文明作出了一定的努力。但是现实是残酷的，美国真正的霸权主义始终没有停止过，也绝对不会放弃领导世界的霸权，黑人总统奥巴马一上任就获得了很有争议的诺贝尔和平奖，但是他确实没有像其他总统那样发动战争，商人出身的特朗普则一上任就增加军费，发动全面的贸易战争，使世界人民，包括美国的盟友认识了真正的美国。

美国政府担心中国经济总量超过美国，会使美国失去领导世界的地位，会挑战美国自由、民主的普世价值和自由市场经济的发展模式。其实美国的担心是多余的，经济总量不等于综合国力，中国人口众多，即使中国经济总量超过美国，而人均 GDP 只有美国的 1/4，相当于当前葡萄牙的人均收入。即使中国人均收入再翻两番，人均收入国际排名也只在第四十位左右，不会对美国世界经济的领导地位造成威胁。在科技教育方面，每年有一百多万名优秀留学生涌入美国，使美国保持着世界人才中心的地位，仅中国就有三十多万名留学生流向美国，中国人才倒流，教育实力超过美国是短期内难以实现的。在军事上，中国政府多次表示长期奉行和平崛起战略，更不会对万里以外的美国造成军事威胁。相反，美国几十年来不停地在中国的“家门口”侦察，轰炸中国驻南斯拉夫大使馆、南海撞机，不断对中国进行军事挑衅。在制度上，习近平总书记明确指出中国坚持走中国特色社会主义道路，制度既不输出，也不输入。总之，即使中国经济总量超过了美国，中国人均 GDP 、经济效率、科技实力、军事实力等与美国还有明显的差距，中国更无心挑战美国的发展理念。世界如此之大，不可能只有一种社会制度与经济体制，不同家庭有不同的生活，不同国家有不同的国情，己所不欲，勿施于人。

而冲击美国传统发展理念的恰恰是美国现政府，退出了不少国际协定，发起了一轮又一轮的贸易战，朝令夕改。破坏、颠覆美国自由、民主形象的是美国的地缘政治思维与霸权政策，是美国的种族歧视政策使美国黑人兄弟感受到白人的傲慢、偏见与歧视，是美国的炮火让伊拉克、利比亚、叙利亚人民的生命受到威胁。

一个村庄的富人可能有三种形象：一是坚持霸权，形成“恶霸”形象；二是与人为善、帮助穷人，树立善人形象；三是关上门自己过好日子，“各人自扫门前雪，休管他人瓦上霜”，形成老好人形象。与人为善必然会有好形象，村霸则必然没有好德行。美国要真正成为人类发展史上的高度文明国家，不是坚持霸权，而是应该放弃霸权，重塑美国文明形象。外交上，团结一切可以团结的力量，与拥有世界 20% 人口的中国建立新型大国关系，协同发展，同时包容拥有 20 亿人口的伊斯兰国家。否则，得罪世界 40% 的人口，美国的日子也不会太好过，很难成为一个真正强大、文明的国家；军事上，强而不霸，用世界最强大的军事力量维护世界和平，而不是四处制造混乱，乱中谋取小利；经济上，优势互补，用强大的经济实力扶持贫穷国家，而不是联合发达国家排斥发展中国家；科技上，引领世界发展、引领新科技革命，转让、推广已有技术，创造人类更加美好的未来，而不是封锁已有技术不让别国使用；文化上，相互包容、和平共处，升华美国文明、重塑美国文化，让世界人民都体会到美国是一个有文化、有教养的“老大哥”，而不是地球村的“恶霸”。

在当今世界，能够让美国失去形象、失去尊严的还是美国自己，能够打败美国的也是美国自己。作为唯一的超级大国，美国有很强的经济、科技与军事实力，对别的国家讲一点文明，讲一点民主，换一种“活法”，与人为善，美国其实会变得更好，更受人尊敬。未来世界，国家之间的关系，其实就像村庄里的家庭关系，不是比谁家更有钱，而是看谁家更有德。有钱的人家并不见得会受到爱戴与尊重，而有德的人家一定会受到尊重与拥戴。得道多助，失道寡助，中国几乎每个人都知道这个道理。

什么是真理？在同一条道路上才有同样的真理，不在同一条道路上，就没有相同的真理标准。我说的“德”，对霸权主义者来讲，就是无知的笑话。科技能够战胜贫穷，而文明战胜霸权只是善良人们的美好愿望，文明的路还很长，人类不知还要走多久？

向世界上为追求正义与文明作出努力与奉献出生命的人们致敬，你们代表着人类的未来，代表着文明的新高度。我们期待着未来的文明社会不再出现“第二经济大国陷阱”，也不再出现其他任何陷阱。我们期待着更加繁荣、富强、文明、美丽的中国，我们同样期待着更加繁荣、富强、文明、美丽的美国，我们更加期待着和谐、繁荣、富强、文明、美丽的世界。

参考文献

第 1 章　世界第一经济大国 2000 多年只更迭过 3 次

1. 肖德甫，大国之道［M］，北京：中央编译出版社，2016。

2. 唐晋，大国崛起［M］，北京：人民出版社，2006。

3.［英］保罗·肯尼迪，大国的兴衰［M］，王保存等译，北京：中信出版社，2013。

4.［英］安格斯·麦迪森，世界经济千年统计［M］，伍晓鹰等译，北京：北京大学出版社，2009。

5. 刘诗中，江西仙人洞和吊桶环发掘获重要进展［N］，中国文物报，1996-12-28。

6. 朱丽兰等，科教兴国：中国迈向 21 世纪的重大战略决策［M］，北京：中共中央党校出版社，1995。

7.［美］龙多·卡梅伦，世界经济简史［M］，潘宁等译，上海：上海译文出版社，1990。

8. 钱穆讲授，中国经济史［M］，北京：北京联合出版公司，2014。

9. 唐晋，大国崛起［M］，北京：人民出版社，2006。

10. OECD,The World Economy:A Tale of Four Economies［DB/OL］，http://www.theworldeconomy.org/ .

11. 吴晓波，历代经济变革得失［M］，杭州：浙江大学出版社，2013。

12. 同 11。

13. 杨师群，中国历史的教训［M］，杭州：浙江大学出版社，2012。

14. 郑天挺，清史简述［M］，北京：北京出版社，2015。

15. 王先明，民国"黄金十年"真面目：工业未现代化，农村总崩溃［EB/OL］，凤凰网，2016-08-10。

16.［英］安格斯·麦迪森，世界经济千年史［M］，伍晓鹰等译，北京：北京大学出版社，2003。

17. 美国的 GDP 是什么时候成为世界第一的？［EB/OL］，北京时间，2018-05-19。

18. 李晓华，美国崛起启示：工业强国不仅仅是技术创新和技术水平的提升［EB/OL］，产业中国研习社，2017-09-05。

第 2 章　世界第二经济大国 128 年来每 16 年更迭一次

1.［英］安格斯·麦迪森，世界经济千年统计［M］，伍晓鹰等译，北京：北京大学出版社，2009。

2.［英］罗伯特·艾伦，全球经济史［M］，陆赟译，南京：译林出版社，2015。

3. 为什么俄罗斯 GDP 相当于我国广东省 GDP，军事实力却比我国强？［EB/OL］，北京时间，2018-05-18。

4. 同 1。

5. 同 1。

6. 国家统计局，中华人民共和国 2017 年国民经济和社会发展统计公报［EB/OL］，2018-02-28。

第 3 章　第二经济大国陷阱的根源是“丛林法则”

1.［英］克里斯托弗·科克尔，大国冲突的逻辑［M］，卿松竹译，北京：新华出版社，2016。

2. 唐静松，曹荣，大国阴谋：美国独霸全球内幕［M］，北京：广东旅游出版社，2014。

3. 英国国际战略研究所，2018 年版全球军力平衡报告［R］。

4. 同 3。

5. 最新数据：美国在世界各地驻军排名，都驻扎了多少兵力？［EB/OL］，ZAKER，2017-09-21。

6. 同 2。

7. 日本每年给驻日美军多少军费？［EB/OL］，环球军事，2017-05-15。

8. 杨潇雨，浅析占领时期美国对日本的现代化改造［J］，黑龙江史志，2014（3）。

9. 邓小平，邓小平文选（第三卷）［M］，北京：人民出版社，1993。

10. 西方国家在苏联解体过程中做了什么？［N］，北京日报，2016-12-26。

11. 庞昌伟，国际油价波动与苏联解体［J］，俄罗斯研究，2011（6）。

12. 一篇文章读懂二战后日元汇率进化史［EB/OL］，搜狐财经，2018-01-15。

13. 油价暴跌拖垮苏联是美国的“阴谋”吗？［EB/OL］，凤凰网，2014-12-18。

14. 左凤荣，苏联走上军备竞赛之路的原因与后果［J］，黑龙江社会科学，2001（5）。

15. 油价下跌掐住了普京大帝脖子［EB/OL］，腾讯网军事频道，2014-10-26。

16. 国际油价毁掉了苏联？［EB/OL］，中国石油百科，2017-10-26。

17. 白建才，“第三种选择”——冷战期间美国对外隐蔽行动战略研究［M］，北京：人民出版，2012。

18. 赵可金，美国与法国的公共外交实践［J］，公共外交季刊，2010（3）。

19. 丁原洪，前途多舛的跨大西洋关系［N］，北京日报，2017-03-29。

20. 张蓓，孙成昊，欧美关系是否站在“十字路口”［EB/OL］，搜狐军事，2018-05-26。

21. 特朗普，英国脱欧是“伟大的事情”［EB/OL］，搜狐新闻，2017-01-16。

22. 特朗普，默克尔的移民政策是“灾难性错误”［EB/OL］，环球网，2017-01-16。

23. 特朗普“北约过时论”不过是一种噱头［EB/OL］，新华网，2017-02-03。

24. 新闻分析，贸易战阴影笼罩美欧关系［EB/OL］，新华网，2018-03-08。

25. 余治国，叶楚华，欧元必死：揭开欧债危机的真相［M］，北京：中国经济出版社，2012。

26. 独家评论，欧债危机中的“美国因素”［EB/OL］，中国网，2011-11-25。

27. 债务危机重现！意大利或将成为下一个希腊，有可能会更糟［EB/OL］，腾讯财经，2018-05-31。

28. 独家评论：欧债危机中的“美国因素”［EB/OL］，中国网，2011-11-25。

29. 美国现在在世界上哪些国家有驻军？［EB/OL］，东方军事，2016-11-12。

30. 扒一扒现在美国在全世界都有多少驻军？［EB/OL］，中青网，2016-11-15。

31. 欧盟独立防务问题激怒美国，欧美关系受困扰［N］，国际先驱报，2003-12-08。

32. 特朗普施压北约，想使欧洲国家的军费预算达到 GDP 的 2%［EB/OL］，北晚新视觉，2017-05-25。

第 4 章　中国经济重回世界第二位

1. 范守信，中华人民共和国国民经济恢复史（1949—1952）［M］，北京：求实出版社，1988。

2.《国际经济和社会统计资料》编辑组，国际经济和社会统计资料 1950—1982［M］，北京：中国财政经济出版社，1983。

3. 同 1。

第 5 章　第一产业接近“三道红线”

1. 在新起点上推进农机化更好更快发展［N］，农民日报，2017-10-12。

2. 目前全国节水灌溉面积超过 4 亿亩［N］，农民日报，2017-03-30。

第 6 章　第二产业遇到“产业拐点”

1. 我国稳居制造大国之首，主要工业品四成左右产量全球第一［EB/OL］，人民网，2017-02-17。

2. 邹蕴涵，中国主要工业品供需状况分析［R/OL］，国家信息中心经济预测部，2017-06-28。

3. 智研咨询，2018-2024 年中国制造业市场评估及未来发展趋势研究报告［R/OL］，2017。

4. 刘世锦，中国经济“下半场”实现转型的重要条件［EB/OL］，人民论坛，2015-03-30。

5. 吴敬琏，什么是结构性改革？它为何如此重要？［J］，清华管理评论，2016（11）。

6. 厉以宁，创新驱动经济转型［J］，中国流通经济，2014（1）。

7. 蔡昉，刘易斯转折点与公共政策方向的转变——关于中国社会保护的若干特征性事实［J］，中国社会科学，2010（11）。

8. 李稻葵，徐翔，中国经济结构调整及其动力研究［J］，新金融，2013（6）。

9. 王宏广，王革，李文兰，张衔，宋卫国，第三产业至 2020 年将拥有约 20 万亿元潜力［N］，经济日报，2014-08-08。

10. LED 行业发展趋势分析，未来 LED 照明应用将普及［EB/OL］，前瞻产业研究院，2018-02。

11. 同 10。

12. 2017 年全球 LED 灯泡价格持续下降，降幅同比收窄［EB/OL］，LED 在线，2018-01-31。

第 7 章　中等收入陷阱：有望五年左右跨越

1. 马凯，人均 GDP 突破 1000 美元，既是机遇又是挑战［EB/OL］，人民网，2004-03-08。

2. 刘伟，警惕中国进入“中等收入陷阱”［J］，经济参考报，2011-05-23。

3. 江时学，真的有“中等收入陷阱”吗［J］，世界知识，2011（7）。

4. 杨承训，张新宁，科学运用“两期论”把握阶段性特征——兼析“中等收入陷阱”论的非科学性［J］，政治经济学评论，2012（1）。

5. 徐康宁，“中等收入陷阱”一个值得商榷的概念［EB/OL］，人民网，2012-03-27。

6. 蔡昉，“中等收入陷阱”的理论、经验与针对性［J］，经济学动态，2011（12）。

7. 刘世锦等，陷阱还是高墙：中国经济面临的真实挑战和战略选择［M］，北京：中信出版社，2011。

8. 厉以宁，论“中等收入陷阱”［J］，经济学动态，2012（12）。

9. 李稻葵，突破中等收入陷阱的路线图［J］，经济研究，2014（1）。

10. 贾康，苏京春，中国的坎：如何跨越“中等收入陷阱”［M］，北京：中信出版社，2016。

11. 周文，孙懿，中国面对“中等收入陷阱”问题的解构：本质、挑战与对策［J］，经济学动态，2012（7）。

12. 林志帆，“中等收入陷阱”存在吗?［J］，世界经济研究，2014（11）。

13. 孔泾源，“中等收入陷阱”的国际背景、成因举证与中国对策［J］，改革，2011（10）。

14. 马晓河，“中等收入陷阱”的国际观照和中国策略［J］，改革，2011（11）。

15. 杜传忠，刘英基，拉美国家“中等收入陷阱”及对我国的警示［J］，理论学习，

2011（6）。

16. 王宏广，尹志欣，由雷，美国减税，中国竞争力何在［J］，财经国家周刊，2018（1）。

17. 李连根，中等收入陷阱与我国的跨越对策［J］，求索，2012（4）。

18. 韩师光，李建柱，日韩能否跨越中等收入陷阱的做法及启示［J］，经济纵横，2013（10）。

第 8 章　修昔底德陷阱：中美必有一战？

1. David C, Astrid Stuth Cevalls, Cristina L. Garafala. War with China , Rand, 2018.

2.［英］克里斯托弗·科克尔，大国冲突的逻辑［M］，卿松竹译，北京：新华出版社，2016。

3. 同 2。

4. 刘文，杨小勇，破解"修昔底德陷阱"魔咒，构建中美新型大国关系［J］，湖北大学学报，2015（3）。

5. 景跃进，如何避免"修昔底德陷阱"：中国与世界面临的大考［J］，中央社会主义学院学报，2017（2）。

6. 祝宏俊，"修昔底德陷阱"的陷阱［J］，江海学刊，2016（4）。

7. 黎海波，宋瑞芝，"修昔底德陷阱"：认识误区与战略应对［J］，现代国际关系，2017（9）。

8. 吴昊，修昔底德陷阱与美国南海政策评析［J］，南海学刊，2016（3）。

9. 张勇，实现"两个一百年"目标必须跨越"三大陷阱"［J］，理论月刊，2015（2）。

10. 陈积敏，构建中美新型大国关系，破解"修昔底德陷阱"［J］，和平与发展，2015（3）。

11. 邵峰，中美关系如何超越"修昔底德陷阱"［J］，人民论坛，2016（14）。

12. 全球共有 15395 枚核弹头，俄居首中国仅排第四［EB/OL］，搜狐军事，2016-06-14。

13. 军工行业每日行情回顾与要闻速递：简氏周刊发布 2016 军费排名，中国稳居第 2、俄罗斯滑至第 6［EB/OL］，腾讯财经，2016-12-21。

14. 习近平，政党要担负起时代使命［N］，人民日报（海外版），2017-12-02。

15. 徐成志，"修昔底德陷阱"与中美关系［J］，鄂州大学学报，2017（1）。

16. 张长岭，当代中美战争和平伦理观念之比较［J］，军事历史研究，1998（3）。

17. 白联磊，中美之间如何避免战争［J］，世界知识，2015（16）。

18. 杨少华，"新战争"的兴起及挑战［J］，理论导刊，2011（7）。

19. 王缉思，大国关系：中美分道扬镳，还是殊途同归？［M］，北京：中信出版社，2015。

第 9 章　塔西佗陷阱：百姓难信政府？

1. 习近平在兰考县委常委扩大会上的讲话［EB/OL］，新华网，2015-09-08。

2. 王传利，“延安窑洞对”论析［J］，马克思主义研究，2016(1)。

3. 新中国“反腐第一刀”——刘青山、张子善腐败案［EB/OL］，中国共产党新闻网，2013-12-17。

4. 杨伯峻译注，颜渊第十二 // 论语译注［M］，北京：中华书局，2017-08。

5. 杨伯峻译注，尧曰第二十 // 论语译注［M］，北京：中华书局，2017-08。

6. 杨伯峻译注，子路第十三 // 论语译注［M］，北京：中华书局，2017-08。

7. 石磊译，商君书［M］，北京：中华书局，2011-10。

8. 方勇，李波译，荀子［M］，北京：中华书局，2015-03。

9. 李山译，管子［M］，北京：中华书局，2016-01。

10. 陆玖译，吕氏春秋［M］，北京：中华书局，2011-10。

11. 方勇，李波译，荀子［M］，北京：中华书局，2015-03。

12. 同 11。

13. 十八大后 124 名副部级以上官员落马，56 人已获刑［EB/OL］，新浪网，2016-12-31。

14. 中央“打虎”记：一个都不能少［EB/OL］，求是理论网，2014-03-04。

15. 中央纪委有关负责人介绍党风廉政建设和反腐败工作情况：反腐败斗争压倒性态势已经形成［N］，人民日报，2017-01-10。

16. 2017 中国信用小康指数：政府信用最受关注［EB/OL］，中国小康网，2017-08-10。

第 10 章　金德尔伯格陷阱：不是真正的陷阱

1.［美］查尔斯 · P. 金德尔伯格，1929—1939 年世界经济萧条［M］，宋承先等译，上海：上海译文出版社，1986。

2. Joseph S. Nye,Jr, The Kindleberger Trap, January 9,2017.

3. 高飞，中国不断发挥负责任大国作用［N］，人民日报，2018-01-07。

4. 关于粮农组织，我们做什么［EB/OL］，联合国粮食及农业组织网站。

5. 蔡昉，金德尔伯格陷阱还是伊斯特里悲剧？——全球公共品及其提供方式和中国方案［J］，世界经济与政治，2017（10）。

6. 美媒：空袭叙利亚是特朗普的“鼻血战术”［N］，青年参考，2018-04-18。

7. 习近平，开放共创繁荣 创新引领未来——在博鳌亚洲论坛 2018 年年会开幕式上的主旨演讲［N］，人民日报，2018-04-11。

8. 习近平，深化互利合作 促进共同发展——在新兴市场国家与发展中国家对话会上的发言［EB/OL］，新华社，2017-09-05。

第 11 章　第二经济大国陷阱：最难跨越的陷阱

1. 任泽平，中美贸易失衡的根源：给特朗普上一堂贸易常识课［EB/OL］，凤凰网，2018-04-01。

2. 海关总署：2017 年中国对美国贸易顺差创新高［EB/OL］，环球网，2018-01-13。

3. Moffatt, Mike, The History of the U.S. Balance of Trade［EB/OL］,Thought Co, Mar. 31, 2017.

4. 中国 1 月外汇储备 31615 亿美元，连续第 12 个月上升［EB/OL］，凤凰网，2018-02-07。

5. 中国 11 月减持美债 126 亿美元至 1.18 万亿美元，创 7 月来新低［EB/OL］，中金网，2018-01-18。

6. 贾国强，中国金融业增加值占 GDP 比重，超过美、日、英等发达国家［J］，中国经济周刊，2017（33）。

7. 日本统计局，http://www.stat.go.jp/english/data/chouki/15.htm.

8. 博远投资，80-90 年代日本地产泡沫始末大盘点［EB/OL］，雪球网，2016-03-20。

9. 任泽平，日本房地产大泡沫崩溃始末［EB/OL］，新浪财经，2016-03-04。

10.2016 中国城市建设统计年鉴［M］，北京：中国统计出版社，2017。

11. 国土部：城市扩张占用的大量土地一半以上是耕地［EB/OL］，中国新闻网，2015-05-07。

12. 彭光谦，徐长银，世界老二不好当［M］，上海：上海远东出版社，2017。

13. 中国人买走全球 46% 奢侈品，消费外流持续严重［EB/OL］，人民网时尚频道，2017-03-10。

14. 麦肯锡，2017 中国奢侈品报告［R］，2017-05。

15.［日］有泽广巳，日本的崛起——昭和经济史［M］，鲍显铭等译，黑龙江：黑龙江人民出版社，1987。

16. 彭光谦，徐长银，世界老二不好当［M］，上海：上海远东出版社，2017。

17.《华盛顿邮报》："美国优先" 遇上 "人类命运共同体"［EB/OL］，风闻，2018-02-11。

18. "人类命运共同体" 赢得世界人心［N］，环球时报，2018-01-25。

19. 中企收购德企，为何逼美国总统罕见动用否决权？［EB/OL］，中国青年网，2016-12-03。

20. 特朗普发布禁令，以国家安全为由禁止博通收购高通［EB/OL］，搜狐科技视界，2018-03-13。

21. 加码？美国被曝将 "祭出" 紧急法案限制中国［N］，参考消息，2018-03-28。

22. 沈鑫，美国对外贸易中的知识产权保护政策研究［D］，暨南大学博士毕业论文，2012。

23. 洪山，美国法律的“301”条款［Ⅳ］，共同商务信息报，2006-11-24。

24. 韩菁，细数美国对中国的六次“301调查”：中美贸易的恩怨情仇［EB/OL］，凤凰网，2018-05-24。

25. 美国301调查报告（中文版）［EB/OL］，IPRdaily中文网，2018-03-28。

26. 不要让单边主义损害中美经贸大局［EB/OL］，新华社，2017-08-15。

27. 袁岚峰，钱学森的实际贡献有多大［EB/OL］，搜狐教育,2018-03-31。

28. 中国留学精英，尽入美国怀抱?［EB/OL］，网易新闻，2013-06-19。

29. 网络战不再是概念：美军网络司令部升级为第十个联合作战司令部［EB/OL］，搜狐网,2017-08-21。

30. 伊朗全国断网揭示网络战威力：非美国专利，雇佣军为主［EB/OL］，凤凰网,2018-04-16。

31. 社评：抵制美国大豆，中国很容易做到［N］，环球时报，2018-03-22。

32. 付兆辉，杜伟，李瑞忠，能源第一大国的储备之痛［N］，中国能源报，2017-05-15。

33. 特朗普版“石油战”真的会开打吗?［EB/OL］，搜狐军事，2018-03-06。

34. 生物战没有硝烟的反恐新战场［EB/OL］，网易新闻，2012-01-18。

35. 同34。

第12章　中国经济发展的基本判断：“六期重叠”

1. 钱纳里，鲁宾逊，赛尔奎，工业化和经济增长的比较研究［M］，上海：上海三联书店，1989。

2. 陈佳贵，黄群惠，钟宏武，王延中等，中国工业化进程报告（1995-2005年）［R］,北京：中国社会科学出版社，2007。

3. 冯飞，王晓明，王金照，对我国工业化发展阶段的判断［J］，中国发展观察，2012（8）。

4. 同3。

5. 中国社会科学院工业经济研究所，中国工业发展报告2014［R］，北京：人民邮电出版社,2014。

6. 赵昌文，许召元，朱鸿鸣，工业化后期的中国经济增长新动力［N］，中国经济时报，2015-08-05。

7. 推行供给侧改革，实现从制造大国向制造强国转型［EB/OL］，中国政府网，2016-02-04。

8. 王良元，诺兰模型与企业信息化三段理论［J］，科技与管理，2009（01）。

9. 张哲，赵国华，论信息化发展的四个阶段［C］，第四届国家信息化发展论坛，2007。

10. 移动信息化研究中心，2016 年中国移动办公全景报告［R］，2016。

11. 钱志新，智慧化是信息化发展的最新阶段［J］，江苏企业管理，2013(5)。

12.［英］维克托·迈尔·舍恩伯格，大数据时代：生活、工作与思维的大变革［M］，盛杨燕，周涛译，杭州：浙江人民出版社，2013。

13. 经济学人，大转变：2050 年的世界［M］，张岩，梁济丰，胡珊珊译，北京：中华工商联合出版社，2013。

14. Gartner&IDC 报告，2017 年全球 PC 市场持续下滑，惠普出货量高居榜首［R/OL］，搜狐科技 ,2018-01-24。

15. 2017 年全国规模以上工业企业利润增长 21%［EB/OL］，国家统计局，2018-01-26。

16. 2017 年中国微型计算机设备产量分析及预测［EB/OL］，中商情报网，2017-11-22。

17. 全球网民人数已超 40 亿［EB/OL］，搜狐科技，2018-01-31。

18. 张明，信息基础设施安全是"正确的网络安全观"的保障［EB/OL］，新华网，2018-04-27。

19. 斯蒂格利茨，中国的城镇化影响世界经济［EB/OL］，中国贸易促进网，2014-04-21。

20. 周跃辉，西方国家城市化的三个阶段［EB/OL］，人民网，2013-01-28。

21. 易鹏，中国新路：新型城镇化路径［M］，成都：西南财经大学出版社，2014。

22. 王建军，吴志强，城镇化发展阶段划分［J］，地理学报，2009(2)。

23. 焦秀琦，世界城市化发展的 S 型曲线［J］，城市规划，1987(2)。

24. 王建，城镇化与中国经济新未来［M］，北京：中国经济出版社，2013。

25. 联合国开发计划署，2013 中国人类发展报告［R］，2013。

26. 厉以宁，艾丰，石军，中国新型城镇化概论［M］，北京：中国工人出版社，2014。

27. 全面推进城乡一体化［EB/OL］，新华社，2015-05-01。

28. 中共中央国务院，《国家新型城镇化规划（2014 —2020 年）》［N］，人民日报，2014-03-17。

29. 同 28。

30. 肖金成，党国英，城镇化战略［M］，北京：学习出版社，2014。

31. 杨沛霆，科学技术史［M］，杭州：浙江教育出版社，1986。

32. 习近平，为建设世界科技强国而奋斗——在全国科技创新大会、两院院士大会、中国科协第九次全国代表大会上的讲话［EB/OL］，新华社，2016-05-31。

33. 王宏广，发展生物技术引领生物经济［M］，北京：中国医药科技出版社，2005。

34. 宋健，制造业与中国的现代化［N］，人民日报，2002-09-26。

35.［英］保罗·麦基里，第三次工业革命：制造业与创新［N］，经济参考报，2012-06-21。

36.［美］杰里米·里夫金，第三次工业革命［M］，北京：中信出版社，2012。

37. 杨沛霆，科学技术史［M］，杭州：浙江教育出版社，1986。

38. 吴国盛，科学的历程［M］，长沙：湖南科学技术出版社，1997。

39. 刘汉俊，文化的颜色［M］，北京：中国人民大学出版社，2013。

40. 钱时惕，新科技革命的历史、现状及未来［J］，物理通报，2008(1)。

41. 乌尔里希·森德勒，工业 4.0 ：即将来袭的第四次工业革命［M］，北京：机械工业出版社，2014。

42. 五次技术革命的规律与未来走向和策略［EB/OL］，战略前沿技术，2016-09-04。

43.［英］克里斯·弗里曼，光阴似箭：从工业革命到信息革命［M］，北京：中国人民大学出版社，2007。

44. 钱学森，论地理科学［M］，杭州：浙江教育出版社，1994。

45. 孙明泉，第六次产业革命是否已曙光初现——访经济学家张其佐［J］，光明日报，2003（1）。

46. 何传启，牢牢把握新科技革命的主动权［N］，中国青年报，2016-06-13。

47. 世界经济合作与发展组织，以知识为基础的经济［R］，1996。

48. 杨沛霆，科学技术史［M］，杭州：浙江教育出版社，1986。

49. 唐晋，大国崛起［M］，北京：人民出版社，2006。

50. 美国国家经济委员会，国家科技政策办公室，美国国家创新战略［M］，温州科学技术情报研究所译，2016。

51. 中国科学院，科技发展新态势与面向 2020 年的战略选择［M］，北京：科学出版社，2013。

52. 中国国际科技论文产出状况，中国科学技术信息研究所 2016 年报告。

53. 联合国教科文组织数据中心：http://data.uis.unesco.org/。

54.［德］克劳斯·施瓦布，第四次工业革命［M］，北京：中信出版社，2016。

55.［美］杰里米·里夫金，第三次工业革命［M］，北京：中信出版社，2012。

56. 王宏广，第三次工业革命及我国应对策略［N］，科技日报，2013-03-25。

57.［美］W.W. 罗斯托，经济增长理论［M］，陈春良等译，杭州：浙江大学出版社，2016。

58. 智能制造业将人类带入新一轮工业革命［EB/OL］，腾讯科技，2016-06-22。

59. Andreas, J.W. Oldschmidt,Kondratiev waves associated with gains in IT and health with phase shift and overlap. 2004.

60. 携手行动，传递爱心，创新发展——解析习近平 G20 杭州峰会主旨讲话和致辞［EB/OL］，人民网，2016-09-16。

61. 二十国集团领导人杭州峰会公报［R］，2016。

62. 美国国务卿发表涉华演讲，中方：应客观看待中国发展［EB/OL］，央视网，2017-10-19。

63. 美国司法部调查华为，19 家中国技术公司受威胁［EB/OL］，凤凰网，2018-04-26。

64. 美国调查华为，或因担忧 5G 竞争落后中国［EB/OL］，新浪财经，2018-04-30。

65. 中兴、华为还不够！传美国或将审查中美 AI 合作［EB/OL］，凤凰网，2018-04-29。

第 13 章　40 个指标全面透析中美差距

1. 易会满：应该高度关注居民储蓄率问题［EB/OL］，人民网，2018-03-24。

2. 中国向科技超级大国惊人转型［N］，参考消息，2018-01-23。

3. 鼓吹中国"世界第一"，"专家"的审慎哪儿去了？［EB/OL］，北京时间，2018-07-21。

4. 龙永图批胡鞍钢"中国三大实力超越美国"言论：误导！［EB/OL］，经济学家圈，2018-02-23。

5. 樊纲怒批胡鞍钢：中国全面超过美国太耸人听闻，天天炒作有什么用?［EB/OL］，中国经济学人，2018-02-04。

6. 胡艺，陈继勇，基于新评价标准的中美经济增长质量比较［J］，经济管理，2010（2）。

7. 李晓婓，祥宇，中美经济脱钩演进及其测度研究——兼论中美经济联系的新变化及其对中国经济的影响［J］，世界经济研究，2015（11）。

8. 王健，中美经济增长长期趋势的比较及经济弹性分析［J］，科学决策，2009（6）。

9. 林毅夫，中国经济下行受累于全球［J］，中国总会计师，2016（12）。

10. 杨振宁，杨振宁文集［M］，上海：华东师范大学出版社，1998。

11. 中国将在 2040 年成为全球唯一超级大国［EB/OL］，凤凰网，2010-09-23。

12.［美］约瑟夫·奈，美国世纪结束了吗？［M］，邵杜罔译，北京：北京联合出版公司，2016。

13. 张成豪，从软实力到巧实力——试析约瑟夫·奈实力思想的新发展［J］，华中师范大学研究生学报，2012（1）。

14. 同 13。

15. Sharp power: China is manipulating debate in Western democracies. What can they do about it? The Economist, December 16th 2017.

16.［美］约瑟夫·奈，美国世纪结束了吗［M］，北京：北京联合出版公司，2016。

第 14 章　中美贸易战的真相与走向

1. 特朗普要乐开花！美媒：总统工作获多数美国人肯定［EB/OL］，海外网，2018-05-08。

2. 特朗普推特怒怼：美国遭受不公平的贸易连击［EB/OL］，金融界，2018-06-11。

3. Peter Navarro and Greg Autry,Death by China：Confronting the Dragon—A Global Call to Action,2011 by Perason Education. Inc.

4. Peter Navarro, The Coming China Wars, 2008 by Perason Education.Inc.

5. Peter Navarro, Crouching Tiger, What CHINA’S MILITARISM Means for the World,2015 by Prometheus Books.

6. 对于特朗普政府挑起的中美贸易战，诺奖得主托马斯·萨金特表示——“这是个愚蠢的决定”[EB/OL]，中国经济导报网，2018-03-30。

7. 同 6。

8. 央行参事盛松成：中美两国不能从贸易战打到金融战[EB/OL]，凤凰网，2018-04-19。

9. 余淼杰：中美服贸逆差增长迅速，需更全面看待不平衡[EB/OL]，网易财经，2018-04-06。

10. 社评：美企在华分公司是美国出口统计的灯下黑[EB/OL]，环球网，2018-04-03。

11. 商务部：美国是中国服务贸易逆差最大来源国[EB/OL]，凤凰网，2017-07-27。

12. 美国发难，中国反制，世界最大贸易战还是来了[EB/OL]，凤凰网，2018-03-23。

13. 中美贸易逆差从何而来？美国真的吃亏了吗？[EB/OL]，人民网，2018-03-27。

14. 美对华贸易施压的借口站不住脚[N]，参考消息，2008-04-08。

15. 上半年中美机电贸易额同比增长 12.3%[EB/OL]，中国机电产品进出口商会，2017-07-31。

16. 2016 年中美机电产品进出口贸易概览[EB/OL]，搜狐财经，2017-03-16。

17. 中美已然开战，一场全球贸易战又会是什么样？这是高盛的解读[EB/OL]，华尔街见闻，2018-03-23。

18. 任若恩：中美贸易战的后果[EB/OL]，和讯网 ,2018-03-23。

19. 习近平主席特使、国务院副总理刘鹤接受媒体采访表示：中美达成共识，不打贸易战[EB/OL]，新华社，2018-05-20。

20. 白宫：将对华 500 亿美元商品征 25% 关税，6 月 15 日公布[EB/OL]，中证网，2018-05-30。

21. 中方声明：若美出台加征关税等制裁，谈判成果不会生效[EB/OL]，新浪财经，2018-06-03。

第 16 章　发展第三产业，跃居世界经济第一

1. 中国重点产业科技竞争力与发展潜力研究课题组，第三产业：差距明显，潜力巨大

［N］，经济日报，2014-08-18。

2. 2015 年美国人均住房面积为 971 平方英尺，相当于 90.2 平方米。数据来自：https://www.point2homes.com/news/us-real-estate-news/home-sizes-expectations-reality.html.

3. 2016 年中国房地产增加值占 GDP6.5%，仍是支柱产业［EB/OL］，中国新闻网，2017-01-20。

第 17 章　发展新兴产业，巩固世界经济第一

1.2017 年工业战略性新兴产业增长 11.0%，“战略性新兴服务业”首次被纳入统计［EB/OL］，中国战略新兴产业杂志官方网站，2018-03-01。

2.“十二五”期间战略性新兴产业发展回顾［EB/OL］，中华人民共和国国家发展和改革委员会高技术产业司。

3. 林念修，新引擎启动：战略性新兴产业“十二五”发展回顾［M］，北京：中国计划出版社，2017。

4. 国务院印发《“十三五”国家战略性新兴产业发展规划》［EB/OL］，中华人民共和国工业和信息化部，2016-12-20。

5. 专家表示生物燃气大产业时代已然来临［EB/OL］，国际燃气网，2017-04-26。

6. 2017 年中国汽车销量增长 3%［EB/OL］，网易汽车，2018-01-17。

7. 2017 年纯电动汽车销量分析，中国蝉联世界第一！［EB/OL］，腾讯网，2018-01-24。

8. 洪春梅，中国居民体育消费现状及发展趋势研究［J］，经济研究导刊，2017（16）。

第 18 章　建设科技强国，保持世界经济第一

1. 美国国际教育协会 IIE，2016 年门户开放报告［R/OL］。

2. 同 1。

3. R. B. People, States and Fear, An Agenda for International Security Studies in the Post-Cold War Era, by Barry Buzan［J］.

4. Terriff T. Security studies today［M］, Polity Press, 1999.

5. 连燕华，马维野，科技安全：国际安全的新概念［J］，科学学与科学技术管理，1998(11)。

6. 连燕华，马维野，王玉民，科技安全的定义与概念［J］，科技管理研究，2000 (2)。

7. 刘跃进，科技安全是国家安全战略的重要内容［N］，科技日报，2014-11-16。

8. 王宏广，朱姝，尹志欣等，国际生物经济发展的趋势与特征［J］，中国科技论坛，2018（5）。

9. 王宏广，中国的生物经济［M］，北京：中国农业科学技术出版社，2010。

10. 2016 年全球医药数据出炉：规模和研发稳步增长，并购遇冷［EB/OL］，前瞻产业研究院，2017-03-06。

11. 2016 年医药工业主要经济指标完成情况［EB/OL］，中华人民共和国工业与信息化部，2017-04-20。

12. 中国统计年鉴［M］，北京：中国统计出版社，2017。

13. 美国通过“生物盾牌计划”法案［EB/OL］，新浪新闻，2004-07-16。

第 19 章　防范六大误区，不犯颠覆性错误

1. 穆兆勇，推进“两个伟大革命”的重大意义［N］，光明日报，2018-06-13。

2.［法］托马斯·皮凯蒂，21 世纪资本论［M］，巴曙松，陈剑等译，北京：中信出版社，2014。

第 20 章　填平陷阱之战略：坚持七个自信

1. 彭光谦，徐长银，世界老二不好当［M］，上海：上海远东出版社，2017。

2. 王中田，日本文化发展的反思［J］，日本学刊，2002（3）。

3. 孙立祥，中共领导人对日本军国主义复活动向的关注与警惕［J］，西南大学学报(社会科学版)，2015（3）。

第 21 章　填平陷阱之策略：拆除十大壁垒

1. 徐玉清，王国民注，六韬［M］，郑州：中州古籍出版社，2008。

2.［美］施蒂格勒，产业组织和政府管制［M］，上海：上海三联书店，1996。

3. 杨永忠，民营企业进入垄断行业的制度性壁垒［M］，北京：经济管理出版社，2010。

4. 特朗普政府首次公开拒绝承认中国市场经济地位，已让中企损失几十亿美元［EB/OL］，搜狐财经，2017-12-01。

5. 博斌，试谈全球化过程中的经济殖民主义［J］，学术探索，2001（3）。

6. 樊永明，沈陈，TPP 与新一轮全球贸易规则制定［J］，国际关系研究，2013（10）。

7. 徐康宁，从适应规则迈向参与规则制定［J］，群众，2012（2）。

8. 窦博仪，国际金融服务贸易壁垒比较研究［J］，商业现代化，2013（21）。

9. 宋鸿兵，货币战争［M］，北京：中信出版社，2007。

10. 白志远，王平，WTO《政府采购协议》视角下的我国国有企业采购规制研究［J］，经济社会体制比较，2015（1）。

11. 姜宝山，试论市场壁垒的概念与内涵［J］，中国市场，2001（5）。

12. 王启洋，任荣明，投资壁垒的博弈分析及我国企业的应对策略研究［J］，国际贸易问题，2013（3）。

13. 海外并购失败率 90%，如何成为仅存的 10%？［EB/OL］，新浪财经，2017-05-04。

14. 中铝拟不超过 10 亿美元要约收购南戈壁资源公司不低于 56% 股权［EB/OL］，凤凰网，2012-04-06。

15. 多国对外资并购进行审查：法国禁外资购家乐福［EB/OL］，中国新闻网，2011-02-15。

16. 巴西的贸易、投资壁垒情况［EB/OL］，中华人民共和国驻圣保罗总领馆经商室。

17. 我国加入世贸第三年，企业要过六道“坎”［EB/OL］，新浪新闻，2004-01-06。

18. 汤子隆，郑佳纯，黄蓉，安全壁垒对我国外贸出口影响探析［J］，生态经济，2014（2）。

第 22 章　美国其实可以变得更好

1.［美］理查德·尼克松，1999 年：不战而胜［M］，北京：世界知识出版社，1989。

后　记

128 年来，第二经济大国无一例外地衰落，中国成为第二经济大国之后，命运将如何？

我们三年前就开始研究并着手撰写《填平第二经济大国陷阱——中美差距及走向》。正当书稿杀青前一周，巧遇美国发布针对中国的“301 调查”报告，宣布对中国 500 亿美元的产品加征 25% 的关税，中美贸易战一触即发，每天铺天盖地的新情况、新问题、新见解，致使我们无法搁笔定稿，书稿晚交了整整一个月。

贸易摩擦只是过程，遏制中国成为世界第一经济大国、长期保持美国领导世界的绝对优势地位，才是美国发动贸易战的最终目的。未来两个月乃至更长时间，将是中美贸易谈判的窗口期，谈判过程肯定异常艰苦、情况复杂多变，但谈判结果并不难预料，合则两利，斗则两败俱伤。世界贸易秩序、经济格局会不会重构？世界经济在尚未摆脱 2008 年国际金融危机影响之际，会不会迎来新的经济危机？何去何从，扑朔迷离，我们将拭目以待。

美国不会轻易接受中国的崛起与超越，中国也绝不会放弃自身发展的权利与机遇，中美贸易战将是持久战。“丛林法则”仍然支配着当今世界，文明战胜霸权还需时日，甚至永远不可能发生。贸易战没有赢家，贸易战引发其他冲突的风险是存在的，近期对中国不利，远期则对美国不利。管控分歧、求同存异，构建人类命运共同体则是必然的选择、正确的抉择。

构建中美和谐、天下太平的新型大国战略关系，需要历史观、国际观、全局观，需要创造历史、重塑未来。

46亿年前有了地球，37亿年前有了生命，1万年前有了人类，5000年前人类有了自己的文字记载，回顾过去2000年的人类发展史，一系列影响人类生存与发展的重大事件历历在目——

多次遭遇毁灭性疫病：霍乱、黑死病、流感、SARS、埃博拉病毒先后流行，瘟疫曾使欧洲人口减少1/3。人类每2—3年就会遭受一种新的病原物的危害，这种趋势仍将持续，因为病原物的变异速度远远超过人类开发药物的速度。

两次世界大战：第一次世界大战死伤3750万人，耗费1836亿美元；第二次世界大战死伤1.9亿人，经济损失超过4万亿美元。虽然绝大多数专家认为第三次世界大战打不起来，但以土地、能源、信仰为名，行争夺财富、霸权之实的局部战争却从未停止过，特别是一些好战的国家或民族，从未想过要停止制造麻烦。尽管人类比过去任何时候都有财富、有尊严、有自由，但巨大的物质、精神文明并没有或者说丝毫没有填平人类对物质与权力永不满足的沟壑，弱肉强食的“丛林法则”在现代国际社会里仍然起着支配性作用，这种趋势似乎仍在延续！

两次全球金融危机：1929年金融危机使世界经济停滞10年，2008年金融危机也持续了10年之久。金融危机对人类经济社会发展的破坏程度仅次于战争，是当今世界制约人类生存与发展的“第二杀手”，将来很可能成为“第一杀手”，金融危机的破坏力不容小觑。

三次科技革命、三次产业变革，造就了三代世界经济大国：以种植业技术为代表的农业技术革命催生了农业文明，使中国、印度成为第一代世界经济大国；机械化、电气化等工业技术革命催生了工业文明，带来了当时主要工业国家的城市化，英国、德国等国成为第二代世界经济强国；以计算机、互联网、机器人等为代表的信息技术革命，催生了数字经济，也称网络经济、信息经济，使美国成为第三代世界经济强国，也成为当今世界唯一的超级大国。我们在 18 年前就预测，生物技术将引领信息科技革命之后的新科技革命，生物经济将催生第四代世界经济强国。

多次“大国兴衰”：在古巴比伦、古埃及、古印度和中国这四大文明古国中，只有中国文明从未中断，但也出现过 100 多年的大衰退，经济总量占世界经济的比重由 32.9% 下降到 3.7%；文艺复兴，特别是工业文明、殖民主义使英国、法国、德国、荷兰、西班牙、葡萄牙等国成为高收入国家，欧洲国家的经济总量占世界经济的比重曾高达 35%；两次世界大战引发了世界军事格局乃至人才格局、科技格局、经济格局的变化，使美国、苏联成为超级大国，苏联解体后美国成为唯一的经济大国，曾占世界经济的比重达 32%。大国兴衰仍在巨变之中，争夺顶尖人才、抢占新科技革命、产业变革制高点的竞争日趋激烈，经济战、贸易战、货币战正在替代军事战争，而人才争夺战将取代经济战、贸易战，逐渐成为世界各国竞争的核心。没有顶尖人才的国家和地区被边缘化的趋势将更加明显，人才的“马太效应”会使欠发达的国家和地区雪上加霜。

斗转星移，光阴荏苒，大国兴衰，经济起伏，人类社会发展似乎总是遵循着其内在的规律，不以人的意志为转移。近 2000 年来，世界第一经济大国只有中国、印度、美国三个国家，而 128 年来世界第二经济大国命途多舛，德国、英国、法国、苏联、日本等无一例外地先后衰退。大国兴衰中存在明显的“第二经济大国陷阱”，其内在规律与现实逻辑是什么？

2010 年，中国再次成为世界第二经济大国，中国会重蹈第二经济大国必然衰退的覆辙吗？拥有 5000 多年文明史的中国，能否准确把握人类社会发展规律、现代经济发展规律、未来技术发展规律、现代国家治理规律，以及能否填平“第二经济大国陷阱”？中华民族能否在新的科技革命、产业变革中重新引领世界？

自从盘古开天地、三皇五帝到如今，中国的政治、经济、文化、人才等制度与西方国家明显不同，拥有显著的优势。

“均贫富、稳社稷，精英治国”是几千年治国理政、社会经济稳定持续发展的基本原则与成功经验，与西方国家的资本创新财富、贫富差距任意扩大形成鲜明对照。

“小政府、大社会”不是西方国家的发明，市场经济也不完全是西方国家的首创。1400多年前唐朝政府的国防、外交、法制与税收等治国理念，以及“三省六部”、《唐六典》等，至今仍被许多国家借鉴；中国持续数千年的小农经济，本质就是市场经济。中国探索了政府“有形之手”与市场“无形之手”高效协调的体制，成功地探索出一条“两只手总比一只手好”的经济体制，成功地使世界上人口最多的国家成为经济增长最快的国家，创造了人类经济发展的奇迹，也因而被特朗普政府认为是挑战美国的传统观念与领导地位。

中国“仁、义、礼、智、信”的近乎“中庸”的传统文化，“构建人类命运共同体”的现代外交理念，展现了中华民族爱好和平、追求合作共赢的博大胸怀与高尚境界，与一些国家的“唯我独尊”“美国优先”形成了鲜明对照。

至今不到300年历史的工业文明，创造了数倍于农业时代的财富，绝大多数人的衣、食、住、行、医、游等物质需求基本得到满足，理想、信念、道德、文化、尊严、荣誉成为人类未来永恒的精神追求。展望未来，人类发展进入新的阶段。人类曾多少次为食物、土地、石油、金钱而战，为宗教、信念、理想而战，将来也许还会为信息而战。当物质需求基本满足、战争明显减少时，人类将进入精神追求替代物质需求、竞争替代战争、理性替代任性、技术战胜贫穷、文明逐步战胜霸权的新阶段。人类生产、生活的目标正在由物质需求转为精神追求，物质将更富裕，精神将更丰富，寿命将更长久，人类将会踏上追求更高物质文明、精神文明的新征程！

然而，前景是光明的，道路是曲折的，一些不文明的群体和行为总是干扰、阻碍着历史前进的车轮，一些霸权国家对物质、权力的占有欲永无止境，总是制造不同形式的“第二经济大国陷阱”，使许多国家经济衰退或停滞。弱肉强食的“丛林法则”是“第二经济大国陷阱”形成并持续的内在逻辑，人类巨大的物质文明、精神文明成就似乎丝毫不能对冲一些国家或民族对霸权与金钱不断增长的欲望，根本无法填平一些国家或民族不断加深的文化与体制的鸿沟，无法填平业已持续百年的“第二经济大国陷阱”。

弱肉强食的“丛林法则”为什么在高度文明的现代社会中仍然起着支配性作用？不断进步的人类文明能否战胜物欲、霸权？“丛林法则”还要持续多久？“第二经济大国陷阱”能不能从中国起开始被填平？能不能从中国成为世界第一经济大国后，“丛林法则”不再在现代国际社会中横行霸道？如何填平“第二经济大国陷阱”？

中国能否超越美国成为世界第一经济大国？路线图是什么？发展第三产业“跃居第一”、发展战略性新兴产业“巩固第一”、建设科技强国“保持第一”，“新三步”战略是否可行？中国经济为什么能够保持四十年持续增长？能否持续保持中高速增长？供给侧供什么？现代经济体系的标准、标志是什么？经济发展还有多大潜力？潜力在哪个行业和哪些省（区）、市？第三产业还能支撑中国经济保持中高速发展多久？战略性新兴产业能否支撑经济高质量发展？科技强国能否支撑中国经济永远保持第一？如何建设科技强国？未来世界何时会发生新的科技革命？哪个技术将引领新科技革命？新科技革命、产业革命会对经济社会发展，乃至人类自身带来什么变化？哪个民族将引领新科技革命？中国有没有可能引领或者与其他国家共同引领新科技革命？

探索经济发展、社会进步、大国兴衰、人类文明的内在规律，构建政治上相互包容、经济上相互依赖、外交上相互尊重、文化上相互借鉴、科技上相互合作、军事上相互沟通的良性国际关系生态圈，构建人类命运共同体填平“第二经济大国陷阱”，正在成为人类文明的新标志。

带着这些问题，我们搜集了一些资料，罗列了一些论据，探讨了一些论点，由于学术水平有限、时间紧，不妥之处在所难免，敬请广大读者赐教。

特别感激桑国卫副委员长多年的指导与关心，并为本书作序。特别感谢联合国原副秘书长沙祖康先生为本书作序，并在编写工作中给予指导，特别指出“用文明战胜霸权”是学术幼稚的想法。感谢以各种方式给予支持、关心的领导和同志们。

此外，我的助手及博士后们为写作此书做了大量卓有成效的工作。张俊祥研究员执笔撰写了第 6 章第 3 节及第 17 章，参与撰写了第一篇中的第 11、16、19 章等内容，整理了书中的大量数据；尹志欣博士执笔撰写了第 3 章第 6 节、第 9 章，参与撰写了第 15 章，并对全书文字校对做了大量工作；由雷博士执笔撰写了第 7、8、13 章和第 21 章第 1 节，参与撰写了第 15 章等内容；朱姝博士撰写了第 10 章、第 13 章第 5 节，参与撰写了第 15 章等内容。王革研究员、韦东远研究员、李修全研究员、袁立科博士分别撰写了第 6 章第 4 节中有关 LED 灯、钢铁、平板显示和数码产品产业等内容；苏楠博士撰写了第 17 章第 6 节中有关电动汽车的内容。在此一并表示感谢，同时也十分感谢中国科学技术发展战略院对我的特殊关照，提供了大量宝贵的时间。

2018 年 6 月 15 日